Maurice Friedman

DER HEILENDE DIALOG IN DER PSYCHOTHERAPIE

Der Autor: Maurice Friedman lehrt seit über 30 Jahren an mehreren Universitäten der USA Philosophie, Religion, Psychologie und zeitgenössische Literatur. Er ist Autor mehrerer Bücher wie: »Martin Buber - The Life of Dialogue« (1960), »Martin Buber's Life and Work« Vol. I, II + III (1982—84), »The Confirmation of Otherness« (1983), »Revealing and Observing the Human« (1984) und hat mehr als 150 Aufsätze zum Existentialismus, zur Philosophie und Psychologie geschrieben.

Maurice Friedman

DER HEILENDE DIALOG IN DER PSYCHOTHERAPIE

Übersetzt von
Brigitte Stein

Edition Humanistische Psychologie
— 1987 —

Die Originalausgabe erschien unter dem Titel »The Healing Dialogue in Psychotherapy« im Verlag Jason Aronson, Inc., New York.

Aus dem Amerikanischen übersetzt von Brigitte Stein

Herausgeber:
Anna und Milan Sreckovic

Lektorat: Reinhard Fuhr
unter Mitarbeit von Katrin Eschenhagen

Umschlagentwurf: Robert de Zoete
— unter Verwendung eines Bildes von Dieter Teusch —

Vertrieb:
Moll & Eckhardt
Zülpicher Str. 174
5000 Köln 41

Satz:
Fotosetzerei Uwe Sieben
Johannesstr. 9
5137 Waldfeucht-Haaren

Gesamtherstellung:
Agentur Ulrich Himmels
Industriestr. 31
5138 Heinsberg

ISBN 3-926176-02-8

Inhaltsverzeichnis

Der Erinnerung
an meinen Freund
LESLIE H. FARBER
gewidmet.

Vorwort

Jede Form von Therapie lebt in größerem oder geringerem Maß von der Begegnung zwischen Therapeut/in und Klient/in und in der Gruppen- und Familientherapie vom Austausch der Klient/inn/en untereinander. Aber nur wenige Theorien haben die Begegnung — das was sich »dazwischen« abspielt — als die zentrale und nicht als untergeordnete Quelle der Heilung begriffen. Mein besonderes Anliegen in diesem Buch ist, der Art und Weise nachzugehen, wie Heilung durch Begegnung in Psychotherapie und Familientherapie zustande kommt. Psychotherapie hat sich in unserer Zeit oft insofern arger Verstöße gegen die Realität schuldig gemacht, als sie sich so sehr auf die innere psychische Welt konzentrierte — die Neurose oder den Komplex des Individuums — daß Eltern, Familie und Gesellschaft schließlich nur mehr als psychische Symbole behandelt wurden und nicht als der konkrete soziale Kontext, in dem sich der Alltag des oder der Betreffenden abspielte. Ein Aspekt der Psychologie und Psychiatrie, der ständig vernachlässigt wurde, selbst wenn er da und dort Erwähnung fand, ist der der Heilung durch die Begegnung im psychotherapeutischen Dialog. Obwohl er sich als untergeordnetes Thema durch einen Teil der Literatur zieht, wurde er nie ins Rampenlicht gestellt, um seine wahre Bedeutung hervortreten zu lassen und die Fragen und Probleme, die er aufwirft, zu erhellen.

Ich habe der Darstellung des Dialogs in verschiedenen Schulen der

Einzel- und Familientherapie eine Erörterung der Dimensionen des Heilens durch Begegnung in den Dimensionen des Unbewußten und der Träume, Schuldgefühle, Gegenseitigkeit, »Umfassung« und Bestätigung sowie durch den »Dialog der Prüfsteine« gegenübergestellt. In diesem Teil des Buches verarbeite ich viele eigene Einsichten sowie die Gedanken und Erfahrungen anderer.

Obwohl ich eine Reihe zeitgenössischer Psychotherapeuten vorstelle und sie mit ihren Schulen in Bezug setze, geht es mir nicht um eine vollständige Darstellung der Theorien dieser Schulen oder einzelner Therapeuten. Ich habe die Grundannahmen dieser Schulen nur insofern skizziert, als sie sich unmittelbar auf das Heilen durch Begegnung und Bestätigung auswirken, und auch aus den Veröffentlichungen dieser Schulen habe ich nur das herausgegriffen, was uns zu weiteren Einblicken in diese Themen verhilft. Mit den Therapeuten habe ich mich in halbwegs chronologischer Reihenfolge befaßt, ohne damit einen Einfluß des einen auf den anderen zu implizieren.

Was mich im Laufe jahrelanger Lektüre beeindruckt hat, ist, wieviele völlig verschiedene und sogar gegensätzliche Schulen der Psychotherapie durch den einen oder anderen ihrer Vertreter zu einer Form des Heilens durch Begegnung oder zumindest zu einer Psychotherapie als einer Art von Bestätigung gelangen, die etwas unternimmt, um jene Nichtbestätigung wieder gutzumachen, die »Geisteskrankheit« verursacht. Dies bedeutet nicht, daß alle Schulen der Psychotherapie im Grunde auf dasselbe hinauslaufen. Die Begleitumstände dieses Heilens durch Begegnung oder Bestätigung werden von jeder einzelnen Schule gewöhnlich unterschiedlich gehandhabt, und sie sind oft, wenn auch nicht immer, unvereinbar mit den Theorien und Techniken anderer Schulen. Es bedeutet auch nicht, daß *alle* Vertreter einer Schule als dialogische Psychotherapeuten betrachtet werden können, oder gar, daß die hier präsentierten Therapeuten als *vorwiegend* dialogorientiert angesehen werden können.

Heinz Kohut hat so viel zu dem Thema der Nichtbestätigung und Bestätigung beigetragen, daß ich ihm ursprünglich einen zentralen Platz im elften und zwölften Kapitel eingeräumt hatte. Ich habe ihn dann nur deshalb in das Kapitel über das »Selbst und seine Objekte« verwiesen, weil ich mich zu einem eigenen Kapitel über »Objektbeziehungen« entschloß, die der Hauptlinie der Freud'schen Theorie entstammen, und weil Kohut eindeutig in dieses Kapitel gehört. Kohuts *How Does Analysis Cure!* (1984) ist mir zu spät in die Hände gekommen, um noch im Hauptteil dieses Buches Aufnahme zu finden. Er erweitert das Verständnis der Bestätigung, indem er Spiegelung und Ideal um eine dritte Kategorie ergänzt, nämlich um »essentielle Gleichheit (Zwillinghaftigkeit oder Alter-ego-Übertragung)«. Noch wichtiger für unsere Zwecke, leistet Kohut im Gegensatz zu seinen zwei früheren Büchern dank seiner ausführlichen Erörterung der Empathie einen entscheidenden Beitrag zum Verständnis des Heilens durch Begegnung (Kohut 1984, Kapitel 5, 6, 9, 10).

Ein weiteres Beispiel ist Carl G. Jung, der früher als alle anderen — mit der möglichen Ausnahme von Ferenczi — die zentrale Bedeutung des Dialogs für die Psychotherapie erkannte. Jung gelangt niemals voll und ganz zu einem Du, das in seinem theoretischen Verständnis nicht als Teil des Ichs psychologisiert ist. Doch er bereitet den Boden für andere, was durch seinen einstigen Schüler Hans Trüb zu der vielleicht umfassendsten und höchst menschlichen Darstellung des Heilens durch Begegnung führt, eine Formulierung, die Trübs eigenem posthumen Buch entstammt.

Zwischen Martin Buber und Carl Rogers gibt es erhebliche Meinungsverschiedenheiten; doch in seinen wichtigsten Veröffentlichungen ist das Prinzip des Heilens durch Begegnung für Carl Rogers von so zentraler Bedeutung, daß er ohne Frage als dialogorientierter Psychotherapeut gelten muß. Das kann man von Fritz Perls dagegen nicht sagen. Er liebte es zwar, Bubers Ich-und-Du-Beziehung in den Mittelpunkt seiner Erörterung der Gestalttherapie zu stellen. Doch in seiner Hervorhebung der Autonomie und seinem Rückgriff auf Techniken blieb er von echter Heilung durch Begegnung weit entfernt. Bei einer Reihe seiner Nachfolger haben jedoch Dialog und Heilung durch Begegnung einen zentralen Stellenwert erlangt.

In den Jahren, die ich mit der Arbeit an diesem Buch zubrachte, haben mir meine Freunde Dr. Richard Hycner und Dr. Richard Stanton unschätzbare redaktionelle und moralische Unterstützung zuteil werden lassen. Ich schulde auch Dr. Howard Gillis Dank, denn als Mitglied seines Dissertationsausschusses habe ich mit der Formulierung des Unterschieds zwischen Einfühlung, Identifizierung und Umfassung begonnen, die ich später erweiterte.

Ich möchte auch Dr. Jason Aronson für seine Anregung danken, das zweite Kapitel, »die Freudianer« zu schreiben; er hat mich auch auf *Freud and His Patients* von Jules Glenn und Mark Kanzer und *The Psychotherapeutic Conspiracy* von Robert J. Langs aufmerksam gemacht, die ich in diesem Kapitel ausführlich behandle.

Ich hoffe, daß *Der heilende Dialog in der Psychotherapie* das erste einer

Reihe von Büchern und Monographien sein wird, die in Zusammenarbeit mit dem Institute for Dialogical Psychotherapy herauskommen werden, das ich zusammen mit Dr. Richard Hycner und James DeLeo, zwei klinischen Psychologen, in San Diego leite.

Quellenangaben

Der Verfasser dankt für die Genehmigung, Auszüge aus folgenden Veröffentlichungen zu bringen:*

Medard Boss, *Psychoanalysis and Daseinsanalysis,* trans. L. B. Lefebre. New York: Basic Books, © 1963.

Ivan Boszormenyi-Nagy and Geraldine Spark, *Invisible Loyalties: Reciprocity in Intergenerational Family Therapy.* New York: Harper & Row, © 1973 by Ivan Boszormenyi-Nagy.

Martin Buber, *The Knowledge of Man: Philosophy of the Interhuman,* ed. with an Introductory Essay by M. Friedman, trans. M. Friedman,

* Um den Leser/inne/n zuviele Unterbrechungen im Text zu ersparen, habe ich die Quellenangaben von Zitaten und Paraphrasen am Ende eines Absatzes oder, wenn es sich durchgehend um dieselbe Quelle handelt, am Ende eines längeren Abschnitts angeführt. Aus diesem Grund sind oft mehr Seitenangaben vorhanden, als der jeweilige Absatz Zitate enthält. Bei eingerückten Zitaten habe ich die Quelle am Ende des Zitats angeführt, wobei ich die Seitenzahl nur für das jeweilige Zitat genannt habe.

Anmerkung d. Ubs.: Eingerückte Zitate aus deutschen Originalwerken werden — soweit die Quellen nachweisbar waren — aus dem Originaltext zitiert, Zitate aus englischsprachigen Werken neu übersetzt, auch wenn eine deutsche Buchfassung vorliegt.

and R. G. Smith. New York: Harper & Row © 1966.
_____, *Between Man and Man,* trans. R. G. Smith, with an introduction by M. Friedman. New York: Macmillan, © 1965.
_____, *A Believing Humanism: Gleanings,* trans. with an Introduction and Commentaries by M. Friedman. New York: Simon & Schuster, © 1969 by Georges Borchardt.
Hanna Colm, The therapeutic encounter. *Review of Existential Psychology and Psychiatry,* © 1965, 5:137—159.
Joen Fagan and Irma L. Shepherd, eds., *Gestalt Therapy Now: Theory/Techniques/Applications.* New York: Science and Behavior Books, © 1970.
Leslie H. Farber, The ways of the will. *Essays Toward a Psychology and Psychopathology of the Will.* New York: Basic Books, © 1966.
_____, *lying, despair, jealousy, envy, sex, suicide, drugs, and the good life.* New York: Basic Books, © 1976.
Kenneth A. Frank, ed., *The Human Dimension in Psychoanalytic Practice.* New York: Grune & Stratton, © 1983 by the American Society of Clinical Oncology.
The Worlds of Existentialism: A Critical Reader, ed. with Introductions and a Conclusion by M. Friedman. New York: Random House, © 1964.
Harry Guntrip, Personality structure and human interaction: the developing synthesis of psychodynamic theory. In *The International Psychoanalytical Library,* ed. J. D. Sutherland, No. 56. London: The Hogarth Press and the Institute of Psycho-Analysis, © 1961.
_____, *Schizoid Phenomena, Object Relations and the Self.* New York: International Universities Press, © 1969.
Sidney M. Jourard, *Disclosing Man to Himself.* New York: D. Van Nostrand, © 1968.
C. G. Jung, The practice of psychotherapy. In *The Collected Works of C. G. Jung,* trans. R.F.C. Hull, Bollingen Series 20, vol. 16. New York: Princeton University Press, © 1954, © renewed 1982.
Mark Kanzer and Jules Glenn, eds., Freud and his patients. *Downstate Psychoanalytic Institute Twenty-fifth Anniversary Series,* vol. II. New York: Jason Aronson, © 1980.
Heinz Kohut, *The Restoration of the Self.* New York: International Universities Press, © 1977.

R. D. Laing, *The Polities of Experience.* New York: Penguin Books Ltd., © 1967.

Robert J. Langs, *The Psychotherapeutic Conspiracy.* New York: Jason Aronson, © 1982.

Rollo May, *Love and Will.* New York: Norton, © 1969.

Erving and Miriam Polster, *Gestalt Therapy Integrated: Contours of Theory and Practice.* New York: Brunner / Mazel, © 1973.

Carl R. Rogers, *On Becoming a Person. A Therapist's View of Psychotherapy.* Boston: Houghton Mifflin, © 1961.

———, *A Way of Being.* Boston: Houghton Mifflin, © 1981.

Carl R. Rogers and Barry Stevens, *Person to Person: The Problem of Being Human. A New Trend in Psychology.* Lafayette, California: Real People Press, © 1967.

Harold F. Searles, The patient as therapist to his analyst. In *Tactics and Techniques in Psychoanalytic Therapy,* ed. P. L. Giovacchini, pp. 95 — 151. Countertransference, vol. 2. New York: Jason Aronson, © 1975.

Harry Stack Sullivan, *The Interpersonal Theory of Psychiatry,* ed. H. S. Perry and M. L. Gawel, New York: Norton, © 1953.

1. Kapitel

Einführung: Der Dialog in der Psychotherapie

Ich habe die Formulierung »Heilung aus der Begegnung« dem Titel entnommen, den Martin Buber dem posthumen Buch des Schweizer Psychoanalytikers Hans Trüb gab. Solange es eine menschliche Gesellschaft gibt, hat etwas stattgefunden, was als Heilung durch Begegnung anerkannt werden kann. Die Eltern, die Lehrerin, die Krankenschwester, der Schamane und der Medizinmann — wer immer anderen die Hand reicht (oder auflegt) bzw. anderen hilft — wirkt an Heilung durch Begegnung mit.

Vom ersten Anfang der offiziellen Psychoanalyse an war das Heilen durch Begegnung bereits als ein unerläßliches Mittel zur Überwindung von Fixierung und Verdrängung in das System eingebaut. Obwohl die therapeutische Situation insofern modifiziert wurde, als Freud seine/n Patient/inn/en aufforderte, sich auf die Couch zu legen, statt ihm gegenüberzusitzen, war es dennoch eine Begegnung — im Gegensatz zum operanten Konditionieren und zur Behandlung mit Psychopharmaka als Formen der Psychologie und Psychotherapie, die wenig oder gar keinen persönlichen Kontakt zwischen Psycholog/inn/en und Klient/in mit sich bringen. Die Freud'sche Theorie betrachtet das Ich zweifellos als den Diener dreier Herren — des Über-Ichs, des Es und der Umwelt —, aber nirgends stellt Freud die Begegnung zwischen Selbst und Selbst in den Mittelpunkt, außer in seinen Theorien der Übertragung und Gegenübertragung. »Freud bekämpfte seine humanistischen, persönlichen Regungen durch seine Wissenschaftlichkeit«, schreibt Ivan Boszormenyi-Nagy, »und er verabscheute Ferenczis Betonung des Beziehungsaspekts der therapeutischen Methoden.«[1]

Dennoch können wir uns nicht vorstellen, daß Freud Jahr um Jahr mit Menschen gearbeitet und sie dabei nur als Objekte behandelt hat. Wenn wir uns Carl G. Jung zuwenden, den das Intrapsychische noch stärker beschäftigt hat als Freud, dann ist die Erkenntnis verblüffend, in welchem Ausmaß seine *Therapie* auf die Dimension der Begegnung bzw. des Dialogs konzentriert ist. In *Gegenwart und Zukunft* erklärt Jung, in der ganzen Welt werde heute anerkannt, daß wir nicht ein Symptom behandeln, sondern einen Patienten. Je mehr der Arzt schematisiert, desto größeren Widerstand leistet völlig zu Recht der Patient. Der Patient erwartet, in seiner Einzigartigkeit erfaßt zu werden, nicht bloß als Teil eines Problems, und zu diesem Zweck muß sich der Therapeut selbst als Person engagieren und riskieren. Der Traum eines halben Jahrhunderts sei ausgeträumt, meinte Viktor Frankl; der Traum, in dem das, »worauf Wert gelegt wurde, eine Mechanik der Psyche und eine Technologie der Psychotherapie« war. Anstelle der Interpretation des Seelenlebens anhand von Mechanismen und der Therapie psychischer Störungen mit Hilfe von Techniken bezeichnet Frankl das Heilen durch Begegnung als den eigentlichen Kern der Psychotherapie:

> Falls man das so modische Wort nicht perhorresziert, läßt sich füglich auch von einer menschlichen Begegnung als dem eigentlichen Agens psychoanalytischer Behandlungsmaßnahmen sprechen. Auch die sogenannte Übertragung ist wohl nur ein Vehikel solcher menschlichen Begegnung. (Frankl 1959, S. 24)

Eine der wichtigsten Fragen, mit denen sich der Ansatz des Heilens durch Begegnung auseinandersetzt, betrifft das Ausmaß, in dem die Heilung von einem bestimmten Heiler ausgeht — sei er Priester, Zauberer, Schamane oder Therapeut — und das Ausmaß, in dem die Heilung in dem »Dazwischen« stattfindet — in der Beziehung zwischen Therapeut/in und Klient/in, unter den Mitgliedern einer Gruppe oder Familie oder sogar innerhalb einer größeren Gemeinschaft. Wenn letzteres zutrifft, gibt es dann dennoch

1) Brief von Ivan Boszormenyi-Nagy an Maurice Friedman, 21. Juni 1974.

eine besondere Rolle für den Therapeuten/die Therapeutin als Moderator/in, Hebamme, Förder/er/in oder Partner/in in einem »Dialog der Prüfsteine«? Wir müssen uns auch fragen, ob eine solche Heilung durch existentielle Gnade stattfindet (ein Begriff, den ich in *Touchstones of Reality* [Friedman 1972] prägte), die man nicht planen und auf die man nicht zählen kann, so sehr man sie auch zu fördern vermag. Inwiefern bedeutet Heilung durch Begegnung, daß die Begegnung sowohl das *Ziel* als auch das Mittel zu diesem Ziel sein sollte? Und inwieweit sprechen wir über einen wechselseitigen Vorgang, der nicht im Sinne bewußten Wollens und der Manipulation, um ein bestimmtes Ergebnis herbeizuführen, durch Techniken beeinflußbar ist.

Ein weiteres wichtiges Problem, auf das das Heilen durch Begegnung stößt, ist das der Grenzen der Verantwortung des oder der Helfenden. In welchem Maß sind Therapeut/inn/en mit ihrem Ego so stark involviert, daß sie sich als erfolgreich empfinden, wenn der/die Patient/in geheilt wird, und als Versager/in, wenn dies nicht gelingt? Therapeut/inn/en, die für die neuen Perspektiven des Heilens durch Begegnung offen sind, werden empfinden, daß mehr von ihnen erwartet wird, als ihre professionellen Methoden und ihre professionelle Rolle zu bieten haben. Der »Abgrund ruft den Abgrund« oder das eine Selbst ruft das andere, wie Buber in seinem Vorwort zu Trübs Buch »Heilung aus der Begegnung« schrieb; eine technische Überlegenheit des/der Therapeut/in ist nicht erforderlich, vielmehr sein oder ihr aktuelles Selbst. In *Power and Innocence* (1972) berichtet Rollo May von einer schwarzen Patientin, die sich so machtlos und so von ihrer eigenen Wut abgeschnitten fühlte, daß May an ihrer Stelle wütend werden mußte. Aber, fügte er hinzu, »ich tat dies nicht bloß als eine Technik. Ich wurde wirklich zornig.« Nur durch seine persönliche Betroffenheit war es der Frau möglich, Zugang zu ihrer Wut zu finden.

Das Entscheidende ist nicht die Geschicklichkeit des Therapeuten, sondern vielmehr das, was sich *zwischen* Therapeut/in und Klient/in *und* zwischen Klient/in und anderen Menschen abspielt. Das *Zwischen* kann das andere nicht ganz und gar kompensieren oder dessen Stelle einnehmen. Noch soviel Therapie kann keine entscheidende Hilfe sein, wenn der/die Betreffende zu sehr in eine Familie, Gemeinschaft oder Kultur verstrickt ist, in der die Keime der Heilung ständig wieder erstickt werden und die Versuche, die persönliche Ganzheit wiederherzustellen, von den destruktiven Elementen des Systems abgewürgt werden. Wenn diese Tatsache die Notwendigkeit unterstreicht, Einzeltherapie durch Familientherapie und sogar intergenerationale (d.h. drei oder mehr Generationen umfassende) Familientherapie zu ergänzen, wie sie Ivan Boszormenyi-Nagy praktiziert und empfiehlt, dann wird dadurch auch die Bedeutung klar, die einem Klima des Vertrauens und der Bestätigung des Andersseins zukommt, in welchem Heilung durch Begegnung auf jeder Ebene gedeihen kann. Daß solcher Heilung tragische Grenzen gesetzt sind, liegt auf der Hand, aber es ist nicht gleichermaßen selbstverständlich, daß wir den gegenwärtigen Entwicklungsstand von »Gemeinschaft« als gegeben hinnehmen und uns auf das Intrapsychische oder das Interfamiliäre beschränken sollten.

Wahnsinn, schreibt Ferdinand Ebner, ist das Endergebnis vom Alleinsein mit sich und vom Fehlen des Du — die völlige Verschlossenheit des Ichs gegenüber dem Du. Es ist ein geistiger Zustand, in dem weder Wörter noch Liebe das Individuum erreichen können. Die Irrationalität geisteskranker Menschen liegt darin, daß sie an anderen Menschen vorbeireden und außerstande sind, mit einem konkreten Du zu sprechen. Die Welt ist für sie zur Projektion ihres Ichs geworden, nicht bloß theoretisch, wie im Idealismus, sondern praktisch, und aus diesem Grund können sie nur mit einem fiktiven Du sprechen (Ebner 1921, S. 47f., 81, 155). Diese Form der Psychose wird von Martin Buber in *Ich und Du* in etwas poetischeren Begriffen erklärt. »Wenn der Mensch das *Apriori* der Beziehung nicht an der Welt bewahrt,« schreibt Buber, »das eingeborene Du nicht am begegnenden auswirkt und verwirklicht, dann schlägt es nach innen.« Die Folge ist, daß die Auseinandersetzung mit dem Gegenüber in einem selbst stattfindet, und das bedeutet inneren Widerspruch — der Schrecken eines inneren Doppelgängers. »Hier ist der Rand des Lebens. Ein Unerfülltes ist hier in den wahnwitzigen Schein einer Erfüllung geflüchtet, nun tastet es in den Irrgärten umher und verliert sich immer tiefer.« so Buber weiter (Buber 1958, S. 69f.).[2)] Bubers Ich-und-Du-Philosophie ist sowohl deskriptiv *als auch* normativ, Faktum *und* Wertvorstellung. Das Normative besteht in der Unterscheidung zwischen bloßer Existenz und authentischer Existenz, zwi-

2) Die intuitive Erkenntnis Ebners und Bubers über die Entstehung von Geisteskrankheit wurde, wie wir sehen werden, von Viktor von Weizsäcker bestätigt, einem deutschen Psychiater, der einen wichtigen Beitrag zur psychosomatischen Medizin geleistet hat. In den Jahren, als er und Buber als Herausgeber der Zeitschrift *Die Kreatur* zusammenarbeiteten, begann Weizsäcker, die dialogische Philosophie auf die Medizin und Psychiatrie anzuwenden.

schen purem Menschsein und vollkommenerem Menschsein, zwischen dem notdürftigen Zusammenhalten der Bruchstücke des Selbst, um durchzukommen, und der Verschmelzung der widersprüchlichen Teile der eigenen Persönlichkeit zu einer aktiven Einheit, zwischen partiellen, disparaten Beziehungen zu anderen und erfüllteren, verantwortlicheren.

Die Entfaltung der Sphäre des Zwischen bezeichnet Buber als das »Dialogische«. Das Psychologische, das in der Seele jedes Einzelnen geschieht, ist nur die geheime Begleitung des Dialogischen. Die Bedeutung des Dialogs ist weder in dem einen noch dem anderen Partner, noch in beiden zusammen zu finden, sondern vielmehr in ihrem Austausch. Diese Unterscheidung zwischen dem »Dialogischen« und dem »Psychologischen« stellt einen radikalen Angriff auf den Psychologismus unseres Zeitalters dar. Sie offenbart die fundamentale Unklarheit jener modernen Psychologen, die sich zwar zum Dialog von Mensch zu Mensch bekennen, die sich aber nicht im klaren darüber sind, ob dieser Dialog ein Wert an sich ist oder lediglich eine Funktion der Selbstbejahung und Selbstverwirklichung des Individuums.

Nur als Partner/in kann ein Mensch als existierende Ganzheit begriffen werden. Einen Menschen wahrzunehmen bedeutet, seine oder ihre Ganzheit als eine von Geist und Seele geprägte Person zu erfassen : das dynamische Zentrum wahrzunehmen, das allen Äußerungen, Handlungen und Einstellungen das erkennbare Zeichen der Einzigartigkeit aufdrückt. Eine solche Wahrnehmung ist unmöglich, solange der/die Andere für mich das losgelöste Objekt meiner Beobachtung ist; denn auf diese Weise wird sich mir die Ganzheit dieses Menschen und ihr Zentrum nicht erschließen. Dies ist nur dann möglich, wenn er oder sie für mich gegenwärtig wird.

Gegenseitige Bestätigung ist wesentlich, um ein Selbst zu werden — ein Mensch, der seine Einzigartigkeit gerade durch seine Beziehungen zu anderen Selbsten erkennt, deren Distanz zu ihm durch seine Distanz zu ihnen vollendet. Echte Bestätigung bedeutet, daß ich meinen Partner als real existierendes Geschöpf bestätige, während ich mich gleichzeitig mit ihm auseinandersetze. Ich legitimiere ihn mir gegenüber als denjenigen, mit dem ich es in einem echten Dialog zu tun habe. Diese gegenseitige Bestätigung zweier Menschen verwirklicht sich am umfassendsten im »Vergegenwärtigen«, ein Vorgang, der sich teilweise vollzieht, wo immer Menschen zusammenkommen, der aber im wahrsten Sinne nur selten geschieht. Die »Realphantasie«, wie Buber diesen Vorgang auch bezeichnet, ist nicht dasselbe wie Einfühlung oder intuitive Wahrnehmung, sondern vielmehr ein kühnes Einschwingen in den anderen, das die intensivste Regung meines Seins erfordert, um den anderen in seiner »Ganzheit, Einheit und Einzigkeit« zu vergegenwärtigen. Man kann dies nur als Partner tun, der sich mit dem anderen in einer gemeinsamen Situation befindet, und selbst dann kann der Ruf an den anderen unbeantwortet bleiben und der Dialog im Keime ersticken.

In Freundschaft und Liebe ist die Realphantasie bzw. die »Umfassung« wechselseitig. In den helfenden Beziehungen ist sie jedoch zwangsläufig einseitig. Der Patient kann die Beziehung nicht gleichermaßen gut vom Standpunkt des Therapeuten aus erleben oder der Schüler vom Standpunkt des Lehrers, ohne die Beziehung zu zerstören oder grundlegend zu verändern. Das bedeutet nicht, daß der Therapeut darauf beschränkt ist, den Patienten als ein Objekt, ein Es zu behandeln. Die einseitige Umfassung der Therapie ist dennoch eine Ich-und-Du-Beziehung, basierend auf Gegenseitigkeit, Vertrauen und Partnerschaft in einer gemeinsamen Situation, und nur in dieser Beziehung kann echte Heilung stattfinden.

Wenn »jedes wirkliche Leben Begegnung ist«, dann findet jede echte Heilung nur durch Begegnung statt. Wenn sich der Psychotherapeut damit zufrieden gibt, den Patienten zu »analysieren«,

> d.h. aus seinem Mikrokosmos unbewußte Faktoren ans Licht zu holen und die durch ein solches Hervortreten verwandelten Energien an eine bewußte Lebensarbeit zu setzen, mag ihm manche Reparatur gelingen. Er mag bestenfalls einer diffusen, strukturarmen Stelle helfen, sich einigermaßen zu sammeln und zu ordnen. Aber das, was ihm hier eigentlich aufgetragen ist, die Regeneration eines verkümmerten Person-Zentrums wird er nicht zu Werke bringen. Das vermag nur, wer mit dem großen Blick des Arztes die verschüttete latente Einheit der leidenden Seele erfaßt, und das ist eben nur in der partnerischen Haltung von Person zu Person, nicht durch Betrachtung und Untersuchung eines Objekts zu erlangen. (Buber 1962, S. 167)

Eine gemeinsame Situation bedeutet jedoch nicht, daß beide aus derselben oder auch nur einer ähnlichen Position in diese eintreten. In der Psychotherapie ist der Unterschied in der Position nicht nur einer der persönlichen Haltung, sondern auch der Rolle und der Funktion; ein Unterschied, der durch die sehr unterschiedlichen Absichten bedingt ist, die beide bewogen haben, in diese Beziehung einzutreten. Wenn das Ziel auch ein gemeinsames ist — die Heilung des Patienten — so differiert das Verhältnis zu diesem Ziel radikal zwischen Therapeut und Patient, und die Heilung, die stattfindet, hängt ebensosehr von der Erkenntnis dieser Differenz wie von der Wechselseitigkeit der Begegnung und des Vertrauens ab.

Martin Buber verschafft uns eine weitere Einsicht in die Implikationen des Dialogs für die Psychotherapie durch seine Erörterung der Art und Weise, wie die großen *zaddikim* (die Anführer der mystischen jüdischen Gemeinschaften der Chassidim im 18. und 19. Jahrhundert in Osteuropa) diejenigen heilten, die hilfesuchend zu ihnen kamen. Um die richtige Perspektive zu erlangen, müssen wir uns vor Augen halten, schreibt Buber, daß die Beziehung einer Seele zu ihrem organischen Leben vom Grad ihrer Ganzheit und Einheit abhängt.

> Je dissoziierter, um so preisgegebener, je geschlossener, um so übermächtiger ist sie seinen Krankheiten und Anwandlungen; nicht als ob sie den Leib besiegte, sondern indem sie durch ihre Einheit die seine immer wieder rettet und schützt. (Buber 1963, 823)

Dieser Vorgang ist Buber zufolge am besten

> »durch die psychosynthetische Erscheinung einer ganzen, einheitlichen Seele« zu bewirken, »die sich der zerfallenen Seele bemächtigt und sie von allen Seiten bearbeitet, das Ereignis der Kristallisation fordernd.« (Buber 1960, S. 132f., rückübersetzt)

Hier wird der Begriff »psychosynthetisch«[3] eindeutig in bewußtem Gegensatz zu »psychoanalytisch« verwendet, um die Zugehensweise von der Ganzheit her im Gegensatz zu der von isolierten Teilen und Komplexen her hervorzuheben. Die in sich ruhende Seele schafft ein Zentrum in der Seele, die sich an sie wendet, und sorgt gleichzeitig dafür, daß diese Seele nicht abhängig von ihr bleibt. Der Helfer pflanzt der Seele, der er hilft, nicht sein eigenes Bildnis ein. Stattdessen

3) Da dieser Essay 1921 geschrieben wurde, ist es höchst unwahrscheinlich, daß er von Robert Assagiolis Gebrauch des Begriffs Psychosynthese beeinflußt wurde. Tatsächlich könnte sich der Einfluß umgekehrt ausgewirkt haben, da Buber und Assagioli später Freunde wurden.

»läßt er sie durch ihn hindurchschauen wie durch ein Glas in das Sein und nun das Sein selbst entdeckend läßt er sie kraftvoll werden als der Kern der lebendigen Einheit« (Buber 1960, 132f., rückübersetzt)

Diese Art der Hilfe steht in scharfem Kontrast zum Arzt und zum Psychotherapeuten, die anderen technische Hilfe zuteil werden lassen, ohne in eine Beziehung zu ihnen einzutreten. Hilfe ohne Gegenseitigkeit sei Anmaßung, schreibt Buber; sie sei ein Versuch, Zauberei zu praktizieren

sowie der Helfer von der Lust angewandelt wird, seinen Pflegling — in noch so subtiler Weise — zu beherrschen oder zu genießen, oder auch dessen etwaigen Wunsch, von ihm beherrscht oder genossen zu werden, anders denn als einen der Heilung bedürftigen Fehlzustand zu behandeln, tut sich die Gefahr einer Verfälschung auf, der verglichen alle Kurpfuscherei harmlos erscheint.« (Buber 1962, S. 800)

Für den Therapeuten beruht die Unterscheidung zwischen Willkür und echtem Wollen auf einer sehr realen und konkreten Erfahrung der Beziehung von Seiten des Klienten. Nur wenn der Therapeut die »Anderheit« des Klienten entdeckt, wird er auch seine eigenen realen Grenzen herausfinden, und erkennen, was nötig ist, um dem Klienten zu helfen. Er muß die Position des anderen in der konkreten Aktualität des oder der Betreffenden sehen, ohne dabei seine eigene aus den Augen zu verlieren. Nur dies bewahrt ihn vor der Gefahr, daß der Wille, zu heilen, zur Willkür verkommt.

In der Therapie sind Wille und Entschlossenheit im Dialog entscheidend. Therapie sollte nicht von der Untersuchung individueller psychologischer Komplikationen ausgehen, sondern vielmehr von der ganzen Person; denn nur das Verständnis der Ganzheit als solcher kann zu einer echten Verwandlung oder Heilung der Person und ihrer Beziehungen zu anderen führen. Keines der psychischen Phänomene sollte in den Mittelpunkt der Beobachtung gerückt werden, als ob sich alles übrige davon ableite. Der/die Betreffende sollte nicht als ein Objekt der Untersuchung behandelt und ermutigt werden, sich als ein »Es« zu betrachten. Vielmehr sollte der Klient aufgefordert werden, sich »zurechtzusetzen«, meint Buber, sein inneres Sein zu sammeln, damit er auf sein Gegenüber reagieren könne. Eine solche Reaktion bedeutet die Verwandlung der Impulse, der »fremden Gedanken« bzw. der Phantasien. Es geht nicht darum, die Fülle dieser Phantasien zurückzuweisen, sondern sie vielmehr in unserer Einbildungskraft zu transformieren und in Wirklichkeit zu verwandeln. »Wir müssen das Element, das von uns Besitz zu ergreifen versucht, in die Substanz wirklichen Lebens umwandeln.«

I. Teil

Dialog in den psychotherapeutischen Schulen

2. Kapitel

Die Freudianer

Sigmund Freud

Sigmund Freud benutzte den Dialog als zentrales Mittel in seiner Psychoanalyse; dennoch war er kein »dialogischer Psychotherapeut«. Sein Interesse konzentrierte sich in erster Linie auf das Intrapsychische und erst in zweiter Linie auf das Interpersonelle, und in seiner Theorie ging es ihm im Gegensatz zu seiner konkreten Praxis keinesfalls um das »Zwischenmenschliche« oder das »Zwischen«. Andererseits erkannte er, wie wir sehen werden, daß es manchmal eine direkte Kommunikation zwischen einem Unbewußten und einem anderen gibt; er machte kühnen Gebrauch von einer Eins-zu-eins-Methode, die nicht unter Laborbedingungen dupliziert werden konnte. Er selbst prägte die Begriffe »Übertragung« und »Gegenübertragung« aufgrund seiner eigenen Erfahrungen als Analytiker; und als der Begründer der Psychoanalyse ist er der wichtigste Vorläufer jener Persönlichkeiten und Schulen der heutigen Psychotherapie, mit denen wir uns im I. Teil, »Dialog in den psychotherapeutischen Schulen«, befassen wollen. Wenn es uns auch nicht gelingt, viele dialogische Perspektiven *in* Freuds Psychotherapie zu finden, so werden wir zumindest einige dialogische Perspektiven *auf* seine Psychotherapie gewinnen.

Freud unterscheidet zwischen zwei Arten von Unbewußtem, von denen das eine bewußt werden kann, wie etwas, woran wir nicht denken, aber woran wir denken können, wenn wir es wollen, während das andere nicht bewußt werden kann, weil es vom Zensor als zu gefährlich für das Ich verdrängt wird. Das erste bezeichnet Freud als das »Vorbewußte«, das letzte als das eigentliche »Unbewußte«. Obwohl verdrängt, ist das Unbewußte dennoch die grundlegende, entscheidende Kraft. Wir werden von unbekannten und unkontrollierbaren Kräften »gelebt«. Das Ich setzt die Wünsche des Es ständig in Handlung um, als ob sie seine eigenen wären. Es rationalisiert die Wünsche des Es. Das Ich repräsentiert das, was wir Verstand und Vernunft nennen, im Gegensatz zum Es, das die Leidenschaften enthält. Das Ich entsteht nur als eine Abspaltung vom Es, als Ergebnis der Identifizierung mit den Eltern in den ersten Lebensjahren. Der Charakter des Ichs ist für Freud nichts anderes als ein Niederschlag aufgegebener »Objekt-Wahlen«. Das Wort »Objekt« ist hier besonders angebracht, denn Freud versteht die »Besetzung« nicht als eine wesentliche Beziehung zu einem anderen Menschen, sondern vielmehr als eine triebhafte Beziehung zu sich selbst via die andere Person. Es ist wie ein geschlossener Stromkreis, in dem der andere der Weiterleiter ist, aber niemals wirklich der Initiator oder der Empfänger.

Durch einen ähnlichen Prozeß entsteht das Ich-Ideal oder »Über-Ich«, wie Freud 1923 in seinem Buch *Das Ich und das Es* schrieb. Das Ich-Ideal entsteht in einer direkten und unmittelbaren Identifizierung mit dem Vater. Der Vater wird zum Inbegriff des Mannes, sowohl im Sinne von Männlichkeit als auch hinsichtlich des Über-Ichs, das die Charakterideale beherrscht. Das Über-Ich sagt nicht nur, »du *solltest* in dieser und jener Hinsicht wie dein Vater *sein*«, sondern auch »du *darfst* in diesen anderen Hinsichten, die seine Vorrechte sind, *nicht* wie er *sein*«. Soziale Gefühle beruhen auf einem gemeinsamen Ich-Ideal mit dem Ergebnis, daß »die Spannung zwischen den Forderungen des Gewissens und den tatsächlichen Errungenschaften des Ichs als Schuldgefühl erlebt wird«.

Die Kultur dient dem doppelten Zweck, die Menschheit vor der Natur zu schützen und die Beziehungen der Menschen untereinander zu regeln, wie Freud in *Das Unbehagen in der Kultur* (1930; GW 14 : 419 — 506) schreibt. Der entscheidende Schritt zur Zivilisation ist getan, wenn die Macht eines Einzelnen durch die Macht einer Gruppe ersetzt wird. Diesen vereinten Kräften liegt nie mehr als ein Gesellschaftsvertrag zugrunde. Dieser kann den Menschen nicht zu einem Teil eines organischen Ganzen wie die Ameise oder die Biene machen. Der Mensch werde immer seinen Anspruch auf in dividuelle Freiheit gegen den Willen der Vielen verteidigen, sagt Freud, und dies mache die Aufgabe, eine befriedigende Lösung für das Problem individueller Ansprüche und der Ansprüche der zivilisierten Gemeinschaft zu finden, so bedeutsam. Es ist eines der Probleme des menschlichen Schicksals, ob eine solche Lösung in einer bestimmten Kulturform gefunden werden kann oder ob sich der Konflikt als unversöhnlich erweist (ebenda).

Freuds Auffassung von der Kultur und dem Unbehagen an ihr bringt ihn in die merkwürdige Lage, moralische Urteile über das Über-Ich zu fällen, das er als die einzige Quelle moralischer Urteile definiert hat. Indem es mit solcher Strenge gebiete und verbiete, klagt er, kümmere es sich zu wenig um das Glück des Ichs, und es berücksichtige nicht hinreichend die Schwierigkeiten, ihm zu gehorchen — die Stärke der Triebwünsche im Es und die Hindernisse der äußeren Umgebung. Die Folge ist, daß der Therapeut nach Freuds Auffassung gezwungen ist, mit dem Über-Ich zu ringen und auf eine Mäßigung seiner Forderungen hinzuarbeiten. Nach seiner moralischen Verurteilung der ethischen Maßstäbe des individuellen Über-Ichs wendet sich Freud einer moralischen Verurteilung der ethischen Maßstäbe des kulturellen Über-Ichs, der Normen der Gesellschaft, zu. Auch dieses erzwingt ein moralisches »du solltest«, das unmöglich zu erfüllen ist. Es setzt unbegrenzte Macht des Ichs über das Es voraus, über die nicht einmal normale Menschen verfügen. Diese maßlose Forderung führt zur Revolte oder zur Neurose oder macht das Individuum unglücklich.

In Freuds Menschenbild gibt es somit keinen Platz für Freiheit und Spontaneität — mit einer merkwürdigen, aber überaus wichtigen Ausnahme. Wie immer Freud es theoretisch erklären mag: das Ziel der Psychoanalyse ist die Befreiung des Individuums von vergangenen Fixierungen und Traumen, so daß es frei werde, auf die Realität der Gegenwart zu reagieren und mit dieser zu leben. Das Ich ist für Freud der Realitätsprüfer. Seine Funktion, dem Individuum zu helfen, sich an die Realität anzupassen und sich zu verändern oder Kompromisse zwischen den Forderungen des Über-Ichs und des Es zu vermitteln, führt zu echter Freiheit. Daraus ergibt sich Freuds Tendenz, das Bewußtsein selbst als Freiheit zu betrachten, insbesondere, wenn es ihm gelingt, verdrängtes Material zu erkennen und es in das Ich zu integrieren. Das Ziel der Freud'schen Psychoanalyse — »wo Es war, soll Ich werden« — beschreibt als solches ein Fortschreiten vom psychologischen Determinismus zu persönlicher Freiheit.

Freud gebührt mehr als jedem anderen das Verdienst, aber auch die Verantwortung dafür, das Zeitalter des Psychologischen Menschen eingeleitet zu haben. Auf der Haben-Seite sind die tieferen Einsichten in die menschlichen Leidenschaften und Konflikte, in die komplexen inneren Spaltungen und den mörderischen Hader des Menschen im allgemeinen und des modernen, zivilisierten Menschen im besonderen. Ebenfalls positiv zu sehen ist jenes moralische Anliegen, das Freud veranlaßt, zu wünschen, das harsche Regiment des Über-Ichs möge zugunsten einer gemäßigteren Verbindung von Verdrängungen und Triebbefriedigungen eingeschränkt werden, wie sie sich ein befreites und reifes Ich leisten kann. Freuds Gegenüberstellung des Realitäts- und des Lustprinzips und später der Libido und des Todestriebs verhilft ihm zu einem fein ausgewogenen Realismus, der die tragischen Beschränkungen des Lebens akzeptiert, aber gleichzeitig an die emanzipatorischen Möglichkeiten der Vernunft glaubt, wenn sich diese der Psychoanalyse als neutrales Instrument wissenschaftlicher Forschung bedient.

Auf der Soll-Seite steht dagegen der überwältigende und anmaßende Individualismus, der Freud veranlaßt, die sozialen Beziehungen zwischen Menschen auf sekundäre Produkte individueller Triebbefriedigung zu reduzieren. Noch bedenklicher für das Menschenbild ist der Psychologismus, der die Bedeutung menschlicher und zwischenmenschlicher Existenz in das Intrapsychische — in innere, seelische Kategorien und Dimensionen — verlagert.[1)]

David Bakan hat eine wichtige Modifizierung unserer Kritik an Freuds Betonung des Intrapsychischen auf Kosten des Zwischenmenschlichen vorgeschlagen. Freuds Betonung der Notwendigkeit von Übertragungen zur Überwindung der Verdrängungen der Patienten ist für Bakan

> »eine tiefgründige intuitive Einsicht über die Beziehung zwischen dem Intrapsychischen und dem Sozialen. Wenn die Isolierung des Individuums vom größeren *sozialen Telos* überwunden werden könnte, wenn Kontakt und Kommunikation zwischen dem Individuum und zumindest einem anderen Menschen im größeren sozialen Gefüge hergestellt werden könnte, dann könnte der/die Betreffende geheilt werden. Mit anderen Worten, wenn der

1) Die obigen Abschnitte basieren auf Maurice Friedman, *To Deny Our Nothingness : Contemporary Images of Man,* dritte überarbeitete Ausgabe (1978) mit einem neuen Vorwort und Anhängen (Chicago : The University of Chicago Press, Phoenix Books, 1978). 11. Kapitel, »Sigmund Freud«, S. 191—205).

soziale Telos wieder ins Spiel gebracht werden kann, so daß der individuelle Organismus in die größere Gesellschaft integriert wird, wobei letztere ebenfalls als ein Organismus angesehen wird, dann könnte die Ziellosigkeit des Organismus überwunden werden«. (Bakan 1969, S. 47)

Wir können eine konkretere dialogische Sichtweise von Freud gewinnen, wenn wir uns seiner Beziehung zu seinen ersten Patientinnen zuwenden, soweit wir aus Freuds literarischen Fallstudien und den Kommentaren dazu Bescheid wissen. Jules Glenn schreibt, Freud habe erkannt, daß er mit seinen Patient/inn/en ein therapeutisches Bündnis schließen mußte, und daß er Schritte unternahm, um dieses zu fördern: »wenn man ein ernsthaftes Interesse an ihm [dem Analysanden] zeige, die Widerstände sorgfältig wegräume, die anfangs auftreten, und es vermeide, bestimmte Fehler zu machen«, dann geschieht eine Übertragung von Personen, »von denen er liebevolle Behandlung gewöhnt war«. Der Analytiker soll die Übertragung nicht analysieren, bis sie zu einem Widerstand geworden ist (Glenn 1980b, S. 15).

Im Falle des »Rattenmannes«, so wurde er wegen seiner Fixierung auf eine Form der Folter genannt, bei der Ratten auf das Gesäß eines Verbrechers losgelassen wurden und sich einen Weg durch den Anus bohrten, »ging Freud über diese Empfehlungen hinaus und versuchte, das Vertrauen des Patienten in die Behandlung und sein Engagement für diese zu stärken, indem er ihm versicherte, daß er, der Patient, ein intelligenter und stabiler Mann sei, der aus der Analyse Nutzen ziehen könne«, schreibt Glenn. Glenn stellt Freuds Rückzug aus der Analyse Doras und der »Lesbierin« der Geduld mit dem Rattenmann und dem Wolfsmann gegenüber. Freud fütterte den Rattenmann, schickte ihm eine Postkarte, legte ihm die Worte in den Mund, die die Schilderung des Rattenmannes von seiner Folter vervollständigten, und drängte ihn, ihm ein Bild von seiner Freundin mitzubringen und ihm ihren Namen zu sagen. Glenn vertritt die Auffassung, daß ein Grund, warum Freud die Analyse von Dora und der »Lesbierin« beendet habe, sein Unvermögen gewesen sei, zu erkennen, daß ihre Abwehrmechanismen typisch für Heranwachsende waren, wozu noch die erotische Anziehung gekommen sei, die sie auf Freud ausübten, und die ihn weniger tolerant auf ihre feindselige Apathie reagieren ließ als auf die seiner männlichen Patienten. Er habe ihre Zuneigung und ihren Wunsch nach Hilfe unterschätzt, ihre aggressiven Rachewünsche dagegen überbewertet. Freud hat das Hauptproblem Doras ignoriert und ihre jugendliche Wahrheitsliebe übersehen, die sie veranlaßte, sich an einen integren Mann zu wenden, ihre Hoffnung, einen neutralen, nicht inzestuösen, nicht korrupten Mentor zu finden.

Melvin Scharfman meint, Freuds Behandlung Doras sei von sekundärer Bedeutung für ihn gewesen, sein primäres Anliegen sei die Weiterentwicklung seiner eigenen psychoanalytischen Theorie gewesen. Freud hat sich auf Penisneid und ödipale Phantasien konzentriert, aber die wirklichen Enttäuschungen ignoriert, die Dora mit ihrem Vater und Herrn K. erlebte, der sie zu verführen suchte. Das Ergebnis ist Nichtheilung durch verfehlte Begegnung gewesen, um eine Ausdrucksweise zu prägen, die im Gegensatz zu Bubers Formulierung steht:

> Es gibt mehrere Punkte in der Analyse, an denen Freud sowohl Herrn K. als auch den Vater der Patientin verteidigte und Dora vor Augen hielt, sie wisse doch im Grunde, wie sehr diese sie liebten. All dies wurde zu einer jungen Frau gesagt, die von beiden Männern ziemlich herb enttäuscht worden war. Ihre Analyse hätte eine Chance sein können, ihr zu einer anderen Art von Beziehung zu einem Mann zu verhelfen. Sie mußte die Zwischenphase der Entwicklung des jüngeren Mädchens durchmachen, in der sie eine Beziehung zu einem Mann hat, die nicht sofort sexualisiert ist, sondern in der sie sich als Mensch akzeptiert fühlt, während sie noch Erfüllung für Reste ödipaler Wünsche sucht, nämlich den Wunsch, geliebt, bewundert und mit Aufmerksamkeit bedacht zu werden (Scharfman 1980, S. 55).[2)]

Robert Langs weist ebenfalls auf eine verfehlte Kommunikation in Doras Fall hin — Interaktionen zwischen Freud und Dora, die die Ziele der Therapie unterminierten. Freud hat die Übertragungselemente in den Mitteilungen Doras zu spät erkannt, und er tendierte dazu, sie mit genetischem Material aus ihrer frühen Kindheit in Verbindung zu bringen, ohne die Implikationen seiner Beziehung zu ihr ganz zu erfassen. Durch seinen fortgesetzten Kontakt mit Doras Vater und Herrn K. hat Freud gegen das Eins-zu-eins-Verhältnis der analytischen Beziehung verstoßen, die Vertraulichkeit der Analyse gefährdet und seinem eigenen Ansehen geschadet als jemand, der den beiden Männern verbunden war, die Dora enttäuscht hatten. Auch Mark Kanzer hat den Eindruck, daß Freud die Übertragung Do-

---

2) Vgl. Scharfman 1980, S. 52, 56f.

ras ebenso vermied wie die Einsichten, die ihm ihre Träume in ihre Beziehung zu ihm hätten eröffnen können. Dora wurde ständig unter Druck gesetzt, Freuds Deutungen zu bestätigen, und hatte wenig Gelegenheit, ihre eigenen Assoziationen, Phantasien und Gedanken ungehindert vorzubringen. Statt Doras Ambivalenz ihm gegenüber und deren Zusammenhang mit ihrem realistisch begründeten Mißtrauen gegenüber allen Erwachsenen und Autoritätsfiguren zu analysieren, resümiert Isidor Bernstein, habe Freud Doras libidinöse bzw. sexuelle Konflikte hervorgehoben, ihre Aggressionen ihm gegenüber ignoriert, mit ihren wichtigsten Bezugspersonen Umgang gepflegt und ihre Analyse in autoritärer und schulmeisterlicher Weise durchgeführt! Freud scheint Dora de facto das Gefühl vermittelt zu haben, daß er sie für die Analyse kaum benötige — eine Wiederholung früherer Herabsetzungen ihrer Person. Begeistert von seiner Entdeckung der neuen Welt der Träume und des Unbewußten fiel Freud voreiligen Deutungen zum Opfer, die Doras Abwehr verstärkten. Später sollte sich Freud selbst dafür kritisieren, sich nicht früh genug mit Übertragungsproblemen auseinandergesetzt zu haben.

Selbst beim Rattenmann war sich Freud nur wenig der Übertragungen bewußt, wie Stanley Weiss hervorhebt:

> Während der Psychoanalyse des Rattenmannes beschränkten sich die Deutungen auf das Unbewußte. Übertragungsdeutungen erfolgten nur zögernd und beschränkten sich in erster Linie auf die positive Übertragung. Aktuelle Übertragungen, insbesondere negativer Art, wurden häufig übergangen oder in die Vergangenheit verlegt und dürften in der Gegenwart keine Aufmerksamkeit gewinnen (Weiss 1980, S. 207).

Ähnlich schildert auch Robert Langs Freud als jemanden, der die aktuelle Situation zwischen sich selbst und dem Rattenmann vermeidet, indem er die Feindseligkeit des Rattenmannes gegenüber seinem Vater in der Kindheit rekonstruiert. »Das war insofern charakteristisch für Freuds damalige Technik, als er durchgehend die Tagesreste und die aktuellen Auslöser der Übertragungsreaktionen seiner Patienten vermied und auch alle realistischen Wahrnehmungen und auf Realität basierenden Reaktionen auf ihn selbst nicht zur Kenntnis nahm.« Mark Kanzer vertritt die Auffassung, daß Freuds freundschaftliche Impulse, die ihn veranlaßten, den Rattenmann zu füttern und ihm eine Postkarte zu schicken, das therapeutische Bündnis in einem kritischen Zeitpunkt ernsthaft störten. Er meint weiter, daß negative therapeutische Reaktionen dadurch entstanden sein könnten, daß Freud Symbole und Metaphern ins Spiel brachte, die den Rattenmann beeinflußten, und daß er den Gebrauch der Sprache und der recht bedeutsamen Bilder durch den Patienten ignoriert habe.

Auf der positiven Seite zitiert Kanzer Elizabeth Zetzels Rekonstruktion der Behandlung des Rattenmannes anhand von Freuds Aufzeichnungen (die lange nach Abschluß des Falles veröffentlicht wurden); demzufolge könnte Freud »in größerem Maß als echter Mensch gesehen werden, der sich auch emotional für seinen Patienten engagierte, gelegentlich Gegenübertragungsschwierigkeiten wahrnahm und ihm Ermutigung und pädagogische Unterstützung angedeihen ließ«. Kanzer resümiert auch Judith Kestenbergs Portrait von Freud als guter Vater, der geduldig, verständnisvoll und mitfühlend war. Freud hat dem verschwommenen Denken des Rattenmannes präzise Formulierungen entgegengesetzt, ihn gelehrt, neue Objekt- und Selbstbilder zu formen, und ihm anstelle seiner verwirrten und gestörten Eltern als zuverlässiges Vorbild gedient. Da er sich während der Behandlung selbst analysierte (sein eigenes Lachen, seine Skepsis und seine Konflikte), sei er imstande gewesen, auch den Rattenmann zu solcher Selbsterforschung zu veranlassen (Langs 1980a, S. 218; Kanzer 1980a, S. 239; Kanzer 1980b, S. 242f.).

Ein anderer berühmter früher Fall Freuds war der des Wolfsmannes, der wiederholte Träume von wilden weißen Wölfen hatte. »Bei der Lektüre des Wolfsmannfalls erhält man den Eindruck, daß er für Freud bereichernder war als für seinen berühmten Patienten«, bemerkt Harold Blum in einem Kommentar über die wissenschaftliche und literarische Genialität Freuds und die Wahrscheinlichkeit, daß die Analyse in erster Linie für Freud selbst klärend und erhellend gewirkt hat. Robert J. Langs meint, Freud habe im Fall des Wolfsmannes das therapeutische Bündnis belastet, indem er ihm direkte Ratschläge gab, mit seiner Verlobten zusammentraf, persönliche Angelegenheiten seines eigenen Lebens erörterte, Geschenke verlangte und ihm kostenlose analytische Sitzungen gewährte. Alle diese »Abweichungen« von der nach heutigen Vorstellungen anerkannten psychoanalytischen Technik hätten »eine Reihe pathogener, unbewußter Phantasien und Identifizierungen gefördert und begünstigt, die einer dauerhaften inneren Auflösung der Pathologie des Wolfsmannes im Wege standen«. Freuds Erweiterung der Grenzen der Beziehung zwischen Patient und Analytiker hatte eine verführerische Atmosphäre ebenso gefördert wie eine unterwürfige, passiv-feminine Haltung des Wolfsmannes sowie ein unbewußtes Bild von Freud als verführerisch, maskulin und mächtig (Blum, 1980, S. 342; Langs 1980c, S. 3809 — 382). Die Schlußfolgerung, zu der Langs kommt, ist von Bedeutung für eine dialogische Betrachtung der Psychoanalyse:

> Die Art und Weise, wie der Analytiker die analytische Situation und Beziehung gestaltet und aufrechterhält, wird vom Patienten ständig und unbewußt registriert. Diese Grundregeln und Rahmenbedingungen spiegeln entscheidende Aspekte der Identität und der Funktionen des Analytikers und haben einen tiefen Einfluß auf das Sicherheitsgefühl und das Vertrauen des Patienten, auf die wichtigen, kontinuierlichen Identifikationsaspekte seiner Beziehung zum Analytiker und auf die Beschaffenheit der intrapsychischen Phantasien und der unbewußten Wahrnehmungen und Projektionen des Patienten (Langs 1980b, S. 383).

Das Fazit, das Mark Kanzer und Jules Glenn ziehen, trägt ebenfalls zu einer dialogischen Sichtweise der Psychoanalyse bei:

> Die gegenwärtige Tendenz, den analytischen Prozeß als eine Beziehung zwischen zwei Personen zu sehen, hat uns veranlaßt, Freud sowie dem Patienten bei dem zwischen ihnen stattfindenden Austausch gleichermaßen Beachtung zu schenken. Seine intuitiven und bahnbrechenden Interventionen sind ein Teil der Faszination, die von diesen Fällen ausgehen, und seine Wortwahl und Metaphern zeugen ebenso wie seine ausführlichen selbstanalytischen und biographischen Kommentare von der inneren Tiefe, aus denen er seine Konzeptionen schöpfte, und von den suggestiven Einflüssen, die sich wechselseitig zwischen dem Patienten und ihm selbst abspielen. In diesem Sinne glauben wir, eine wesentliche Aufgabe der Psychoanalyse aufzudecken, die in Freuds veröffentlichten Werken selten aufscheinen konnte: das Abwechseln zwischen der Analyse des Patienten und der Selbstanalyse des Therapeuten (Kanzer und Glenn, 1980, S. 430f.).

Robert Langs

In seinem Buch *The Psychotherapeutic Conspiracy* (1982) versucht Robert J. Langs ebenfalls, eine wesentliche Aufgabe der Psychoanalyse mit dem gleichen doppelseitigen Charakter zu verfolgen, nämlich die Ablehnung des exzessiven Gebrauchs der Übertragung und der damit verbundenen Überbetonung des Intrapsychischen zugunsten der Erkenntnis der unbewußten Interaktion zwischen Analytiker und Patient und der bipolaren Realität, die diese mit sich bringt. Langs meint, daß Freud die Übertragung als ein Mittel erfunden habe, um Josef Breuer beruhigen zu können, daß er nicht zu dem verführerischen Verhalten seiner Patientin Anna O. beigetragen habe, wodurch es ihm gelungen sei, Breuer zu überreden, 1895 die Veröffentlichung ihres gemeinsamen Buches *Studien über Hysterie* zu gestatten. Dieses Konzept hat es Breuer, Freud und späteren Therapeuten ermöglicht, die Handlungsweisen und Äußerungen der Patienten ihnen gegenüber als pure Verzerrung zu sehen, unbeeinflußt durch irgendwelche unbewußten Interaktionen von ihrer Seite. »Der Therapeut wird als eine Art Folie oder weiße Leinwand betrachtet, auf die der Patient seine sexuellen und andere völlig unbegründete und verzerrte Gefühle projiziert bzw. der gegenüber er diese ausagiert.«

Auf der Grundlage seiner Lektüre der Schriften und frühen Fallgeschichten Freuds weist Langs auch darauf hin, daß »Therapeuten in diesen ersten Jahren dazu neigten, ihren Patient/inn/en eine Menge über sich selbst und ihr persönliches Leben zu offenbaren«. Was Langs überaus bedeutsam erscheint, ist nicht bloß die Leugnung der starken gegenseitigen Anziehung zwischen Breuer und Anna O., sondern auch die starke Motivation sowohl des Therapeuten als auch der Patienten, sich gegen die erschreckenden Erkenntnisse, die durch die psychotherapeutische Erfahrung ausgelöst wurden, zu verschwören. Der Therapeut, der die persönlichsten und intimsten Geheimnisse des Patienten aufdeckt, muß bereit sein, sich seiner eigenen Vergangenheit und seiner gegenwärtigen innerpsychischen Welt zu stellen (Langs 1982, S. 84f., 90f.).

Langs behauptet, Freud habe das Forschungsgebiet der Psychoanalyse auf dem Fundament genau dieses psychotherapeutischen Komplotts errichtet, das seinerseits auf dem Konzept der Übertragung basiere:

> Für Freud war es unmöglich, sich vorzustellen, daß ein Arzt in seiner Beziehung zu einem Patienten an irgendeinem Punkt die sexuelle Kontrolle verlieren könnte. Obwohl es ihn beunruhigte, war er durch das verliebte Verhalten seiner Patientin sichtlich nicht so verstört, daß er die Flucht ergriff, jedenfalls nicht die physische Flucht. Vielmehr kam er sofort zu dem Schluß, daß ihr Verhalten nichts mit seiner eigenen persönlichen Attraktivität zu tun haben könnte und übrigens auch nicht mit irgend etwas, das er getan hatte. Als

Erklärung schlug er eine ganz andere Quelle vor: die frühere Liebe der Patientin zu ihrem Vater oder irgendeiner anderen vergleichbaren Figur, die sie fälschlicherweise auf Freud als den Therapeuten übertragen habe. Insgesamt wurde der Therapeut lediglich als ein Mitspieler gesehen, der für die Inszenierung des Dramas der Patientin benutzt wurde (Langs 1982, S. 98f.).

Langs leugnet nicht, daß es Übertragung gibt. Was er sagen will ist vielmehr, daß »die direkten und verschlüsselten Reaktionen eines Patienten auf einen Therapeuten sehr häufig in Einklang mit zutreffenden unbewußten Wahrnehmungen von Implikationen der therapeutischen Interventionen stehen«, und daß es ein abwehrbedingter Irrtum ist, wenn der Therapeut den Begriff Übertragung auf solche Vorfälle anwendet. »Die Erfahrungen, die Freud studierte und die die Basis für seine Berufung auf das Konzept der Übertragung bildeten, waren vorwiegend solche, bei denen seine eigenen Beiträge stark gefühlsgeladen waren.« Langs kommt zu dem Schluß, daß das, was es Freud ermöglicht habe, als Therapeut weiterzuarbeiten, während Breuer die Flucht ergriff, und die Psychoanalyse mit ihrer Redekur zu begründen, im wesentlichen eine selbstschützende Lüge gewesen sei: »Per saldo enthielt Freuds Erfindung, der Übertragung ein kleines Stück Wahrheit und ein großes Stück Fälschung« (Langs 1982, S. 126, 129—131).

Zu jener Zeit wurde die Gegenübertragung völlig ignoriert, wie Langs bemerkt: »Den emotionalen Problemen des Analytikers und dem umfassenden Thema der bewußten und unbewußten Aspekte seines Beitrags zu der therapeutischen Erfahrung des Patienten wurden praktisch überhaupt keine Beachtung geschenkt.« Im Jahr 1910 prägte Freud dann freilich den Begriff der Gegenübertragung und identifizierte diese als einschränkenden Faktor in der analytischen Arbeit. Aber er hat niemals eine größere Abhandlung über dieses Thema geschrieben und ihm in seinen späteren Schriften nur minimale Aufmerksamkeit geschenkt, bemerkt Langs. Freud hat damit der Tendenz Tür und Tor geöffnet, praktisch die gesamte Schuld für jede Störung in der therapeutischen Interaktion dem Patienten zuzuschieben. Diese Betonung der Krankheit des Patienten und der angenommenen Gesundheit des Analytikers hat de facto eine heilende Wirkung, da es den von Schuldgefühlen geplagten Patienten eine Entlastung von ihren emotionalen Leiden gewährt! (Langs 1982, S. 140f.)

Langs zufolge ist die wichtigste Konsequenz all dessen, daß die Freudsche Psychoanalyse den Hauptakzent eindeutig auf das Intrapsychische auf Kosten des Zwischenmenschlichen legt: »Es bestand eine starke Korrelation zwischen der Theorie, daß Übertragung ein ausschließliches Produkt der Phantasie des Patienten sei, und der Überzeugung, daß sich emotionale Störungen in vergleichbarer Weise entwickelten — von innen.« (Langs 1982, S. 151) Freud betrachtete unbewußte innerpsychische Kämpfe und Konflikte als den zentralen Faktor emotionaler Krankheit.

> Die äußere Realität und die Beziehungen zu anderen wurden nur am Rande berücksichtigt, vorwiegend als Quellen der Befriedigung oder des Traumas. Obwohl Freud später eine Grundlage für das Studium der Rolle der sogenannten Objektbeziehungen bei emotionalen Störungen lieferte, blieb es den Psychoanalytikern unserer Tage vorbehalten, diese Sphäre des Zwischenmenschlichen zu berücksichtigen. Bis zum heutigen Tag wird diesem Faktor nur begrenzte Aufmerksamkeit gegeben. (Langs 1982, S. 148)

Ein Korrektiv für diese einseitige Betonung des Intrapsychischen auf Kosten des Interpersonellen beginnt aus den Reihen der Psychoanalyse selbst Gestalt anzunehmen. Langs schreibt:

> Während manche Analytiker jetzt Versuche unternehmen, diese grundlegenden Fehler zu korrigieren und der unbewußten Basis der Neurose eines Patienten voll ins Auge zu sehen, ungeachtet ihrer Quellen (einschließlich ihrer eigenen Beiträge), ist bisher noch keine ausgereifte und anerkannte Behandlungsmethode in Gebrauch, die diesen Schlüsselfaktor durchgehend berücksichtigt. Es gibt jedoch einen neuen Ableger der Psychoanalyse, der diesbezügliche Ansprüche erhebt. Es ist dies der bipersonale oder kommunikative bzw. interaktive Ansatz der Psychotherapie (Langs 1982, S. 160).

Für Langs liegt der Schlüssel zu diesem neuen bipersonalen oder kommunikativen Ansatz in dem, was er als »Auslöserentschlüsselung« bezeichnet, nämlich die Entschlüsselung der chiffrierten Botschaften der Träume und freien Assoziationen des Patienten vor allem im Hinblick auf die Tagesreste und anderes aktuelles, auf Realität basierendes Material. Die Auslöserentschlüsselung basiert auf der Anerkennung einer kontinuierlichen und spiralförmigen kommunikativen Interaktion zwischen dem Patienten und seinen Bezugspersonen, insbesondere dem/der Therapeuten/in. »Die therapeutische Beziehung und Interaktion wird rasch zur Hauptarena gemacht, in der der Kampf gegen die Neurose des Patienten stattfindet.« Die

Fehler, die der Therapeut in seinen Interventionen begeht, rufen *Nichtübertragung* auf frühere Autoritätsfiguren hervor, deren Verhalten vom Patienten als verführerisch oder bedrohlich erlebt wurde.

Statt Träume ausschließlich als Ausgeburten der Einbildungskraft des Patienten und als Produkt unbewußter Wünsche und Phantasien zu sehen, erkennt die Auslöserentschlüsselung bedrohliche unbewußte Wahrnehmungen anderer einschließlich des Therapeuten als wichtige Quelle von Träumen an. Die Auslöserentschlüsselung geht davon aus, daß keine Botschaft isoliert existiert. Eine Botschaft hat immer einen Kontext. Sie ist eine Reaktion auf andere Botschaften und besteht sowohl aus bewußten, als auch aus unbewußten Mitteilungen. »Auslöserentschlüsselung verlangt vom Therapeuten eine Fähigkeit zur Selbsterkenntnis und Selbst-Bewußtheit, die schwer zu erlangen und noch schwerer aufrechtzuerhalten ist.« Die Folge ist, daß es nur ein klein wenig *Wahrheitstherapie* gibt — ein Vordringen »zur Wahrheit der Neurose des Patienten im Lichte der laufenden therapeutischen und kommunikativen Interaktionen zwischen Patient und Therapeut« — und eine ganze Menge *Lügen-* oder *Lügenbarrierentherapie* — »die Vermeidung, Verfälschung, Bemäntelung oder andere Formen der Abwehr dieser fundamentalen Wahrheiten« (Langs 1982, S. 206—232).

Uns können hier weder die 300 Lügentherapien beschäftigen, die Langs identifiziert (sämtliche der in *The Psychotherapy Handbook* [1980] von Richie Herink angeführten Therapien, darunter auch zwei meiner eigenen — »Dialogtherapie« und »Begegnungstherapie«) noch die Tatsache, daß Langs von allen heute praktizierten Therapien annimmt, sie seien »unbewußt darauf zugeschnitten, es den Therapeuten zu ermöglichen, viele Aspekte ihrer eigenen inneren Probleme auf ihre Patienten abzuladen«. Vielmehr geht es mir darum, daß nach Langs Auffassung Freud und die klassische Psychoanalyse ebenfalls voll und ganz der Lügentherapie zuzurechnen sind:

> Freud besaß die Weisheit, die Psychoanalyse aus der Asche der kathartischen Methode zu schaffen. Er hatte den Mut, tiefer in die Ursprünge und verborgenen Ursachen der emotionalen Störungen seiner Patienten einzudringen. Dennoch benötigte auch er eine Reihe von Lehrsätzen, die die Aufrechterhaltung bestimmter Lügenbarrieren in der psychoanalytischen Arbeit gewährleisteten. Dazu zählte die Überzeugung, daß die Assoziationen des Patienten bewußte und unbewußte Phantasien spiegeln und völlig frei von gültigen, unbewußten Wahrnehmungen sind. Sie hatten den Gebrauch des Konzepts

der Übertragung als Mittel zur Leugnung des Beitrages des Therapeuten zur therapeutischen Interaktion und zu den Mitteilungen des Patienten zur Folge. Damit enthielten sie die Leugnung wichtiger Aspekte der Realität, da sie an der therapeutischen Erfahrung und of auch an den frühen Lebenserfahrungen der Patienten festhielten. (Langs 1982, S. 281)[3)]

Die Konsequenzen dessen für die klassische Psychoanalyse sind äußerst gravierend :

Aufgrund dieser Lügenbarrieren ist es der klinischen Psychoanalyse nicht gelungen, wirklich neue klinische Erkenntnisse und Ideen in den Hauptstrom ihres Denkens und ihrer klinischen Praxis zu integrieren. Die gesamte Konzeption einer aktiven, zwischen zwei Personen stattfindenden therapeutischen Interaktion wird strikt von der Hand gewiesen, da sie nicht in das gegenwärtige psychoanalytische Denken integriert werden kann, das sich ausschließlich den postulierten intrapsychischen Geschehnissen im Patienten widmet (Langs 1982, S. 249).

Eine gesunde Form der Psychotherapie würde im Gegensatz dazu darauf verzichten, den Analytiker als distanzierten, gesunden Beobachter und Deuter zu betrachten, und würde die Verletzbarkeiten, Gegenübertragungen und die aktive, unbewußte Teilnahme des Analytikers an der therapeutischen Interaktion anerkennen. »Es wäre die schmerzhafte Erkenntnis vorhanden, daß ein großer Teil der Mitteilungen des Patienten eine unbewußte Durcharbeitung der Krankheit des Therapeuten darstellen.

Langs meint, daß uns nur die Psychoanalyse eine Grundlage für die Entdeckung der wirklichen Wahrheit biete, und er glaubt, daß die *unbewußten* Bedürfnisse der Patienten und bis zu einem gewissen Grad auch der Therapeuten den stärksten Impuls für das Umschwenken der Psychoanalyse von der Lügen- zu einer Wahrheitstherapie darstelle (Langs 1982, S. 263f., 282f., 305, 314f.). Langs steht ebenso wie alle anderen, die uns dialogische Perspektiven in der Psychotherapie eröffnen, uneingeschränkt auf dem Boden, den Freud bereitet hat — der Beziehung zwischen Therapeut und Klient.

Steven Kepnes' Erörterung des Gebrauchs der Erzählung in der Psychoanalyse präsentiert uns eine radikal andere dialogische Perspektive bei

3) Vgl. S. 9, 242, 244f., 248 in Langs (1982).

Freud. Dem französischen linguistischen Psychoanalytiker Jacques Lacan zufolge gehen mittlerweile viele Therapeuten an die Freud'sche Psychoanalyse als eine hermeneutische Disziplin heran, die sich primär nicht mit reiner Wissenschaft befaßt, sondern vielmehr mit einer persönlichen Geschichte oder »Grundgeschichte«. »Psychotherapie«, meint Kepnes, »ist die Kunst, dieser Grundgeschichte zunächst zur Artikulation zu verhelfen und sie dann so nachzuerzählen bzw. zu interpretieren, daß sich neue mögliche Formen des Daseins in der Welt eröffnen.« Von diesem Standpunkt aus betrachtet, hat sich der Neurotiker in einem Teil einer ganzen Geschichte verfangen, der endlosen Wiederholung eines kindlichen Konflikts. Die psychoanalytische Aufgabe, Neurotikern zu helfen, ihre ausagierten Geschichten auf die Ebene der verbalen Artikulation emporzuheben, wurde von Anna O., der Patientin von Josef Breuer und Freud, zutreffend als »Redekur« bezeichnet. »Der gesamte Prozeß der Psychoanalyse«, schreibt Kepnes, »kann als ein Vorgang gesehen werden, bei dem es darum geht, Blockaden der Erinnerung zu überwinden, Verfälschungen zu korrigieren, die Ereignisse des Lebens in die richtige Reihenfolge zu bringen und eine kohärente Lebensgeschichte zu erschaffen.«

Indem der Patient ein Gefühl persönlicher Geschichte und Kontinuität erhält, gibt ihm diese Lebensgeschichte auch ein Gefühl der persönlichen Identität. Dies geschieht teilweise durch die Deutung, die Elemente der Veränderung und Rekonstruktion in die persönliche Geschichte des Patienten einführt und den Patienten dadurch befähigt, Möglichkeiten zu finden, um sein Selbstbild und Selbstverständnis zu verändern. Ein Gefühl für Selbstordnung und Bedeutung wird durch fortlaufende Neuinterpretation und Revision der Lebensgeschichte aufrechterhalten. Die Neurose resultiert ja ihrerseits aus dem Unvermögen, die eigene Lebensgeschichte in Zeiten persönlicher Krisen, wie dem Erwachsenwerden oder dem Übergang in das Alter, neu zu interpretieren. Die gegenwärtigen Ereignisse erfordern eine Revision der vergangenen Geschichte, und diese Neuordnung unserer persönlichen Geschichte hilft uns, unser Leben zu reorganisieren und neue Möglichkeiten wahrzunehmen. Sowohl Buber als auch Freud sehen in der Erzählung ein Mittel, sich bedeutsame Lebensereignisse neu anzueignen, schreibt Kepnes (1982, S. 27—30).[4]

4) In der Anmerkung 2, S. 32, schreibt Kepnes (1982): »Amerikanische Interpreten unterscheiden sich von Lacan in ihrem Humanismus, in ihrem Glauben an die Existenz eines 'substantiellen Selbst'.«

3. Kapitel

Die Jungianer

Carl G. Jung

Carl G. Jung hat in der Geschichte der dialogischen Psychotherapie eine wichtige Rolle gespielt. In seinen späteren Äußerungen über Psychotherapie geht Jung in der Anerkennung des Andersseins und der Einzigartigkeit des Patienten und des Therapeuten weit über Freud hinaus. Wenn er in seiner Philosophie der Religion rettungslos einem Psychologismus zum Opfer fällt, so transzendiert er diesen in seinen Aussagen über die Psychotherapie — und modifiziert dabei implizit sein Bild des Psychologischen Menschen.

Nach seiner Entdeckung, daß Wahnvorstellungen und Halluzinationen eine menschliche Bedeutung haben — wie es uns Jung in *Erinnerungen, Träume, Gedanken* mitteilt — kam er zu der Überzeugung, daß die Psychiatrie im weitesten Sinne ein Dialog zwischen der kranken Psyche und der Psyche des Arztes ist, eine Auseinandersetzung zwischen der kranken Persönlichkeit und der des Therapeuten, die beide im Prinzip gleichermaßen subjektiv sind. Dies bedeutet, daß Arzt und Patient sich gegenseitig zum Problem werden müssen, wenn die Psychotherapie wirksam sein soll. Zwischen den beiden muß eine enge Verbindung bestehen, in der ein ständiger Vergleich möglich und gegenseitiges Verständnis vorhanden ist, eine dialektische Konfrontation zwischen zweier gegensätzlicher psychischer Realitäten, bei der sich der Arzt den Höhen und Tiefen menschlichen Leidens aussetzen muß. Jung benutzt noch die Sprache des Psychologischen Menschen, wenn er Arzt und Patient als zwei »gegensätzliche psychische Realitäten« bezeichnet. Doch er sieht diese psychische Konfrontation als etwas, das sich von Angesicht zu Angesicht und Auge zu Auge abspielt, wobei sowohl der Patient als auch der Arzt etwas zu sagen haben. »Der entscheidende Punkt ist, daß ich dem Patienten gegenübertrete wie ein Mensch dem anderen«, schreibt er. »Die Analyse ist ein Dialog, der zwei Partner erfordert« (Jung 1961, S. 132f.). Jung fordert, daß der Therapeut nicht als kompetenter Praktiker an die Krise herangeht, sondern vielmehr als Mensch, der sich selbst riskiert:

> In jeder gründlichen Analyse kommt die ganze Persönlichkeit sowohl des Patienten als auch des Arztes ins Spiel. Es gibt viele Fälle, die der Arzt nicht heilen kann, ohne sich selbst einzugeben. Wenn es um wichtige Angelegenheiten geht, besteht der ganze Unterschied darin, ob der Arzt sich selbst als Teil des Dramas versteht oder sich in seine Autorität einhüllt. In den großen Lebenskrisen, in den höchsten Augenblicken, wenn es um Sein oder Nicht-sein geht, helfen keine kleinen Tricks der Suggestion. Dann ist der Arzt mit seinem ganzen Wesen gefordert (Jung 1961, S. 241 rückübersetzt).

In seinen Essays *Praxis der Psychotherapie* hebt Jung wiederholt hervor, daß er die Therapie als einen »dialektischen Prozeß« versteht, und er setzt diesen dialektischen Prozeß mit »einem Dialog oder einer Diskussion zwischen zwei Personen« gleich. Hier ist allerdings immer noch eine Spur Psychologismus vorhanden, da Jung einen Menschen als ein psychisches System definiert, das, wenn es auf einen anderen Menschen einwirkt, in eine Wechselwirkung mit einem anderen psychischen System eintritt. Jung weist mit Recht auf den Unterschied zwischen dieser »modernsten Formulierung der psychotherapeutischen Beziehung zwischen Arzt und Patient« und der orthodoxen Freud'schen Auffassung hin, daß die Psychotherapie eine Methode sei, die jeder in stereotyper Weise anwenden könne, um das gewünschte Resultat zu erzielen.

Das dialektische Vorgehen bedeutet insbesondere die Aufgabe der Autorität und der Wunsch, es zu beeinflussen zugunsten eines Vergleichs gegenseitiger Erkenntnisse, bei dem der Patient frei ist, seinen Part ungehindert von den Annahmen des Therapeuten zu spielen. »Meine Reaktion ist das einzige, womit ich als Individuum meinen Patienten legitimerweise konfrontieren kann.« Diese individuelle Behandlung ist die einzige, die wissenschaftlich verantwortbar ist, wie Jung erklärte. Jede andere Haltung läuft auf »Therapie durch Suggestion« hinaus. Der Therapeut ist ebenso tief involviert wie der Patient, aus welchem Grund Jung noch vor Freud forderte, daß der Analytiker selbst analysiert werden sollte. Im dialektischen Verfahren muß der Arzt aus seiner Anonymität heraustreten und Rechenschaft über sich ablegen; was mit dem Patienten geschehen sei, muß jetzt mit dem Arzt geschehen, und zwar, so daß seine Persönlichkeit nicht ungünstig auf den Patienten reagiert. Nur wenn der Arzt ebensoviel Einsicht in seine eigenen psychischen Prozesse hat, wie er von seinen Patienten erwartet, wird das gegenseitige Vertrauensverhältnis zustandekommen, von dem der therapeutische Erfolg letztlich abhängt.

Bei aller Betonung Jungs des Rapports und des gegenseitigen Vertrauens läuft seine Sicht der Therapeut-Patient-Beziehung doch auf die von zwei individuellen psychischen Prozessen hinaus, die beide durch die Interaktion mit dem anderen vorangebracht werden, aber von denen jeder den anderen notwendigerweise als eine Funktion seiner eigenen Entfaltung betrachtet. Der Therapeut ist nicht länger die behandelnde Instanz. Er ist ein Teilnehmer an einem *Prozeß der individuellen Entwicklung*. Dies bedeutet den Verzicht auf festgelegte Vorannahmen, Methoden und Techniken zugunsten eines dialektischen Verfahrens, das auf die Individualität zugeschnitten ist, die »absolut einzigartig, unvorhersagbar und uninterpretierbar« ist. Es bedeutet auch, »die Vieldeutigkeit symbolischer Inhalte« anzuerkennen. Jung unterscheidet hier zwischen »der analytisch-reduktiven und der synthetisch-hermeneutischen Interpretation«. Mit letzterer sind wir bereits von seiner Lehre über die Archetypen und die Individuation vertraut. Dennoch sagte er auch, daß er häufig an einen bestimmten Patienten in der Weise Freuds oder Adlers herangehe. Diese scheinbare Flexibilität ist in Wirklichkeit ein Relativismus, der an Jungs Interpretation der Religion erinnert. Alle Ansätze sind akzeptabel, gerade weil ihre Bedeutung im Sinne des unbewußten Individuationsprozesses transformiert wird. Wenn ein Mensch gegen einen ernsthaften Versuch, ihn zu verändern, Widerstand leiste, sagt Jung, dann müsse der Arzt entweder die Behandlung abbrechen oder das dialektische Verfahren riskieren. In allen solchen Fällen muß der Arzt den individuellen Weg zur Heilung offenlassen; dann wird die Heilung keine Veränderung der Persönlichkeit bewirken, sondern der Prozeß sein, den wir Individuation nennen und bei dem der Patient zu dem wird, was er wirklich ist (Jung 1954, S. 10).[1)]

Das Überraschende ist nicht, daß Jungs Betonung des Dialogs zwischen Therapeut und Patient einen psychischen Einschlag behält, sondern daß er in seiner Forderung nach Gegenseitigkeit so weit geht. Wenn der Therapeut als Fragender und Antwortender in das dialektische Verfahren eintritt, ist er nicht länger der überlegene, weise Mann, Richter und Berater; er ist ein Beteiligter, der in diesen dialektischen Prozeß genauso tief verstrickt ist wie der sogenannte Patient. Der Therapeut muß de facto ernsthaft die Möglichkeit in Betracht ziehen, daß die Persönlichkeit des Patienten seiner eigenen in bezug auf Intelligenz, Sensibilität, Spannweite und Tiefe überlegen ist. Die Kardinalregel für Jung ist, daß die Individualität des oder der Leidenden denselben Wert und dasselbe Existenzrecht hat wie die des Arztes.

Jung unterstreicht die gegenseitige *unbewußte* Beeinflussung von Therapeut und Patient. Der Therapeut ist durch eine »psychische Infektion« gefährdet, einer Verstrickung in die Neurose seines Patienten; doch wenn er sich zu krampfhaft bemüht, sich vor diesem Einfluß zu schützen, beraubt er sich seiner therapeutischen Wirksamkeit. »Zwischen dieser Scylla und dieser Charybdis liegt die Gefahr, aber auch die Heilkraft« (Jung 1954, S. 8, 10, 19).

> Denn, wie man es auch drehen und wenden mag, die Beziehung zwischen Arzt und Patient ist eine persönliche Beziehung innerhalb des unpersönlichen Rahmens der ärztlichen Behandlung. Es ist mit keinem Kunstgriff zu vermeiden, daß die Behandlung das Produkt einer gegenseitigen Beeinflussung ist, an welcher das ganze Wesen des Patienten sowohl wie des Arztes teilhat. In der Behandlung findet die Begegnung zweier irrationaler Gegebenheiten, nämlich zweier Menschen statt, die nicht abgegrenzte, bestimmbare Größen sind, sondern neben ihrem vielleicht bestimmten Bewußtsein eine unbestimmbare, ausgedehnte Sphäre von Unbewußtsein mitbringen. Darum ist auch für das Resultat einer seelischen Behandlung die Persönlichkeit des Arztes (sowie des Patienten) oft so unendlich viel wichtiger, als das, was der Arzt sagt und meint ... tritt eine Verbindung überhaupt ein, so sind beide gewandelt ... (der) Einfluß (des Arztes) kann aber nur stattfinden, wenn auch er vom Patienten affiziert ist (Jung 1971, S. 76f.).

Dieser wechselseitige Einfluß bedeutet für Jung, daß der Arzt ebenso »in Analyse« ist wie der Patient. Er ist gleichermaßen Bestandteil des psychologischen Behandlungsprozesses und deshalb den verwandelnden Einflüssen

1) siehe auch S. 3, 5, 8, 18, 116 in Jung 1954.

ebensosehr ausgesetzt. Um wirksam zu sein, muß der Therapeut danach streben, seinen eigenen therapeutischen Forderungen zu entsprechen. Er muß zu dem Menschen *werden,* als der er seinen Patienten zu beeinflussen wünscht. Der Prüfstein jeder Analyse ist immer diese personale Beziehung, eine psychologische Situation, in der der Patient dem Arzt als Gleichberechtigter und mit derselben schonungslosen Kritik gegenübersteht, die er im Laufe seiner Behandlung unweigerlich vom Arzt lernen muß. Jung stellt dieser frei ausgehandelten personalen Beziehung die sklavenhafte und menschlich erniedrigende Fessel der Übertragung gegenüber. Für Freud war ebenso wie einst für Jung die Übertragung früher Kindheitsbindungen auf den Therapeuten das Herz der Therapie. Als Jung seine eigene Position entwickelte, begann er die personale Beziehung als das Element anzusehen, durch das der Patient entdeckt, daß seine eigene einzigartige Persönlichkeit wertvoll ist, daß er akzeptiert wird, so wie er ist, und daß er die Fähigkeit besitzt, sich an die Forderungen des Lebens anzupassen (Jung 1954, S. 72f., 137).

Nichts von alldem wird sich ereignen, wenn der Therapeut fortfährt, sich hinter einer Methode zu verstecken und sich dagegen verschließt, als Person beeinflußt zu werden. Darüberhinaus wird auch der erfahrenste Psychotherapeut immer wieder entdecken, daß er in einer Bande verstrickt ist, einem Komplott, das auf wechselseitigen unbewußten Einflüssen beruht. Selbst den individuellen Neurotiker betrachtet Jung zumindest in einem Punkt nach interpersonalen Begriffen, die nicht unvereinbar mit Sullivan und Fromm wären. Eine Neurose sei eher ein psychosoziales Phänomen als eine Krankheit im strikten Sinn, schreibt Jung. »Sie zwinge uns, den Krankheitsbegriff über die Vorstellung eines individuellen Körpers, dessen Funktionen gestört sind, auszudehnen und die neurotische Person als ‘krankes System sozialer Beziehungen’ zu betrachten.« (Jung 1954, S. 24, 178).

Therapie ist so verschiedenartig wie menschliche Individuen. »Ich behandle jeden Patienten so individuell wie möglich, denn die Lösung des Problems ist immer eine individuelle«, schreibt Jung in *Erinnerungen, Träume, Gedanken.* Für jeden Patienten ist eine andere Sprache nötig, denn nur individuelle Einsicht, nur das Verständnis, das im unmittelbaren Dialog zwischen Patient und Therapeut zustande kommt, ist wirksam. Dies ist eine Position, die Jung in einem seiner letzten Werke, *Über die Entwicklung der Persönlichkeit* (1958), noch weiter ausbaut. Dort weist er darauf hin, daß Selbsterkenntnis nicht auf theoretischen Annahmen beruhen könne, da nicht das Universelle und das Regelhafte das Individuum kennzeichneten, sondern das Einzigartige. Obwohl der Mensch zu allgemeinen Zwecken als vergleichbare Größe angesehen werden muß, ist seine Einzigartigkeit mit nichts anderem zu vergleichen, und gerade diese Einzigartigkeit ist »von höchster Wichtigkeit für das Verständnis des Menschen«. Der Arzt kann zwar auf wissenschaftlichen Prinzipien beruhende Kenntnisse über den Menschen besitzen, er kann seinen Patienten als Menschen aber nur im Dialog verstehen lernen, der seine Einzigartigkeit offenbart.

Der Therapeut

> steht ... der Aufgabe gegenüber, einen Kranken zu behandeln, welcher, besonders im Falle eines psychischen Leidens, ein *individuelles Verständnis* erfordert. Je schematischer die Behandlung verfährt, des mehr wird sie berechtigte Widerstände beim Patienten auslösen und desto mehr wird die Behandlung infrage gestellt. ... Diese Erkenntnis gilt in der Medizin heute allgemein, daß die Aufgabe des Arztes darin besteht, den kranken Menschen zu behandeln und nicht eine abstrakte Krankheit, die irgend jemand haben könnte (Jung 1957, S. 5).

Daß diese Auffassung von Medizin auf seinem Menschenbild beruht, macht Jung klar, indem er die auf statistischen Erkenntnissen basierende wissenschaftliche Ausbildung, bei der das Individuum eine Randerscheinung ist, dem gegenüberstellt, was er als das wahre Menschenbild betrachtet: das Individuum als irrationale Größe ist der wahre und authentische Träger der Realität, der konkrete Mensch im Gegensatz zum unwirklichen Ideal oder zum »Normalen«, auf den sich wissenschaftliche Aussagen beziehen. Jungs Betonung des Dialogs zwischen Therapeut und Patient hat eine bis dahin fehlende Hervorhebung der unmittelbaren Beziehung von Mensch zu Mensch zur Folge. Echter und grundlegender Wandel könne beim Einzelnen nur durch die persönliche Begegnung von Mensch zu Mensch zustande kommen, schreibt er in *Gegenwart und Zukunft,* aber nicht durch kommunistische oder christliche Massentaufen, die den inneren Menschen nicht berühren. Jung erkannte, daß der Massenstaat trotz aller Betonung der Gruppe ein Feind des »gegenseitigen Verständnisses und der Beziehung von Mensch zu Mensch« sei. Doch solche menschlichen Beziehungen sind angesichts der Vereinzelung des zusammengepferchten Massenmenschen, dessen persönliche Beziehungen von allgemeinem Mißtrauen unterminiert würden, für den echten Zusammenhalt unserer Gesellschaft dringend nötig. Liebe kann nur existieren, wo wechselseitige Projektionen des Schattens unterbleiben, und die Liebe — die gegenseitige, vertrauensvolle menschliche Beziehung — begründet den echten Zusammenhalt und die Stärke der Gesellschaft. Nichts fördert das Verständnis und die Annäherung mehr als der wechselseitige Abbau von Projektionen. Eine bewußte Anerkenntnis und Berücksichtigung unserer Unvollkommenheiten, des Schattens, ist nötig, wenn menschliche Beziehungen zustandekommen sollen. Jung integriert somit sein grundlegendes, eher individualistisches Menschenbild mit seiner neuen Betonung der Beziehung, indem er den Prozeß der Selbsterkenntnis und Individuation als einen wechselseitigen darstellt. Das »Zwischen« ist jedoch dem Prozeß der persönlichen Entwicklung jedes Individuums noch untergeordnet (Jung 1958, S. 10—13).

Jungs früheres Werk, die *Psychologie der Übertragung* (Rascher, Zürich 1946) eröffnet uns noch weitere Einblicke in diesen Wandel. Jung spricht dort von der »jüngsten Vergangenheit«, in der sich der Staat als die »effizienteste Maschine zur Hervorbringung von Massenmenschen« erwiesen habe, und warnt, daß wenn die innere Festigung des Individuums nicht bewußt sei, werde sie spontan erfolgen und die »Form jener unglaublichen Hartherzigkeit annehmen, die der kollektive Mensch gegenüber seinen Mitmenschen zur Schau trägt«.

> Er wird zu einem seelenlosen Herdentier, nur noch regiert von Panik und Begierde. Seine Seele aber, die nur aus der menschlichen Beziehung lebt, geht verloren. Der bewußte Vollzug der inneren Einigung hält an der menschlichen Beziehung als an einer unerläßlichen Bedingung fest, denn ohne bewußt anerkannte und akzeptierte Bezogenheit auf den Nebenmenschen gibt es überhaupt keine Synthese der Persönlichkeit (Jung 1971, 247f.).

Es ist erstaunlich, daß Jungs Reaktion gegen das Kollektiv und den Massenmenschen, den es hervorbringt, ihn nicht zu einem noch größeren Individualismus verleitet, sondern vielmehr zu einer Affirmation der persönlichen Beziehung. In *Die Psychologie der Übertragung* trifft Jung tatsächlich eine Feststellung, in der er die Bedeutung der Begegnung und der Ich-und-Du-Beziehung in einem Maße anerkennt, wie es vor ihm und danach selten der Fall war:

> Die zugrundeliegende Vorstellung der Psyche ist also ... ein gegensatzvereinigendes, hermaphroditisches Wesen, welches im Individuum nie vollständig

> ist ohne die Beziehung auf den anderen Menschen. Der unbezogene Mensch hat keine Ganzheit, denn er erreicht diese nur durch die Seele, die ihrerseits nicht sein kann ohne ihre andere Seite, welche sich stets im »Du« findet. Die Ganzheit besteht aus der Zusammensetzung von Ich und Du, welche als Teile einer transzendenten Einheit erscheinen, deren Wesen nur noch symbolisch erfaßt werden kann (Jung 1971, 259f.).

In einer Fußnote zu der Wendung »transzendente Einheit« macht Jung klar, daß er nicht eine Art von Synthese meint, die den Unterschied zwischen den beiden Individuen verwischt. Aber er macht auch klar, daß er keine Begegnung mit einem Du im Buber'schen Sinne meint. Was ihm vorschwebt, ist vielmehr die Integration dessen, was man auf das Du projiziert:

> Es handelt sich selbstverständlich nicht um die Synthese, resp. Identifikation zweier Individuen, sondern um die bewußte Verbindung des Ich mit all dem, was sich als Projektion im »Du« birgt. Das heißt also, daß die Herstellung der Ganzheit ein intrapsychischer Vorgang ist, welcher essentiell vom Bezogensein des Individuums auf einen anderen Menschen abhängt. Das Bezogensein ist an sich eine Vorstufe der Möglichkeit der Individuation, beweist aber kein Vorhandensein der Ganzheit. Die Projektion auf das weibliche Gegenüber enthält die Anima und gegebenenfalls auch das Selbst (Jung 1971, S. 260 Anm. 19).

James Hillman

In seinem Buch *The Myth of Analysis* (1972) entwickelt der zeitgenössische jungianische Denker James Hillman diese Gedanken Jungs in Verbindung mit dem griechischen Mythos von Eros und Psyche weiter, den er als den Mythos von Ich und Du und nicht als die Reise des einsamen Helden interpretiert. Wenn wir miteinander nur so weit gehen können, wie wir mit uns selbst gegangen sind, dann bedeutet dies auch, »daß wir mit uns selbst *nur so weit gehen können, wie wir miteinander gegangen sind*«. Die menschliche Beziehung ist die unerläßliche Bedingung, aber die Welt und ihre Menschheit bleiben immer noch *»the vale of soul-making«* (der Ort, wo Seele entsteht), in Keats' Worten. Wenn wir uns auf Beziehungen konzentrieren, warnt Hillman, machen wir den Fehler, die Instrumente und Mittel für wichtiger zu nehmen als das Ziel (Hillman 1972, S. 25). Gleichzeitig übernimmt Hillman noch expliziter als Jung Bubers Terminologie der Ich-und-Du-Beziehung und des Dialogs, lokalisiert sie allerdings ebenso wie Jung, innerhalb des Reichs der Psyche und ihrer Projektionen:

> Dialog ist keine Brücke, die zwischen isolierten, in ihrer Haut eingeschlossenen Subjekten und Objekten, Ichs und Dus, errichtet wird, sondern eine eigenständige, eine innere Beziehung, ein Zustand der Immanenz der Seele. Das Ich-und-Du ist eine Notwendigkeit, ein gegebenes *a priori,* das wir mit dem Geschenk der Seele erhalten. So wird die Seele zum operativen Faktor, der das Es in ein Du verwandelt, Objekte beseelt, personifiziert, durch Beseelung anthropomorphisiert, das Objekt in einen Partner verwandelnd, mit dem sie sich befaßt und dem sie eine Seele eingehaucht hat. Durch unsere Seelen sind wir im Anderen, innewohnend, wie unsere Träume, Projektionen und Emotionen zeigen. Daß Seelen unser ontologisches Erbteil sind, bedeutet, daß wir existentiell verstrickt sind ... Die Verstrickung wird somit zur ersten Bedingung für den Zutritt in das seelische Reich, das Forschungsgebiet der Psychologie (Hillman 1972, S. 27).

Hillman geht eher noch weiter als Jung in Richtung auf Anerkenntnis der Zentralität der Ich-und-Du-Beziehung für das Selbst. Doch wie seine eigene frühere Warnung zeigt, bleibt sie das Mittel zum Zweck der »Erschaffung« oder Individuation der Seele. Wir begegnen der Seele des anderen nicht wirklich als »anders«, sondern nur so, wie sie unserer eigenen Seele in »unseren Träumen, Projektionen und Emotionen« immanent ist. »Das Werk, das die Kreativität herausfordert, ihre Möglichkeiten einschränkt und auf die härteste Probe stellt, ist immer die andere menschliche Seele« und diese Beschränkungen »werden in jeder Beziehung als die Erfüllung und die Tragödie menschlicher Verbundenheit empfunden.« Dennoch dürften die Methoden nicht »mit dem Ziel verwechselt werden, das nicht sinnliche Bewußtsein, visuelle Imagination oder Gruppengefühl und Teilhabe ist, sondern seelisches Bewußtsein: die Erfahrung des Lebens als eine mythische Inszenierung und der Seele als Brennpunkt des individuellen Schicksals«.

> Selbst wo das Werk eine andere Seele ist, operiert die psychologische Kreativität mit der eigenen seelischen Empfindung als ihrem Instrument, wie die

> Stimmgabel oder die Lyra, die einen Akkord anschlägt, bei anderen Töne zum Klingen bringt, die auf sie zurückwirken, ein Wechselspiel in Harmonie und Dissonanz (Hillman 1972, S. 28).

Training in Partizipation mit anderen ist ein notwendiger erster Schritt, Psyche zu erwecken, indem wir der Seele gewahr werden, wie sie durch andere eine Erweiterung erfährt.

Edward Whitmont

Edward Whitmont ist sowohl über Jung als auch über Hillman in Richtung auf eine echte Begegnung hinausgegangen, die nicht bloß Mittel zum Zweck eines intrapsychischen Individuationsprozesses ist. In *The Symbolic Quest* weist Whitmont darauf hin, daß das Erosprinzip, so wie es von Jung gebraucht wurde, eine Funktion der Beziehung sei, ein Verlangen, sich mit konkreten Menschen einzulassen und nicht mit Ideen oder Dingen, sondern »um der persönlichen, subjektiven, emotionalen Verbindung willen und nicht um irgend einer Bedeutung oder eines Bewußtseins der eigenen Person oder des Partners willen«.

> Daher darf dieses Verlangen nach Engagement, Zusammengehörigkeit und Beziehung nicht damit verwechselt werden, was wir inzwischen als *relatedness* (Verbundenheit) in dem Sinne bezeichnen, in dem beispielsweise Buber den Begriff benutzt, wenn er von einer bewußten empathischen Ich-und-Du-Begegnung spricht. Eine solche Begegnung ist ein »Erkennen«, eine Beziehung gegenseitiger kreativer Anteilnahme und Verständnis, von Distanz ebenso wie von Nähe.

Eros bedeute im Gegensatz dazu nicht das grundlegende »Erkennen« im biblischen Sinne des liebevollen Verstehens, sondern vielmehr nur menschlichen Kontakt, Engagement und Vereinigung, die noch gleichgültig gegenüber dem Verstehen ist.

Whitmont bleibt nicht bei dieser Differenzierung stehen, sondern geht noch weiter und plädiert für eine vollständige und echte menschliche Verbundenheit:

> Echte menschliche Verbundenheit erfordert mehr als erotische Verstrickung, sie erfordert konfrontierende Distanz ebenso sehr wie verbindende Nähe, schöpferisches Verständnis ebenso wie emotionale Anteilnahme, aggressive Herausforderung ebenso wie geduldige Passivität, Warten, Fürsorge und Ertragen ... Vollständige menschliche Ich-und-Du-Verbundenheit kann nicht einfach eine Eros-Funktion sein, wie sie in den Schriften der analytischen Psychologie gewöhnlich dargestellt wurde; sie entsteht durch das Wechselspiel von Yang und Yin in ihrer doppelten Polarität von Liebe und herausfordernder Aggressivität, von schöpferischem Verständnis und emotionaler Reifung. Sie erfordert Distanz und Getrenntheit nicht weniger als Engagement, die bewußte Integration von Wut und Feindseligkeit nicht weniger als die von Liebe und Freundlichkeit. Damit umfaßt sie die Ganzheit bzw. Gesamtheit unseres menschlichen Potentials und fordert sie heraus. Verbundenheit ist der äußere interpersonale Aspekt der Individuation. Man kann sich nicht voll und ganz auf ein »Du« beziehen, ohne dem tiefsten Selbst zu begegnen; umgekehrt kann man dem Selbst nicht allein durch Introversion begegnen. Zur menschlichen Erfüllung bedarf es der wirklichen Begegnung mit einem »Du« (Whitmont 1969, S. 174f.).

»Individuation vollzieht sich durch Verwirklichung«, betont Whitmont an anderer Stelle, »durch echte Erfahrung in wirklichen Begegnungen bzw. Situationen; es reicht nicht aus, sich auf theoretisches Verstehen zu verlassen« (Whitmont 1969, S. 296).

Arie Sborowitz

Der europäische Jungianer Arie Sborowitz hat eine umfangreiche Monographie verfaßt, in der er die wesentlichen Elemente der Lehren Jungs und Bubers miteinander zu verbinden sucht, indem er Jung'sche Kategorien wie »Introjektion«, »Projektion« und »Identifizierung« als die negativen Hindernisse für eine positive Beziehung betrachtet. Für Sborowitz sind Jungs Betonung von »Schicksal« und Bubers Betonung von »Beziehung« komplementäre Konzepte, die zusammen eine adäquate Konzeption der Psychologie ergeben (Sborowitz 1948, S. 9 / 56).

Die Akzentsetzungen von Buber und Jung sind jedoch nicht so verträglich, wie Sborowitz meint. Die Integration der Persönlichkeit ist für Buber kein Ziel an sich, wie sie es für Jung ist : man werde ganz, um auf das reagieren zu können, was einem begegne. Jung übersieht, daß das wesentliche Leben der individuellen Seele »aus realen Begegnungen mit anderen Realitäten besteht«, schreibt Buber. Obwohl Jung davon spricht, daß das Selbst sowohl das Ich als auch die »anderen« einschließt, sind diese »anderen« ganz offensichtlich nicht in ihrer tatsächlichen »Anderheit« vorhanden, sondern nur als Inhalte der individuellen Seele, die ja gerade als individuelle Seele ihre Vollkommenheit durch Individuation erlangt.

> Der Andere selber, der mir begegnet, so begegnet, daß meine Seele an die seine als an etwas rührt, was sie nicht ist und nie werden kann, was sie nicht einschließt und nie einschließen kann, und zu dem sie dennoch in diesen allerrealsten Kontakt zu treten vermag, dieser Andere ist und bleibt auch dem Selbst gegenüber, zu welcher Vollständigkeit immer dieses gelangen mag, der Andere; wie das Selbst, und wenn es all sein Unbewußtes integriert haben sollte, dieses einzelne, in sich gebannte Selbst bleibt. Alle mir gegenüber existierenden Wesen, die von meinem Selbst »eingeschlossen« werden, werden in solchen Einschluß von ihm als ein Es besessen; erst wenn ich, der uneinschließbaren Anderheit eines Wesens gewahr werdend, darauf Verzicht leiste, es mir irgend einzuverleiben, einzuverseelen, wird es mir wahrhaft zum Du (Buber 1962, 571).

Hans Trüb

Was Sborowitz durch geistige Synthese nicht gelang, verwirklichte der Schweizer Psychiater Hans Trüb in seinem eigenen Leben mit seiner dialogischen Anthropologie — die Verschmelzung der analytischen Psychologie Jungs mit Bubers Philosophie des Dialogs. Trüb gehörte Jungs psychologischem Klub in Zürich an und stand Jung persönlich so nahe, daß sich Jungs Frau Emma auf Empfehlung Jungs zu Trüb in Therapie begab. Trüb ging es nicht um eine Synthese von Jung und Buber. Er baute Jungs psychologisch-dialektischen Therapieansatz in sein eigenes anthropologisch-dialogisches Verfahren ein, wobei er jedoch dem dialogischen Prinzip eindeutig den Vorzug gegenüber dem dialektischen gab. Die Psychologie befaßt sich ausschließlich mit *seelischen Ereignissen* und ist nur diesen angemessen. Aber der ganze Mensch kann nur vom anthropologischen Standpunkt aus begriffen werden, von dem aus lediglich die Situation des Menschen in der Welt betrachtet wird.

Beim *psychologisch-dialektischen* Verfahren benutzt der Psychiater den Kontakt mit dem Patienten auf der Bewußtseinsebene, um sich Einblick in und Zugang zu den irrationalen Vorgängen in dessen »Unbewußtem« zu verschaffen. Ziel ist es, die Antithesen, die sich in der Polarität des bewußten »Ich-Komplexes« einerseits und den autonomen Inhalten des Unbewußten andererseits ausdrücken, miteinander zu versöhnen. Beim *anthropologisch-dialogischen* Verfahren geht der Therapeut — im Gegensatz dazu — davon aus, daß das im Patienten ansprechbare Du mit dem zur Antwort fähigen Selbst identisch ist, und auf diese Weise führt der Therapeut den Patienten zum totalen Dialog.

Für Trüb mußte die *dialektische* Haltung des Psychologen mit seiner methodologischen und systematischen Konzentration auf die widersprüchliche Vielfältigkeit der Psyche mit der *dialogischen* Haltung der Partnerschaftsbeziehung in Einklang gebracht und dieser untergeordnet werden; in der Partnerschaftsbeziehung werden Methode und System abgelehnt zugunsten der »Begegnung von Mensch zu Mensch, die jedesmal einzigartig ist und jedesmal eine Entscheidung verlangt«. So bedeutsam und zuverlässig die vom Analytiker der Tiefenpsychologie erreichten selbsterhellenden Einsichten in jedem einzelnen Fall auch sein mögen, können sie ihre Heilkraft doch nur dann in entscheidender Weise entfalten, wenn der Patient den Standpunkt aufgibt, den er während der Analyse einnahm, und wenn er sich selbst als Person in die Welt der wirklichen Objekte und Begegnungen hineinwirft.

Indem die Analyse die Vorstellungen bewußt macht, von denen der Patient in seinem Unbewußten bedrängt wird, ermöglicht sie es ihm, der Wirklichkeit der Welt gefestigt gegenüberzutreten. Die introspektive Analyse eröffnet für Trüb in markantem Gegensatz zu Jung keine innere Welt für uns, in der man leben kann, eine Welt, die mit der Wirklichkeit konkurrieren muß. Vielmehr läßt sie uns über die *Welt der Vorstellungen* gebieten, mit der allein wir wahrhaft fähig sind, der wirklichen Welt gegenüberzutreten. Der neurotische Mensch reagiert zwar noch auf die Realität, er öffnet sich ihr aber nicht mehr. Das Ergebnis dieser Flucht vor der Realität ist eine unheimliche, panische und unerklärliche Angst, aus der sich der Patient innerlich ein System kaum durchdringbarer Schutz- und Abwehrmechanismen errichtet. Umgekehrt kann die Aufdeckung dieser inneren psychischen Abwehrmechanismen mit Hilfe der Tiefenpsychologie nur dann wirklichen Erfolg haben, wenn man erkennt, daß sie auf der *persönlich* vollzogenen Flucht des Selbst vor der Begegnung basieren (Trüb 1973, S. 500—503).

Nur gegenseitiges persönliches Vertrauen gewährleistet das Gelingen der Behandlung einer solchen Neurose. Des Therapeuten Anerkenntnis der Präsenz eines anderen versieht ihn mit einem Maßstab für die psychoanalytische Arbeit. Wie weit ich die psychologische Arbeit mit dieser mich konfrontierenden Person treiben muß und kann, ist immer auf der Basis der persönlichen Beziehung zu entscheiden. Wenn der Patient eine authentische Hinwendung zur Welt vollzieht, wird dies von beiden Partnern in der Beziehung als ein autonomer Akt erlebt, der sich überraschend und aus freien Stücken ereignet. Der Therapeut mag dies sogar fürchten, da es den logischen Verlauf des Vorgangs der psychologischen Erkenntnis oft abrupt beendet. Der Therapeut erhofft dieses Ergebnis und fürchtet es gleichzeitig.

> Denn wo es eintritt, ist der Patient uns als Objekt in der Behandlung mit einem Schlag entzogen, und das, was weiter zu tun bleibt, geht von einem grundhaft neuen Standort aus. Denn nun steht das Problem *zwischen* uns. Die Situation ist von da an eine evident *dialogische* (Trüb 1951, S. 112f.).

In seinem Essay »Individuation, Schuld und Entscheidung« schildert Hans Trüb, wie er eine zehn Jahre dauernde Krise durchmachte, in deren Verlauf er mit seiner persönlichen und professionellen Abhängigkeit von Jung zugunsten der neuen Erkenntnisse, die sich durch seine Freundschaft mit Martin Buber ergaben, brach. Den größten Einfluß auf Trüb übte nicht Bubers Lehre aus, sondern vielmehr die persönliche Begegnung mit ihm, und aus dieser Begegnung entwickelte sich die revolutionäre Veränderung in Trübs psychotherapeutischer Methode (Trüb 1935, S. 529—542, 553). Auf das Menschenbild bezogen könnten wir sagen, daß das, was Trüb beeinflußte, nicht das Menschenbild war, das Buber bewußt in seinen schriftlichen und mündlichen Äußerungen vertrat, sondern vielmehr das Menschenbild, das Buber in seinem Dialog mit Trüb vermittelte — ein Bild mithin, das die Grundhaltungen beider Männer und den Dialog zwischen ihnen einschloß und nicht ein Bild, das visuelle Form oder begrifflichen Inhalt besaß.

Trüb schreibt, er habe sich im Lauf der Zeit völlig durch die Tatsache entwaffnet gefühlt, daß sich Buber im Gespräch weniger für die Gedanken seines Partners zu interessieren schien als vielmehr für den Partner selbst. Es wurde Trüb immer klarer, daß es in einem solchen uneingeschränkten Austausch einfach nicht möglich ist, irgendeine verborgene Absicht im Schilde zu führen und zu verfolgen. In diesem Dialog triumphierte nicht eine Individualität über die andere, denn beide seien dieselben geblieben. Dennoch ist Trüb aus dieser Begegnung für alle Zeiten erneuert hervorgegangen, sein Wissen um die Wirklichkeit der Dinge ist der Wahrheit um einen Schritt näher gekommen. Besonders wichtig für Trüb scheint Bubers Praxis der »Umfassung«, des Erlebens seines Gegenübers, gewesen zu sein, die nach Trübs Schilderung darin bestand, einen leisen Ton anzustimmen, ihn in sich anschwellen zu lassen und dann dem Echo von der anderen Seite zu lauschen (Trüb 1935, S. 554).

Trüb beschreibt, wie er in der Arbeit mit seinen Patienten der unweigerlichen Tendenz des Primärbewußtseins gewahr wurde, monologisch und selbstschädigend zu werden. Er schildert auch, wie dieser geschlossene Kreis immer wieder durch die Augenblicke, in denen er entgegen seiner Absicht seinem Patienten nicht als Analytiker, sondern als Mitmensch gegenübertrat, zur Beziehung und damit zur Öffnung gedrängt wurde. Durch diese Erfahrungen hat er die volle Bedeutung der Verantwortung des Analytikers verstehen gelernt. Der Analytiker übernimmt Verantwortung für verlorene und vergessene Dinge und hilft, sie mit Unterstützung seiner Psychologie ans Licht zu bringen. Aber er weiß in der Tiefe seines Selbst, daß sich die geheime Bedeutung dieser Dinge, die ins Bewußtsein gehoben werden, erstmals *im Zugehen auf den anderen* offenbart (Trüb 1935, S. 543—550).

> Psychologie als Wissenschaft *und Psychologie* als Funktion wissen von der Seele des Menschen als um ein Drittpersönliches ... Sie schauen von oben hinein in die Welt der inneren Dinge, in die innere Welt des Individuums. Und sie befassen sich mit deren Inhalten als mit ihren »Objekten«. Sie geben Namen und schaffen Ordnungen, indem sie sorgfältig die vielverzweigten Zusammenhänge untersuchen und in sinnvollen Systemen bildhaft darstellen. Der Psychotherapeut aber, in seiner Arbeit am Kranken, ist *wesentlich Mensch.* ... Darum sucht und liebt er im Kranken den Menschen und läßt ihn als den die innere Welt Selbsterfahrenden allzeit neu auf sich zukommen (Trüb 1935, 551).

Die persönliche Erfahrung, durch die Trüb von der dialektischen

Psychologie Jungs zur dialogischen Anthropologie Bubers gelangte, war, wie er uns mitteilt, ein überwältigendes Gefühl von Schuld. Diese Schuld konnte nicht mehr hinwegerklärt oder beseitigt werden, denn sie wurde subjektiv als die Schuld eines Menschen erlebt, der aus einer realen Beziehung zur Welt ausgestiegen war und versucht hatte, in einer spirituellen Welt über der Wirklichkeit zu leben. Trüb wie Buber meinen, daß Schuld ein wesentlicher Faktor in den Beziehungen des Menschen zu anderen sei und daß sie die notwendige Funktion erfülle, in ihm den Wunsch zu erwecken, diese Beziehungen in Ordnung zu bringen.

Echte Schuld ereignet sich im Gegensatz zu neurotischer Schuld *zwischen* den Menschen. Sie ist eine ontologische Realität, zu der das Schuldgefühl nur das subjektive und psychologische Gegenstück darstellt. Aus diesem Grund meint Buber, daß Schuld nicht dem Betreffenden innewohne, sondern daß dieser im realsten Sinne in der ihn einhüllenden Schuld stehe. Dementsprechend sind auch die Verdrängung von Schuld und die Neurosen, die durch diese Verdrängung entstehen, keine bloßen psychologischen Phänomene, sondern reale Ereignisse zwischen Personen. Buber glaubt deshalb, daß der Mensch, der an existentieller Schuld krankt, einen aus drei Stadien bestehenden Weg beschreiten muß, um geheilt zu werden. Erstens muß er diese Schuld aufklären, indem er erkennt, daß er, so anders er inzwischen auch sein mag, derjenige ist, der diese Last der Schuld auf sich nahm; zweitens muß er diese Aufklärung fortsetzen; und drittens muß er die verletzte Ordnung der Welt wieder herstellen; entweder gegenüber der Person, der er Unrecht zufügte, oder durch Herstellung einer neuen dialogischen Beziehung an irgendeinem anderen Punkt. in T.S. Eliots *The Cocktail Party* sagt Sir Henry Harcourt-Reilly zu Edward, daß er lernen müsse, mit seiner Schuld zu leben, aber daß es nichts gebe, was er in bezug auf die Person, der gegenüber er schuldig geworden sei, tun könne. Buber glaubt im Gegensatz dazu, daß Schuld einen Abbruch der dialogischen Beziehung bedeutet, eine Verletzung der existentiellen Ordnung, »des Gemeinsamen«, und als solche wieder gutgemacht werden muß, indem man in einen Dialog mit dem Betreffenden oder der Welt eintritt (Buber 1965b, S. 531—539).

Wirkliche Schuld sei der Anfang von *Ethos* oder Verantwortlichkeit, schreibt Trüb in seinem Essay »Vom Selbst zur Welt« (1947), aber bevor sich der Patient dessen bewußt werden könne, müsse ihm vom Analytiker geholfen werden, sich seiner selbst im allgemeinen bewußt zu werden. Dies tut der Analytiker, indem er sowohl die Rolle des Vertrauten als auch die des großen Bruders spielt. Dem Neurotiker wird das Verständnis entgegengebracht, das ihm die Welt vorenthalten hat und das es ihm mehr und mehr ermöglicht, sein selbstgeschaffenes Gefängnis zu verlassen und in eine echte Beziehung zum Analytiker einzutreten. Dabei, schreibt Trüb, müsse der Analytiker sowohl die Intimität einer privaten Ich-und-Du-Beziehung vermeiden als auch der Versuchung widerstehen, den Patienten als ein Objekt zu behandeln. Dies bedeutet letztlich, daß er genau das dialogische Verhältnis der konkreten, aber einseitigen Umfassung haben muß, das Buber in seinem Nachwort zu *Ich und Du* fordert. Es kann nicht zur wechselseitigen Umfassung einer Freundschaft werden, ohne die therapeutischen Möglichkeiten der Beziehung zu zerstören. Aber ebensowenig kann es den Patienten zu einem Es machen. Der Analytiker muß imstande sein, sich zu riskieren und an dem Prozeß der Individuation teilzuhaben.

Der Analytiker muß die Krankheit des Patienten als eine Krankheit seiner Beziehungen zur Welt ansehen, schreibt Trüb. Die Wurzeln der Neurose liegen sowohl im Sich-Verschließen des Patienten vor der Welt als auch in den Strukturen der Gesellschaft und deren Ablehnung und Nichtbestätigung durch den Patienten. Dementsprechend muß sich der Analytiker an einem bestimmten Punkt vom Tröster, der die Partei des Patienten gegen die Welt vertritt, in den Menschen verwandeln, der gegenüber dem Patienten die Ansprüche der Welt vertritt. Diese Verwandlung ist nötig, um den zweiten Teil der Heilung zu vollenden — die Herstellung einer echten Beziehung zur Welt, die nur in der Welt selbst stattfinden kann. Dem Analytiker fällt die Aufgabe zu, den Weg zur Wiederaufnahme der unterbrochenen dialogischen Beziehung zwischen dem Individuum und der Gesellschaft in unmittelbarer Begegnung zu bereiten. Der Psychotherapeut muß die Selbstfindung des Patienten an dem Kriterium testen, ob seine Selbsterkenntnis der Ausgangspunkt für eine neue persönliche Begegnung mit der Welt werden kann. Der Patient muß sich als Ganzer in diesen Vorgang einbringen, aber er muß auch erkennen, daß es nicht sein eigenes Selbst, sondern vielmehr die Welt ist, womit er sich auseinandersetzen muß. Dies bedeutet jedoch nicht, daß der Patient einfach in die Welt integriert oder an sie angepaßt wird. Er hört nicht auf, eine für sich selbst verantwortliche, reale Person zu sein; aber gleichzeitig tritt er in eine verantwortliche Beziehung zu seiner Gemeinschaft ein (Trüb 1973, S. 497—499).

In *Heilung aus der Begegnung* umreißt Trüb seine Einstellung zur

Psychotherapie durch eine systematische Auseinandersetzung mit der Psychologie Jungs. Das Selbst, das Zentrum der eigenen Persönlichkeit, verwirklicht sich nur in dem Maße, wie man sich als ein Partner gegenüber der Welt offenbart, und genauso tritt auch der lebendige Sinn psychischer Prozesse, sowohl gesunder als auch krankhafter, nur durch diese Selbstoffenbarung zutage. Um seinen Patienten zu kennen, muß ihn der Psychotherapeut dehalb in seiner Partnerschaft mit der Welt erkennen — eine objektive Kenntnis ist nicht genug. Der Therapeut muß den Patienten in seiner eigenen Begegnung mit ihm als Partner erleben. Durch diese Auseinandersetzung Auge in Auge wird die Fähigkeit des Patienten zur Begegnung wiederhergestellt.

> Indem die anthropologische Psychotherapie den isolierten Patienten, der im Rückzug seines Selbst aus der Weltbegegnung seine Zwiesprachigkeit eingebüßt hat, von allem Anfang an leibhaftig ins Auge faßt und ihn unmittelbar anredet, konstelliert sie ihn als *mitmenschliches* Du, als den zur Antwort Berufenen, als den personhaft Verantwortlichen. Und indem sie ihn in der Weise anspricht, fordert sie ihn heraus: auf daß er sich in seinem Selbst erschließe und in der neuen Zwiesprache mit dem ärztlichen Partner und über diesen hinaus im Umgang mit der Welt — in anderer Weise als der bloß introversiven — sich selbst individuiere (Trüb 1951, 42f.).

Für Trüb ist die dialogische Begegnung sowohl der Ausgangspunkt als auch das Ziel der Therapie. Erfolg oder Mißerfolg der Heilung liegt vor allem im Risiko dieser Begegnung. Die Spannung des psychischen Konflikts, der durch die Widersprüche des Bewußten und Unbewußten entsteht, kommt im Rahmen dieser grundlegenden Partnerschaft zu einer psychotherapeutischen Lösung. Der Heilungsprozeß kommt zwischen *diesem* Arzt und *diesem* Patienten in der Gesamtheit ihrer persönlichen Konfrontation zustande (Trüb 1973, S. 502). Der Therapeut verkörpert für den Patienten eine liebevolle Zuwendung der Welt, die das mutlose und mißtrauische Selbst des Patienten zu einer neuen dialogischen Begegnung mit den Kräften der Natur und der Geschichte zu befähigen sucht. Der Therapeut beruhigt und harmonisiert die psychische Anspannung des Patienten nicht nur in Einklang mit den Wünschen des letzteren, sondern auch als ein Partner, der in den persönlichen Grund seines Daseins eindringt, den eigentlichen Ursprung jener elementaren Introversion, die alle Neurosen nährt. Das Unbewußte ist genau das persönliche Element, das im Laufe der Entwicklung verlorengeht, das Element, das dem Bewußtsein entgeht. In der Auseinandersetzung mit diesem verlorenen Element kann der Psychotherapeut nicht auf eine Wahrheit hinweisen, die er *besitzt,* sondern nur auf eine Wahrheit, die *zwischen* ihm und dem Patienten zu suchen ist. Nur auf diese Weise kann er den enormen Vorteil wieder ausgleichen, den er der Tatsache verdankt, daß der andere ihn aufsucht und ihn um Hilfe bittet. Somit wird die Gleichheit des Respekts, nach der der humanistische Psychologe sucht, Trüb zufolge nicht durch das Beharren auf einer völligen Gegenseitigkeit der Situation erreicht, sondern durch die Anerkennung des *Dazwischen* als dem Ort, an dem sich echte Begegnung, echte Heilung und echte Selbstfindung ereignet.

Es ist natürlich sehr wichtig, daß der Therapeut keine Verantwortlichkeit im Dialog fordert, bevor der Patient dazu bereit ist. Dies ist der Grund, warum die Wiederherstellung der Dialogfähigkeit mit dem methodischen Versuch Hand in Hand gehen muß, die komplexen Abwehrmechanismen im psychischen Ausdrucksbereich so schnell, wie es das wiedererstarkende Selbst gestattet, zu lockern und abzubauen. Ohne diese zusätzliche Unterstützung durch die Tiefenpsychologie würde das, was vom Selbst des Patienten in der Begegnungssituation mit der Welt erwartet wird, dieses überfordern und es der Gefahr der Regression aussetzen (Trüb 1973, S. 502).

Aber Trüb vertritt *nicht* wie Jung und dessen Anhänger die Auffassung, daß man zuerst individuiert werden müsse und erst dann in einen Dialog mit anderen eintreten könne. Der Therapeut, meint Trüb, müsse das eine wahre Ziel der Heilung im Auge behalten, das Aufschließen der verschlossenen Person für die Begegnung mit der Welt (Trüb 1973, S. 503). Nur dies befähigt den Therapeuten, *sowohl* für den Patienten *als auch* für die Welt zu sprechen. Nur auf diese Weise kann der Therapeut ein persönliches Engagement riskieren, auch gegenüber der neurotischen Selbstverstrickung des Patienten. Nur von der partnerschaftlichen Begegnung ausgehend könnten Arzt und Patient mit einer positiven Haltung auf den Abschluß der Heilung reagieren, der gewöhnlich unerwartet eintritt und der, wie Trüb sagt, mit dem Sprung über einen Abgrund vergleichbar ist. All dies impliziert keine Wahl zwischen der inneren persönlichen Ganzheit und dem sozialen Selbst, wie dies Jung mit seiner wiederholten Höherbewertung des ersteren gegenüber letzteren vornimmt. Im Gegenteil, die Bereitschaft des Selbst, sich mit der Welt auseinanderzusetzen, die Situation eines lebendigen Dialogs, das heißt zwischen Innen und Außen, sollte *gleichzeitig* mit dem Ziel einer psychischen Integration angestrebt und gefördert werden (Trüb 1973, S. 503). Wenn die psychologische Kooperation und die dialektische Interaktion von Patient und Therapeut dialogisch, das heißt mit gegenseitigem persönlichen Vertrauen zwischen Therapeut und Patient vonstatten geht, dann erwacht und wächst im Patienten zur gleichen Zeit und als Folge dieses Geschehens allmählich ein neues Vertrauen zu sich selbst *und* zum anderen (Trüb 1973, S. 504f.).

Es ist Hans Trüb, auf den Buber in »Heilung aus der Begegnung« als den Mann verweist, der als praktizierender Psychotherapeut in der Erkenntnis und Verwirklichung der therapeutischen Möglichkeiten des Dialogs bahnbrechend gewirkt hat. Von der Krise sprechend, die der Psychotherapeut durchmacht, wenn er das Paradoxe seines Berufs entdeckt, schreibt Buber:

> Er hat in einer entscheidenden Stunde mitsamt dem ihm anvertrauten und ihm vertrauenden Kranken den geschlossenen Raum der Seelenbehandlung verlassen, darin der Analytiker kraft seiner systematischen und methodischen Überlegenheit waltet, und ist mit jenem an die Luft der Welt getreten, wo Selbheit der Selbheit ausgesetzt ist. Dort, in dem geschlossenen Raum, wo man die isolierte Psyche, der Neigung des in sich verkapselten Patienten gemäß, ergründet und verarztet, wird dieser in immer tieferen Schichten auf seine Innerlichkeit als auf seine eigentliche Welt verwiesen; hier draußen, in der Unmittelbarkeit des menschlichen Gegenüberseins, muß und kann die Verkapselung durchbrochen, und dem in seinem Verhältnis zur Anderheit — zur uneinseelbaren Anderwelt — Erkrankten muß und kann ein gewandeltes, ein geheiltes Verhältnis zu ihr eröffnet werden. Nie ist eine Seele allein krank, immer auch ein Zwischenhaftes, ein zwischen ihr und anderen Seienden Bestehendes. Der Psychotherapeut, der die Krisis durchschnitten hat, darf es nun wagen, daran zu rühren.
> Diesen Weg des erschreckten Innehaltens, des unerschrockenen Besinnens, des persönlichen Einsatzes, des Abwerfens der Sicherheiten, des rückhaltlosen Gegenübertretens, der Aufsprengung des Psychologismus, diesen Weg der Schau und der Wagnisse ist Hans Trüb gegangen ... Es werden gewiß die Nachfolgenden nicht ausbleiben, die wie er sind, Wache und Kühne, die Berufsökonomie auf Spiel Setzende, sich nicht Schonende und nicht Aufsparende, sich Dranwagende, und werden weitergehen (Buber 1965, 144f.).

Dieses Buch enthält Belege dafür, daß die Menschen, nach denen Buber Ausschau hielt, existieren.

4. Kapitel

Der interpersonelle Ansatz

George Herbert Mead

Einer der Pioniere bei der Entdeckung des »sozialen Selbst« war der amerikanische Sozialpsychologe und Philosoph George Herbert Mead. Der Hauptakzent von Meads zentralem Buch *Mind, Self and Society* liegt auf der Erkenntnis, daß das Selbst ein Produkt des sozialen Prozesses ist und nicht etwas, das unabhängig von diesem Prozeß oder vor diesem existiert. »Selbste können nur in definitiven Beziehungen zu anderen Selbsten existieren.«

> Das Selbst ist nicht etwas, das zuerst existiert und dann zu anderen in Beziehung tritt, sondern es ist sozusagen ein Wirbel im sozialen Strom und mithin immer noch ein Teil des Stroms. Dies ist ein Prozeß, in dem sich das Individuum ständig im voraus an die Situation anpaßt, der es angehört, und auf diese reagiert (Mead 1934, S. 182).

Für Mead ist das früheste Entwicklungsstadium des Selbst »die Verinnerlichung und innere Dramatisierung des äußeren, aus bedeutsamen Gesten bestehenden Gesprächs, das den Hauptinteraktionsmodus mit anderen Individuen, die derselben Gesellschaft angehören, darstellt«. Mead zeigt, daß das Selbst in einem Kind durch Spiel entsteht, insbesondere durch das Spiel, bei dem das Kind die Haltung des anderen annimmt und mit dem anderen ein Gespräch führt. Diese Rollenübernahme ist vielleicht der grundlegendste Punkt in Meads sozialem Behaviorismus.

Eine der fruchtbarsten Ideen Meads ist seine Unterscheidung zwischen den zwei verschiedenen Selbsten, die zusammen auftreten und die Persönlichkeit bilden — das *»Ich«* und das *»Mich«*. Das *Mich* ist die organisierte Antwort des anderen, die wir verinnerlicht haben, und das *Ich* ist unsere Antwort auf diese organisierte Antwort. Nur durch beides — die Verinnerlichung und die Antwort — können wir ein bewußtes Selbst erwerben. Dennoch bleibt ein Element des Unerwarteten und Ungeplanten in der Reaktion des *Ich*, das im *Mich* nicht gegenwärtig ist. »Das *Mich* repräsentiert eine definitive Organisation der Gemeinschaft in unseren eigenen Einstellungen und erfordert eine Reaktion, aber die Reaktion, die stattfindet, ist etwas, das einfach passiert.« Dies bedeutet, daß Mead, obwohl er das Selbst als »einen Wirbel im sozialen Strom« charakterisiert, Raum für ein Element der Freiheit und Spontaneität läßt, wodurch das Werden des Individuums als ein *Dialog* zwischen der Person und ihrem Bild des Menschen begriffen werden kann und nicht als eine völlig konditionierte Reaktion. Die Konsequenz dieser Anerkenntnis der Freiheit und Spontaneität des *Ich* ist Meads Bestehen darauf, daß das *Ich* trotz all seiner Individualität ein soziales Selbst ist, das nur in Beziehung zu anderen verwirklicht werden kann.

Mead zufolge erkennt man sich als Selbst nur, wenn man die Haltung des anderen einnimmt. Diese Haltung nimmt man faktisch gegen das eigene Selbst ein; denn das Selbst hat nur in seiner Existenz gegenüber dem anderen Selbst Bedeutung. Durch Sprache z.B. bekommt man »eine neue Seele«. »Man versetzt sich in die Haltung derjenigen, die diese Sprache gebrauchen. Man kann deren Literatur nicht lesen, kann nicht mit den Angehörigen einer Gemeinschaft sprechen, ohne deren spezielle Haltungen einzunehmen.« Kommunikation ist für Mead der Organisationsprozeß in der Gemeinschaft, der es einem ermöglicht, »sich selbst an die Stelle des anderen zu versetzen und durch signifikante Symbole zu kommunizieren«. Dieses Einnehmen der Haltung des anderen ist die Basis der menschlichen Sympathie; sie bedeutet eine einfühlsame Identifizierung mit dem anderen und eine Tendenz, auf seine oder ihre soziale Situation in derselben Weise zu reagieren wie der oder die Betreffende selbst. »Das Wesentliche ist die Entwicklung des gesamten Mechanismus sozialer Beziehungen, der uns zusammenbringt, so daß wir in unseren verschiedenen Lebensprozessen die Haltung des anderen einnehmen können.«[1]

Alfred Adler

Der amerikanische Psychiater Harry Stack Sullivan entwickelte sein Menschenbild weit stärker unter dem Einfluß von George Herbert Mead und dem Amerikanischen Pragmatismus als unter dem Einfluß Freuds. Aber im Falle von Sullivan ebenso wie von Rollo May und Erich Fromm müssen wir auch die direkten und indirekten Einflüsse von Alfred Adler und seiner Schule der »Individualpsychologie« berücksichtigen. »Adlers Psychologie ist im wesentlichen eine Dynamik interpersonaler Beziehungen«, schreibt Henri Ellenberger. »Sie betrachtet das Individuum niemals in einer isolierten und statischen Situation, sondern sieht es im Lichte seiner Aktionen und der Reaktionen seiner Umwelt.« Tatsächlich betrachtete Adler Neurose, Depression, Perversion, Kriminalität und sogar Psychosen und Neurosen als Spielarten von Störungen im Verhältnis des Individuums zur Gemeinschaft. Den Ödipuskomplex, den Freud als eine Norm verstand, betrachtete Adler als Ergebnis einer falschen Erziehung, und sowohl Eltern als auch Geschwister waren für Adler Partner, an denen das Kind seine Kräfte messen konnte. Für Adler rief ein Mangel an Verständnis in den persönlichen Beziehungen Geisteskrankheit hervor, weshalb er glaubte, eine bessere allgemeine Kenntnis des Menschen werde die sozialen Beziehungen verbessern. Im Gegensatz zu Freud lag für Adler der Grundantrieb des Individuums nicht in einem Todestrieb oder Kampfinstinkt, sondern vielmehr im Gemeinschaftsgefühl.

Adlers therapeutischer Ansatz war der »Heilung durch Begegnung« näher als der Freuds. Statt auf einer Couch zu liegen und den Therapeuten hinter sich zu haben, sitzt der Adler'sche Patient dem Therapeuten gegenüber; beide Stühle sind gleich groß. Der Therapeut zieht andere Familienmitglieder hinzu, wenn ihm dies hilfreich erscheint. Es fehlt auch die

---

1) Eine ausgezeichnete Darstellung des Denkens von George Herbert Mead ist in Paul Pfuetzes vergleichender Studie über Mead und Buber enthalten, die ursprünglich als *»The Social Self«* veröffentlicht, später von Harper Torchbooks neu aufgelegt wurde und noch später bei Greenwood Books unter dem Titel *Self, Society and Existence* erschien.

nachdrückliche Freud'sche Betonung des großen Wertes, der im Bezahlen der eigenen Therapie liegt.

Ellenberger führt die Verlagerung von der Psychoanalyse zur Ichpsychologie unter den sogenannten »Neofreudianern« weitgehend auf eine Adaptierung Adler'scher Konzepte durch führende Mitglieder des William Alanson White Instituts und der Association for the Advancement of Psychoanalysis zurück. Die psychoanalytische Terminologie bleibt jedoch erhalten. Besonders wichtig in diesem Zusammenhang waren die amerikanischen Psychotherapeuten Harry Stack Sullivan, Karen Horney, Erich Fromm und Clara Thompson (Ellenberger 1970, S. 613f., 620, 638).

Harry Stack Sullivan

Harry Stack Sullivan hält die interpersonalen Beziehungen für den eigentlichen Nexus des Selbst und darüberhinaus der geistigen und psychischen Gesundheit bzw. Krankheit. Sullivan unterscheidet zwischen dem Streben nach Befriedigung, das sich auf körperliche Bedürfnisse bezieht, und dem Streben nach Sicherheit, das kulturelle Bedürfnisse betrifft. Letztere, nicht erstere, betrachtet er als entscheidend für geistige und psychische Störungen. Das Kind wird durch die Angst geformt und erzogen, die es durch die Mißbilligung seiner Bezugspersonen erlebt, bzw. die Erleichterung und Freude, die es bei ihrer Zustimmung empfindet. Die Persönlichkeit ist ein größeres Ganzes als das Selbst. Viele der Impulse und Handlungsweisen der Persönlichkeit werden nicht bemerkt, weil sie außerhalb der Bewußtheit des Selbst liegen. Eine merkwürdige Umkehrung findet statt. Die Angst dient nicht dazu, einen daran zu hindern, etwas zu fühlen, zu denken oder zu tun, was die Bezugspersonen mißbilligen, sondern sie hat den Zweck, das Selbst vor der Erkenntnis zu schützen, daß es sich auf mißbilligte Handlungen einläßt.

Beziehungen zu anderen Menschen sind ein unerläßlicher Bestandteil der eigenen Entwicklung als Person und als Selbst. »Der Mensch benötigt die Welt der Kultur, er kann nicht leben *und Mensch sein* außer im lebendigen Austausch mit ihr.« Dies trifft absolut für die früheren Phasen der Persönlichkeitsentwicklung zu, aber es stimmt auch in einem anderen Sinn, wenn das Kind in das präadoleszente Stadium übergeht. Erst dann entsteht die Fähigkeit zu lieben, in welcher »die Befriedigungen und die Sicherheit, die von jemand anderem erlebt werden, von einer bestimmten anderen Person, ebenso große Bedeutung annehmen, wie die eigene Befriedigung und Sicherheit« (Sullivan 1940, S. 18, 20).

Wenn einem ein anderer Mensch ebensoviel bedeutet wie man selbst, dann ist es durchaus möglich, mit diesem Menschen so zu sprechen, wie man niemals zuvor mit jemandem gesprochen hat. Die Freiheit, die durch diese Erweiterung seiner eigenen Welt von Befriedigungen und Sicherheit entsteht und jetzt zwei Menschen einschließt, die einander in Liebe verbunden sind, gestattet einen Austausch von Bedeutungsnuancen, gestattet Sondierungen ohne Furcht vor Zurückweisung oder Demütigung, was der Konsensbildung sehr förderlich ist (Sullivan 1940, S. 20). Konsensbildung bedeutet eine Wahrheit, eine Welt, die mit anderen entdeckt wird, nicht durch die Herstellung von Objektivität, sondern vielmehr durch persönliche Mitteilung und Erprobung. Dies ist die Periode, in der sich eine echte Weltgemeinschaft abzeichnet. Statt in autistischer, selbstbezogener Isolierung im eigenen Selbst eingekerkert zu sein, ist man offen für das Vergleichen von Erfahrungen, für Fragen und Gegenfragen. Diese Konsensbildung bewirkt, daß man sich in einem neuen Sinne als Mensch fühlt — und zwar durch die Erkenntnis dessen, was uns als Menschen verbindet, durch Mitgefühl für den anderen, ob wir ihn unmittelbar oder nur aus Berichten kennen.

Wenn jemand diese Konsensbildung nicht erlebt, entwickelt er nicht nur kein Gefühl der Menschlichkeit, er entwickelt sich auch als Person nicht, er weiß immer weniger über zwischenmenschliches Verhalten und wird infolgedessen immer unsozialer. Nur durch den geschickten Gebrauch verantwortlicher Rede, »unseres spezialisiertesten Kommunikationsmittels«, können wir die Isolation unserer persönlichen Welt überwinden. Wem es nicht gelingt, diese Kluft zu überbrücken, führt eine Existenz, die instabil und weniger als menschlich ist, nicht authentisch, nicht im Sinne irgendeines Moralurteils, sondern im Sinne des Daseins als solchem. Auf der anderen Seite meint Sullivan, daß man in dem Maße psychisch gesund sei, in dem man sich seiner persönlichen Beziehungen bewußt werde«.

Sullivan weist ausdrücklich Freuds Vorstellung von der Entstehung des Gewissens als Verinnerlichung der Werte des Vaters und / oder der Mutter zurück. Worauf es Sullivan ankommt, sind die realen angstvermindernden und angststeigernden Erlebnisse des Kindes im persönlichen Verhältnis zu seinen Bezugspersonen. Mit anderen Worten, Sullivan ersetzt das statischere, auf Substantiva basierende Denken Freuds durch dynamische Beziehung — Verben: »Diese Dynamik ist ein Erklärungskonzept; sie ist kein Objekt, keine Region und kein Topos wie das Über-Ich, Ich, Es, usw.«

Statt mit Freud zu glauben, der Mensch habe »ein wirkliches Bedürfnis, grausam und verletzend gegenüber seinen Mitmenschen zu sein«, ist Sullivan überzeugt, daß sich Mißgunst und Haß aus der Erfahrung des Kindes, nicht genügend Zärtlichkeit zu bekommen, entwickeln. Wenn ein Kind ein Bedürfnis nach Zärtlichkeit äußert und die Eltern dieses Kindes weisen es zurück und kränken es sogar, dann macht das Kind als Jugendlicher »es praktisch jedem unmöglich, Zuneigung zu ihm zu empfinden oder es freundlich zu behandeln«, indem es den anderen durch seine Manifestation von Haß zuvorkommt. Mißgunst ist in Sullivans Augen »bloß eine Variante dieses Persönlichkeitsdefekts«, des Teufelskreises, der sich einstellt, wenn Eltern es versäumen, »ihre soziale Verantwortung zu übernehmen, einen manierlichen, wohlerzogenen Menschen hervorzubringen« (Sullivan 1953).

Wenn Jung den inneren Menschen gegenüber dem sozialen zu hoch bewertet und Freud in dieser Frage eine Parteinahme vermeidet, dann verfällt Sullivan in das andere Extrem, »Manieren« und »Wohlerzogenheit« zum einzigen Kriterium einer authentischen persönlichen Existenz zu machen. Das Unmögliche wurde im Nazideutschland nur deshalb möglich, weil so viele Deutsche so wohlerzogen und von ihrer Gesellschaft so gründlich sozialisiert waren, daß sie es nicht wagten, sich gegen diese zu erheben! Sullivan scheint in seinem Denken keinen Raum dafür zu haben, daß Sokrates den Schierlingsbecher leeren mußte, weil ihn die Athener als eine Gefahr für das gute Betragen und die gute Erziehung ansahen.

Obwohl Sullivan sein ganzes System auf Angst aufgebaut zu haben scheint, behauptet er später, daß Einsamkeit die Wirksamkeit des Selbstsystems ausschalten könne. »Unter dem Druck der Einsamkeit suchen Menschen Gesellschaft auf, obwohl sie dabei unter heftiger Angst leiden ... Die Tatsache, daß Einsamkeit trotz heftiger Angst zu Annäherungen führt, bedeutet automatisch, daß Einsamkeit als solche schrecklicher als Angst ist.« Dies besagt, daß unsere Beziehungen zu anderen nicht bloß ein System von Zustimmung oder Ablehnung sind, sondern, daß wir sie um ihrer selbst willen brauchen und nicht bloß zur Unterstützung unseres eigenen Selbst.

Sullivan unterscheidet drei »Bedürfnisse«: »Das Bedürfnis nach persönlicher Sicherheit — das heißt nach Freisein von Angst; das Bedürfnis nach Intimität — das heißt nach Zusammenwirken mit mindestens einem anderen Menschen; und das Bedürfnis nach lustvoller Befriedigung, das mit genitaler Aktivität und dem Verlangen nach Orgasmus zusammenhängt.« Daß Sullivan von einem »Bedürfnis nach Intimität« spricht, zeigt den Psychologismus, der sein Denken immer noch beherrscht. Er hat Intimität bereits als ebenso großes Wichtignehmen der Bedürfnisse des anderen wie der eigenen definiert. Wenn dem so ist, dann können andere nicht ein »Bedürfnis« von mir sein, ohne meine Anteilnahme an ihren Bedürfnissen zu einer Funktion meiner eigenen Bedürfnisse zu machen, so daß es mir per Definition weniger um sie geht, als um mich selbst. Aber dies ist sowohl ein sprachlicher Rückfall als auch eine Reduktion der Beziehung zum anderen auf eine Funktion des Selbst. Sullivan erkennt nicht nur, daß das Bedürfnis nach Intimität und jenes nach Lust nicht miteinander identifiziert werden können, sondern weist darauf hin, daß diese durchaus in Widerspruch zueinander sowie zum Bedürfnis nach Sicherheit stehen können.

Sullivan fügt in seine interpersonale Psychiatrie eine offene Beziehung zu einem anderen Menschen ein, was für Freud ganz unmöglich gewesen wäre, für den Liebe bestenfalls eine gegenseitige Ausbeutung zur Erfüllung individueller Triebbedürfnisse war. Diese offene Beziehung wird in unserer Kultur nicht erreicht. »Die kulturellen Einflüsse, die auf jeden Menschen einwirken, enthalten sehr wenig, was die Angehörigen der beiden Geschlechter auf eine wahrhaft menschliche, schlichte, persönliche Beziehung zueinander vorbereitet.« Das Resultat ist oft eine Spaltung zwischen Lust und Intimität, bei der erstere auf »die Prostituierte« und letztere auf »das anständige Mädchen« gerichtet ist. Die Befriedigung der Lust findet dann auf Kosten der eigenen Selbstachtung statt, während die Beziehung, die die Einsamkeit und Angst lindert, keine volle Beziehung ist. Diese Spaltung ist auch nicht nur in der Jugend vorhanden. Einige der bissigsten Kommentare Sullivans betreffen die falsche Rolle, die Sex in unserer Kultur spielt — nicht als Befriedigung eines echten Bedürfnisses, sondern vielmehr als ein Mittel zur Steigerung des eigenen Prestiges: »Was in dieser Gesellschaft letztlich über Erfolg oder Mißerfolg entscheidet, ist, ob man ohne ungebührliche Angst und Verlust an Selbstachtung etwas Befriedigendes mit den eigenen Genitalien oder den Genitalien anderer anfangen kann.«

In seiner Erörterung der »späten Adoleszenz«, legt Sullivan am vollständigsten seine Auffassungen davon dar, was voll entwickelte Menschlichkeit bedeutet. Die späte Adoleszenz beginnt mit der Entdeckung, was man in bezug auf das genitale Verhalten bevorzugt und wie sich dies in das übrige Leben einfügt, und darauf folgen *»zahlreiche erzieherische Schritte bis zur Ausbildung eines vollständigen menschlichen bzw. reifen Repertoires persönlicher Beziehungen, soweit es die vorhandenen persönlichen und gesellschaftlichen Möglichkeiten gestatten«.* Das Ziel voll entwickelter Menschlichkeit liegt für Sullivan in der Freiheit der Lebensführung. Aber da sich die Lebensführung in persönlichen Beziehungen abspielt, müssen diese Beziehungen auch real sein. Sullivan sieht eine Einschränkung freier Lebensführung nicht in dem Umstand, daß das Individuum von anderen an vollständiger »Selbstverwirklichung« gehindert wird, sondern vielmehr darin, daß sich viele Menschen mit »pseudosozialen Ritualen« zufriedengeben : »Jeder Mensch ist unentwegt mit anderen Leuten beschäftigt, aber nichts besonders »Persönliches« kommt dabei heraus ... Es gibt eine bemerkenswerte Zahl von Menschen, die es fertigbringen, unerhört gesellig zu sein, ohne sich im geringsten auf die anderen Menschen einzulassen, mit denen sie es zu tun haben.« Sullivan gebraucht den Begriff »persönliche Beziehung« mithin nicht bloß im deskriptiven, sondern auch im normativen Sinn. Nicht jede Art von Beziehung zwischen Menschen führt zu »voll entwickelter Menschlichkeit«, sondern nur diejenige, in die sich die Betreffenden wirklich als Personen einbringen und in der sie sich tatsächlich auf die anderen einlassen.

Für Sullivan hängen Reife, Selbstachtung und echte persönliche Beziehungen notwendigerweise miteinander zusammen. Nur unreife Menschen setzen andere um ihrer eigenen Sicherheit willen herab und beweisen dadurch ihren eigenen Mangel an Selbstachtung. Reife Menschen sind durch ihr einfühlsames Verständnis für die Beschränkungen, Interessen, Möglichkeiten und Ängste derjenigen zu erkennen, mit denen sie zusammenleben. Das *Bedürfnis* nach Intimität, das zur Zusammenarbeit mit anderen führt, bewirkt somit auch ein Transzendieren der Sprache individueller Bedürfnisse zugunsten einer »sehr ausgeprägten Sensibilität für die Bedürfnisse des anderen und für die interpersonale Sicherheit bzw. Angstfreiheit des anderen« (Sullivan 1953).

Erich Fromm

Im Gegensatz zur Psychologie Freuds mit ihrem biologischen Individualismus und der ihr inhärenten Konkurrenzneigung und Aggression sieht Erich Fromm das Schlüsselproblem der Psychologie im »spezifischen Verhältnis des Individuums zur Welt und nicht in der Befriedigung oder Frustration dieses oder jenes Triebbedürfnisses *als solchem*«. Ebenso wie Karl Marx und Harry Stack Sullivan betrachtet Fromm die Menschen *primär* als soziale Wesen, das heißt sozial gerade auch in ihrem Selbst und nicht bloß in ihren Bedürfnissen. Psychologie ist demzufolge eine »Psychologie der menschlichen Beziehungen«. Fromm widerspricht nachdrücklich Freuds Auffassung, daß Geschichte das Ergebnis psychischer Kräfte sei, die als solche nicht gesellschaftlich vermittelt seien. Aber er kann auch den »mehr oder weniger verhaltenspsychologisch beeinflußten« Theorien nicht zustimmen, daß die menschliche Natur keine eigene Dynamik besitze und daß psychische Veränderungen als Entwicklung neuer Gewohnheiten in Anpassung an neue kulturelle Verhaltensmuster zu verstehen seien (*Die Furcht vor der Freiheit*). Die menschliche Natur ist nicht grenzenlos formbar, und der menschliche Faktor ist eines der dynamischen Elemente im gesellschaftlichen Prozeß.

In *Die Furcht vor der Freiheit* geht Fromm in seiner Betonung der Freiheit, die er als Kennzeichen menschlicher Existenz als solcher ansieht, über Freud und Sullivan hinaus.

> Die menschliche Existenz nimmt in dem Augenblick ihren Anfang, wo die Instinktbedingtheit des Handelns unter einem bestimmten Punkt abgesunken ist, wo die Anpassung an die Natur nicht mehr zwangsläufig erfolgt, wo das Verhalten nicht länger durch erbmäßig gegebene Mechanismen festgelegt ist. Mit anderen Worten: *Menschliche Existenz und Freiheit sind von Anfang an nicht zu trennen* (Fromm 1983, S. 35).

Menschliche Freiheit hängt jedoch von der erfolgreichen Entwicklung des Individuums von seinen primären Bindungen zu einem individualisierten Zustand ab. Der Mensch findet Erfüllung nicht durch organische oder symbiotische Verbindung mit anderen, sondern vielmehr durch »seine aktive Solidarität mit allen Menschen und seine spontane Aktivität, Liebe und Arbeit, die ihn als ein freies und unabhängiges Individuum wieder mit der Welt verbinden«. Aber der Verlust der Bindungen, welche den Menschen Sicherheit geben, sowie ökonomische, gesellschaftliche und politische Zwänge machen die Freiheit oft zu einer unerträglichen Last. Die Folge ist »Sadomasochismus« — eine ungesunde, unproduktive Dominanz-Unterwerfung-Beziehung zu anderen — und mit ihr der Verlust des wahren Selbst. Sadomasochismus, so wie Fromm den Begriff benutzt, ist kein sexuelles Phänomen oder gar ein Ausdruck von Feindseligkeit, als den Freud später den Sadismus sah, sondern vielmehr ein Versuch, die Angst, die dadurch hervorgerufen wird, daß man ein abgetrennter Mensch ist, durch eine symbiotische Verbindung mit einem anderen, in der diese Abgetrenntheit vergessen wird, zu überwinden. Aus diesem Grund ist ein Sadist ebenso abhängig von der Person, die er beherrscht, wie ein Masochist von der Person, die ihn beherrscht. Faktisch, sagt Fromm, treten die beiden immer gemeinsam auf.

Fromm betrachtet Freiheit als eine Komponente der Ganzheit der Persönlichkeit. »Positive Freiheit besteht in der spontanen Aktivität der integrierten Gesamtpersönlichkeit.« Eine solche Spontaneität entsteht durch die Bejahung der Gesamtpersönlichkeit und die Beseitigung der Spaltung zwischen Vernunft und Natur. Der wichtigste Bestandteil der Spontaneität ist Liebe — nicht die Auflösung des Selbst in einem anderen Menschen oder der Besitz eines anderen, sondern vielmehr die spontane Bejahung anderer bei gleichzeitiger Erhaltung des individuellen Selbst. Liebe bedeutet für Fromm die Überwindung der Trennung ohne die Beseitigung des Andersseins. Auch die Arbeit ist ein Teil der Spontaneität — nicht die Bezwingung und Beherrschung der Natur, sondern vielmehr ein schöpferischer Akt, der einen mit der Natur vereinigt, ohne daß man sich in dieser auflöst. Die grundlegende Dichotomie, die der Freiheit innewohnt — die Geburt der Individualität und der Schmerz des Alleinseins — wird auf einer höheren Ebene durch das spontane Handeln des Menschen aufgelöst.

Freiheit und organisches Wachstum des Selbst sind nur dann möglich, sagt Fromm, wenn man die Einzigartigkeit des Selbst anderer Menschen ebenso respektiert wie die des eigenen Selbst. Fromm charakterisiert die Liebe in *Man for Himself* und *Die Kunst des Liebens* als »Fürsorge, Verantwortung, Achtung und Kenntnis«. Diese Begriffe implizieren alle ein gegenseitiges Verhältnis mit anderen, das den anderen als für sich genommen wertvoll begreift. Fromm erkennt dies ausdrücklich an, indem er den Begriff der Verantwortung auf seine Wurzel »antworten« zurückführt (dieselbe verbale Verwandtschaft besteht im Englischen zwischen *responsibility* und *to respond*, Anm. d. Übers.), und indem er weiterhin Liebe als den Wunsch definiert, der andere möge wachsen und sich entwickeln, sowie als Ausdruck der Intimität zwischen zwei Menschen unter der Bedingung der Wahrung der Integrität des jeweils anderen. Liebe ist für Fromm »ein paradoxes Einssein von zweien«, bei dem sowohl Getrenntheit als auch Zusammengehörigkeit herrschen. Sie bedeute die Antwort auf die Einzigartigkeit des anderen, seine Bejahung, *so wie er ist:*

> Die Verantwortlichkeit könnte sehr leicht zu Beherrschung und Unterjochung werden, hätte die Liebe nicht eine dritte Komponente: den *Respekt.* Respekt ist ... die Fähigkeit, einen Menschen so zu sehen, wie er ist, und seine einmalige Individualität zu erkennen. Respekt bedeutet das Streben, daß der andere wachsen und sich entfalten kann. Dem Respekt fehlt daher jede Tendenz der Ausbeutung. Ich möchte, daß der geliebte Mensch zu seinem eigenen Nutzen und in seiner eigenen Art wächst und sich entfaltet, und nicht zu dem Zweck, mir zu dienen (Fromm 1956, 48).

Im Gegensatz zu Freud vertritt Fromm in *Jenseits der Illusion* die Auffassung, das mächtigste Verdrängungsmotiv sei nicht die Furcht vor Kastration, sondern die vor Isolierung und Ächtung. Der Mensch muß in Beziehung stehen, er muß eine Verbindung zu anderen herstellen, um geistig und psychisch gesund zu sein. Ebenso wie Sullivan betrachtet Fromm somit die Einsamkeit, die die geistige Gesundheit des Menschen bedroht, als die stärkste Furcht des Menschen. Diese verführt das Individuum häufig, sich gegenüber der Wirklichkeit hinter den Illusionen, die seine Gruppe vertritt, blind zu stellen, nur um keine Ächtung zu riskieren. Doch der Mensch fürchtet sich auch vor der Isolierung bzw. Entfremdung von der Menschlichkeit in ihm, von seinem Gewissen und seiner Vernunft. Wenn eine Gesellschaft nicht menschlich ist, wird das Individuum in einen Konflikt zwischen gesellschaftlichen und menschlichen Zielsetzungen gezwungen. Diesen Konflikt kann der Mensch nur dann zugunsten der Humanität lösen, wenn er »die Grenzen seiner Gesellschaft überschritten hat und ein Weltbürger geworden ist«. Eine Quelle einer solchen Transzendenz, meint Fromm, sei das Unbewußte, das für ihn weder gut noch böse, rational noch irrational, sondern all dies zusammen ist — alles, was menschlich ist. Das Unbewußte ist der ganze Mensch, der universelle Mensch abzüglich der sozialen Dimension, während das Bewußtsein der soziale Mensch ist, »die zu fälligen Grenzen, die von der historischen Situation gezogen werden, in die das Individuum geworfen ist«. »Sich seines Unbewußten bewußt zu werden« bedeutet deshalb, »in Kontakt mit der vollen eigenen Menschlichkeit zu kommen und die Barrieren zu beseitigen, die die Gesellschaft in jedem Menschen und dementsprechend zwischen jedem Menschen und seinen Mitmenschen errichtet.«

In *Jenseits der Illusion* (1962) berichtet Fromm, wie er mit dem »strikt orthodoxen Freud'schen Verfahren begann, einen Patienten zu analysieren, während er hinter diesem saß und sich seine Assoziationen anhörte«. Dieses Vorgehen machte den Patienten für Fromm zum Objekt eines Laborexperiments. Es gelang ihm zwar, die Träume des Patienten in seine theoretischen Erwartungen einzufügen, aber er redete immer noch *über* den Patienten, statt *mit* ihm. Schließlich fand er einen neuen Weg: »Statt ein Beobachter zu sein, mußte ich ein Teilnehmer werden; ich mußte mich auf den Patienten einlassen; von Mitte zu Mitte und nicht von Peripherie zu Peripherie.« Daß dies einen noch radikaleren Bruch mit der traditionellen Methode bedeutete als Harry Stack Sullivans »teilnehmender Beobachter«, geht aus Fromms Bemerkung mir gegenüber hervor, daß er in der Therapie nicht nur die »Heilung durch Begegnung« sehe, sondern daß er auch glaube, daß der Therapeut selbst in dem Prozeß geheilt werde.

Diese Betonung der Teilnahme bedeutet nicht, daß sich Fromm Illusionen darüber machte, daß Therapie völlig wechselseitig sei. Auch während er sich selbst als so vollkommen engagiert empfand, wie nie zuvor, und merkte, daß er seinen Patienten verstehen konnte, statt zu interpretieren, was dieser sagte, entdeckte er, daß er gleichzeitig völlig objektiv bleiben konnte und den Patienten so sah, wie er war, und nicht wie Fromm ihn gern gehabt hätte. »Objektiv zu sein ist nur möglich, wenn man nichts für sich selbst will, weder die Bewunderung des Patienten noch seine Unterwerfung, nicht einmal seine Heilung.« Die Therapie findet um der Heilung willen statt, aber ein echter Wunsch zu helfen bewahrt den Therapeuten davor, in seiner Selbstachtung beschädigt zu werden, wenn der Patient keine Fortschritte macht, oder durch »seinen« Erfolg übermütig zu werden, wenn der Patient gesund wird (Fromm 1962, S. 149f., 154f.).[2)]

2) Eine ausführliche Erörterung Fromms findet sich in Friedman 1978, 13. Kapitel.

Frieda Fromm-Reichmann

Obwohl Frieda Fromm-Reichmann keinen wichtigen *theoretischen* Beitrag zur dialogischen Therapie leistete, war sie doch eine Pionierin bei der Anwendung der Ansätze Freuds und Sullivans in der interpersonalen Psychiatrie auf die unmittelbare, langfristige Arbeit mit Schizophrenen. Auch Sullivan erzielte bei seiner Arbeit mit Schizophrenen eindrucksvolle Ergebnisse. Aber Fromm-Reichmann wurde in dieser Hinsicht für alle, die sie kannten, legendär. Durch die unerhörte Popularität von *Ich habe dir nie einen Rosengarten versprochen* wurde sie Millionen von Menschen als die verständnisvolle, warmherzige und menschliche Therapeutin bekannt, die mit der Autorin des Buches persönlich am St. Elizabeth's Hospital in Washington D.C. zusammenarbeitete. Noch wichtiger war ihre Arbeit in Chestnut Lodge, der psychiatrischen Klinik der Washington School of Psychiatry, deren Vorsitzende sie nach Harry Stack Sullivan und vor Leslie H. Farber war.

In einem ihrer Bücher, *Principles of Intensive Psychotherapy,* gibt uns Frieda Fromm-Reichmann eine Fülle von Beispielen ihres Verständnisses der Heilung durch Begegnung aus ihrer eigenen Praxis und der anderer, mit denen sie eng zusammenarbeitete. Für Fromm-Reichmann schloß Sullivans Konzept des Therapeuten als »teilnehmender Beobachter« spontane und echte Reaktionen seitens des Therapeuten und in manchen Fällen auch ermutigende Berührungen und liebevolle Gesten ein. Dies bedeutet *nicht,* die professionelle Beziehung in eine gesellschaftliche umzuwandeln oder aus dem Dialog mit dem Patienten persönliche Befriedigung ziehen zu wollen. Aber es bedeutet, Patienten als Achtung verdienend anzuerkennen und »ihnen auf der Basis menschlicher Gleichberechtigung zu begegnen«.

Fromm-Reichmann lehnt Freuds Todestrieb ab zugunsten einer Feindseligkeit, die durch unglückliche zwischenmenschliche Erfahrung entsteht. Verhaltensweisen des Patienten wie Schweigen sind überdies nicht ausnahmslos Anzeichen von Feindseligkeit. Sie könnten auch ein Ausdruck des Vertrauens sein. Der Therapeut kann der erste Mensch im Leben des Patienten sein, der ihm ein Maß an zwischenmenschlicher Sicherheit schenkt, das es unnötig für ihn macht, zu sprechen oder, wie eine Patientin dieses freundliche Schweigen beschrieb: »Das Glück, daß man es wagen kann, zu atmen und einfach in der Gegenwart eines anderen Menschen da zu sein, der sich nicht einmischt.« Und obwohl Fromm-Reichmann Freud als einen ihrer Lehrer anerkennt und die

Bedeutung der Analyse des Therapeuten wiederholt betont, kehrt sie die populäre »Freud'sche« Auffassung, daß genitale Reife das Kriterium der Heilung sei, zugunsten der Erkenntnis um, daß guter Sex ein Ausdruck guter menschlicher Beziehungen ist, daß Heilung in der einen Sphäre der Begegnung Heilung in der anderen hervorbringt: »Ein Mensch, der einigermaßen frei von Angst, Habgier, Neid und Eifersucht ist und der fähig ist, zwischenmenschliche Intimität zu erleben, wird imstande sein, dies in Form befriedigender sexueller Aktivität auszudrücken.« (Fromm-Reichmann, 1950, S. 25, 138).

5. Kapitel

Carl Rogers und die humanistische, klientenzentrierte Psychotherapie

In einer Erörterung von Ludwig Binswangers »Case of Ellen West« (Binswanger 1958) mit dem Titel »Die Einsamkeit des modernen Menschen« bezeichnet Carl Rogers (1980, S. 164 — 180; dt.: *Die Person als Mittelpunkt der Wirklichkeit,* Klett-Cotta 1980, S. 94 — 103) Bubers »Heilung durch Begegnung« als das Zentrum der Therapie. Die größte Schwäche der Behandlung von Ellen West war nach Rogers' Ansicht, daß keiner der daran Beteiligten eine Beziehung zu ihr als *Person* hergestellt zu haben scheint, als eine Person, »deren inneres Erleben eine kostbare Quelle ist, aus der man schöpfen und der man vertrauen kann«. Sie wurde als ein Objekt behandelt; man half ihr, ihre Gefühle zu *verstehen,* aber nicht, sie zu *erleben.* Sie selbst erkennt, daß ihr der Arzt Einsicht, aber nicht Heilung verschaffen kann. Sie ruft verzweifelt nach einer Beziehung zwischen zwei Menschen, aber niemand hört sie. »Sie hat niemals erlebt, was Buber Heilung durch Begegnung nannte. Es war niemand da, der sich ihr zuwenden und sie so akzeptieren konnte, wie sie war.« Rogers zieht aus dem Fall von Ellen West die Lehre, daß, wann immer oder wie immer der Therapeut die Person zum Objekt macht — »sei es, indem er sie diagnostiziert, analysiert oder unpersönlich in Form einer Fallgeschichte wahrnimmt« — er seinem therapeutischen Ziel im Wege steht. Der Therapeut ist nur dann wirklich hilfreich, wenn er zum anderen als Person in Beziehung tritt, sich in der Beziehung als Person riskiert, den anderen als Person aus eigenem Recht erlebt. »Nur dann erfolgt eine Begegnung von einer Tiefe, die den Schmerz des Alleinseins sowohl beim Klienten als auch beim Therapeuten auflöst.« (Friedman 1973, S. 484f.).

In *Client-Centred Therapy* (1951; dt.: Die klientenzentrierte Gesprächspsychotherapie, 1976) erklärt Rogers die Rolle des Beraters in der »nichtdirektiven« Therapie sei nicht, wie oft angenommen, eine bloße passive *laissez-faire*-Politik, sondern vielmehr ein aktives Annehmen des Klienten als eine Person von Wert, für die der Berater wirklichen Respekt empfindet. Klientenzentrierte Therapie betont vor allem, daß der Berater den inneren Bezugsrahmen des Patienten übernimmt und sowohl die Welt als auch den Klienten mit den Augen des Klienten sieht. Für den Entwicklungsprozeß des Klienten ist es wichtig, daß er sich vom Therapeuten verstanden und akzeptiert weiß. Dies bedeutet »ein aktives Miterleben der Gefühle, denen der Klient Ausdruck verleiht«, das Bemühen, »*einzudringen* und die geäußerten Einstellungen mitzuerleben, statt sie zu beobachten«. Das impliziert gleichzeitig eine gewisse Distanz und das Fehlen einer emotionalen Verstrickung — ein Erleben der Gefühle von der Seite des Klienten aus, ohne eine emotionale Identifizierung, die bewirken würde, daß der Berater diese Gefühle selbst, als Berater, erlebt. Schließlich bedeutet es ein Ablegen der Fixierung auf professionelle Analyse, Diagnose und Bewertung zugunsten eines Annehmens und Verstehens des Klienten, basierend auf einem echten Respekt, der vom Therapeuten tief und wahrhaftig empfunden wird (Rogers 1951, S. 20 — 45, 55). Rogers ist bereit, diesen Respekt und dieses Vertrauen sogar einem Klienten entgegenzubringen, der in Gefahr ist, Selbstmord zu begehen, oder der in eine Anstalt eingewiesen wurde.

> Sich mit diesem Menschen tief auf sein konfuses Ringen um seine persönliche Identität einzulassen, ist vielleicht die beste Art und Weise, die wir jetzt kennen, um die Bedeutung unserer Grundhypothese klarzumachen, daß das Individuum einen Prozeß repräsentiert, der tiefen Respekt verdient, sowohl in seinem gegenwärtigen Zustand als auch im Hinblick auf seine Möglichkeiten (Rogers 1951, S. 45).

Eine Konsequenz der klientenzentrierten Therapie ist die Erkenntnis, daß gute zwischenmenschliche Beziehungen vom Verständnis und dem Annehmen des anderen als eigenständige Person abhängen, »die im Rahmen ihrer eigenen Bedeutungen agiert, welche auf ihrem persönlichen Wahrnehmungsfeld basieren«. Rogers meint, daß die Erkenntnis der Eigenständigkeit anderer durch eine Beziehung ermöglicht werde, die den Betreffenden selbst in seinem eigenen Sein bestätige. Ein Mensch lernt, andere zu akzeptieren, wenn er sich selbst akzeptiert, und dies ist der Fall, wenn das Kind von seinen Eltern oder der Klient vom Therapeuten akzeptiert wird (Rogers 1951, S. 520ff.). Das Wesentliche der Therapie ist dementsprechend nicht so sehr die Erinnerung des Klienten an die Vergangenheit, seine Auseinandersetzung mit Problemen oder das Bewußtwerdenlassen von Erfahrungen, als vielmehr sein unmittelbares Erleben in der therapeutischen Beziehung.

> Der therapeutische Prozeß wird nach diesen Hypothesen als synonym mit der erlebbaren Beziehung zwischen Klient und Therapeut angesehen. Therapie besteht im Erleben des Selbst in der verschiedensten Art und Weise in einer emotional bedeutungsvollen Beziehung mit dem / der Therapeut / in (Rogers 1951, S. 172).

Bereits 1952 definierte Rogers die Person als einen fließenden Prozeß und ein Potential »in ziemlich scharfem Gegensatz zu dem relativ fixierten, meßbaren, diagnostizierbaren, vorhersagbaren Personenbegriff, von dem Psychologen und andere Sozialwissenschaftler ausgehen, nach ihren Schriften und Verfahrensweisen zu urteilen«. Die Person als Prozeß offenbart sich am tiefsten, schrieb Rogers, in einer Beziehung des äußersten und vollständigsten Angenommenseins, in einer Beziehung, die Rogers in Buberschen Begriffen als »eine echte Ich-und-du-Beziehung, nicht eine Ich-Es-Beziehung« beschrieb. Der Betreffende bewegt sich dann in einer positiven Richtung auf einzigartige Ziele hin, die er selbst nur verschwommen definieren kann (Rogers 1952).

In seinem Buch *On Becoming a Person* (1961; dt.: *Entwicklung der Persönlichkeit,* 1979) berichtet Rogers, wie sich sein Herangehen an die Therapie von der intellektuellen Frage, wie er den Patienten behandeln könne, zu der Erkenntnis verändert habe, daß sich ein Wandel durch *Erfahrung* in einer *Beziehung* einstelle. Er stellte fest, daß je echter er in einer Beziehung war, je mehr er sich seiner eigenen Gefühle bewußt war, je bereiter er war, seine eigenen Gefühle und Einstellungen zu äußern, desto mehr verlieh er der Beziehung eine *Realität,* die der Patient für sein eigenes persönliches Wachstum nutzen konnte. Er merkte auch, daß je mehr er den Patienten respektieren und mögen konnte, das heißt wenn er ihm eine starke Sympathie als Person von bedingungslosem Selbstwert entgegenbrachte und jeden wechselnden Aspekt des anderen akzeptierte, desto mehr trug er zur Entstehung einer Beziehung bei, die der Patient nutzen konnte. Dieses Akzeptieren schließt notwendigerweise den anhaltenden Wunsch ein, die Gefühle und Gedanken des anderen zu verstehen, was diesem wirklich die Freiheit läßt, all die verborgenen Winkel und furchterregenden Tiefen seines inneren und oft verschütteten Erlebens zu erforschen. Dies schließt auch ein völliges Freisein von moralischen und diagnostischen Bewertungen aller Art ein.

Rogers' »tiefes empathisches Verständnis«, das ihn befähigt, die persönliche Welt des Klienten mit dessen Augen zu sehen, ist mit Bubers »Erleben der anderen Seite« und seinem Begriff der »Umfassung« verwandt. »Wenn ich die Einstellungen, die ich beschrieben habe, selbst aufweise und wenn der andere diese Einstellungen bis zu einem gewissen Grad nachvollziehen kann, dann glaube ich, daß Veränderungen und konstruktive persönliche Entwicklung unweigerlich eintreten werden.«, erklärt Rogers. (Rogers 1961, S. 35). Dieser Glaube an die latenten Möglichkeiten, die »in einem geeigneten psychologischen Klima« genutzt werden, scheint von der »Heilung durch Begegnung« eine Wirksamkeit zu erwarten, die über die konkrete Situation mit ihren oft tragischen Begrenzungen hinausgeht. Wenn die Eltern ein solches psychologisches Klima schaffen, dann »wird das Kind selbstgesteuerter, sozialisierter und reifer werden«, meint Rogers (1961, S. 37). Durch die Beziehung erlebt und versteht der andere seine verdrängten Aspekte, wird integrierter und effektiver in seinen Funktionen, er kommt der Person näher, die er gern sein würde; er wird »mehr zu einer Person, einzigartiger und fähiger, seine Persönlichkeit auszudrücken«, und es gelingt ihm, »mit den Problemen des Lebens angemessener und müheloser fertigzuwerden« (Rogers 1961, S. 38).

In diesem Zusammenhang gebraucht Rogers die Wendung Bubers, »den anderen bestätigen«, also die Persönlichkeit nicht als etwas Fixiertes und Fertiges anzunehmen, sondern als einen Entwicklungsprozeß. Durch dieses Annehmen, sagt Rogers, »tue ich, was ich kann, um die Möglichkeiten des oder der Betreffenden zu bestätigen oder wirklich werden zu lassen«. Betrachtet man dagegen, schreibt Rogers, die Beziehung nur als eine Gelegenheit, bestimmte Feststellungen oder Meinungen im anderen zu verstärken, wie Verplanck, Lindsley und B.F. Skinner dies in ihrer Therapie des operanten Konditionierens tun, dann bestätigt man den anderen als ein im Grunde mechanisches, manipulierbares Objekt, und er neigt dann dazu, sich in einer Weise zu verhalten, die diese Hypothese unterstützt. Nur eine Beziehung, die *alles* »verstärkt«, was er / sie ist, »die Persönlichkeit mit all ihren vorhandenen Möglichkeiten«, schließt Rogers, *bestätigt* den anderen, um Bubers Begriffe zu benutzen, »als ein lebendiges Individuum, das zu einer inneren Entwicklung fähig ist« (Rogers 1961, S. 55f.).

Als Therapeut, schreibt Rogers,

> begebe ich mich in die Beziehung nicht als ein Wissenschaftler, nicht als ein Arzt, der richtig diagnostizieren und heilen kann, sondern als Person, die eine persönliche Beziehung eingeht. Sofern ich ihn nur als ein Objekt betrachte, wird der Klient dazu tendieren, nur zu einem Objekt zu werden.
> Ich riskiere mich selbst, weil ich, wenn es nach einer Vertiefung der Beziehung zu einem Scheitern, einer Regression, einer Ablehnung von mir und der Beziehung durch den Klienten kommt, dann ... einen Teil von mir selbst verlieren werde.

Der Therapeut führt die Therapie ohne bewußten Plan durch und reagiert auf den anderen mit seinem ganzen Sein, »seiner gesamten organismischen Sensibilität«.

> Wenn diese vollständige Einheitlichkeit, diese Einzigkeit, Fülle des Erfahrens in der Beziehung da ist, nimmt es die »außerirdische« Qualität an, die viele Therapeuten bemerkt haben; es ist ein tranceartiges Sich-Fühlen in der Beziehung, aus dem sowohl der Klient wie ich am Ende der Stunde wie aus einem tiefen Brunnen oder Tunnel auftauchen. In diesen Augenblicken existiert, um einen Ausdruck von Buber zu verwenden, eine wirkliche »Ich-und-Du«-Beziehung, ein zeitloses Leben in der Erfahrung *zwischen* dem Klienten und mir. Es bezeichnet den Gegenpol einer Sehweise, die den Klienten oder mich als Objekt betrachtet. Es ist der Gipfel der persönlichen Subjektivität (Rogers 1961, S. 201ff.).

Durch seine Bereitschaft, sich selbst aufs Spiel zu setzen, und durch sein Vertrauen zum Klienten erleichtert es der Therapeut dem Klienten, den

Sprung in den Strom des Erlebens zu wagen. Dieser Prozeß des Werdens eröffnet eine neue Lebensweise, bei der sich der Klient »einzigartiger und dadurch mehr allein« fühlt, die ihn aber gleichzeitig befähigt, in Beziehungen zu anderen einzutreten, die tiefer und befriedigender sind und die »mehr von der Wirklichkeit der anderen Person in das Verhältnis einbeziehen«.

Die drei Kapitel, die Rogers für den Band mit B. Stevens, u.a. *Person to Person* (1967), beitrug, Kapitel, die er 1962 bzw. 1963 schrieb, haben die Versicherung miteinander gemein, daß die Eigenschaften des Therapeuten, die eine wirksame Therapie am ehesten ermöglichen, Kongruenz, bedingungslose, positive Wertschätzung und einfühlendes Verstehen sind. Von diesen drei Voraussetzungen, sagt Rogers mit einem Nachdruck, der sich relativ spät in seinem Denken einstellte, sei die unerläßlichste die Kongruenz:

> Persönliches Wachstum wird gefördert, wenn sich der Berater so gibt, wie er *ist,* wenn er in der Beziehung zu seinem Klienten echt und ohne Maske oder Fassade auftritt und offen die Gefühle und Einstellungen lebt, die im jeweiligen Augenblick in ihm da sind ... Das bedeutet, daß es zu einer direkten persönlichen Begegnung mit seinem Klienten kommt und er ihm von »Mensch zu Mensch« gegenübertritt. Es bedeutet, daß er er selbst *ist* und sich nicht verleugnet (Rogers 1967a, S. 90).

Selbst wenn der Berater über seinen Klienten verärgert oder von ihm gelangweilt ist oder ihn nicht mag, ist es vorzuziehen, echt zu sein, als eine Fassade des Interesses, der Anteilnahme und der Sympathie, die er nicht empfindet, aufzubauen. Was er tun kann, ist, zu erkennen, daß er *sein* Gefühl der Langeweile äußert und nicht die vermeintliche Tatsache, daß sein Klient ein langweiliger Mensch ist. Wenn der Therapeut dieses Gefühl ausspricht, das als Barriere zwischen ihm und dem Klienten stand, wird sich der Klient seinerseits echter äußern, weil der Therapeut es wagte, in der Beziehung eine wirkliche, unvollkommene Person zu sein. Obwohl die Qualitäten der bedingungslosen positiven Wertschätzung und des einfühlenden Verstehens leichter zu erreichen sein mögen, ist es besser für den Berater, sich so zu geben, wie er ist, als diese Qualitäten vorzutäuschen (Rogers 1967a, S. 90—92).

Eine der Fragen, die in bezug auf den therapeutischen Ansatz von Rogers häufig aufgeworfen wird, ist, wie seine Betonung von Kongruenz beim Therapeuten mit seiner Forderung nach »bedingungsloser positiver Wertschätzung« zu vereinbaren ist. Diese letztgenannte Dimension ist älter in Rogers' Denken und bedeutet eine warme, positive und akzeptierende Einstellung zu dem, was beim Klienten vorhanden ist und was Veränderungen fördert. Wenn der Therapeut dem Klienten in einer umfassenden, nicht besitzergreifenden Weise seine Wertschätzung entgegenbringt, statt seine Akzeptanz an Bedingungen zu knüpfen, dann sind konstruktive Veränderungen viel wahrscheinlicher. Eine Antwort, die man auf diese Frage geben könnte, lautet, daß der Therapeut der *Persönlichkeit* des Klienten Sympathie entgegenbringt und nicht bloß seinen Handlungen. Eine andere besagt, daß wenn die beiden Grundsätze miteinander in Konflikt geraten, muß der Therapeut echt, das heißt kongruent sein, aber er braucht seine Gefühle gegenüber dem Klienten nicht in ein Urteil über ihn zu verwandeln.

In seinem Essay »Learning to Be Free« erklärt Rogers die bedingungslose positive Wertschätzung zur zweiten wesentlichen Voraussetzung guter Therapie. In »The Interpersonal Relationship« setzt er sie nach der Empathie oder dem einfühlenden Verstehen, wie er es in einem früheren Essay nennt, an die dritte Stelle. Rogers Forderung, der Therapeut müsse die persönliche Welt des Patienten so betrachten, *als ob* es seine eigene wäre, ohne je diese Als-ob-Qualität zu verlieren, hat große Ähnlichkeit mit Bubers Definition der »Umfassung« als das bipolare Erleben der anderen Seite der Beziehung, ohne den eigenen Grund und Boden zu verlassen: »Wenn der Berater das sich von Augenblick zu Augenblick in der inneren Welt des Klienten abspielende Erleben nachvollziehen kann, so wie es der Klient versteht und empfindet, *ohne die Abgrenzung seiner eigenen Identität* in diesem Einfühlungsvorgang *zu verlieren,* dann ist es wahrscheinlich, daß Veränderungen eintreten«, schreibt Rogers (Hervorhebung durch M. Friedman). Gleichzeitig warnt Rogers davor, daß wenn der Therapeut wirklich offen für die Art und Weise ist, wie der Klient sein Leben erfährt — wenn er die Welt des Klienten seiner eigenen einverleibt und das Leben mit dessen Augen sieht, riskiert er selbst, verändert zu werden. Aber es muß ihm auch gelingen, dem Klienten deutlich zu machen, daß er sich in ihn einfühlt und ihn versucht, zu verstehen, wenn eine sinnvolle Veränderung zustande kommen soll (Rogers 1967a, S. 92f.).

In seiner Erörterung der Empathie spricht Rogers eine Warnung aus, die in seinen früheren Arbeiten weitgehend fehlte, und die als Korrektiv seiner Behauptungen dient, daß sich Veränderungen *zwangsläufig* einstellen:

> Ich habe in meiner Arbeit, insbesondere mit schwerer gestörten Menschen gelernt, daß Empathie als fehlendes Engagement empfunden werden kann; daß eine bedingungslose Wertschätzung meinerseits als Gleichgültigkeit wahrgenommen werden kann; daß Wärme als bedrohliche Nähe und daß echte Gefühle meinerseits als unecht empfunden werden können (Rogers 1967a, S. 96).

Rogers *möchte* sich in einer Weise verhalten, daß das, was er in der Beziehung zum Klienten erlebt, von diesem als unzweideutig empfunden wird. Aber er erkennt an, daß dies kompliziert und schwer zu erreichen ist. Im Falle eines wirklich gestörten Menschen wäre sogar dies noch als Untertreibung zu bezeichnen! Doch am Ende von »The Interpersonal Relationship« versichert Rogers, daß Kongruenz, Empathie und bedingungslose positive Wertschätzung »mit hoher Wahrscheinlichkeit eine wirksame, wachstumsfördernde Beziehung herstellen«, nicht nur für mangelhaft angepaßte Personen, die sich aus eigener Initiative um Hilfe bemühen, sondern auch für »chronisch schizophrene Personen ohne bewußten Wunsch nach Hilfe«.

Diese Ausdehnung seines therapeutischen Ansatzes auf die Schizophrenie ist die zweite wichtige Veränderung in Rogers' Lehre seit seinem Dialog mit Buber im Jahre 1957. Den Kommentar zu einer Untersuchung über Psychotherapie mit Schizophrenen in seinem dritten und letzten Beitrag in *Person to Person* beginnt Rogers mit dem Eingeständnis, daß die unvermeidliche Konzentration des Klinikklienten auf das Erkunden und Erleben des Selbst, sobald er deren »bittersüße Befriedigungen« gekostet habe, nicht für den hospitalisierten Schizophrenen gelte. Dennoch, berichtet er, daß »die erfolgreicheren Fälle von Schizophrenie die größte Tiefe der Selbsterforschung von Anfang bis Ende aufwiesen, größer noch als selbst die erfolgreichen Neurosefälle«. Der Schizophrene, der Fortschritte macht, tut das, weil er sich wirklich auf die Therapie eingelassen hat, spontan und gefühlvoll persönlich relevantes Material in einer aktiven, kämpferischen, furchtbesetzten Erforschung des Selbst anbietet (Rogers 1967b, S. 184f.).

Im gleichen Essay hebt Rogers die zentrale Rolle der Heilung durch Begegnung möglicherweise noch stärker hervor als in allen seinen früheren Schriften: »Es ist die existentielle Begegnung, die zählt ... In der aktuellen Gegenwart der therapeutischen Beziehung hat Theoriebewußtsein keinen hilfreichen Platz.« Während des Zusammenseins mit dem Klienten an Theorie zu denken, ist danach schädlich für die Therapie, da es den

Therapeuten dazu verführt, eher ein Zuschauer als ein Mitspieler zu sein. »Wenn man Theorie überhaupt braucht, dann scheint mir, daß man sie versuchsweise, leicht und flexibel handhaben sollte, in einer Weise, die jederzeit offen für Veränderungen ist, und daß sie im Augenblick der Begegnung selbst beiseite gelegt werden sollte.«

Wenn die therapeutische Beziehung wenig mit Theorie oder Ideologie zu tun hat, dann hat sie auch wenig mit Techniken zu tun.

> In dieser Hinsicht glaube ich, daß meine Ansichten eher noch extremer geworden sind als gemäßigter. Ich glaube, daß die *Echtheit* des Therapeuten in der Beziehung das wichtigste Element ist ... Wahrscheinlich ist dies eine »gelernte Menschlichkeit« ..., aber im Augenblick ist es die natürliche Reaktion auf *diesen* Menschen. Für den einen ist ein ungeduldiges, geradliniges, rasch zur Sache kommendes Vorgehen am wirksamsten, weil er bei einem solchen Vorgehen am ehesten er selbst sein kann. Für einen anderen mag es ein viel sanfteres Verhalten sein, das sich durch viel offenkundigere Wärme auszeichnet, weil dieses Verhalten *diesem* Therapeuten entspricht. Unsere Erfahrungen haben meine eigene Auffassung zutiefst bestärkt und erweitert, daß der Mensch, der fähig ist, im jeweiligen Augenblick offen er selbst zu sein, so wie er in den tiefsten Schichten, in die er hinabreicht, zu sein vermag, der wirksamste Therapeut ist. Vielleicht ist nichts anderes von Bedeutung (Rogers 1967b, S. 186f.).

Wenn Rogers auch nicht zu einer ausdrücklichen Anerkennung des *Unterschieds* zwischen Akzeptanz und Bestätigen gelangt, den Martin Buber 1957 im Dialog mit ihm hervorhob, so *scheint* er ihn doch in seinem Kommentar über einen der Therapeuten in dieser Untersuchung stillschweigend anzunehmen :

> Einer insbesondere ist dabei, sich mehr und mehr mit den verborgenen, geheimgehaltenen Persönlichkeitsaspekten des Schizophrenen zu verbünden und offen auf seinen Abwehrpanzer »einzudreschen«. In seiner Arbeit ist eine echte Ähnlichkeit mit Rosen oder Whitaker vorhanden. Er engagiert sich offensichtlich und in sensibler Weise für die sich verbergende Person, aber gleichzeitig kritisiert er die psychotischen Symptome, die Furcht vor der Beziehung, die Abwehr- und Vermeidungsmechanismen recht heftig und manchmal sarkastisch. Vielleicht teilweise deshalb, weil ihm diese Vorgehensweise persönlich entspricht, findet er es effektiv (Rogers 1967b, S. 187f.).

Dieser letzte Satz soll natürlich »Kongruenz« veranschaulichen und scheut vor der allgemeinen Erkenntnis zurück, daß der Therapeut unter Umständen auch mit dem Klienten zusammen gegen sich selbst ankämpfen muß, wie Buber in seiner Unterscheidung zwischen dem Bestätigen und dem Annehmen des Patienten erklärt.

Rogers schließt, indem er seine große persönliche Befriedigung darüber ausdrückt, »daß es uns gelungen ist, in sich gekehrten, bizarren, hoffnungslosen Individuen zu helfen, Menschen zu werden«, und für Rogers sind dies Personen, ob diese nun als schizophren bezeichnet werden oder nicht:

> Hinter den Mauern des Schweigens, der Halluzinationen, des seltsamen Geredes, der Feindseligkeit und Gleichgültigkeit verbirgt sich in jedem Fall eine Person ... wenn wir geschickt sind und Glück haben, können wir diese Person *erreichen* und können, wenn auch oft nur für kurze Momente, eine Beziehung von Mensch zu Mensch mit ihr erleben. Für mich scheint diese Tatsache etwas über die Natur der Schizophrenie auszusagen. Es sagt auch etwas über die Natur des Menschen und sein Verlangen nach und seine Furcht vor einer tiefen menschlichen Beziehung aus (Rogers 1967b, S. 191f.).

Dies ist kein Hinweis auf eine volle Gegenseitigkeit zwischen Therapeut und Klient, und es ist ein Realismus hinsichtlich der Tatsache, daß sich die Begegnungen von Mensch oft auf wenige Momente beschränkt, und dieser Realismus hat große Ähnlichkeit mit Bubers Standpunkt in seinem Dialog mit Rogers fünf Jahre zuvor.

1967 veröffentlichte Rogers einen kurzen Kommentar, der gleichsam ein Resümee seiner eigenen Auffassung von Heilung durch Begegnung darstellt:

> Ich stelle fest, daß es der anderen Person oft hilft, wenn ich es zulasse, kongruent und echt zu sein. Wenn der andere offensichtlich echt und kongruent ist, dann hilft das häufig mir. In den seltenen Augenblicken, wenn eine tiefe Echtheit des einen auf eine tiefe Echtheit des anderen trifft, dann ist dies eine denkwürdige Ich-und-Du-Beziehung, wie es Buber nennen würde. Eine solche tiefe und gegenseitige persönliche Begegnung wird von mir als sehr wachstumsfördernd erlebt. Ein Mensch, der bestätigend, nicht besitzergreifend geliebt wird, blüht auf und entwickelt sein eigenes, einzigartiges Selbst. Der Mensch, der nicht besitzergreifend liebt, ist selbst bereichert (Rogers 1967c, S. 18f.).

Für Rogers ebenso wie für Fromm geschieht die Heilung durch Begegnung auf zweierlei Weise. Sowohl Rogers als auch Fromm sehen in der Begegnung manchmal einen Selbstzweck und manchmal nur ein Mittel zum Zweck der persönlichen Entwicklung und Selbstverwirklichung. Diese Ambiguität kommt besonders deutlich in einem der letzten Bücher von Rogers, *A Way of Being* (1980; dt. : *Die Person als Mittelpunkt der Wirklichkeit,* 1980), zum Vorschein, in dem er zwei verschiedene und in gewisser Hinsicht unvereinbare Prüfsteine der Realität präsentiert — die Selbstverwirklichung und die Ich-und-Du-Beziehung. An einer Stelle schreibt er von der »Selbstverwirklichungstendenz als der fundamentalen Antwort auf die Frage, was einen Organismus antreibt« (Rogers 1980, S. 119). In anderem Zusammenhang schreibt er :

> In den seltenen Augenblicken, wenn eine tiefe Echtheit beim einen auf eine tiefe Echtheit beim anderen trifft, tritt eine denkwürdige »Ich-und-Du-Beziehung« ein. wie es Martin Buber nennen würde. Eine solche tiefe und wechselseitige Begegnung ereignet sich nicht oft, aber ich bin überzeugt, daß wir kein menschenwürdiges Leben führen, wenn sie nicht gelegentlich eintritt (Rogers 1980, S. 19).

Obwohl sie in Rogers' Denken mühelos zusammen existieren, sind diese beiden Prüfsteine der Realität nicht wirklich miteinander vereinbar. *Entweder* wird die Ich-und-Du-Beziehung als eine Funktion der Selbstverwirklichung betrachtet, und das reale Anderssein des Du wird in der Betonung der Entwicklung des Organismus aus den Augen verloren, *oder* die Ich-und-Du-Beziehung wird als eine Realität und ein Wert an sich gesehen, in welchem Fall die Selbstverwirklichung zu einem Nebenprodukt und nicht zu einem Ziel wird und, was noch wichtiger ist, zu einem Nebenprodukt, das nicht durch eine pseudobiologische Entwicklung entsteht, sondern vielmehr durch das Zusammentreffen mit etwas, das wirklich anders ist als das Selbst.

6. Kapitel

Objektbeziehungen und Selbst-Psychologie

Ursprünglich neigte ich wie R.D. Laing dazu, die sogenannten »Objektbeziehungs«-Theoretiker, die sich unter den britischen Freudianern herausgebildet und auf Amerika übergegriffen haben, als Folge von Freuds eigener Tendenz zu betrachten, vom »Liebesobjekt« zu sprechen — und nichts ist offensichtlich geeigneter, den Dialogpartner zu einem »Es« zu reduzieren. Erst in neuerer Zeit habe ich erkannt, daß sich innerhalb der Hauptströmung Freudscher Theorie eine eindrucksvolle Annäherung an Bestätigung durch Therapie und sogar Heilung durch Begegnung herausgebildet hat. Wenn auch bis jetzt noch keine adäquate Theorie der Beziehungen *zwischen* Personen präsentiert wurde, die der Ich-und-Du-Beziehung Bubers Rechnung trägt, wie Harry Guntrip feststellt, so ist doch ein beachtenswerter Anfang gemacht worden, der möglicherweise in naher Zukunft die Grenzen des Psychologismus sprengen und eine solche Theorie hervorbringen könnte.

Die »Objektbeziehungs«-Schule der Freudschen Therapie ist insofern von besonderer Bedeutung, als sie eine differenzierte Grundlage für unser Verständnis der Entstehung von Psychopathologie durch Mangel an Bestätigung und für die begrenzte, aber dennoch reale Hoffnung auf Bestätigung durch Therapie liefert. Die psychodynamische Theorie von Melanie Klein,

D.W. Winnicott und W.R.D. Fairbairn von der britischen Schule der Psychoanalyse bietet eine Synthese des biologischen Ansatzes auf der einen und des soziologischen und sozialpsychologischen auf der anderen Seite. Diesen Autoren zufolge ist Freuds ursprüngliche Unterscheidung zwischen dem Bewußten und dem Unbewußten weniger wichtig als die Unterscheidung zwischen den zwei Welten der äußeren und der inneren Realität, in denen wir alle gleichzeitig leben. Fairbairn definiert Psychologie als das Studium der Beziehungen des Individuums zu seinen »Objekten« und Psychopathologie als das Studium der Beziehungen des Ichs zu seinen inneren Objekten.

Melanie Klein

Melanie Klein nahm eine überaus notwendige Korrektur Freuds vor, als sie durch ihre klinische Arbeit zu der Erkenntnis gezwungen wurde, daß die für die ödipale Phase typischen Konflikte in einem viel früheren Alter als zwischen drei und fünf Jahren auftreten, und daß die kindliche Psyche dementsprechend nicht ursprünglich so objektlos und autoerotisch ist, wie man bisher annahm, sondern vielmehr von Anfang an objektbezogen auf die Brust der Mutter. Aber im Gegensatz zu ihren Anhängern spielt in Melanie Kleins Darstellung der inneren Welt die Projektion und Reintrojektion des angeborenen Sadismus eine größere Rolle als der schlechte Umgang der Bezugspersonen mit dem Kind. Das Über-Ich wird für sie zu einem Pauschalbegriff, der die ganze Welt der verinnerlichten Objekte umfaßt, in der das Ich in seinem Kampf mit den es verfolgenden bösen Figuren die Hilfe guter Objekte sucht. Die bösen Objekte, die in der äußeren Realität unseren Zorn erregen, werden nötig für uns, um die Beherrschung unserer Impulse durchzusetzen, und wir kommen der Bestrafung durch sie zuvor, indem wir ihre repressiven Funktionen selbst übernehmen. Während Freud im Unbewußten das libidinös bedürftige Selbst entdeckte und es fälschlicherweise für ein unpersönliches Es hielt, erkannte Melanie Klein, daß das Ich ursprünglich eine Einheit ist und sich erst im Laufe der Bildung innerer Objekte aufspaltet. Das Freudsche Ich ist somit eine spätere Entwicklung, die sich aus der Aufspaltung des ursprünglichen Ich ergibt. Winnicott, Fairbairn und Guntrip sprechen Melanie Klein das Verdienst zu, die Freudsche Psychoanalyse bis an den Punkt vorangebracht zu haben, von wo aus sie zu einer echten psychodynamischen Theorie des Menschen als Persönlichkeit werden konnte.

W.R.D. Fairbairn

Fairbairn bereitet Freuds Vereinnahmung des Menschen durch den Wissenschaftler und der damit einhergehenden unpersönlichen Form der Psychologie ein Ende, indem er darauf beharrt, daß »die Untersuchungen der Psychoanalyse auf der Ebene der Persönlichkeit und der persönlichen Beziehungen durchgeführt werden sollten«. Statt wie Freud von der Erregung des Nervensystems auszugehen, glaubt Fairbairn, daß »die Libido nicht primär auf Lustsuche, sondern auf Objektsuche aus ist«. Anfangs mit einem einheitlichen, dynamischen Ich ausgestattet, bedient sich das Kind als erste Abwehr im Umgang mit einer unbefriedigenden persönlichen Beziehung der geistigen Internalisierung oder Introjektion des (*un*)befriedigenden Objekts. Dies führt, wie bei Klein, zu einer Ichspaltung, bei der die Konflikte eine relativ dauerhafte innere strukturelle Form annehmen, aber Fairbairn unterscheidet sich insofern von Klein, als er jeden Teil des Komplexes als einen entwickelten Aspekt des ursprünglichen einheitlichen, dynamischen Ichs ansieht. Die Folge ist, daß Struktur und Energie nicht das Ich versus psychobiologischer Trieb repräsentieren, sondern daß beide Aspekte des aktiven und organisierten psychischen Selbst sind. Weder »Impulse« noch »Triebe« könnten losgelöst vom Selbst und seinen Objektbeziehungen begriffen werden.

Diese »Objektbeziehungs«-Theorie wird für Fairbairn besonders wichtig zum Verständnis der »schizoiden Persönlichkeit«. Er vertritt die Auffassung, daß die Grundlage aller psychopathologischen Prozesse die gestörte Entwicklung bildet, die daraus resultiert, daß es der Mutter nicht gelingt, dem Kind das Gefühl zu vermitteln, daß sie es um seiner selbst willen und als eigenständige Person liebt. Hier haben wir eine ausdrückliche Feststellung über den Ursprung der Psychopathologie im Mangel an Bestätigung.

> Der Tonfall, die Art der Berührungen, die Qualität der Aufmerksamkeit und des Interesses, die Menge an Zuwendung und die gesamten emotionalen wie physischen Umstände des Stillens sind allesamt Ausdruck der Echtheit der persönlichen Beziehung der Mutter zum Kind ... Der Zusammenbruch ech-

ter persönlicher Beziehungen zwischen der Mutter und dem Kind ... dominiert alle anderen detaillierteren und spezielleren Probleme wie orale Deprivation, anale Frustration, genitale Mißbilligung, negative und allzu kritische Disziplinierung (Guntrip 1961, S. 284).[1]

Wenn es keine echte Beziehung zwischen Mutter und Kind gibt, entsteht eine schizoide Persönlichkeit, die unter der Tragik leidet, zwischen einem intensiven Bedürfnis nach einem guten Liebesobjekt und einer ebenso starken Furcht vor einer Objektbeziehung hin- und hergerissen zu werden. Der Liebeshunger eines solchen Menschen verbirgt sich gewöhnlich vor der Außenwelt hinter einer Maske der Distanziertheit bzw. der emotialen Apathie, und seine libidinösen Objektbeziehungen beschränken sich auf seine Innenwelt. Der / die Schizoide hat panische Angst davor, gute Objekte bis zur Vernichtung auszubeuten, was auch den Verlust des hoffnungslos abhängigen Ich bedeuten würde, das sich emotional mit dem Objekt identifiziert. Die Folge ist, daß Konflikte im Zusammenhang mit Liebesobjektbeziehungen »ein intensives und verheerendes Drama von Bedürfnis, Furcht, Wut und Hoffnungslosigkeit« sind. Etwa zur selben Zeit, als Buber seine Anthropologie der Distanzierung und Beziehung vorstellte, erklärte Fairbairn, daß je reifer eine Beziehung sei, desto weniger sei sie durch primäre Identifizierung gekennzeichnet. Primäre Identifizierung bedeutet das Fehlen von echtem Anderssein, ein Unvermögen, das Objekt zu differenzieren. Wo Identifizierung auf Kosten von Differenzierung vorherrscht, weist die Einstellung des Individuums zu seinen Objekten ein ausgeprägtes zwanghaftes Element auf, und genau dies kennzeichnet schizoide Persönlichkeiten, die nicht primär unerträgliche Schuldgefühle oder schlimme Erinnerungen verdrängen, wie Freud dachte, sondern vielmehr unerträglich schlechte verinnerlichte Objekte. Diesem Schema entsprechend ortet Fairbairn schizoide Probleme ausschließlich auf der prämoralischen Ebene des Seelenlebens, depressive Probleme auf einer pathologischen, moralischen Stufe und echte Moralität (und mit ihr, wie ich hinzufügen will, echte Schuld) im Stadium der Reife. Neurotische Schuldgefühle wirkten sich in der Therapie zwangsläufig als Widerstand aus und blockieren den Weg zu Reife und existentieller Schuld.

---

1) Ich stütze meine Erörterung von Fairbairn auf diesen Seiten auf die ausführliche Behandlung seines Werkes durch Guntrip 1961. Guntrip widmet Fairbairn die Kapitel 13 — 16 und einen Großteil der folgenden Abschnitte von S. 361 — 404.

Für Fairbairn nimmt die infantile Abhängigkeit die Stelle des Ödipuskomplexes als harter Kern der Psychoneurose ein. Der Ödipuskomplex ist das Endprodukt von Prozessen, in denen die kindliche Psyche sowohl ihre eigene Einheit als auch ihre Fähigkeit verliert, mit ihren Objekten als »Ganzheiten« in befriedigender Weise umzugehen. So ist die Überwindung des Ödipuskomplexes und die Entstehung des Über-Ich eher als »Kampf zu verstehen, eine vielfältige, ungelöste kindliche Abhängigkeit von den Eltern und letztlich von der Mutter zu verdrängen unter dem Druck der Notwendigkeit, sich an die Forderungen des äußeren Lebens auf zunehmend erwachsenem Niveau anzupassen«.

In gleicher Weise ist das Unbewußte seiner wahren Natur nach eine persönliche, wenn auch verborgene innere Welt, in der die kindlichen Anteile des Ich ständig intensive emotionale Beziehungen zu seinen ebenso kindlichen internalisierten Objekten unterhalten. Die Folge ist, daß »die innere Welt eine Sphäre ist, in der nur unreife Beziehungsmuster existieren«, und diese bestimmen ihrerseits die Formen unreifer Objektbeziehungen, die die Menschen in ihrer Außenwelt aufrechterhalten. Ist das zentrale Ich grundsätzlich frei, reife persönliche Beziehungen, gekennzeichnet durch Gleichberechtigung, Gegenseitigkeit, Spontaneität und Stabilität zu entwickeln, so sind die kindlichen Anteile des Ich an kindische Beziehungsmuster zu schlechten Objekten gebunden. Reifes Verhalten in der Außenwelt wird ständig durch unreife Reaktionen in und aus der Innenwelt gestört, und dies ist der Ursprung psychischer Zwänge.

Heinz Kohut

Die Bedeutung, die Heinz Kohut aus der amerikanischen Schule der Objektbeziehungstheoretiker für uns hat, besteht nicht in irgendeinem Beitrag zum Verständnis der Heilung durch Begegnung, sondern vielmehr in seinem Verständnis von Bestätigung. Kohut beharrt darauf, daß Bestätigung bzw. deren Fehlen nicht nur von der Mutter abhängen, sondern von beiden Eltern. Vom Sprachgebrauch Freuds und Ronald Fairbairns ausgehend, prägte Kohut den Begriff »Selbstobjekt« für Personen, die der Säugling als Teil seiner selbst erlebt. »Die erwartete Kontrolle über sie ist daher dem Begriff der Kontrolle näher, die ein Erwachsener über seinen eigenen Körper und Geist zu haben hofft, als dem Begriff der Kontrolle, die er über andere zu haben, erwartet.« Kohut unterscheidet zwischen zwei Arten von Selbstobjekten — dem spiegelnden und dem idealisierten elterlichen Imago. Das spiegelnde Selbstobjekt reagiert auf und bestätigt das angeborene Gefühl des Kindes von Vitalität, Größe und Vollkommenheit, das was Kohut auch als das »größenwahnsinnige, exhibitionistische Selbst« bezeichnet. Die idealisierte Elternimago ist etwas, zu dem das Kind aufblicken kann und mit dem es als Bild von Gelassenheit, Unfehlbarkeit und Omnipotenz verschmelzen kann. Was Kohut im wesentlichen getan hat, ist, das Selbst analytisch aufzuteilen in eine Hälfte, die das Selbst betont, das sich bezieht, und in eine zweite Hälfte, die das betont, worauf sich das Selbst bezieht, wobei natürlich von beiden Hälften angenommen wird, daß sie ursprünglich Beziehungen zu signifikanten anderen benötigt. Danach fügt er beide Hälften wieder künstlich zusammen.

> Ein festgefügtes Selbst, das Ergebnis optimaler Interaktionen zwischen dem Kind und seinen Selbstobjekten, besteht aus drei Hauptbestandteilen: (1) ein Pol, von dem das grundlegende Streben nach Macht und Erfolg ausgeht; (2) ein zweiter Pol, der die grundlegenden idealisierten Zielsetzungen enthält; und (3) ein Zwischenbereich grundlegender Begabungen und Fähigkeiten, die durch den Spannungsbogen aktiviert werden, der zwischen dem Ehrgeiz und den Idealen besteht (Kohut und Wolf 1978, S. 141).

Wenn die Bedürfnisse des Kindes zu spiegeln und zu idealisieren hinreichend befriedigt wurden, dann lehren *kleinere*, nicht-traumatische Versagungen in den Antworten auf die spiegelnden und idealisierten Selbstobjekte das Kind allmählich, daß er diese nicht kontrollieren kann; dies führt dazu, daß sie durch ein Selbst ersetzt werden, das kein Abklatsch der Selbstobjekte ist. »Das Kind, das im psychologischen Sinn überleben soll, wird in ein einfühlsames und ansprechbares menschliches Milieu hineingeboren.«

Eltern spüren einfühlsam Störungen der psychischen Balance des Kindes und reagieren auf diese. Dieses Gespür ist psychologisch von viel größerer Bedeutung als die Maßnahmen, die die Eltern ergreifen, um die Dinge wieder in Ordnung zu bringen, denn es hilft dem Kind, sein keimendes Selbst über sich wandelnde Internalisierung zu festigen. Das Kind hat zwei Chancen im Stadium der Festigung des Selbst: die eine wird ihm durch sein einfühlsam reagierendes, verschmelzendes, spiegelndes, zustimmendes Selbstobjekt geboten, die andere durch die Bezugsperson, die dem Kind gestattet, sie zu idealisieren und mit ihr zu verschmelzen. Kohut, der diese Bezugsperson andeutungsweise mit Vater und Mutter identifiziert, vertritt die Auffassung, daß wenn es der Mutter nicht gelingt, im Kind ein festgeformtes Selbst entstehen zu lassen, dann der Vater dies vielleicht schaffen kann (Kohut 1977, S. 85f., 185f.).

Kohut glaubt, daß sich das Selbst des Kindes im Wechselspiel zwischen seiner angeborenen Ausstattung und der selektiven Zustimmung bzw. Ablehnung der Eltern entwickelt, nicht durch die elterliche Philosophie der Kindererziehung, sondern vielmehr durch deren eigenes nukleares Selbst. »Der Charakter des kindlichen Selbst wird weniger dadurch beeinflußt, was die Eltern *tun*, als was die Eltern *sind*.« Darin nähert er sind Bubers Verständnis von Bestätigung, die der persönlichen Beziehung von Mensch zu Mensch entwächst. Aber Kohut neigt dazu, sich an intrapsychischer Sprache zu äußern, und soweit es ihm irgend möglich ist, bleibt er nahe der psychoanalytischen Tradition, in der er verwurzelt ist.

Kohut meint, daß das Kind fähig ist, mit gravierenden Traumen fertigzuwerden, wenn es in eine gesunde, unterstützende Matrix gebettet ist, und diese Matrix ist für Kohut »ein reifes, gefestigtes elterliches Selbst, das in Einklang mit den wechselnden Bedürfnissen des Kindes steht«. Hinter Kohuts psychoanalytischem Jargon können wir einen Blick auf wirklich menschliche Bestätigung werfen:

> Wie schwer die Schläge auch sein mögen, denen die Grandiosität des Kindes durch die Realitäten des Lebens ausgesetzt ist, das stolze Lächeln der Eltern wird einen Rest der ursprünglichen Allmacht am Leben erhalten, die den Kern des Selbstvertrauens und der Überzeugung vom eigenen Wert ausmacht, den die gesunde Persönlichkeit ihr Leben lang behält ... So groß auch unsere Enttäuschung sein mag, wenn wir die Schwächen und Grenzen der idealisierten Selbstobjekte unserer Kindheit und Jugend entdecken — das Selbstvertrauen, mit dem sie uns herumtrugen, als wir noch klein waren, ihre Sicherheit, wenn sie uns erlaubten, unser verängstigtes Selbst mit ihrer Gelassenheit zu verschmelzen — durch ihre ruhige Stimme oder durch die Nähe ihres entspannten Körpers, wenn sie uns in den Armen hielten — all dies wird uns bleiben und den Kern der Kraft unserer höchsten Ideale und der Gelassenheit bilden, die wir empfinden, wenn wir unser Leben unter dem Leitstern unserer inneren Ziele leben (Kohut und Wolf 1978, S. 417).

Aus dieser Auffassung von der Entstehung des Selbst ergibt sich, daß mangelhafte Interaktionen zwischen dem Kind und seinen Selbstobjekten ein diffuses oder ernsthaft beschädigtes Selbst, je nach der Ursache der Beschädigung, hervorbringen. Auf dieser Grundlage baut Kohut eine Typologie des »narzißtischen Verhaltens und der Persönlichkeitsstörungen« auf: dazu zählen das unterstimulierte Selbst, das fragmentierende Selbst, das überstimulierte Selbst und das überforderte Selbst. Kohut unterscheidet auch »spiegelhungrige Persönlichkeiten«, die »nach Selbstobjekten dürsten, deren bestätigende und bewundernde Reaktionen ihr verhungertes Selbst nähren«, »idealhungrige Persönlichkeiten«, die »immer auf der Suche nach anderen sind, die sie aufgrund ihres Prestiges, ihrer Macht, Schönheit, Intelligenz oder moralischen Größe bewundern können«, da sie sich nur im Aufblicken zu ihnen als wertvoll erleben können und »Alter-ego-Persönlichkeiten«, die »eine Beziehung zu einem Selbstobjekt brauchen, das durch Anpassung an die Erscheinungsformen des Selbst die Meinungen und Werte, dessen Existenz und Realität bestätigt«. Alle drei genannten Persönlichkeitstypen neigen dazu, ruhelos nach wechselndem Ersatz für ihr Selbst zu suchen. Im Gegensatz dazu stehen die »kontaktscheuen Persönlichkeiten«, die soziale Kontakte meiden und sich selbst isolieren, gerade weil ihr Bedürfnis nach anderen so überwältigend ist: »Die Stärke ihres Bedürfnisses bewirkt nicht nur eine große Empfindlichkeit gegenüber Ablehnung«, sondern auch »die Furcht, daß die Überreste ihres Kernselbsts in der ersehnten, alles umfassenden Verschmelzung verschlungen und zerstört werden« (Kohut und Wolf 1978, S. 418—422).

Bei Personen, deren Selbst die geschilderten Beschädigungen aufweist, sieht Kohut die Genese ihrer Probleme nicht im klassischen Freudschen Triebkonflikt, sondern vielmehr in unzulänglicher oder völlig fehlender Bestätigung. Die primäre psychologische Konfiguration sei beispielsweise nicht der Wunsch des Kindes nach Nahrung, sondern vielmehr sein Bedürfnis nach »einem nahrungsspendenden Selbstobjekt«. Wenn dieses Bedürfnis in einem traumatisierenden Maße unerfüllt bleibt, dann verschwindet das frohe Erlebnis, ein ganzes, angemessen bestätigtes Selbst zu sein, und das Kind regrediert auf einen Teilbereich der größeren Erlebniseinheit, z.B. auf depressives Essen. Im allgemeinen sind Triebfixierungen und Anomalien des Ichs die Folge davon, daß es dem unbeachteten Kind »nicht gelungen ist, seine archaische Selbstüberschätzung und seinen archaischen Wunsch nach Verschmelzung mit einem allmächtigen Selbstobjekt in zuverlässige Selbstachtung, realistischen Ehrgeiz und erreichbare Ziele umzuwandeln«. Defekte des Selbst entstehen nicht durch noch so gravierende reale Deprivationen, sondern vielmehr durch narzißtische Störungen der Eltern, häufig bedingt durch deren eigene latente Psychose, die es ihnen unmöglich macht, einfühlsam zu reagieren. Wenn die Fähigkeit zur Einfühlung vorhanden ist, dann verwandelt sich die keimende Angst des Kindes in Ruhe. Wenn diese fehlt, wird das Kind entweder in die Panik der Eltern hineingezogen oder es schottet sich gegen die Eltern ab (Kohut 1977, S. 81f., 87, 89).

In ähnlicher Art weist Kohut Freuds Behauptung zurück, daß destruktive Aggression ein angeborener Trieb des Menschen ist. Aggression ist vielmehr ein wesentlicher Bestandteil der Selbstbehauptung des Kindes und bleibt unter normalen Umständen mit der Durchsetzungsfähigkeit des reifen Selbst des Erwachsenen verbunden. »Insbesondere destruktiver Zorn ist immer durch eine Verletzung des Selbst motiviert.« Deshalb ist das psychologische »Fundament«, zu dem die Analyse vorstoßen kann, nicht irgendein destruktiver biologischer Trieb, sondern vielmehr eine ernste narzißtische Kränkung, die vom Selbstobjekt der Kindheit zugefügt wurde — ein Kränkung, die den Zusammenhalt des Selbst gefährdet. Sadismus und Masochismus sind z.B. ein Produkt des Zerfalls der ursprünglichen psychologischen Einheit, »ein Versuch, die verlorene Verschmelzung (und damit die Wiederherstellung des Selbst) durch pathologische Mittel herbeizuführen, so, wie es sich in den Phantasien und Handlungen der Perversen abspielt«. Sexuelle Übererregung und Konflikte, die durch Beobachtung der Eltern beim Geschlechtsakt entstehen, sind dementsprechend Kristallisationspunkte für mittelfristige Erinnerungen, die bis zu dem viel wichtigeren Fehlen einfühlsamer Reaktionen der Eltern auf das Bedürfnis des Kindes, gespiegelt zu werden und ein Objekt zur Idealisierung zu finden, zurückverfolgt werden können (Kohut 1977, S. 116f., 128, 187—189).

> Die tiefste erreichbare Schicht ist nicht der Trieb, sondern die Gefahr für die Organisation des Selbsts (in verhaltensbezogenen Begriffen: das depressive Kind, das hypochondrische Kind, das Kind, das sich als tot empfindet), die Erfahrung des Fehlens der lebenserhaltenden Matrix einfühlsamer Reaktionsbereitschaft des Selbstobjekts (Kohut 1977, S. 123).

Kuhut schreibt die Konflikte des Es und Über-Ich, von denen Freud sprach, dem für das 19. Jahrhundert typischen »Schuldbewußten Menschen« zu. Diese sind zur Erklärung von Psychoneurosen angemessen.

Aber die typischeren Krankheiten des 20. Jahrhunderts sind Kohut zufolge die Störungen des Selbst, die er mit dem »Tragischen Menschen« in Verbindung bringt:

> Die Psychologie des Selbst ist nötig zur Erklärung der Pathologie des fragmentierten Selbst (von der Schizophrenie bis zur narzißtischen Persönlichkeitsstörung) und des leeren Selbst (leere Depression, das heißt die Welt ungespiegelter Ambitionen, die Welt ohne Ideale) — kurz, die psychischen Störungen und Kämpfe des »Tragischen Menschen« (Kohut 1977, S. 243).

Kohut unterscheidet zwischen narzißtischen Verhaltens- und Persönlichkeitsstörungen, die er als vorübergehenden Zerfall des Kernselbst und damit als im Prinzip behandelbar betrachtet, und Psychosen und Borderline-Zuständen, die er als dauernde oder langanhaltende Störungen des Selbst und damit im Prinzip als unbehandelbar ansieht. Bei der Behandlung von narzißtischen Verhaltens- und Persönlichkeitsstörungen werden sowohl die *spiegelnde* als auch die *idealisierende Übertragung* wiederbelebt, wobei erstere für ein unzureichend oder falsch beantwortetes Kindheitsbedürfnis nach Angenommen- und Bestätigtwerden entschädigen soll, letztere für ein unzureichend beantwortetes Bedürfnis nach Verschmelzung mit einer Quelle »idealisierter« Kraft und Gelassenheit. Das Ziel der Behandlung ist die Stärkung des zuvor geschwächten Selbst, so daß es erneut das Handlungskonzept verfolgen kann, das die Spannung zwischen Ambitionen und Idealen hält und somit ein erfülltes, schöpferisches Leben zu führen vermag.

Um dies zu fördern, darf der Therapeut nicht mit der typischen Freudschen Reife- und Realitätsmoral ankommen, die den manifesten Narzißmus des Patienten tadelt. Dadurch werden die bereits verdrängten narzißtischen Bedürfnisse noch stärker unterdrückt. Oder der Therapeut »verstärkt die Persönlichkeitsspaltung, die den Teil der Psyche, der das unbeachtete autonome Selbst enthält, von dem sich lauthals behauptenden Teil trennt, dem es an Autonomie fehlt — und er verstärkt die Entfaltung der narzißtischen Übertragung«. Die unerfüllten narzißtischen Bedürfnisse aus der Kindheit des Patienten, mit denen er in Berührung kommt, die er akzeptieren und äußern muß, liegen tief unter einer lautstarken Selbstsicherheit vergraben und sind von einer Mauer der Scham und Verletzbarkeit umgeben (Kohut und Wolf 1978, S. 413, 423f.).

Von diesem Standpunkt aus betrachtet sind die Widerstände des Patienten nicht wie in der traditionellen Psychoanalyse Widerstände gegen das Bewußtmachen des Unbewußten, um die Persönlichkeit davor zu schützen, die Ängste der Kindheit in bezug auf ihre Triebwünsche zu erleben. Vielmehr sind sie die Folge des Bedürfnisses, die Realität des Selbst zu bestätigen: »Die Widerstände sind Äußerungen des archaischen Persönlichkeitskerns, der sich nicht erneut der vernichtenden narzißtischen Kränkung aussetzen will, indem er seine Grundbedürfnisse des Spiegelns der Idealisierung unbeachtet findet, das heißt die Widerstände sind motiviert durch die Angst vor dem Zerfall« (Kohut 1977, S. 36).

Kohut betrachtet »eine Analyse als abgeschlossen, wenn sie durch Erfolge auf dem Gebiet der kompensatorischen Strukturen ein funktionierendes Selbst etabliert hat — einen psychologischen Raum, in dem Ambitionen, Fähigkeiten und Ideale ein ungebrochenes Kontinuum bilden, das frohe, schöpferische Tätigkeit gestattet«. Besonders bedeutsam in diesem Kontinuum ist das psychische Gleichgewicht, das zwischen dem *Produkt* — der Erweiterung der Persönlichkeit des Patienten, die ihn in Anspruch nimmt und deren Vervollkommnung ihm Freude macht — und dem *Selbst* — dem Zentrum produktiver Initiative, die ihm das beflügelnde Erlebnis der Kreativität verschafft — erreicht wird. »Trotz dieses frohen Bewußtseins meiner selbst«, läßt Kohut einen Patienten in einem imaginären Gespräch sagen, »werde ich während des Schaffens nicht länger hypomanisch übererregt, noch fürchte ich, wie dies früher der Fall war, daß meine Persönlichkeit im Produkt meiner Kreativität zerfließt« (Kohut 1977, S. 63, 17).

Der Erfolg der Analyse läßt sich somit am Zusammenhalt und der Festigkeit der Persönlichkeit des Patienten messen, die der verläßliche Initiator und Ausführer von freudig unternommener Tätigkeiten sind: »Das gestärkte Selbst wird zum organisierenden Zentrum der Fähigkeiten und Talente der Persönlichkeit und verbessert damit die Ausübung dieser Funktionen; die erfolgreiche Ausübung der Fähigkeiten und Talente verstärkt überdies ihrerseits den Zusammenhalt und damit die Vitalität des Selbst.« Negativ ausgedrückt hat das Selbst des Analysanden aufgehört, auf den Verlust von Selbstobjekten mit Zerfall, ernster Schwächung oder unbeherrschbarer Wut zu reagieren. Positiv formuliert ist es nunmehr »imstande, als eine mehr oder weniger selbstbewegte, selbstgesteuerte und sich selbst erhaltende Einheit zu funktionieren, was seiner Persönlichkeit einen zentralen Lebensinhalt verleiht und sein Leben mit Sinn erfüllt« (Kohut 1977, S. 134f., 138f.).

Da diese Ziele durch die Wiederbelebung der spiegelnden und idealisierenden Übertragung erreicht werden, könnten wir zu dem Schluß gelangen, daß der Therapeut dem Patienten im Verlauf der Behandlung irgendwie begegnen muß, um ihn für das Versäumnis (oder Unvermögen) seiner Eltern, ihm zu begegnen, zu entschädigen, damit seine narzißtischen Wunden heilen können. Doch über diese Frage der effektiven therapeutischen Beziehung hat Kohut in *The Restoration of the Self* (1977) wenig zu sagen. In dieser Hinsicht bleibt er so etwas wie ein traditioneller Analytiker, der sich auf »wissenschaftliche Empathie«, auf Wissen als Instrument des Heilens stützt. Über die Haltung des Analytikers in der therapeutischen Situation schreibt Kohut zusammenfassend:

> Es darf nie das Ziel des Analytikers werden, seinen Patienten eine *Extraportion* an Liebe und Güte zuteil werden zu lassen — entscheidend helfen kann er seinen Patienten nur durch die Anwendung seiner speziellen Kenntnisse und seines spezialisierten Wissens (Kohut 1977, S. 261).

Harry Guntrip

Im Gegensatz zu Kohut ziehen Fairbairn und Harry Guntrip aus ihrer Objektbeziehungstheorie Schlußfolgerungen, die in die Richtung einer Therapie des Heilens durch Begegnung führen. »Ich bin überzeugt«, schrieb Fairbairn 1955, »daß es die Beziehung des Patienten zum Analytiker ist, was die 'heilende' oder 'rettende' Wirkung der Psychotherapie ausmacht«, indem sie »frühere pathogene Beziehungen ... unter dem Einfluß der Übertragung in eine neue Art von Beziehung umwandelt, die zugleich befriedigend und an die Umstände der äußeren Realität angepaßt ist«. Dies veranlaßt Fairbairn und Guntrip, die traditionelle Beschränkung der Funktionen des Therapeuten auf die zweifache eines Bildschirms, auf den der Patient seine Phantasien projiziert, und eines farblosen Instruments der Deutungstechnik abzulehnen. Stattdessen betrachten sie die reale, persönliche Beziehung zwischen Patient und Analytiker als den eigentlichen therapeutischen Faktor, von dem alles andere abhängt.

Dieser Prozeß der persönlichen Befreiung und des »Nachwachsens« erfordert zwangsläufig größere Aktivität sowohl seitens des Patienten wie des Analytikers, als es die ursprüngliche klassische Technik gestattete. Somit gibt es auch eine größere, wenn auch nicht vollständige Wechselseitigkeit zwischen Therapeut und Klient. Einsicht, Aktivierung kindlicher Erinnerungen und Katharsis verdanken der Beziehung zum Analytiker nicht nur ihre Wirksamkeit, sondern ihre Existenz als solche, und was in diesem Zusammenhang zählt, ist nicht bloß »Übertragung, sondern die gesamte Beziehung, die zwischen dem Patienten und dem Analytiker als Personen besteht«. Von diesem Standpunkt aus ist das nächste Ziel der Psychoanalyse, »dem Patienten zu helfen, das bewußte Wiedererleben seines tiefverdrängten und fundamental schwachen kindlichen Ich zu ertragen, das er in seinem Ringen, sich erwachsen zu fühlen, sein ganzes Leben lang zu leugnen versuchte«. Was dieses bewußte Wiedererleben möglich macht, ist »eine Beziehung zu seinem Analytiker, die zuverlässiger und reifer ist als jene, die er ursprünglich zu seinen Eltern hatte, eine Beziehung, in der er sich schließlich als reale Person akzeptiert fühlt«.

Die Bedeutung der Psychoanalyse in diesem Prozeß besteht darin, daß »wenig Hoffnung besteht, einen Patienten aus diesem Konzentrationslager in seinem Unbewußten zu befreien, wenn wir seine Motive, darin zu verharren, nicht entdecken und sie ihm offenlegen können und ihm nicht zu der Erkenntnis zu verhelfen, daß er wirklich — entgegen allem Anschein — um Selbsterhaltung ringt, wenn auch mit den falschen Methoden«. Was dies so furchtbar schwierig macht, ist die Furcht vor einem Sturz ins Nichts, bei dem die Objektbeziehungen abbrechen und das Ich leer wird, was — wenn dieser Zustand länger anhält — zu wachsender Apathie und psychischem Tod führt. »Die gesamte Welt der schlechten inneren Objekte ist eine kolossale Abwehr gegen den Verlust des Ichs durch Depersonalisation.« Die Wahl zwischen guten und schlechten Objekten ist nicht so katastrophal wie jene zwischen irgendwelchen Objekten und überhaupt keinen.

»Das emotionale Herz der Persönlichkeit hat sich nach innen zurückgezogen, wo es von keinen Kränkungen mehr erreicht werden kann.« Dieses verdrängte Selbst verfügt über die ursprüngliche Fähigkeit zu spontanem und kräftigem Wachstum, sobald es von seinen Ängsten befreit ist, und darin, versichert Guntrip, liegt die eigentliche Hoffnung der Psychotherapie. Das »wahre Selbst« liegt nicht irgendwo auf Eis und wartet auf eine zweite Chance zur Wiedergeburt, wie Winnicott meint. »Obwohl es verborgen ist, übt es in dem Maße, wie Druck, Furcht und Angst im realen Leben erfahren werden, eine mächtige, regredierende Wirkung auf die ganze übrige Persönlichkeit aus.« Es ist die eigentliche Quelle aller regressiven Phänomene und Phobien, denn der Neurotiker wurde in der Kindheit, ohne Wahlmöglichkeit zu haben, dazu getrieben, diese drastische Regression zu vollziehen, um sich seine pure Existenz zu erhalten, und er verbringt den Rest seines Lebens damit, gegen sie anzukämpfen. Das Haupthindernis in der Psychoanalyse ist die Tatsache, daß Patienten glauben, Krankheiten, die auf inneren Negativ-Objekt-Beziehungen beruhen, seien das einzige Mittel, um die Integrität ihres Ichs zu gewährleisten. Die einzige Hoffnung der Psychotherapie liegt daher »im Durchschauen und Überwinden der Furcht vor dem Verlust der Unabhängigkeit in Beziehungen zu guten Objekten; die Chance dazu liegt in dem, was der Psychotherapeut anbietet«.

Diese Hoffnung gibt es nur, wenn sich der Patient der Qualität und Motive des Therapeuten sehr sicher ist, und Therapeuten müßten mit Bescheidenheit vor der letzten Frage haltmachen, ob wir von diesem speziellen Patienten nicht mehr erwarten, als er zu leisten imstande ist — selbst mit unserer Unterstützung. »Radikale analytische Psychotherapie« kann dem Ich des täglichen Lebens, das die Außenwelt mit mangelhaften Mitteln zu bewältigen sucht, Unterstützung bieten, während es mit den Belastungen der Innenwelt fertigwerden muß; sie analysiert die dazwischen befindliche Welt der schlechten inneren Objekte; und sie bietet »einen sicheren symbolischen Mutterschoß für das Regredierte Ich«, in dem sich der Patient verstanden und akzeptiert fühlen kann, so daß sich das Regredierte Ich mit erneuerter Kraft hervorwagt und den Rest der Persönlichkeit wiederbelebt. Aber all dies hängt vom Vertrauensverhältnis des Patienten zu seinem Therapeuten ab, denn nur dieses ermöglicht eine echte Entwicklung zu innerer Stärke und Reife (Guntrip 1961).

Im Vorwort zu seinem Buch *Personality Structure and Human Interaction* berichtet Guntrip, daß er in seinen früheren Religionsstudien gründlich in die Denkschule der »persönlichen Beziehungen« von John MacMurray und Martin Buber eingeführt wurde. Das Hauptgewicht legt Guntrip in seinen größeren theoretischen Schriften über Psychoanalyse nicht auf die Person in ihrer Einzigartigkeit, sondern auch auf die Beziehungen des oder der Betreffenden zu anderen Personen und zu den internalisierten »Objekten«, die sich aus diesen Beziehungen ergeben. Guntrip behauptet, die wissenschaftliche Psychologie entwickle sich heute zu einer Wissenschaft der Persönlichkeit und der Objektbeziehungen, »und das bedeute im Grunde der *Menschlichen Beziehungen*«. Dazu zählt die Tatsache, daß jede Person ein Subjekt ist, das den anderen internalisiert, so daß jede / r in den Inhalt der Persönlichkeit des oder der anderen eingeht. Wenn dies auch keine echte Begegnung darstellt, so bietet es uns doch einen Einblick in die Hindernisse einer solchen Begegnung. Tatsächlich definiert Guntrip den grundlegenden psychopathologischen Prozeß als eine introvertierte Entwicklung, die zu internalisierten Objekten, Ichspaltung und zum Verlust realistischer Kontakte mit der Außenwelt führt.

Diesem Denkansatz folgend revidiert Guntrip die klassische Freudsche Psychobiologie, indem er sexuelle Schwierigkeiten

> nicht auf die angeborene Stärke des Sexualtriebs [zurückführt], sondern auf die mangelnde Reife der Gesamtpersönlichkeit und spezifischer auf die innerliche und unbewußte Fortsetzung der frustrierenden Objektbeziehungen der Kindheit. Neurotisches Leiden entsteht nicht durch die Verdrängung starker und gesunder, angeborener Sexualität, sondern durch den Kampf, infantile und unreife sexuelle Bedürfnisse zu beherrschen, die durch die Situation in der unbewußten inneren Welt am Leben erhalten werden (Guntrip 1961, S. 77).

Wo Freud die menschliche Natur als ihrer Anlage nach selbst- und lustbezogen ansieht, die nur unter sehr starkem Druck sozialisiert werden kann, meint Guntrip, daß gute persönliche Beziehungen als solche ein Grundbedürfnis und Ziel des Menschen sind und daß Aggression und Vergnügungssucht nur aus der Frustration dieses primären Ziels resultieren.

In *Schizoid Phenomena, Object Relations and the Self* (1969) verfolgt Guntrip die Konsequenzen der in *Personality Structure and Human Interaction* (1961) entwickelten Gedanken für die Psychotherapie anhand des seither gesammelten klinischen Materials weiter. »Die Wiedergeburt und das Nachwachsen des verlorenen lebendigen Herzens der Persönlichkeit ist das eigentliche Problem, das die Psychotherapie gegenwärtig zu lösen sucht«, schreibt Guntrip in enger Anlehnung an Bubers Feststellung, das eigentliche Herz der Psychotherapie sei »die Regeneration einer verkümmerten persönlichen Mitte«. Überzeugt, daß die Liebesbeziehung das eigentliche Ziel des menschlichen Lebens ist, betrachten Guntrip und Fairbairn den Schizoiden als jemand, der aus Angst vor dem Verlust seiner Freiheit und Unabhängigkeit gerade die Liebesbeziehungen fürchtet, nach denen er sich sehnt. Der Schizoide etabliert einen dauerhaften, unbefriedigenden Kompromiß, eine Zwischenstation, in die er sich, so sehr er sich auch bemüht, Kontakte zu knüpfen, immer wieder zurückzieht. Der Teil des Selbst, der darum ringt, in Berührung mit dem Leben zu bleiben, ist ständig vom zurückgezogenen Selbst bedroht, das die Macht hat, den Rest der Persönlichkeit aufzusaugen. »Eine regressive Krankheit ist gewöhnlich ein Konflikt zwischen dem Verlangen, um jeden Preis weiterzumachen, und der Sehnsucht, aufzugeben, wobei der letztere Wunsch mit schrecklicher Zwangsläufigkeit den Sieg über den ersteren davonträgt.«

Ebenso wie Buber im ersten Teil von *Ich und Du* betrachtet Guntrip die Geburt als bloße Trennung. Aber diese Trennung »führt rasch zu Isolierung und dem Ersticken des keimenden persönlichen Ichs, wenn mütterliche Zuwendung nicht sofort wieder eine 'Verbindung' herstellt, die zur Entwicklung oder Verwirklichung des potentiellen Ich des Kindes und damit zu persönlichen Beziehungen führen kann«.

> In jedem Menschen steckt wahrscheinlich bis zu einem gewissen Grad ein einsames Wesen; aber im Schwerkranken ist es ein vollkommen isoliertes Wesen und zu sehr jeglicher Erfahrung beraubt, um sich als Person fühlen zu können, unfähig, mit anderen zu kommunizieren, und niemals von anderen erreicht (Guntrip 1969, S. 220).

Nur eine therapeutische Beziehung, die die Lücke zu füllen imstande ist, die durch fehlende mütterliche Zuwendung offenblieb, kann den Patienten davor retten, den Qualen der äußersten Isolation zu erliegen. Kein Ich kann ohne Beziehung eine eigene bedeutsame Individualität entwickeln, aber das geschwächte Ich fürchtet immer, in einer Beziehung vom anderen überschwemmt zu werden.

Jede Persönlichkeit hat einen mehr oder weniger ausgeprägten schizoiden Kern des Selbst. »Geistig-psychische Gesundheit muß darin bestehen, genügend grundlegende Ich-Bezogenheit und damit Ich-Stärke zu besitzen, um ... imstande zu sein, sich entweder in eine private Sphäre, die nicht leer ist, zurückziehen zu können, oder sich ohne Furcht in Beziehungen hinauszuwagen.« Hinter diesen Formulierungen kann man die zwei zentralen Aussagen von Bubers *Ich und Du* durchschimmern sehen : »Alles wirkliche Leben ist Begegnung« und »Durch die Gnade ihres Eintretens und die Traurigkeit ihres Verschwindens lehrt sie [die Ich-und-Du-Beziehung] uns, anderen zu begegnen und uns dabei zu behaupten«.

In Anlehnung an Winnicott formuliert Guntrip die Konsequenzen dieser Position für die Bestätigung, indem er zwischen einem »weiblichen« Element des »Seins« und einem »männlichen« Element des »Tuns« unterscheidet.

> Das weibliche Element ist am besten im mütterlichen Gefühl verkörpert, das im Kind ein Erlebnis des »Seins« als Ausgangspunkt jeglichen Persönlichkeitswachstums hervorruft und fördert; die Fähigkeit, mit anderen mitzufühlen und dann etwas für sie zu empfinden, die Fähigkeit, sich »in Beziehung« zu fühlen, die dauerhafte Grunderfahrung der Ich-Bezogenheit, dessen Kern das Gefühl zu »sein« ist, und ohne das die Seele jegliche Empfindung ihrer eigenen Realität als ein Ich verliert ... Die Erfahrung »ich bin« ist der Anfang und die Basis für die Verwirklichung der Möglichkeiten unserer menschlichen Grundnatur, uns in persönlichen Beziehungen zu einer »Person« zu entwickeln (Guntrip 1969, S. 254).

Umgekehrt ist die Fähigkeit der unbestätigten Person, einen Zustand des »Seins« zu erleben, primär abgespalten, das heißt am Beginn der Entwicklung unverwirklicht geblieben; mit der Folge, daß das Individuum nicht zu einer Person wird. Das bewußte Ich, das Ich der Ablösung, das Subjekt und Objekt von Handlungen, leitet seine Kraft vom tiefsten unbewußten Kern des Selbst ab, der nie das Gefühl des »Einsseins« mit der mütterlichen Quelle seines Lebens verloren hat. Dies ist eine neue Variante von Lao-tses »der Weg zum Tun ist das Sein«, ganz in Einklang mit Bubers eigenem Gebrauch des taoistischen wu-wei, »Nicht-Tun«, als der zentralen Qualität der Ich-und-Du-Beziehung.

Im Gegensatz zu Freuds Vorstellung der Projektion eines Vaterbildes auf das Universum stellt Guntrip Bubers »Sehnsucht nach der kosmischen Verbindung« in den Vordergrund oder, in Guntrips eigenen Worten, »das Bedürfnis des Menschen, ein fundamentales Bewußtsein der organischen Einheit zu bewahren, das gleichzeitig ein latentes Gefühl von Beziehung« ist. Ebenso wie Winnicott, Fairbairn und Balint und im Gegensatz zu Kohut glaubt Guntrip, daß es primär die Beziehung der *Mutter* zum Kind ist, die es diesem ermöglicht, die Fähigkeit für eine Ich-und-Du-Beziehung zu entwickeln. »Es fällt dem einzelnen in unserer Kultur schwer, anzuerkennen, daß wahre Unabhängigkeit in primärer Abhängigkeit wurzelt und sich nur aus dieser entwickelt.« Der Kern des Selbst kann kaum etwas Isoliertes sein, da die eigentliche Basis der Möglichkeit von Identität und Sein die Erfahrung des Einsseins mit jemandem und der beginnenden Beziehung ist.

> Zwei Dinge müssen unangetastet bleiben, wenn eine menschliche Persönlichkeit stark bleiben soll : (i) ein innerer Kern des Bewußtseins von einer se-

paraten Individualität, das »Ich-Gefühl« bzw. die Ich-Identität, die stark genug ist, um mit der Außenwelt in Beziehung zu treten und Mitteilungen von dieser zu empfangen oder sich nötigenfalls ohne Angst vor möglichem Ich-Verlust von dieser zurückzuziehen; (ii) ein noch tieferer Kern des Gefühls des »Einsseins«, das der Boden ist, aus dem das Bewußtsein des Getrenntseins erwachsen kann (Guntrip 1969, S. 266).

Bei der Anwendung dieses prinzipiell dialogischen Zugangs zur Psychotherapie sieht Guntrip Schwierigkeiten bei der Behandlung der schizoiden Person in deren Kompromiß, in welchem sie den Therapeuten weder ganz akzeptieren noch ganz ablehnen kann. Einer solchen Person kann daher nur durch eine »radikale Psychotherapie« geholfen werden, »die über die Auflösung spezifischer Konflikte hinaus zu einem fundamentalen Nachwachsen des gesamten persönlichen Selbst führt«, Bubers »verkümmerte persönliche Mitte«. Die Beziehung zum Therapeuten schafft die Situation, in der Theorie und Technik auf die Lösung der Probleme des Patienten angewandt werden können. Psychotherapie ist ein Prozeß, bei dem sowohl positive als auch negative Übertragungsbeziehungen durchgearbeitet werden, bis sie zu einer guten realistischen Beziehung zwischen Therapeut und Patient führen bzw. dieser Platz machen. Die Übertragungsanalyse ist nicht zu umgehen, da, so gut der Therapeut auch sein mag, der Patient dennoch lange Zeit braucht, um ihn als befreiende Person zu akzeptieren, mit deren Hilfe der Patient ein wahres eigenes Selbst finden kann. Nachdem die ödipalen Übertragungsphänomene analysiert worden sind, rückt die bestätigende Begegnung zwischen Therapeut und Klient jedoch wieder in den Mittelpunkt:

Der Therapeut muß nun jemand sein, mit dessen Hilfe der Patient in seiner eigenen Erfahrung mit ihm ein Bewußtsein der Realität entwickeln kann, und der manchmal im Patienten etwas sehen kann, was dieser selbst nicht sieht, da er es nie angemessen erlebt hat. Der Therapeut muß jetzt nicht die verdrängten Konflikte des Patienten, sondern seine schlummernden Fähigkeiten zu persönlicher Beziehung und schöpferischer Tätigkeit spüren, und muß ihn befähigen, sich allmählich »wirklich« zu fühlen ... Das einzige, was ihn [den Patienten] am Therapeuten wirklich interessiert ... ist, ob der Therapeut als realer Mensch die echte Fähigkeit besitzt, den Patienten als eigenständige Person zu schätzen, zu mögen, zu verstehen, zu befreifen und zu behandeln ... [Er muß] *die Fähigkeit haben, die Realität des anderen in ihm und außerhalb von ihm zu respektieren und wichtig zu nehmen und echte Befriedigung daraus zu ziehen, wenn er dem anderen hilft, seine eigene, angemessen erfüllte Natur zu finden und zu verwirklichen* (Guntrip 1969, S. 337).

Nun befinden wir uns voll und ganz auf dem Boden der Heilung durch Begegnung. Guntrip zitiert R.D. Laing auf dem Sechsten Internationalen Kongreß für Psychotherapie: »Wir leben in der Hoffnung, daß eine authentische Begegnung zwischen Menschen möglich ist.« Wahre Psychotherapie ereignet sich nur, wenn Therapeut und Patient die Person hinter den Abwehrmechanismen des jeweils anderen ausfindig machen können. Tiefe Einsicht, darauf weist Fairbairn hin, entwickelt sich nur innerhalb einer guten therapeutischen Beziehung. Das Therapeutische ist, wenn es erreicht ist, »der Augenblick der echten Begegnung«. Dieses Erlebnis verwandelt sowohl Therapeut als auch Patient, da es nicht etwas ist, was schon früher einmal geschah, das heißt Übertragung, sondern etwas, was nie zuvor geschehen ist, ein echtes Erleben von Beziehung. Damit dies stattfindet, muß etwas vorhanden sein, was Buber als einseitige Umfassung bezeichnet hat:

> Der Psychotherapeut muß in erster Linie ein Mensch sein, der sich mit sich selbst auseinandergesetzt hat und sich genügend kennt, um würdig zu sein, in den persönlichen Schmerz und Kummer des Patienten eingeweiht zu werden. Er wird das Innenleben des Patienten verstehen, ... weil er mit und für den Patienten fühlen kann; und er weiß nicht bloß theoretisch, sondern aus eigener Erfahrung, was der Patient durchmacht ... Nur das kann bewirken, daß sich der Patient nicht mehr allein fühlt (Guntrip 1969, S. 353).

Der Psychotherapeut muß dem Patienten die reife elterliche Liebe geben, die dieser von seinen eigenen Eltern nicht erhielt; die Liebe, die ihn befähigt, in eine reife Beziehung gegenseitiger Achtung, Gleichberechtigung und freundschaftlicher Zuneigung einzutreten und ohne Angst oder Schuldgefühl eine erotische Beziehung mit einem außerfamiliären Partner aufzunehmen. Nur so kann der Patient »seine schizoide Furcht vor menschlichem Kontakt und Bindung verlieren und Beziehungen als bereichernd und erfüllend erleben«.

Guntrip betrachtet die Objektbeziehungstheorie, die sich aus der Arbeit von Melanie Klein und Fairbairn ergibt, als einen Prozeß der Erforschung und Formulierung der Ich-und-Du-Beziehung. Gleichzeitig erkennt Guntrip, daß sich der Begriff »Objektbeziehungen« »zu überleben beginnt«, eben weil er, um zu meiner ursprünglichen Auffassung zurückzukehren, »einen an Freuds 'Sexualobjekt' erinnert, das vorhanden war, um einen Trieb zu befriedigen, nicht, um eine zweiseitige Beziehung zu ermöglichen«. Der Objektbeziehungstheorie ist es bisher noch nicht gelungen, ein adäquates Modell der gleichberechtigten Beziehung zu schaffen, in der es nicht möglich ist, »den Spieß umzudrehen«, weil nicht »der eine oben und der andere unten« ist. Diese Realität, die die Objektbeziehungstheorie bisher noch nicht auf den Begriff bringen konnte, wirft die grundlegende Frage auf: wie weit können wir den anderen kennen und von ihm gekannt werden?

> Die Objektbeziehungstheorie ... verfügt über eine wirklich psychodynamische Theorie der Entwicklung des individuellen Ich in persönlichen Beziehungen; aber sie geht nicht auf das komplexe Faktum der persönlichen Beziehung zwischen zwei Ichs als solche ein. Von Freuds Ich und Über-Ich über Melanie Kleins innere Objekte, Projektion und Introjektion bis zu Fairbairns Spaltung sowohl des Ich als auch der Objekte in den Beziehungen und schließlich Winnicotts Aufdeckung des absoluten Ursprungs des Ich in der Mutterbeziehung haben wir es mit einer überaus bedeutsamen Auffassung davon zu tun, was im wirklichen Leben mit der individuellen Psyche unter der Einwirkung der persönlichen Beziehungen geschieht. Aber die Theorie hat noch kein geeignetes Modell für Bubers Ich-und-Du-Beziehung gefunden, in der zwei Personen füreinander gleichzeitig Ich und Objekt sind und zwar dergestalt, daß ihre Realität als Personen im Zuge ihrer Entwicklung in der Beziehung zu etwas wird, was keiner der beiden ohne diese Beziehung geworden wäre. Genau dies geschieht in guten Ehen und Freundschaften (Guntrip 1969, S. 389).[2]

2) Siehe auch Guntrip 1969, S. 12, 22f., 45, 57, 61, 74, 93, 164, 221f., 231, 238, 240f., 253, 255, 258, 267—279, 292, 294, 317, 330, 344, 350—359, 363f., 385, 388f., 420, 423f.

7. Kapitel

Existentielle Therapeuten

Viktor von Weizsäcker

Der deutsche Psychiater Viktor von Weizsäcker stellt die Heilung durch Begegnung in den Mittelpunkt seiner »medizinischen Anthropologie«, die von der Erkenntnis des Unterschieds zwischen dem objektiven Verständnis von *etwas* und dem »transjektiven« Verständnis von *jemand* ausgeht. Der Therapeut kann den Patienten nur verstehen, wenn er mit Fragen beginnt, die sich an eine Person wenden, statt mit objektivem Wissen über ein Objekt. Nur durch den echten Kontakt zwischen Therapeut und Patient kann die objektive Wissenschaft an der Krankheitsgeschichte des letzteren teilnehmen. Wenn dieser Kontakt fehlt, wird alle Informationen über Funktionen, Triebe, Eigenschaften und Fähigkeiten verfälscht. Diese Kameradschaft von Therapeut und Patient findet nicht trotz Technik und rationalem Denken statt, sondern vielmehr durch diese und mit diesen. Das reibungslose Funktionieren des objektiven Praktikers ist nur so lange gesichert, wie eine selbstverständliche Beziehung zwischen Therapeut und Patient unbemerkt, weil unbedroht, besteht. Aber wenn diese *faktische* Zustimmung zur Beziehung wegfällt, dann ist Objektivität zweifelhaft und nicht länger nützlich (Weizsäcker 1973, S. 405—407).

Von Weizsäcker erweitert diese Beziehung zwischen Therapeut und Patient zu einem allumfassenden Unterschied zwischen objektiver Therapie und »inklusiver« bzw. »umfassender« Therapie, wobei er letzteren Begriff im Buberschen Sinne der *Umfassung* (im englischen Original deutsch), das heißt des Erlebens der anderen Seite der Beziehung verwendet. Das wichtigste Kennzeichen einer umfassenden Therapie ist nach Auffassung von Weizsäckers, daß es der Therapeut zuläßt, durch den Patienten verändert zu werden, daß er sich von allen Impulsen, die von der Person des Patienten ausgehen, beeinflussen läßt, daß er aufnahmefähig ist, nicht nur mit dem objektiven Gesichtssinn, sondern auch mit dem Gehörsinn, der das Ich und Du zusammenbringt. Nur durch dieses immer wieder erneuerte Engagement seiner Persönlichkeit kann der Therapeut seine Fähigkeiten in der Beziehung zu seinem Patienten voll verwirklichen.

> Nur durch diese bewußte Vorherrschaft einer Beziehung über den psychischen Prozeß kann der Arzt in dieser langen, von Fall zu Fall immer neu angebotenen Kette von Opfern und neuen Beteiligungen der Persönlichkeit dahingehend gebildet werden, daß er in der Lage ist, die Widerstände so zu erfassen und das angestrebte Ziel jenseits des umschriebenen Bereiches einer objektiven Therapie zu setzen (Weizsäcker 1973, S. 408 — rückübersetzt).

Bei diesem Prozeß ist es hilfreich, wenn der Therapeut erkennt, daß auch die physischen oder psychischen Bedürfnisse, die den Patienten isolieren, Fakten zwischenmenschlicher Beziehung sind, Varianten, die diese Beziehung auf eine andere Ebene heben. Jenes objektive Herangehen an die Therapie, das den urteilenden Verstand veranlaßt, sich vom Augenblick des erlebenden Kontakts loszulösen, beruht auf einem falschen Menschenbild. Der Patient »wird dann als ein Wesen von einer bestimmten Größe, äußeren Erscheinung, Herkunft, eines Gewichts, einer Funktion und mit Wünschen, Bewußtsein, Merkmalen und Fähigkeiten aller Art gesehen«, und all dies sind falsche Beurteilungen und falsche Vorstellungen. Von Weizsäcker wendet diesen dialogischen Ansatz sogar auch auf Psychotiker an. Was uns vielen Psychotikern gegenüber mißtrauisch macht, ist, daß ihrer Selbstvergötterung und Selbstdegradierung jede Mäßigung fehlt. Die Ursache dieser Überbewertung des Selbst ist die Isolation des Psychotikers, die Tatsache, daß er kein Du für sein Ich hat. Die Folge des Fehlens eines Du ist ein innerer Doppelgänger. Diese Illusion des Doppelgängers ist unvermeidlich, nachdem ein Mensch seine Verbindung zu einem Du verloren hat, schreibt von Weizsäcker, denn der Zustand der Einsamkeit, den er dann erreicht hat, ist unerträglich. »Die Spaltung des Ich repräsentiert — für einen Augenblick — die Beziehung des Ich zum Du, die unerreichbar geworden ist« (Weizsäcker 1973, S. 407, 409).

Die Wechselseitigkeit von Beziehungen ist von Weizsäcker zufolge ohne Zweifel der bisher am wenigsten erforschte Aspekt der medizinischen Anthropologie. Wenn man den Dingen auf den Grund geht, hören die Erklärungen auf, und die Dinge sind, wie sie sind. »Aber die Beziehung von Mensch zu Mensch spielt eine gewaltige Rolle, und in dieser Beziehung formt sich ein Großteil dessen, was wir als Fähigkeit, Charakter, Anlage und Vererbung bezeichnen.« Von Weizsäcker kommt zu dem Schluß, daß die Pathologie nach Freud nicht nur als ein individuelles, sondern auch als ein soziales Problem zu sehen sei (Weizsäcker 1973, S. 410).

J. L. Moreno

J. L. Moreno verankert seine »Philosophie der Dritten Psychiatrischen Revolution« in der *Begegnung* (im Original deutsch), ein Begriff, den er bereits 1914 benutzte und den er vorzugsweise als *»encounter«* ins Englische übersetzt, da dieses Wort den Aspekt des *gegen* (*»counter«*) enthält. Begegnung »umfaßt nicht nur liebevolle, sondern auch feindselige und bedrohliche Beziehungen«. Begegnung »bedeutet Zusammentreffen, Körperkontakt, Konfrontation, Auge-in-Auge, Kampf und Auseinandersetzung, Sehen und Wahrnehmen, Berühren und In-einander-Eindringen, Teilen und Lieben, Sich-Verständigen in einer urtümlichen, intuitiven Weise durch Sprache oder Gestik, durch Kuß, Umarmung und Einswerden«. Auf sein Psychodrama angewandt, spielen die Menschen die Rolle des jeweils anderen : zwei Menschen leben und erleben einander — als eigenständige Schauspieler bzw. Akteure. Moreno unterscheidet dies von emotionalem, intellektuellem oder wissenschaftlichem Rapport jeglicher Art ebenso wie von *Einfühlung* (im Original deutsch). *Begegnung* ist *Zweifühlung* — »eine intuitive Umkehr der Rollen, eine Erkenntnis des Selbst durch den anderen«, ein Erlebnis totaler Wechselseitigkeit, in der sich beide mit den Augen des jeweils anderen sehen. Es handelt sich, wie in der Gestalttherapie, um das »Hier und Jetzt«, nicht aber um das »Ich und Du«. Moreno behauptet vielmehr, daß es eine Ich-ich-Beziehung ist, in der das Du im *Ich entsteht* und existiert. All dies bedeutet für ihn Psychodrama, in dem Menschen verschiedene Rollen spielen und dadurch in dramatischer Weise zu den tiefen Problemen vordringen, die sie nicht erreichen könnten, wenn nur Therapeut und Patient anwesend wären.

Das gemeinsame Charakteristikum aller Begegnungserfahrung ist die »telische« Sensibilität bzw. Wechselseitigkeit, das Sich-Hineinversetzen in die Situationen anderer und das Wahrnehmen der Anhaltspunkte, die sie uns geben, wie wir uns nach ihren Wünschen verhalten sollen. Eine solche telische Sensibilität ist wesentlich für den Erfolg sowohl der Einzel- als auch der Gruppen-Psychotherapie. Übertragung bewirkt, daß Therapeut und Patient aneinander vorbeireden. Einfühlung und Gegeneinfühlung verlaufen parallel, aber ergeben keine telische Beziehung. Einfühlsame Sensibilität füreinander ist ohne gegenseitige Liebe möglich und kann dazu benutzt werden, den anderen zu beherrschen und zu verletzen. Telische Sensibilität wirklich wechselseitiger Art ist »trainierbar«. Sie ist besonders wichtig im Rollenspiel, bei dem der Leiter und die »Hilfs-Ichs« nicht nur mit der Entscheidung konfrontiert sind, welche Anhaltspunkte sie aufgreifen sollen, sondern auch mit weit mehr Anhaltspunkten, die sie »übergehen« müssen. Dies ist nicht nur eine Frage der Auswahl, sondern auch des richtigen Zeitpunkts: »Sobald der Protagonist und das Hilfs-Ich entscheiden, welcher Anhaltspunkt richtig und geeignet ist, müssen sie ihn rasch aufgreifen, bevor es zu spät ist; andernfalls können sie den Kontakt miteinander verlieren« (Moreno 1973, S. 468—471).

Der Einfluß von Morenos Psychodrama auf »Encounter-Gruppen«, die Gestalt-Techniken von Perls und die Gruppen-Psychotherapie ist wahrscheinlich viel größer, als bisher erkannt wurde. Aber durch die Natur des Rollentauschs in Psychodramen hat es sich zumindest indirekt auch auf die Entwicklung der Familientherapie ausgewirkt.

Rollo May

Neben seinen erkenntnisreichen einführenden Essays zu *Existence* stellt Rollo Mays 1969 erschienenes Buch *Love and Will* seinen größten Beitrag zu unserem Verständnis von Heilen durch Begegnung dar. Zum Einfluß von Freud, Kierkegaard, Heidegger, Tillich und Binswanger auf Rollo May müssen wir den von Harry Stack Sullivan und vom William Alanson White Institut für Psychiatrie, Psychoanalyse und Psychologie in New York City, mit dem sich May viele Jahre lang identifizierte, sowie den vom Wiener Psychoanalytiker Alfred Adler, mit dem May als junger Mann zwei Sommer lang zusammenarbeitete, hinzufügen.

Wenn der Therapeut nicht darauf eingestellt ist, dem Patienten *zu helfen*, schreibt May, wird der Patient die tiefen Wurzeln seines Problems nicht enthüllen und in gewisser Weise auch nicht enthüllen *können*. Wenn ein solcher leidender Mensch keine Hilfe erhält, dann äußert sich das Bedürfnis nach Beziehung in pervertierter, dämonischer Weise — als Wunsch, dem anderen Schmerz und Qualen zu bereiten, um zu beweisen, daß man fähig ist, auf jemanden Wirkung auszuüben:

> Wenn das innere Leben vertrocknet, wenn das Gefühl abnimmt und die Apathie zunimmt, wenn man einen anderen Menschen nicht beeinflussen, ja nicht einmal wirklich *berühren* kann, dann flammt Gewalt als ein dämonisches Kontaktbedürfnis auf ... Dies ist ein Aspekt der bekannten Beziehung zwischen sexuellen Gefühlen und Gewaltverbrechen (May 1969, S. 30f.).

May glaubt, der Ausweg aus diesem Dilemma der Isolation und Einsamkeit sei die Steuerung und Kanalisierung dieser dämonischen Energie, die ungesteuert als eine *unpersönliche* Kraft wirke, die uns zu blinder Selbstbehauptung in Zorn oder Sex treibe. Bewußtsein kann das Dämonische integrieren, es persönlich machen, und dies ist der Zweck der Psychotherapie. Aber die Psychotherapie kann dies nicht ohne die Unterstützung der Gemeinschaft leisten. »Die Gemeinschaft schenkt uns eine menschlich vertrauenswürdige, interpersonale Welt, in der man gegen die negativen Kräfte kämpfen kann.« Nur in einer solchen unterstützenden Gemeinschaft können wir uns mit dem Negativen identifizieren, das uns quält, nicht, um es abzuwehren, sondern vielmehr, um dieses zuvor abgelehnte Element in uns als Teil von uns anzuerkennen (May 1969, S. 126, 133).

Wenn das Dämonische im Laufe der Therapie durch die Äußerung von Wut, Feindseligkeit und selbst Haß gegenüber dem eigenen Partner zugelassen wird, ist das Resultat oft ein völlig überraschendes Gefühl der Liebe gegenüber diesem Menschen. Wird die Aggression gegenüber einem Partner dagegen unterdrückt, dann wird auch die Liebe unterdrückt. »Um unsere Fähigkeit zu zärtlicher Liebe erfahren und ausleben zu können, müssen wir uns dem Dämonischen stellen.«

Wir machen unseren Dämon fruchtbar, indem wir unsere »Fähigkeit zu lieben in eine aktive, zugewandte Anteilnahme am Wohlergehen des anderen umsetzen, in das Teilen von Lust und Freude als ein Ich mit einem Du, in ein Gemeinschaftserlebnis mit unseren Mitmenschen« (May 1969, S. 148f., 153).

Obwohl die Quellen von Mays Lehren über das Dämonische griechischen Ursprungs sind und in jüngerer Zeit auf die Theologie seines Freundes Paul Tillich zurückgehen, haben sie eine auffallende Ähnlichkeit mit der Lehre des Talmuds und der Chassidim, Gott mit dem »bösen Trieb« zu dienen, die Martin Bubers Philosophie des Dialogs zugrundeliegt. May widmet ein Kapitel von *Love and Will* dem Dämonischen im Dialog, wobei er sich ausdrücklich auf Buber und Harry Stack Sullivan bezieht. »Das wichtigste Kriterium, das das Dämonische vor der Anarchie rettet, ist der *Dialog*«, schreibt May.

> Denn Dialog impliziert, daß der Mensch in Beziehung existiert. Die Tatsache, daß Dialog überhaupt möglich ist — daß es, unter günstigen Umständen, möglich ist, einander zu verstehen, den Standpunkt des anderen einzunehmen — ist als solche bemerkenswert. Kommunikation setzt Gemeinschaft voraus, die ihrerseits eine Teilhabe am Bewußtsein der Mitglieder der Gemeinschaft bedeutet. Dies ist ein sinnvoller Austausch, der ... ein inhärenter Aspekt des menschlichen Umgangs miteinander, auch im geschlechtlichen Sinne, ist (May 1969, S. 155f.).

»Das Wort *logos* (sinnvolle Struktur der Realität) ist die Wurzel dieses Begriffs *dia-logos*«, schreibt May. »Wenn wir über das Dämonische sinnvoll, das heißt vernünftig reden können, sind wir bereits dabei, es in die Struktur unseres Lebens zu integrieren« (May 1969, S. 156). Hier ist May ganz dicht an Bubers eigener Interpretation des Herakleischen *logos* als sinnvolle Rede, durch die wir unsere Gedanken und Erfahrungen als »Ich« auf die Ebene des »Wir« heben und einen gemeinsamen Kosmos, eine gemeinsame Welt aufbauen (Buber 1966, viertes Kap.).

Der Dialog reguliert auch das Verhältnis von Wunsch und Wille, wie May diese in seinem Kapitel »Wunsch und Wille« behandelt. »*Der Wunsch in der zwischenmenschlichen Beziehung erfordert Gegenseitigkeit*«, zitiert May Pater William Lynch. Neben Wunsch und Wille hebt May auch die Rolle der »Intentionalität« hervor. Intentionalität bedeutet »die *Gesamtheit* der Einstellung eines Menschen gegenüber der Welt zu einem bestimmten Zeitpunkt, einschließlich des unbewußten wie des bewußten Seins des oder der Betreffenden«. May weist auch darauf hin, daß es ein Wollen *mit* dem Körper und *von innen heraus* gibt, »ein Wollen der *Teilnahme*, nicht des *Widerstands*«. Diese persönliche Ganzheit des Wünschens, Wollens und der Intentionalität ist untrennbar von unserem Dialog mit der Welt. Der Patient entwickelt in der Therapie nicht ein Gefühl der Identität und handelt dann. Vielmehr erlebt er seine Identität *in* der Handlung selbst (May 1969, S. 216, 234, 240, 244).

In seinem Kapitel »Intentionalität in der Therapie« weist May darauf hin, daß »Distanzierung und psychopathisches Ausagieren die beiden entgegengesetzten Handlungsweisen sind, um sich vor der Auseinandersetzung mit der Auswirkung der eigenen Intentionalität zu drücken«. Intentionalität spielt eine zentrale Rolle in Mays Verständnis von Heilung durch Begegnung; denn »Intentionalität basiert auf einer Bedeutungsmatrix, die Patient und Therapeut miteinander teilen« (May 1969, S. 266f.). Damit diese Gemeinsamkeit therapeutisch hilfreich sein kann, muß der Therapeut jenes Vorstellen der wirklichen Seite des anderen einüben, ohne seine eigene einzubüßen, die Buber als Umfassung bezeichnet:

> Ich muß fähig sein, an den Bedeutungen meines Patienten teilzuhaben, aber gleichzeitig meine eigene Bedeutungsmatrix beizubehalten und somit unvermeidlich und zu Recht für ihn zu interpretieren, was er tut — und oft mit mir tut. Dasselbe gilt auch für alle anderen menschlichen Beziehungen: Freundschaft und Liebe erfordern, daß wir an der Bedeutungsmatrix des anderen teilnehmen, aber ohne unsere eigene aufzugeben. Auf diese Art und Weise begreift das menschliche Bewußtsein, wächst und verändert sich, wird klar und bedeutungsvoll (May 1969, S. 262).

Eine weitere Dimension des Heilens durch Begegnung, die May herausarbeitet, ist die der *Entschlossenheit* und *Verantwortung*, zwei Begriffe, die er zusammen benutzt, um sie vom Willen zu unterscheiden. Verantwortung erfordert ein *Antworten*, und Entschlossenheit ist ebenfalls eine Form von Antwort:

> *Entschlossenheit* in unserem Sinne vereinigt die beiden zuvor genannten Dimensionen zu einer Handlungs- und Lebensweise, die von Wünschen angetrieben und mit diesen angereichert ist, die vom Willen durchgesetzt wird und die aufgeschlossen und verantwortlich für die Bezugspersonen ist, die für das eigene Selbst und die Verwirklichung seiner langfristigen Ziele wich-

tig sind. Wenn sich dies nicht von selbst verstünde, könnte es anhand von Sullivans interpersonaler Theorie der Psychiatrie, Bubers Philosophie und anderer Auffassungen bewiesen werden. Sie alle heben hervor, daß Wunsch, Wille und Entschlossenheit in einem Nexus von Beziehungen angesiedelt sind, denen das Individuum nicht nur seine Erfüllung, sondern geradezu seine Existenz verdankt (May 1969, S. 268).

Angesichts dieser Betonung, daß sich Wille, Wunsch, Verantwortung und Entschlossenheit im Dialog verwirklichen, ist es nicht überraschend, daß May Liebe und Wille als Aufgabe und als Leistung vereinigt sieht. »Das mächtigere Bedürfnis des Menschen gilt nicht dem Sex als solchem, sondern der Beziehung, der Intimität, dem Angenommensein und der Bestätigung.« Liebe drängt uns zu einer neuen Dimension des Bewußtseins, gerade weil sie auf der ursprünglichen »Wir«-Erfahrung basiert. »In Gegensatz zur üblichen Annahme beginnen wir alle das Leben nicht als Individuen, sondern als Wir« (May 1969, S. 311, 316).

In einem Gespräch mit Richard Stanton sagte May, daß er zu seinem Verständnis des Dialogs durch Buber, Marcel und Tillich gekommen ist »und es durch meine Bekanntschaft mit Sullivan formulieren lernte ... da er das Problem in die zwischenmenschlichen Beziehungen verlegte, statt es *in* der einen oder anderen Person zu lokalisieren«. Ohne Dialog, fügte May hinzu, »sind wir nicht menschlich ... Gemeinschaft und Kommunikation sind unerläßlich«. Ein Säugling fixiert einen Gegenstand erstmals in einem Abstand von 19 Zentimetern; das ist die Distanz zwischen dem Kind an der Mutterbrust und dem Gesicht der Mutter, zu dem es aufschaut. May bekräftigte in diesem Gespräch auch, daß das Verbalverhalten nicht die Substanz der Tiefenkommunikation zwischen Personen ist, sondern daß es oft vielmehr eine intellektuelle Abwehr der Möglichkeit des Dialogs ist. Die Transparenz, die der amerikanische Psychologe Sidney Jourard forderte, sei ein Zustand des erfolgreichen Dialogs, meinte May, während das Ausmaß an psychischer Krankheit am Grad des Fehlens von Dialog abgelesen werden könne:

Bei Schizophrenen kann man feststellen, daß er [der Dialog] völlig fehlt ... Dies ist der Kontext, in dem man Katatonie sehen sollte ... Alle Dinge dieser Art sind Selbstisolierungen ... in denen überhaupt kein Dialog mehr stattfindet ... Langfristig gesehen wird man in der Psychotherapie nur insoweit »geheilt«, als man Teil der menschlichen Gemeinschaft wird ... *So wie ich Therapie anwende, ist sie* — zumindest im Prinzip, und ich hoffe auch in der Praxis, — *eine Entwicklung der Fähigkeit zum Dialog.*

May betrachtete den Gesprächsaspekt der Therapie als wesentlich, aber gleichzeitig erkannte er, daß dieser nur einer der Medien des Dialogs ist. Er zitiert einen Fall, über den der im Sinne von Rogers arbeitende Therapeut Eugene Gendlin berichtete. Es handelte sich um einen Schizophrenen: »Als ich da neben ihm stand und aufsah, wenn er es tat, und ihm gestattete, wegzugehen und dann wieder herzukommen, entwickelte sich allmählich ein Dialog«, schreibt May und fügt hinzu: »Das Ganze ist eine Form von Dialog — das Dastehen, das Wegrücken.« Nach Mays eigener Erfahrung gibt es zu Beginn der Therapie in der Regel die verschiedensten Blockierungen des Dialogs bei den Patienten, die ihn aufsuchen, charakteristischerweise in Form von Intellektualisieren ohne Gefühl. Selbst die Träume solcher Patienten zeugen von diesem Mangel an Dialog. Um die Dialogfähigkeit zu entwickeln, müssen solche Patienten Beziehungen riskieren, und dies bringt eine Menge Angst, Experimente und wahrscheinlich auch wiederholtes Scheitern mit sich.[1)]

Medard Boss

Es mag seltsam erscheinen, den Schweizer Daseinsanalytiker Medard Boss unter den Existentialisten des Dialogs anzuführen, da Boss von Heidegger und nicht von Buber herkommt und Heidegger dem »Zwischen« nur einen optischen und nicht einen ontologischen Stellenwert zubilligt. Boss modifiziert Heideggers *Mitsein* (im Original deutsch) nicht in Richtung auf *Miteinandersein* wie Ludwig Binswanger, der Heidegger ausdrücklich durch Buber ergänzt. Boss gelangt auch *in seiner Theorie* niemals zu einer Begegnung mit Personen oder Dingen in einer wirklich wechselseitigen Weise, die vergleichbar mit Bubers Ich-und-Du-Beziehung wäre.

1) Das Gespräch zwischen Rollo May und Richard Stanton fand am 7. April 1977 in Mays Haus in Tiburon, Kalifornien, statt. Die oben zitierten bzw. frei wiedergegebenen Auszüge stammen aus Stanton 1978, S. 136 — 139.

Andererseits geht es Boss ganz zentral um Therapie, was bei Binswanger nicht der Fall ist. Und während Heidegger den ureigensten, nicht beziehungsabhängigen, unüberhörbaren Ruf des Menschen hervorhebt, das Selbst bis hinunter zu seinem eigenen *Dasein* (im Original deutsch) zu individualisieren, unterstreicht Boss Heideggers *Mitsein* und erhebt es dadurch faktisch, wenn auch nicht theoretisch, zu einem ontologischen Status. Boss sagt von seinen Mitmenschen, daß sie als Menschen etwas völlig anderes sind als Dinge und man ihnen als In-der-Welt-Seiende, wie ich es bin, begegnet. Die Tatsache, daß die Welt meine eigene Welt ist, ändert Boss zufolge nichts daran, daß man mit anderen existiert und sie sofort als das wahrnimmt, was sie sind. Das ist die Essenz des Daseins mit anderen, und meine Welt ist notwendigerweise eine, die man mit anderen teilt. »Wir existieren niemals primär als verschiedene Subjekte, die nur sekundär in zwischenmenschliche Beziehungen zueinander treten«, schreibt Boss. Vielmehr »sind wir alle primär und von Anfang an zusammen in der Welt draußen« (Boss 1969, S. 55).

Boss nimmt hier eine grundlegendere soziale Deutung Heideggers vor als Rollo May. Die Implikation dieses soziologischen Herangehens an die Psychiatrie ist, daß »kein psychopathologisches Symptom jemals voll und angemessen verstanden werden wird, wenn es nicht als eine Störung im Gefüge der sozialen Beziehungen begriffen wird, aus denen eine bestimmte menschliche Existenz im Grunde besteht« (Boss 1963, S. 56). Wie weit dies Boss in Richtung auf »Heilen durch Begegnung« voranbringt, zeigt sich an seinem Zitat aus »Eine Patientin, die den Verfasser lehrte, anders zu sehen und zu denken«, die klinische Vignette, mit der er sein Buch *Psychoanalyse und Daseinsanalytik* eröffnet:

> Gegen Ende ihrer letzten analytischen Sitzung fragte die Patientin ihren Arzt spontan: »Wissen Sie, was es in Ihrer Behandlung war, was mich tatsächlich heilte?« Unmittelbar darauf gab sie die Antwort selbst: »Erstmal war es die schlichte Tatsache, daß Sie immer verfügbar für mich waren, daß ich Sie jederzeit anrufen und zu Ihnen kommen konnte, wann immer ich es für nötig hielt. Lange Zeit glaubte ich nicht, daß jemand tatsächlich immer für mich da sein würde. Langsam lernte ich, Ihnen zu vertrauen, denn Dutzende von Erfahrungen gaben mir die Gewähr, daß Sie mich nicht fallen lassen würden. Erst dann wagte ich es, sozusagen durch Sie zu leben, bis ich meine eigene Kraft wachsen fühlte. Aus diesem Vertrauen in Ihre Verläßlichkeit heraus wuchs ein zunehmender Glaube an die ganze Welt, wie ich ihn nie zuvor er-

> fahren hatte. Früher lebte ich nur durch meine Willenskraft, zog mich immer selbst an den Haaren heraus, bis ich in der Luft hing. Der Glaube an Sie gab mir den Mut, *mich auf dem äußersten Grund meiner Existenz niederzulassen.* Der zweite, aber ebenso therapeutisch wirksame Faktor war Ihr Verständnis meiner paranoiden Wahnideen und Halluzinationen, die Sie ernst nahmen. Ihr Wissen von deren ursprünglichen Wert und Bedeutung ermöglichte es mir, die Ganzheit meines Selbst und die Einheit meines Selbst und der Welt wahrzunehmen (Boss 1963, S. 26 — rückübersetzt).

Boss sieht den Menschen als in jedem Augenblick draußen in der Welt in Beziehung mit dem, was ihm oder ihr begegnet, selbst wenn diese Existenz eher als fern denn als nahe erlebt wird. Nach dieser Skizzierung der Bezogenheit kommt Boss auf die Beziehung zu einem Partner zu sprechen: »Liebe entsteht, wenn das Zusammensein mit einem Partner bisher unangeeignete Möglichkeiten, mit der Welt in Bezug zu treten, eröffnet.« Von diesem Standpunkt aus beschreibt Boss das, was Freud als »Übertragung« bezeichnet, als »immer eine echte Beziehung zwischen Analysand und Analytiker«. Trotz des Unterschieds in ihren Positionen »offenbaren sich die Partner einander als Menschen«. Kein Transfer von Affekt oder Einfühlung ist nötig, um eine persönliche Beziehung zu erklären, in der zwei Menschen sich einander unmittelbar offenbaren. Die »Übertragungsliebe« des Patienten »ist Liebe für den Analytiker selbst, so unreif und verzerrt sie wegen der beschränkten Wahrnehmung des Patienten aufgrund seiner früheren Beziehung zu seinem eigenen Vater auch erscheinen mag« (Boss 1963, S. 123, 125).

Boss schildert die Haltung des Daseinsanalytikers gegenüber seinen Patienten im Grunde so, wie ich es im abschließenden Kapitel dieses Buches, »Der Dialog der Prüfsteine«, ausführe. Da er alles als direkte Bedeutungsübermittlung respektiert, hat der Daseinsanalytiker »kein Bedürfnis, das zunichtezumachen, was er vom Analysanden tatsächlich zu hören und zu sehen bekommt, und es durch angenommene Kräfte zu ersetzen, die dem Verhalten und der Wahrnehmung des Patienten angeblich zugrunde liegen«. Der Daseinsanalytiker verzichtet auf alle krampfhaften psychoanalytischen Deutungen, die das unmittelbare Verständnis zwischen Arzt und Patient behindern könnten. Der Analytiker »versucht nicht, die Patienten davon zu überzeugen, daß ein Großteil dessen, was sie fühlen und meinen, nur eine Tarnung für entgegengesetzte Wünsche und Tendenzen ist«, und er vermeidet es dadurch, den Eindruck zu erwecken, daß er ihre Erfahrungen abwertet. Der Analytiker akzeptiert und respektiert alle Äußerungen des Patienten und dessen Art und Weise der Beziehungsaufnahme und vertritt nicht die Auffassung, daß eine Verhaltensweise realer oder wesentlicher ist als eine andere (Boss 1963, S. 234f.).

Der Daseinsanalytiker muß zu anderen auf der Ebene in Beziehung treten, auf der sie sich befinden, und das bedeutet in den meisten Fällen, auf der Ebene von Erwachsenen, die im innersten Kern ihrer Existenz kleine Kinder geblieben sind und denen man auf derselben kindlichen Ebene begegnen muß (Boss 1963, S. 242). Boss stellt somit auch hier Heilen durch Begegnung in den Mittelpunkt der Psychotherapie.

Boss stimmt Freuds Auffassung zu, daß der heilende Faktor in der Psychoanalyse niemals darin bestehen kann, daß man den Patienten gestattet, alle ihre Triebe und Impulse auszuleben. Boss behauptet — um es in seiner eigenen Ausdrucksweise zu sagen — daß man wahre Selbsterkenntnis und echte Verantwortung nur erreichen kann, wenn man sich all seiner eigenen Möglichkeiten der Kontaktaufnahme mit allem, was einem begegnet, bewußt wird und sie als seine eigenen anerkennt. Aber Boss trennt dies scharf vom tatsächlichen Ausschöpfen dieser Möglichkeiten in den Beziehungen zu Partnern außerhalb der analytischen Situation. Diese spielen sich im Kontext des Zwischenmenschlichen ab, und es kann keine Selbstverwirklichung geben ohne Rücksicht auf das Wohlergehen derjenigen, mit denen man in Berührung kommt (Boss 1963, S. 254).

»Es kann keine Psychoanalyse geben ohne eine existentielle Bindung zwischen Analytiker und Analysand«, schreibt Boss. Dies bedeutet, daß die Vorstellung einer Analyse ohne Gegenübertragung, ohne Engagement und Reaktion seitens des Analytikers, eine Illusion ist. Der Analytiker kann es leugnen, aber er kann es nicht vermeiden, in einer emotionalen Beziehung zum Analysanden zu stehen: selbst die objektivierende Haltung der Gleichgültigkeit ist eine Form von emotionalem Bezug. Was noch schwerer wiegt, für Boss ist die Gegenübertragung ebenso wie die Übertragung tatsächlich eine echte emotionale, persönliche Beziehung zwischen Analytiker und Patient, so deformiert sie auch sein mag (Boss 1963, S. 258).

Damit die emotionale menschliche Beziehung zwischen Analytiker und Patient angemessen funktioniere, behauptet Boss, müsse der Analytiker »zur Freiheit selbstloser Anteilnahme an seinen Patienten herangereift sein«. Dies »bedeutet, daß der Analytiker seine gesamten eigenen sinnlichen und egozentrischen Tendenzen zur freien Verfügung hat und sie daran hindern kann, sich heimlich oder offen störend auf sein echtes Interesse und seine selbstlose Liebe für den Patienten auszuwirken«. Die Sensibilität des Analytikers befähigt ihn, eine »Analyse des Widerstands« durchzuführen. In dieser Analyse »wird der Patient unermüdlich mit den Beschränkungen seines Lebens konfrontiert ... wodurch die Möglichkeit eines reicheren Daseins impliziert wird« (Boss 1963, S. 233—236; Boss 1973, S. 434—438).

Leslie Farber

Einer der bedeutsamsten Beiträge zu unserem Verständnis des Heilens durch Begegnung stellt das Werk Leslie H. Farbers dar. Unter dem Einfluß von Buber sowie von Kierkegaard und seinem früheren Mentor Harry Stack Sullivan entwickelte Farber eine neue Theorie von »Wille und Willkür« als Zentrum der psychiatrischen Diagnose und Heilung. Farbers Ansatz in der Psychotherapie ist im wesentlichen dialogisch. Gleichzeitig hat er nachdrücklicher als jeder andere die überaus tragischen Grenzen des Heilens durch Begegnung erkannt, auf die Buber in seinem Dialog mit Rogers hinwies.

In *The Ways of the Will* und der sich überlappenden Aufsatzfolge *lying, despair, jealousy, envy, sex, suicide, drugs and the good life* unterscheidet Leslie Farber zwischen einer ersten und einer zweiten Sphäre des Willens, die beide für sich genommen und in ihrer wechselseitigen Abhängigkeit nötig sind. Die erste Sphäre des Willens ist durch die Bewegung in eine Richtung und nicht auf ein bestimmtes Objekt hin gekennzeichnet. Mit Richtung meint Farber nicht ein ideales Ziel, sondern vielmehr einen Weg, gepflastert mit, aber nicht behindert von irdischen Details und irdischen Gütern. Es ist ein offener Weg, dessen vorherrschende Erfahrung Freiheit ist. Da es sich nicht um unmittelbare Erfahrung handelt, sondern um eine, die sich aus Rückschlüssen ergibt, betrachtet Farber den Willen der ersten Sphäre als unbewußt im Buberschen Sinne der Ganzheit der Person, der die Spaltung in Leib und Seele zugrundeliegt. Er existiert in der Hoffnung auf Ich-Du, und dieses Ich-Du setzt zunehmend diese erste Sphäre des Willens zu seiner Verwirklichung voraus. Der Wille steht das ganze Leben lang in Wechselwirkung mit der Beziehung, aber wenn der Wille versucht, die Arbeit der Beziehung zu tun, oder die Beziehung die des Willens, dann erleiden sowohl der Wille als auch die Beziehung Schaden. Erinnerung und Phantasie tragen in der ersten Sphäre des Willens zu den dialogischen Möglichkeiten dieser Sphäre bei. »Tatsächlich scheinen diese Fähigkeiten, selbst wenn man allein ist, die Richtung auf einen anderen Menschen einzuschlagen.«

Der Wille der zweiten Sphäre bewegt sich bewußt auf ein spezifisches, nutzbringendes Objekt hin. Unsere tägliche Existenz wäre nicht zu bewältigen ohne diesen Willen, und unsere sich stürmisch entwickelnde Technologie verdankt ihm alles. Diese zweite Sphäre des Willens öffnet sich bereitwilliger einer direkten phänomenologischen und psychologischen Erforschung, da es sich hier um einen bewußten Willen handelt, der während des Ereignisses erlebt wird. Ein Großteil unserer Erziehung findet unter der Herrschaft dieses bewußten, pragmatischen Willens statt.

Farber hebt die Interdependenz dieser zwei Sphären des Willens hervor, so wie Buber den nötigen dialektischen Wechsel von Ich-Du und Ich-Es unterstreicht. Das erste ohne das zweite würde zu einem Mystizismus führen, der die angemessenen Objektivierungen verrät, deren der Wille fähig ist; das zweite ohne das erste hätte einen Rationalismus zur Folge, der die Realitäten der Ganzheit verrät, die Existenz möglich macht. »In dem Maße, in dem der Wille der zweiten Sphäre falsch angewandt wird bzw. deformiert oder irregeleitet ist, wird uns die erste Sphäre entgleiten, obwohl wir eigensinnig unsere besitzergreifenden Ansprüche darauf erheben« (Farber 1976, S. 4—6).

So wie Ich-Es nur dann schlimm wird, wenn es ausschließlich zu dominieren sucht und die immer wieder neue Umwandlung von Es in Du verhindert, wird auch Farbers Wille der zweiten Sphäre erst an dem Punkt zur »Willkür«, an dem er die Arbeit des Willens der ersten Sphäre zu verrichten sucht. Wir verfallen in Willkür, sagt Farber, wenn wir der wiederholten Versuchung erliegen, den Willen der zweiten Sphäre auf jene Bereiche des Lebens anzuwenden, die sich nicht nur nicht fügen, sondern unter einem solchen Druck auch deformiert werden:

> Ich kann Wissen wollen, aber nicht Weisheit; ich kann mir mit meinem Willen Wissen aneignen, aber nicht Weisheit; ich kann zu Bett gehen, aber nicht den Schlaf herbeizwingen; meinem Willen gehorcht die Nahrungsaufnahme, aber nicht der Hunger; Sanftheit, aber nicht Demut; Gewissenhaftigkeit,

aber nicht Tugend; Lust, aber nicht Liebe; Bedauern, aber nicht Mitleid; Glückwünsche, aber nicht Bewunderung; Frömmigkeit, aber nicht Glauben; Lesen, aber nicht Verstehen; (Farber 1966, S. 15).

Bei der Willkür versucht der Wille die Arbeit der Phantasie zu leisten. Dies gilt sowohl für den Therapeuten als auch für den Klienten. Der Therapeut kann, da er weiß, daß echtes Zuhören für eine wirkliche Therapie wesentlich ist, vergeblich versuchen, sich zum Zuhören zu zwingen. Aber Zuhören ist die Aufgabe des Willens der ersten Sphäre und verkommt zur Willkür, wenn die Aufgabe vom Willen der zweiten Sphäre übernommen wird:

> In »Martin Buber and Psychoanalysis« habe ich die Auffassung vertreten, daß Zuhören mehr erfordert als zu schweigen und aufmerksam dreinzuschauen — es erfordert nämlich die Fähigkeit, sich einfühlsam auf die Sprache des anderen einzustellen. Beim Zuhören sprechen wir tatsächlich die Worte des anderen nach. Es ist nicht bloß so, daß Zuhören nicht auf den Zwang reagiert, den wir uns auferlegen, sondern daß es unter der Herrschaft des Willens als menschliche Möglichkeit verdorrt, was wir alle schon erlebt haben, wenn wir unsere Aufmerksamkeit mit aller Gewalt auf etwas zu richten suchten, während wir in Wirklichkeit von etwas ganz anderem gefesselt waren (Farber 1976, S. 7).

Während Farber seinen Gegensatz zwischen echtem Willen und eigensinniger Willkür entwickelt, tritt der erste als ein Ausdruck von echtem Dialog, der letzte als Ergebnis des Fehlens von Dialog zutage. Im Gegensatz zu Freud, der die Hysterie als ein Produkt der Verdrängung betrachtet und die geheilt werden kann, indem man das verdrängte Material ins Bewußtsein hebt, definiert Farber Hysterie als eine Störung des Willens, die sich in *Willkür* äußert. »In der Willkür wird das Eigenleben des Willens überzogen, anmaßend und aufdringlich, und seine Bewegungen lösen sich zunehmend von anderen Aspekten des Geistes ab (Farber 1966, S. 103, 20f.). Dies führt genau zu dem Versagen des Unterscheidungs- und Urteilsvermögens sowie der Phantasie und des Humors, auf das Farber als die Schwierigkeiten des Schizophrenen in der Welt des *Es* sowie in der Beziehung mit dem Du verweist.

Für die Entstehung von Willkür macht Farber das verzweifelte Bedürfnis nach Ganzheit verantwortlich. Der Rahmen, der Ganzheit ermöglicht, ist der Dialog. Wenn uns dieser Rahmen fehlt, »setzen wir verzweifelt unseren Willen ein, bereit, uns an jede Illusion von Ganzheit zu klammern (so unvernünftig oder grotesk diese auch sein mag), die uns der Wille zu unserer Beruhigung vorgaukelt«. Dies ist ein Teufelskreis, denn je abhängiger jemand von dieser Illusion von Ganzheit wird, desto weniger ist er fähig, echte Ganzheit im Dialog zu erleben. »An dem Punkt, an dem er nicht mehr dialogfähig ist, kann er als seinem eigenen Willen *hörig* angesehen werden« (Farber 1966, S. 50). Willkür ist somit nichts anderes als der Versuch des Willens, den fehlenden Dialog durch die Übernahme beider Seiten einer nicht länger auf Gegenseitigkeit beruhenden Situation zu kompensieren. Nicht mehr in einer Beziehung zu einem anderen Selbst füllt er die Leere mit seinem eigenen Selbst, und auch dieses Selbst ist etwas Unvollständiges, da seine Ganzheit mit dem Ausbleiben der Begegnung verschwunden ist. »Diese fieberhafte Figur, die unentwegt gegen die Firma anrennt, krampfhaft bemüht, einen Augenblick zu erzwingen, in dem ein Anschein von Dialog erweckt werden kann, ist der Inbegriff des ewigen Außenseiters: jene Situation des Menschen, in der er für immer von seinen Mitmenschen getrennt ist und ihn niemand mehr kennt und anspricht — es ist die Figur des logelösten Willens des Menschen, die sich als sein gesamtes Selbst ausgibt« (Farber 1966, S. 57).

In »Wille und Angst« definiert Farber Angst in bewußtem Gegensatz zu seinem Lehrer Harry Stack Sullivan als ein Produkt des losgelösten bzw. isolierten Willens.

> Wie auch immer man es bezeichnet, Angst ist *jenes Spektrum seelischer Not, das bestrebt ist, das zu wollen, was sich dem Willen nicht fügen kann.* Mit anderen Worten, Angst ist in der sich ständig verbreiternden Kluft zwischen dem Willen und dem unerreichbaren Objekt des Willens zu lokalisieren. Wenn sich die Kluft verbreitert, verstärkt sich auch die Bindung zwischen dem Willen und seinem Objekt, so daß man gezwungen ist, das zu verfolgen, was angesichts solcher Verfolgung zu verdorren oder ganz zu verschwinden scheint (Farber 1966, S. 62).

Je hartnäckiger der Wille sein widerspenstiges Ziel verfolgt, desto stärker löst er sich von jenen Fähigkeiten des Verstandes und der Phantasie, die seine Fesseln objektivieren, abwenden oder auflösen könnten. Der Sinnverlust, der diese Angst kennzeichnet, ist auf das Verdorren des Ziels des Willens angesichts der Forderungen des Willens zurückzuführen. Im Gegensatz zu der üblichen Unterscheidung zwischen Furcht als spezifisch und Angst als diffus, meint Farber, daß Furcht in Angst ausartet, sobald der Wille über Bereiche zu herrschen sucht, die dem Willen nicht gehorchen. An diesem Punkt wird der Wille selbst als ohnmächtiger Antrieb erlebt, was die Hilflosigkeit und Unsicherheit bewirkt, die für Angst kennzeichnend sind.

Statt dies als »das Zeitalter der Angst« zu bezeichnen, spricht Farber vom »Zeitalter des Frustrierten Willens«. Wir sind versklavt, sagt er, indem wir tausenderlei Dinge durch unseren Willen erzwingen wollen, die sich nicht erzwingen lassen: schlafen, schnell lesen, gleichzeitig zum Orgasmus kommen, kreativ und spontan sein, das Alter genießen. Vor allem ist es der *Wille, unseren Willen durchzusetzen*, was die Angst in unserer Zeit so überhandnehmen läßt und die zunehmende Abhängigkeit von Drogen in allen Schichten unserer Gesellschaft erklärt. Wichtiger als ihre Funktion der Angstlinderung ist die Illusion, in der uns die Drogen wiegen, die Kluft zwischen dem Willen und seinem widerspenstigen Objekt wegzaubern zu können. Diese Illusion gaukelt uns für einen kurzen Augenblick und subjektiv das Auftreten eines verantwortlichen und mächtigen Willens vor. Dies ist nach Farbers Ansicht der Grund, warum unser Zeitalter ein so enormes suchterzeugendes Potential aufweist.

In seinem Essay, »Martin Buber and Psychoanalysis«, bekräftigt Farber (1966, 7. Kap.), daß ohne Begegnung keine erfolgreiche Behandlung möglich ist. Die »zwanghaften«, »schizoiden« oder »hysterischen« Charakterzüge, die Therapeut und Patient miteinander gemein haben, lassen nur erkennen, daß beide Mängel aufweisen, die die Begegnung verhindern. Viele der Störungen, die auf »Übertragung« zurückgeführt werden, sind zutreffender als das Streben nach einer wechselseitigen Beziehung bzw. die Aufgabe der Hoffnung auf eine solche zu verstehen. Was wir als Übertragung bezeichnen, ist gewöhnlich das genaue Gegenteil von Begegnung mit ihrer Wärme, ihrem Kontakt und ihrer Spontaneität. Es ist jedoch wichtig, Wechselseitigkeit bzw. Vertrauen mit Wahrhaftigkeit und Sinn für Proportionen zu verbinden. Diese beiden Aspekte können sich zu einer großartigen Unmittelbarkeit verbinden: Begegnung wird gleichbedeutend mit Wahrheit. Solche Augenblicke entbehren jeglicher Nützlichkeit für die üblichen Erkenntnisziele.

Gleichzeitig hebt Farber hervor, daß Bubers Philosophie ebensosehr auf den notwendigen Strukturen und Kategorien der Welt des Es beruht wie auf dem Einbringen dieser Strukturen und Kategorien in die Begegnung mit dem Du.

> Es wird oft der Fehler gemacht, speziell gegenüber dem Schizophrenen, seine einsamen Tastversuche auf das *Du* hin überzubewerten und seine faktische Inkompetenz in der Welt des *Es* zu unterschätzen, so daß er zu einem tragischen Heiligen oder Poeten des *Du* wird, der durch die Welt des *Es* gequält wird.
> Sobald man jedoch erkannt hat, daß die *Du*-Beziehung hinsichtlich ihrer Vorstellungen und Bedeutungen von der Welt des *Es* abhängt, kann die Psychose nicht nur als ein Versagen des *Du* — der sogenannten persönlichen Beziehungen — verstanden werden. Sie ist dann gleichermaßen ein Versagen von Wissen, Urteilsfähigkeit und Erfahrung in der Welt des *Es*. Welcher Kategorie die Störung auch zuzuordnen ist — sie ist wie bei der Schizophrenie durch ein Zurückschrecken vor Beziehungen bedingt oder durch ein Klammern an Beziehungen wie bei der Hysterie oder der Manie — hinter diesen Manifestationen verbirgt sich immer großes Ungeschick im Umgang mit Menschen, weitgehendes Versäumnis, sich in jungen Jahren die elementaren Werkzeuge des Wissenserwerbs anzueignen ... Ohne ausreichendes Wissen, Gedächtnis und ausreichende Urteilsfähigkeit steht zu befürchten, daß sich jedes herbeigeflehte *Du* als äußerst scheu und flüchtig erweisen wird. Es weicht sehr rasch wieder in seine verarmte Welt des *Es* zurück, von der es wenig Hoffnung auf Rückkehr gibt. Und mit jedem Verlust des *Du* ist der Schizophrene in besonderer Gefahr, sich dauerhafter oder tiefer an seinen fernen Pol der Entfremdung zurückzuziehen: in jene *Einsamkeit*, über die sowohl Sullivan als auch Fromm-Reichmann geschrieben haben (Farber 1966, S. 148f.)

Farber beschreibt diese Einsamkeit als eine hoffnungslose Sehnsucht nach dem Du, eine Verzweiflung, die uns alle manchmal befällt, »und die die Verzweifelteren, die wir Psychotiker nennen, überwältigt«. So gesehen ist das Geplauder, mit dem wir selbst einen unwillkommenen Gast beim Abschied aufhalten, nicht weniger ein Eingeständnis des totalen Scheiterns einer geistigen Gemeinschaft als das noch verrücktere Geschwätz, mit dem der »manische« Patient die gesamte Menschheit als seinen scheidenden Gast festzuhalten sucht. »Noch auf der Türschwelle kämpfen wir verzweifelt um ein uns verlassendes *Du*.« Für den Schizophrenen bedeutet dies oft, daß die Sehnsucht nach dem Du von der Furcht begleitet ist, daß seine Einsamkeit vorübergehend von einem Du belebt wird und er dann um so trostloser und mit leeren Händen zurückbleibt, wenn er in die leere Welt des *Es* zurück muß. Außerstande, diese Möglichkeit zu ertragen, »verbannt er sich aus Himmel und Erde und richtet sich mit erstaunlicher Würde in einem Zwischenreich ein« (Farber 1966, S. 149f.). Die Krankheit, die auf einen Mangel an Dialog zurückzuführen ist, verschlimmert sich somit durch die verzweifelte oder unangemessene Weise, wie um das Du gerungen wird, oder durch die Furcht vor der Einsamkeit, die auf das flüchtige Erscheinen eines Du folgen könnte.

Am besten ist Farber in seiner Beschreibung »der therapeutischen Verzweiflung«, die den Psychiater, der mit Schizophrenie arbeitet, ständig bedroht:

> Als eine tägliche Angelegenheit, die sich peinigend über Jahre hinzieht, ist die Psychotherapie der Schizophrenie bisher einfach nicht wahrheitsgemäß beschrieben worden. Die Berichte verleihen ihr nicht nur eine Ordnung und Bedeutung, die sie nicht besitzt; sie entkleiden sie auch der furchtbaren Langeweile, Wut, Leere und Aussichtslosigkeit — kurz, der Qual einer Existenz, in der sich der Dialog auf so kurze Augenblicke beschränkt, daß er praktisch nicht existiert (Farber 1966, S. 167).

Beschönigende Legenden und romantische Darstellungen, die im üblichen wissenschaftlichen Jargon ausgebreitet werden, können nicht »das Pathos zweier in Wut versetzter Menschen verheimlichen, die sich, unter welchem Vorwand auch immer, ineinander verkrallen«. Der Therapeut kann sich nicht in Schweigen flüchten, in »jene spiegelgleiche Ungerührtheit, die in der Behandlung von Neurosen immer noch als Tugend gilt«. Der Therapeut kann den Patienten nicht der gewöhnlichen sozialen Reaktionsbereitschaft berauben oder das Schweigen des Patienten mit seinem eigenen beantworten. »Er ist ständig auf der Hut vor der doppelten Gefahr des Schweigens und der Furcht vor dem Schweigen, von der er weiß, daß sie leicht in eine krampfige Befangenheit ausarten kann, die um jeden Preis überspielt werden muß.«

Eine Behandlung, die in anektotischer Weise gesehen und beschrieben wird, wird auch in dieser Weise durchgeführt. »Jeder Therapeut, der sein Zusammensein mit einem Schizophrenen in der Erwartung beginnt, daß es den Fallberichten gleichen wird, ist, wenn nicht zu vorzeitiger Verzweiflung, so mindestens zu mehr Entmutigung als nötig verdammt.« Farber vertritt sogar die Auffassung, daß das ganze Vokabular von Übertragung und Gegenübertragung und Vater-und-Mutter-Ersatz möglicherweise deswegen entwickelt wurde, weil der Therapeut entgegen seinem eigenen besseren Wissen so oft gezwungen ist, die Rolle des Orakels bzw. einer allwissenden Autorität zu spielen! Ein guter Therapeut muß imstande sein, sich sowohl seine eigene Verzweiflung zu vergegenwärtigen wie die des Patienten. »Denn die Aufgabe der Realphantasie [Bubers alternative Bezeichnung für »Umfassung«] muß einen selbst einschließen, so wie sie jene Momente einschließt, in denen der andere für uns nicht lebhaft präsent sein kann« (Farber 1966, S. 167f., 178—180).

Der Grund für die Konzentration auf die Gegenübertragung seitens derjenigen, die Schizophrenie behandeln, liegt großenteils in der Natur der Schizophrenie als solcher, die eine Störung ist, welche durch das doppelte Verfehlen von Bedeutung und Beziehung gekennzeichnet ist.

> So zivilisierte Eigenschaften wie Diskretion, Verschwiegenheit, Humor, Urteilsvermögen und Logik sind schwach entwickelt, falls überhaupt vorhanden ... die Fähigkeit zu metaphorischem Denken fehlt in krankhafter Weise, mit der Folge, daß das Verständnis und die Wahrnehmungen des Schizophrenen sowie seine Verständigungsversuche in befremdlicher Weise wörtlich ausfallen (Farber 1976, S. 99).

In einer Passage, die fast wie eine direkte Kritik an der Romantisierung des Schizophrenen klingt, zu der Laing im letzten Teil von *The Politics of Experience* gelangt, warnt Farber, daß wenn der Therapeut vergißt, in welchem Maße er einen Patienten mit Bedeutung versorgt hat, außerstande, dies für sich selbst zu tun, kann er dazu kommen, den Schizophrenen als ein »kryptisches Orakel« mit »der seltenen Gabe« zu betrachten, »die üblichen Heucheleien und Vorspiegelungen des gewöhnlichen Lebens zu durchschauen und dadurch zu einem rein menschlichen Kern vorzudringen«. Nach dieser Lesart wird seine Krankheit zu einer angemessenen Reaktion auf den Betrug und die Widersprüche der Welt, in der er lebt.

Gerade der Hunger nach Beziehung, den der Therapeut zu Recht feststellt, führt den Schizophrenen in noch stärkere Isolation und Willkür. Wenn eine Beziehung auch nur für kurze Augenblicke gelingt, fürchtet er ihren Verlust und gerät darüber in Wut. Sowohl seine Versuche, Beziehungen aufzunehmen, als auch seine Zurückweisung von Beziehung sind Ausdruck seines isolierten Willens:

> In einem so extremen Zustand zielt ein großer Teil seiner Wahnvorstellungen und Halluzinationen entweder auf Vollkommenheit, ja Ekstase, oder er verkündet seine Zurückweisung einer solchen Möglichkeit durch ein Gespinst bekräftigender, wenn auch phantastischer Einzelheiten ... Der Schizophrene klammert sich dann willkürlich an Beziehungen und zieht sich von diesen zurück — manchmal gleichzeitig (Farber 1976, S. 102f.).[2]

Erst wenn diese Willkür des Schizophrenen erkannt wird, kann man verstehen, warum das therapeutische Leben mit der Schizophrenie eine so grauenhafte Angelegenheit ist, voll gebrüllter Beschimpfungen, brutaler Handgreiflichkeiten und Obszönitäten aller Art. Es kann sogar so weit kommen, daß sich der Therapeut »glücklich schätzt, diesen Schein einer Beziehung zu haben, so entartet sie auch sein mag, statt gar keine zu haben, was sein häufigeres Los ist« (Farber 1976, S. 103f.).

Ein Ausweg aus der Krise des frustrierten Willens ist die Verzweiflung, meint Farber in »Schizophrenia and the Mad Psychotherapist«. Verzweiflung kann genau jene »Bedingungen von Not und Bedrängnis schaffen, die einen Menschen dazu bringen, jene ganz und gar echten — wir könnten sie auch tragisch nennen — Fragen in bezug auf sein eigenes Leben und auf die Bedeutung und das Maß seines eigenen Menschseins zu stellen« (Farber 1976, S. 94). Wenn die Verzweiflung zurückgewiesen wird, können diese Fragen die Wende zur Unechtheit markieren. Dies gilt auch für den Therapeuten, der eine Beziehung *durch seinen Willen erzwingen* will. Echte Beziehung kann nicht erzwungen werden; sie hängt von Ehrlichkeit, Phantasie, Taktgefühl und Humor ab. »Im Gegensatz dazu kann die willkürlich herbeigeführte Begegnung ... so erregend wie ein Exzeß sein, obwohl sie im Inneren hohl ist. Ihre Intensität liegt im Augenblick.« Dieses Drama des Willens, das sich als Beziehung ausgibt, macht den Therapeuten zuletzt zu einem »Fürsprecher für Beziehung, der Beziehung nicht aushalten kann«. Wenn der Therapeut fortfährt, mit seinem Willen etwas erzwingen zu wollen, was nicht erzwingbar ist, verkümmern seine menschlichen Qualitäten zunehmend zugunsten »jener öffentlichen Gesten der Selbstbehauptung, die unecht an der Person sind, zu der er hätte werden können« (Farber 1967, S. 104f.).

---

2) Über Enthüllungen in der Therapie als »Lügen« oder Täuschung, um verlorengegangene Bedeutungen wiederzufinden, siehe Farber 1976, S. 206f., 211 — 220.

Farbers implizierte Schlußfolgerung lautet, daß wenn Patient und Therapeut gleichermaßen irgendeine Hoffnung haben sollen, zu einem echten Dialog zu gelangen, müssen sie sich der Verzweiflung stellen, die auch beim Versuch des Heilens durch Begegnung einen so zentralen Platz einnimmt:

> Erst wenn wir uns aller Kunstgriffe und Requisiten, jedes technischen Hilfsmittels unserer Profession entledigt haben, sind wir der Wirklichkeit am nächsten. Und erst dann, im äußersten Moment, nähern wir uns echtem Dialog, echter Bestätigung — deren Fehlen uns zur Verzweiflung getrieben hat, sodaß wir das Heilmittel in der Krankheit verborgen finden. Möglicherweise nähern wir uns der Wirklichkeit überhaupt nur in solchen Augenblicken. Möglicherweise gehorcht auch der Patient in solchen Augenblicken so tiefen und elementaren Bedürfnissen, daß es unberechtigt wäre, von Mitleid und Verzweiflung zu sprechen (Farber 1966, S. 182).

Diese Verzweiflung muß von der Pseudoverzweiflung unterschieden werden, die zu einem »Leben im Schatten des Selbstmords« führt. Gerade die Verzweiflungsstrategien, die bei Selbstmordgedanken eine Rolle spielen, zeigen eine Verbindung zum Leben jenseits der Verzweiflung, die die Verzweiflung nicht zu durchtrennen vermag. »Verzweiflung wäre kein so qualvoller Zustand, wenn sie so völlig und hoffnungslos entfremdet wäre, wie sie das von sich glaubt« (Farber 1976, S. 82). Selbst wenn das Leben im Schatten des Selbstmords tatsächlich in den Freitod mündet, bedeutet dies nicht, daß die Verzweiflung so total war, wie der Verzweifelnde glaubt. Ein Mensch, der Selbstmord begeht, bildet sich ein, einen Handel mit dem Tod zu schließen. Durch den Tod wird er imstande sein, seiner Willkür den letzten und großartigsten Ausdruck zu verschaffen — »die dramatische Manifestation irgendeiner Einmaligkeit und Einzigartigkeit seines Selbst, zu der ihm das Leben bisher offenbar keine Chance gegeben hat, und der ihn sein natürlicher — nicht selbst herbeigeführter — Tod zu berauben droht. Diese äußerste Perversion des Dialogs ist »ein Traum des Willens — ein verzweifelter Versuch, das Selbst in einer Form zu behaupten, in der das Selbst nie gewesen ist und nie sein kann« (Farber 1976, S. 83).

Eine der bemerkenswertesten Schlußfolgerungen, zu denen Farber gelangt, ist die, daß die Echtheit der Verzweiflung nicht nur den Therapeuten veranlassen kann, der wahren Situation in bezug auf seinen »Dialog« mit seinem schizophrenen Patienten ins Auge zu sehen, sondern daß sie auch beim Patienten Augenblicke des Mitleids für den Therapeuten auslösen kann, wodurch der Patient wenigstens in diesen Augenblicken seine Schizophrenie transzendiert und in einen Dialog eintritt. Obwohl der Therapeut nicht verlangen kann, daß der Patient die Beziehung von seinem Standpunkt aus sieht, ist es möglich, daß der Schizophrene das fertigbringt, und genau darin liegt die »Heilung durch Begegnung«, die stattfindet. Unter Verwendung von Bubers Konzepten der Gegenwärtigkeit und Bestätigung vertritt Farber die Ansicht, daß nur der Therapeut, der fähig ist, Mitleid zu erwecken, indem er für seinen Patienten »gegenwärtig« wird, ist imstande, dem Patienten zu helfen. Wenn es dem Patienten gelingt, sich den Therapeuten zu vergegenwärtigen, »sich seine Wirklichkeit vorzustellen«, wird er zum Mitleid für die Not seines Freundes fähig. »Als Reaktion auf die Verzweiflung des Therapeuten ... versucht der Patient oft, das Bild des Therapeuten von sich selbst als Therapeut zu bestätigen. Und sofern sich der Therapeut aufrichtig für seine Arbeit engagiert ... wird dies auch die Wirkung haben, ihn als Mitmenschen zu bestätigen« (Farber 1966, S. 171).

8. Kapitel

Gestalttherapeuten

Fritz und Laura Perls

Das Schlagwort »Ich und Du im Hier und Jetzt« hat lange als Kurzdefinition der Gestalttherapie gegolten. Dennoch unterscheidet sich Fritz Perls' biologische Terminologie von Organismus und Umwelt erheblich von Bubers philosophischer und anthropologischer Betonung der Einzigartigkeit der Spezies Mensch, wie Lynn Jacobs bemerkt hat. Jacobs meint, daß Perls sein berühmtes »Gestalt-Gebet« mit seinem noch berühnteren Kernsatz *»I do my thing«* als Reaktion schrieb auf die Tendenz zur »Konfluenz«, dem symbiotischen Verschmelzen von Persönlichkeiten ohne Respekt für die Grenzen des Einzelnen, das er überall um sich herum wahrnahm.

> Er machte uns das klar, und jetzt, da die Gestalttherapie seine Lektion gelernt hat, kann sie vielleicht in die Welt des Miteinander zurückkehren, mit ihrem Potential für Wachstum und Transzendenz, das vorhanden ist, wenn zwei voll verantwortliche Individuen eine Begegnung ihres innersten Selbst zulassen ... Sowohl die Therapeuten als auch die Patienten haben den Begriff der persönlichen Verantwortung in dem Sinne fehlinterpretiert, daß man sich vom anderen nicht beeinflussen oder berühren lassen sollte. Auch Buber hebt hervor, daß Kontakt nur zwischen voneinander getrennten, verantwortungsvollen Menschen möglich ist. Doch sein Werk betont die gegensei-

tige Beeinflussung und ist höchst spirituell (Jacobs 1978, S. 133f., 137).

Der Grund, warum Perls persönliche Verantwortung in dieser Weise fehlinterpretierte, war, daß er die Autonomie als den Haupt- und Endzweck aller persönlichen Entwicklung ansah, wie mir sein Schüler Erving Polster sagte. »Reifung ist die Entwicklung von der Unterstützung durch die Umwelt zur Selbstunterstützung«, sagte Perls in einem seiner Gestalt-Vorträge. Perls erkannte, daß das Abwechseln zwischen Kontakt und Rückzug für den Therapeuten wie für den Patienten gesund ist, und daß das eine wie das andere im Übermaß als pathologisch gelten muß. Aber letzten Endes war das Ich-und-Du für ihn ein Mittel zum Zweck der Autonomie und nicht ein Wert an sich, da die Autonomie für ihn das Endziel war. De facto waren sowohl seine Persönlichkeit als auch seine Methoden in höchstem Grade autoritär.

In einem Dialog zwischen Laura Perls und mir über Buber und die Gestalttherapie bemerkte Laura, daß sich Perls in seinen letzten Lebensjahren ausschließlich auf das Es und nicht das Du konzentriert hat, daß es ihm darum ging, Techniken wie den »heißen Stuhl« zu demonstrieren, und nicht um den Dialog. »Fritz griff auf das zurück, was ihm leichtfiel. Er war im Theater. Er war ein Regisseur ... Das sehr Problematische an seinem Vorgehen war, daß er nicht an der Person als solcher interessiert war, sondern daran, was er mit ihr bewirken konnte ... Fritz war fabelhaft in der Therapie, aber er konnte keinen Dialog führen.« Was Laura Perls besonders beklagte war, daß gerade *dieser* Aspekt der Gestalttherapie am berühmtesten geworden ist, sodaß Fritz Perls in den letzten Jahren seines Lebens fälschlicherweise von vielen als repräsentativ für die Gestalttherapie insgesamt angesehen wurde.

Was mich an Laura Perls in unserem Dialog am meisten beeindruckte war, daß sie geringeres Gewicht auf den Einfluß von Bubers Denken auf ihren Therapieansatz legte als auf seine Präsenz, so wie sie sie kannte, als sie ihn in Deutschland traf. Wenn der Begriff »Einfluß« so ausgelegt werde, sagte sie, dann hätten Buber und Tillich größeren Einfluß auf sie gehabt als alle Psychologen. »Ich finde es fast unmöglich, darüber zu sprechen, wie ich Therapie betreibe«, fügte sie hinzu, »da ich bei jedem einzelnen so verschieden verfahre. Gestalttherapie ist keine Technik, sondern eine Einstellung.« Was für sie zählte, war nicht Technik, sondern Stil. Es war ihr nicht wichtig, wie sie »therapierte«, sondern vielmehr, wie sie mit Menschen zusammen war. Darin bewies sie eine Dialogfähigkeit, die ihrem Mann Fritz zumindest in seinen späteren Jahren abging. »Was Buber Begegnung nannte, nennen wir Kontakt«, sagte sie, »das heißt, Dialog mit dem anderen als anderen ... Erfahrung findet an der Grenze statt, wo Du und Ich einander begegnen.« Während Fritz Autonomie als den höchsten Wert hinstellte, erkannte sie, daß es immer Interdependenz, wechselseitiger Abhängigkeit gibt. In der Diskussion nach unserem Dialog stimmte sie einer Bemerkung von Frieda Fromm-Reichmann über Schizophrenie zu. »Es ist viel wichtiger, wie du bist, als was du tust.« Als ein Beispiel erzählte Laura Perls, daß sie viele Sitzungen mit einem schizophrenen Mädchen in vollkommenem Schweigen zugebracht hatte, bis sie schließlich ihr Vertrauen und ihre Erwiderung gewann. Lauras Vertrauenswürdigkeit und Verläßlichkeit ermöglichte es dem Mädchen, sich zu öffnen.[1)]

Viele der Verfasser von *Gestalt Therapy Now* stimmen mit Laura Perls in ihrer Ablehnung artifizieller Techniken zugunsten echter Reaktionen überein. Manche, wie John Enright, sprechen sich ausdrücklich gegen die anmaßende und autoritäre Technik aus, zu dem Patienten zu sagen, »du willst mich langweilen« — sie halten es für besser, wenn der Therapeut nur feststellt, was er selbst mit Sicherheit *weiß* — daß es ihm schwerfällt, zuzuhören. Und viele bezeichnen das Ich-und-Du und den Dialog und damit implizit das Heilen durch Begegnung als zentrales Element der Gestalttherapie. »Der Endpunkt [der Therapie] ist erreicht, wenn jede / r sie / er selbst sein kann und gleichzeitig in intimen Kontakt mit dem anderen bleibt«, schreibt Arnold Beisser. Der Therapeut »muß für sich einstehen«, das heißt er muß es vermeiden, sich vom Psychotiker abstoßen, erschrecken oder langweilen zu lassen, meint Joen Fagan, »und gleichzeitig mit dem Lebensstil des Patienten genügend bekannt werden, um dessen Probleme und Schwierigkeiten nachvollziehen zu können« (Fagan und Shephard, Hsg. 1970, S. 82f., 122, 79, 93). »Die Fähigkeit des Therapeuten zu Ich-und-Du-, Hier-und-Jetzt-Beziehungen ist eine Grundvoraussetzung und wird durch Lernen und Erfahrung entwickelt«, schreibt Irma Lee Shephard.

> Die Bereitschaft des Therapeuten, dem Patienten mit seinen ehrlichen und unmittelbaren Reaktionen zu begegnen, und seine Fähigkeit, den manipula-

1) Der Dialog zwischen Laura Perls und Maurice Friedman fand am 22. Februar 1979 vor Angehörigen des Gestalt Therapy Institute in Los Angeles statt. Ich bin Dr. Richard Hycner zu Dank verpflichtet, der an dem Gespräch teilnahm und Notizen machte, die ich hier verwendet habe.

tiven Gebrauch, den der Patient von seinen Symptomen macht, in Frage zu stellen, ohne ihn abzulehnen, sind entscheidend ... Die Herausforderung für den Therapeuten besteht darin, im jeweiligen Augenblick die feine Grenze wahrzunehmen, die zwischen übermäßigem Beschützen und der echten Annahme besteht, daß der Patient letztlich doch weiß, was gut für ihn ist (Fagan und Shephard, Hsg. 1970, S. 234f.).

»Das Ziel, das wir für die Patienten aufstellen, wenn sie sich in einer Gruppe oder Familie zusammensetzen, ist eine Ich-und-Du-Beziehung, in der jeder Beteiligte in seinen eigenen Mitteilungen bewußt, verantwortungsvoll und direkt ist und dem anderen als gleichberechtigtem Partner so uneingeschränkt wie möglich zuhört«, schreibt John Enright.

Die Einzelheiten der Technik sind unterschiedlich, aber die Strategie besteht immer darin, einen stetigen, sanften Druck in Richtung auf die direkte und verantwortungsvolle Ich-und-Du-Orientierung auszuüben und die Aufmerksamkeit stets auf die Schwierigkeiten zu richten, die die Patienten dabei erleben, und ihnen zu helfen, ihren eigenen Weg durch diese Schwierigkeiten zu finden (Fagan und Shephard, Hsg. 1970, S. 116f.).

Bei der Erörterung der zentralen Rolle des Dialogs in der Gestalttherapie trifft Vincent O'Connell die wichtige Unterscheidung, ob man sich »in die Welt des anderen hineinbegibt oder sich mit ihm darin suhlt«. Sich zu gestatten zu lieben betrachtet er als einen Schritt »in die Freiheit des Dialogs der Grenzen, des Lebens von Gemeinschaft, des gelebten Lebens«. Was dabei auffällt, ist seine weitere Unterscheidung zwischen »dem *Sprechen* aus dem Alltag« und dem, »was aus unserer *Tiefe* erklingt und in der Tiefe des anderen anklingt«.

Erst wenn das Gespräch den Kern der augenblicklichen Krise erreicht, wird aus dem Sprechen ein Erklingen und Anklingen. Wenn dies eine Erfahrung ist, die von beiden Seiten geteilt wird, dann ist es der echte Dialog, den Martin Buber meinte — der Dialog in Sympathie, in dem Lösung und Versöhnung möglich werden ... Dies ist das Werk der Krise, das Werk der Therapie: uns mit dem anderen zu verwandeln und ihm in diesem Erklingen- und Anklingenlassen zu begegnen und ihn zu erkennen ... Wir brauchen daher den Dialog mit dem anderen, um uns in unserem Prozeß der kreativen Anpassung in der Gemeinschaft zu ergänzen und zu vervollständigen. Die empirische

> Tatsache ist doch : wenn wir Liebe aussenden, wenn wir Töne aus der Tiefe an jemand aussenden, mit dem es Konflikt, Bitterkeit, Groll und unerledigte Situationen gibt ... dann wird sein Herz fähig zu reagieren (Fagan und Shephard, Hsg. 1970, S. 250f., 255f.).

Lynne Jacobs, eine Gestalttherapeutin der vierten Generation, hat auf das Bindeglied zwischen dem Hier-und-Jetzt und dem Ich-und-Du hingewiesen :

> Wenn wir irgendeinen Augenblick festzuhalten suchen, verschwindet die Lebendigkeit, und der Kreislauf wird unterbrochen. Aus der erregenden Intimität, jemandem in die Augen zu blicken, wird ein langweiliges Anstarren. Ein vorübergehendes Innehalten zur Klärung meiner Gedanken entartet in isolierte, zwanghafte Grübelei (Jacobs 1978, S. 29).

Sie hat auch das gesunde dialektische Abwechseln von Dialog zwischen Therapeut und Patient und der Verwendung von Techniken einfühlsam beschrieben. »Techniken müssen sich organisch aus dem Ich-und-Du-Prozeß entwickeln«, behauptet sie. »Wichtig ist, daß der Dialog vorherrscht und daß Abschweifungen vom Dialog dem Therapeuten wie auch dem Patienten Informationen darüber geben, wie sie Begegnung verhindern und was getan werden könnte, um den Dialog wiederherzustellen.« Gleichzeitig ist sie sich bewußt, daß Techniken häufig aufgrund der Frustration, die Therapeuten empfinden, mißbraucht werden, wenn sie das Gefühl haben, nicht voranzukommen. In solchen Fällen führt die Technik nicht mehr zum Dialog zurück, sondern wird angewandt, »damit etwas geschieht« (Jacobs 1978, S. 123, 134f.).

Erving und Miriam Polster

In ihrer Erörterung von »Kontakt« im mittleren Drittel ihres Buches *Gestalt Therapy Integrated* geben uns Erving und Miriam Polster einige interessante Aufschlüsse über die Rolle des Heilens durch Begegnung in der Gestalttherapie. Die Polsters beginnen ihre Kapitel über Kontakt mit einem Zitat von Martin Buber, das auf ihren eigenen dialogorientierten Therapieansatz einstimmt:

> Nur das Geschöpf, dessen Anderssein, von meinem Sein akzeptiert, lebt und sich mir in der ganzen Verdichtung des Daseins stellt, bringt mir den Glanz der Ewigkeit. Nur wenn zwei mit allem, was sie sind, zueinander sagen »*Du* bis es«, gewinnt der Augenblick Leuchtkraft (Buber 1965 — rückübersetzt).

Kontakt findet nur an der Grenze statt, und echter Kontakt löscht die Grenze nie aus: »Kontakt ist nicht einfach Zusammenkommen oder Zusammensein«, schreiben die Polsters. »Er kann sich nur zwischen zwei getrennten Geschöpfen ereignen, setzt immer Unabhängigkeit voraus und riskiert immer den Verlust der Freiheit.« Sie sind sich darüber im klaren, daß im Augenblick der Begegnung ein Zwischen entsteht, das mehr ist als die Summe von mir und dir. Sie erkennen die Gefahr der Vereinnahmung: »Durch die Kontaktaufnahme mit dir setze ich meine unabhängige Existenz aufs Spiel«, aber sie erkennen auch die Notwendigkeit, dieses Risiko einzugeben: »Nur durch die Kontaktfunktion können sich unsere Identitäten voll entwickeln.« Wenn ich in vollem Kontakt erfahren bin, dann kann ich dir »mit meinem ganzen Blick, meinem ganzen Körper und meinem ganzen Geist« begegnen und dabei das Gefühl der Getrenntheit an der Grenze beibehalten, ohne Gefahr, dich zu überwältigen oder von dir überwältigt zu werden (Polster und Polster 1974, S. 98f., 102f.).

Menschen bei der Wiederherstellung ihrer Kontaktfunktionen anzuleiten, hat zur Folge, daß intensive Interaktionserfahrungen in der Therapie wahrscheinlich und sogar wünschenswert sind. Es bedeutet auch, die auf der Vergangenheit basierende »Übertragung« durch die gegenwärtige Realität des Dialogs zu ersetzen: »Indem wir den Kontakt in den Mittelpunkt stellten, haben wir das traditionelle psychoanalytische Konzept der Übertragung aufgegeben, bei dem viele therapeutische Interaktionen nur als Verzerrungen betrachtet wurden, die auf vergangenen Lebensabschnitten beruhen und keine eigene gegenwärtige Gültigkeit haben.« Die Stelle der Übertragung nimmt das ein, was Polanyi als »Innewohnen« und Buber als »Umfassung« bezeichnet, wobei das Kennenlernen des anderen nicht durch Beobachtung, sondern vielmehr durch Begegnung zustande kommt. Die Kontaktgrenze ist nicht identisch mit der Grenze des Selbst; es ist die Grenze zwischen den Selbsten. Der Therapeut erkennt, daß das Individuum, wenn Grenzen rigide gezogen werden, der doppelten Gefahr ausgesetzt ist : der Explosion, wenn sich die Grenzen ausdehnen, und der Leere und Ohnmacht, wenn sie sich zusammenziehen. Wenn sich ein solcher Mensch bedrängt oder bedroht fühlt und gleichzeitig das Gefühl hat, zurückgeschlagen zu werden, weil er außerhalb seiner Grenzen ist, dann kann er unfähig sein, mit der auftretenden Panik fertigzuwerden, was ihn sogar zur Psychose oder zum Selbstmord treiben kann (Polster und Polster 1974, S. 110f.). Der sensible Therapeut wird imstande sein, zwischen Personen zu unterscheiden, die ihre Kontaktgrenzen gefahrlos ausdehnen können, und solchen, die das nicht vermögen :

> Es gibt Menschen, die andere ermutigen, Ungewohntes zu erforschen und mit ihnen zu interagieren, und beide wachsen dadurch. Es gibt andere, die verschlossen bleiben, an den Ich-Grenzen nur ein Minimum an Kontakt zulassen, ihre Getrenntheit aufrecht erhalten und kein Wachstum gestatten. Was mehr Menschen brauchen ist, Experten zu werden, wenn man so will, Künstler im Aufspüren und Schaffen von Lebensräumen, in denen ein Überschreiten ihrer gegenwärtigen Ich-Grenzen unterstützt werden kann bzw. daß sie jene Lebensräume verlassen oder sie verändern, in denen dies unmöglich erscheint (Polster und Polster 1974, S. 115).

Die Polsters weisen auf Personen hin, die bestimmte Teile oder Funktionen ihres Körpers aus ihrem Selbstbild verbannen mit der Folge, daß sie ohne Kontakt zu wichtigen Teilen von sich sind. Sie sind sich auch bewußt, daß die Bereitschaft, die Kontaktgrenzen zu erweitern, sei es im Hinblick auf Körperfunktionen oder auf Gefühle von Wut, Liebe oder Trauer, mit einem Aufdecken ihres bisherigen Widerstrebens in dieser Hinsicht einhergehen muß. Dies bedeutet, daß die ersten Schritte zwangsläufig unsicher und sogar exhibitionistisch wirken werden, da dem oder der Betreffenden die Selbstverständlichkeit fehlen wird, die reine, echte Spontaneität ermöglicht. Ein guter Therapeut kann zwischen der Unsicherheit und den Übertreibungen der exhibitionistischen Phase und der Grazie und Glaubwürdigkeit der spontanen Phase unterscheiden, aber aus dem gleichen Grund wird ein solcher Therapeut davor zurückscheuen, das Durcharbeiten bis zur Spontaneität im Keim zu ersticken. »Der therapeutische Prozeß mit seiner Stimulierung neuer Verhaltensweisen ist anfällig für Exhibitionismus, und trotz des großen Werts, den er auf Echtheit legt, ist er dieser gegenüber auch kritisch eingestellt« (Polster und Polster 1974, S. 115, 124—126).

Ebenso wie Arnold Beisser mit seiner paradoxen Theorie der Veränderung sehen die Polsters ein grundlegendes Gestalt-Prinzip darin, das Vorhandene herauszuarbeiten, statt bloß zu versuchen, es zu ändern. »Nichts kann sich ändern, solange es nicht erst einmal akzeptiert worden ist; dann kann es sich ausspielen und offen für die natürliche Tendenz zur Veränderung im Leben sein.« Ebenso wie andere hier erörterte Gestalttherapeuten betonen auch sie, daß Kontaktepisoden über Techniken hinausgehen, so daß sich der Therapeut als ein echter Teilnehmer an den Ereignissen erlebt. Aufgrund ihrer Intensität, und weil sie die Beteiligten auf ihren Alltag zurückverweisen, haben diese Kontaktepisoden eine erhöhte allegorische Kraft, das heißt sie verdichten Ereignisse, die über längere Zeiträume hinweg geschehen, zu kleineren Einheiten. Der therapeutische Kontakt ist auch insofern repräsentativ, als er Fertigkeiten vermittelt, die im täglichen Leben benutzt werden können, den einzelnen mobilisiert und ihm hilft, ein neues Selbstgefühl zu entwickeln (Polster und Polster 1974, S. 150, 174, 184). Die besondere dialogische Qualität dieser repräsentativen Geschehnisse zeigt sich besonders deutlich in ihrer aktivierenden Wirkung:

> Gute Therapeuten, welcher theoretischen Schule sie auch entstammen mögen, sind faszinierende Menschen. Ihr Reden und Handeln ist packend und anregend. Nach dem Beisammensein mit ihnen fühlt man sich noch lange nach dem ursprünglichen Kontakt erneuert und aufgeschlossen für neue Entwicklungen ... Die Begabung des Therapeuten für die Kontaktaufnahme ist sein wichtigstes Werkzeug, um den anderen aufzurütteln, seine eigenen Energien zu nutzen und sich ermutigt zu fühlen, Veränderungen vorzunehmen (Polster und Polster 1974, S. 188).

Die Vermittlung neuer Fertigkeiten, die Kraft zum Wachrütteln und die Veränderung im Selbstempfinden fließen zusammen und machen die therapeutische Erfahrung zu einem Ansporn, fern von Therapeut oder Gruppe neue Lebensweisen zu erproben. Aber der Übergang ist mit Fußangeln gespickt: der Schutz und die Vereinfachungen der Therapie fehlen im Alltag. Aus diesem Grund treten Probleme, die der Lösung bedürfen, unzählige Male in den therapeutischen Kontaktepisoden auf, manche zeigen sich während des ganzen Lebens eines Menschen immer wieder. Dies steht völlig in Einklang mit dem Verständnis von Wandel als abhängig nicht bloß von einem vorübergehenden Durchbruch, sondern von einer wirklichen Erweiterung der Kontaktgrenze:

> Mit dem toten Punkt, an dem das Bedürfnis nach Veränderung auf eine Kraft trifft, die sich ebenso mächtig gegen Veränderung sträubt, ist man wiederholt konfrontiert, bis das Individuum seine eigenen Ich-Grenzen nach und nach so ausdehnt, daß sie nunmehr Dinge einschließen, die zuvor nicht assimilierbar gewesen waren. Die Wiederkehr von Themen repräsentiert die schrittweise Erforschung von psychologisch unerschlossenem Gebiet (Polster und Polster 1974, S. 194).

Diese Ausdehnung der Kontaktgrenze gilt gleichermaßen für Liebe wie für Haß. »Sich erneut als liebend zu erleben, bedeutet die Wiederherstellung eines Aspekts vollständiger Selbsterfahrung, der im Alltag vieler Menschen, die zu uns kommen, schwach ist oder ganz fehlt.« Der Therapeut sollte den Menschen nicht ihre Liebesgefühle ausreden, sondern sie vielmehr lehren, daß »jemanden zu lieben bedeutet nicht, den Betreffenden zu heiraten, mit ihm zu schlafen, ihn auf die Universität zu schicken, zu Partys einzuladen oder immer mit ihm zusammen sein zu müssen«. Haß ist ebenso zentral für die Kontaktepisode wie Liebe, da auch er eine Kraft ist, die aus dem Nicht-Kontakt zur Kontaktfülle aufsteigt. Haß ist ein Bodensatz, der sich aus der Ansammlung ungeäußerter Gefühle, Worte oder Handlungen bildet, die durch persönliche Bedrohung ausgelöst wurden.

Diese Gefühle reichen von Wut, Zurückweisung und Ausschluß bis hin zu Mißtrauen, Kampf und Entfremdung. »Die speziellen Formen von Kontakt, die den Haß begleiten, sind so fesselnd, daß das Kontaktpotential ernsthaft untergraben wird, wenn man sich in der therapeutischen Erfahrung nicht damit auseinandersetzt.«

Das Erregungsreservoir im Haß ist so groß, daß es das Individuum zu verschlingen droht. Deshalb muß der Therapeut Tempo und Zeitpunkt von Äußerungen des Hasses sorgfältig bestimmen, um die Integrität des Individuums zu wahren. »Auf ein Kissen einzuschlagen, kann sinnlos sein, wenn der Therapeut oder die Gruppe ein blockiertes Gruppenmitglied dazu aufhetzen, seine Wut zu äußern.« Es ist auch sinnlos, wenn sich jemand zwingt, Wut zu äußern, indem er mit dieser einzigen Absicht in die Therapie kommt. Es ist nicht nötig, Gelegenheiten künstlich herbeizuführen, um Aggressionen freizusetzen; dazu gibt es mehr als genügend echte und natürliche! (Polster und Polster 1974, S. 199f.).

Der Therapeut muß sich natürlich der subtileren Manifestationen in Haß gegenüber Kontaktepisoden bewußt sein: »Der Langweiler, der Vernagelte, der Zuspätkommende, der Verwirrung Stiftende, der Unnachgiebige — sie mögen alle ihre Feindseligkeit umgehen, um ihre Kontakte auf ein Minimum zu reduzieren.« Der Therapeut kann solchen Personen helfen, schärfer zu sehen und ihr Gefühl und seine Richtung zu identifizieren. Die Polsters sind sich bewußt, daß nichts besonders Neues oder Aufregendes daran ist, die Bedeutung von Feindseligkeit in der Psychotherapie zu erkennen. »Was neu ist, ist das Konzept der Kontaktgrenze als der Ort stärkenden therapeutischen Handelns und der Kontaktepisode als jene Sequenz von Lebensereignissen, innerhalb derer der stärkende Kontakt hergestellt wird.«

Dieses Verständnis von Kontaktgrenze und Kontaktepisode kann sowohl erhellend für die Schizophrenie und andere Formen von Psychose sein wie für unsere Abwehrmaßnahmen gegen sie. »Tief eingebettet in den menschlichen Kern ist eine Furcht vor dem eigenen Verrücktwerden.« Was diese Furcht bedeutsam macht, ist, daß sie die Kontakte bestimmt und durchdringt, die wir bereit sind zuzulassen. Wir alle meiden jenen Kontakt, der uns verrückt zu machen droht. Der Therapeut muß diese Furcht vor dem Verrücktwerden »in der Entwicklung der Kontaktepisode [respektieren], teils als eine Sicherheitsmaßnahme, um die Integrität der Person zu wahren, und teils, weil Furcht vor Wahnsinn eine Wachsamkeit erzeugt, die mächtige kontaktverhinderde Kräfte freisetzt« (Polster und Polster 1974, S. 201—203).

Kontakt kann zu Dialog führen, aber er ist nicht identisch mit Dialog. Ein Teil des Kontakts, so wie ihn die Polsters gebrauchen, berührt jene Gegenseitigkeit im Gezeitenwechsel von Distanzierung und Annäherung, die den Dialog in seiner echtesten Form kennzeichnet. Aber gerade weil wir Kontakt so sehr vermissen und so dringend brauchen, ist der erste Schritt dazu wahrscheinlich eher eine Sache des Individuums als des Zwischenmenschlichen, mehr Ich-Es als Ich-Du. Doch wenn sich dieser erste Schritt in einer echten Offenheit und einem Zugehen auf den anderen äußert und eine Reaktion auslöst, kann daraus jener gegenseitige Kontakt erblühen, der das Herz des Dialogs bildet (Hycner, 1985).

9. Kapitel

Familientherapeuten

Von der Urtatsache der Familie in der menschlichen Existenz spricht Leslie Farber in seinem ergreifenden Essay »Family Reunion«:

> Denn vor der Familie gibt es in der Tat kein Entrinnen. Man kann sie schmähen, sich von ihr lossagen, sie ablehnen — aber man kann ihr nicht aufkündigen; man ist in sie hineingeboren und *sie* lebt in und durch uns bis ans Ende unserer Tage. Das kann beglückend sein, aber auch höchst lästig; in jedem Fall ist es demütigend ... Familien scheinen bestimmte Lebensstile und Themen zu haben, die sie in unheimlicher Vielfalt und Wiederholung durchziehen ... Und so sehr sich die Zusammensetzung der Familie auch verändern und das Schicksal einzelner Angehöriger sich wandeln mag, scheint dieses typische Verhalten zu überdauern, fast, als ob es ein Eigenleben hätte (Farber 1976, S. 227).

Farber sieht das »Familientreffen« als eine Metapher, die einem Menschen auf die Realitäten seiner Existenz aufmerksam machen kann, die selten ins Bewußtsein eindringen, weil sie nicht unmittelbar im Erleben wahrgenommen werden. Durch diese Metapher kann man sein eigenes Leben als einen Bogen wahrnehmen, der eine greifbare Form schafft und mit einem riesigen, aber ebenso greifbaren Netz untereinander verbundener Bögen verknüpft ist. Dies ist eine Wahrnehmung, die den eigenen Erfahrungshorizont und beinahe auch die eigene Fassungskraft übersteigt. Tatsächlich definiert Farber den Menschen als ein Geschöpf, das »in eine Familie hineingeboren ist, innerhalb und außerhalb von ihr lebt, ihr mit seinem Dasein Farbe und Form verleiht ... sie durch seine Kinder wieder auffüllt ... und durch seinen eigenen Tod dezimiert«. Der Teilnehmer des Familientreffens, der die lange Kette von Generationen sieht, die sein eigenes Leben umschließt und von ihm umschlossen wird, »stellt sich vor, daß sein Leben seinen speziellen Platz in einem riesigen, organischen, historischen Kontinuum einnimmt« (Farber 1976, S. 231f.).

Wenn die Familie so verstanden wird, dann ist es kaum verwunderlich, daß sie zum Rahmen *par excellence* für das Heilen durch Begegnung wird!

Bei der Auseinandersetzung mit dem Heilen durch Begegnung müssen wir uns der radikalen Frage stellen, ob wahre Heilung von vornherein nicht nur *Psycho*therapie, sondern auch Familien- und Sozialtherapie, wirtschaftliche und politische Therapie ist. Die Wiederherstellung und Integration der innerpsychischen Sphäre ist das *Nebenprodukt*, aber der Ort echter Heilung ist der zwischenmenschliche, der interpersonale, der gemeinschaftliche, soziale, kulturelle und auch der politische Bereich. Sich ernsthaft auf Heilen durch Begegnung einzulassen, bedeutet, die sicheren Ufer des Innerpsychischen als *der* Prüfstein der Realität zu verlassen und sich auf die hohe See hinauszuwagen, wo Heilung nicht mehr als etwas betrachtet wird, was *im* Patienten stattfindet. Obwohl man hofft, daß der Klient im Laufe dieses Prozesses heiler wird, und obwohl der Therapeut eine besondere Rolle als Initiator, Moderator, Vertrauter, großer Bruder bzw. große Schwester und als Repräsentant der dialogischen Anforderungen der Welt spielt, findet die Heilung selbst in jener Sphäre statt, die Buber als das »Zwischen« bezeichnet. Diese Heilung kann auch nicht auf den Klienten allein oder nicht einmal auf die Beziehung zwischen Therapeut und Klient beschränkt bleiben. Um wirklich heilend zu sein, muß sie früher oder später die Grenzen der *Psycho*therapie sprengen und sich mit aller Ernsthaftigkeit mit dem Zwischenmenschlichen, der Familie, der Gruppe, der Gemeinschaft und selbst den Beziehungen zwischen Völkern und Nationen befassen. In seinem Vortrag vor dem Jungianischen Psychologischen Club von Zürich, »Die Psychologisierung der Welt«, wies Buber ausdrücklich auf die problematischen Grenzen der Domäne der Psychotherapie und auf die Notwendigkeit hin, daß das Heilen diese Domäne transzendiere:

Die Krankheiten der Seele sind Krankheiten der Beziehung. Sie könnten vollständig nur behandelt werden, indem ich den Bereich des Patienten transzendiere und die Welt dazunehme. Wenn der Arzt übermenschliche Macht hätte, müßte er die Beziehung selber zu heilen versuchen, im Dazwischen heilen. Der Arzt muß wissen, daß er eigentlich das tun sollte und daß ihn nur seine Gebundenheit beschränkt auf eine Seite (Buber 1965, 155).

Lyman Wynne

Der Übergang zur Familientherapie im eigentlichen Sinn erfolgte, als Therapeuten den Bereich des *Innerpsychischen* einschließlich der internalisierten Familie (das, was R.D. Laing die »Familie« in Anführungszeichen nennt) zugunsten der unmittelbaren Arbeit mit der konkreten Familie (nicht in Anführungszeichen) verließen. Wie es Lyman Wynne formulierte:

> Seit Freud die Familienkonstellation im Hinblick auf die ödipale Situation beschrieb, hat die Entwirrung des Geflechtes gegenwärtiger und vergangener Familienbeziehungen zu den zentralen Aufgaben des psychoanalytischen Prozesses gehört. Bei der psychoanalytischen und psychotherapeutischen Einzelbehandlung gilt das Hauptaugenmerk jedoch den internalisierten, intrapsychischen Repräsentanzen der Familienbeziehungen des Patienten und nicht der *direkten* Beobachtung und dem Studium konkreter, laufender Familientransaktionen (Wynne 1965, S. 289).

Lyman Wynne gibt uns einige, sehr spezifische Hinweise in seinen Schriften über Familientherapie mit den Familien von Schizophrenen. Ein Unterschied des familientherapeutischen Verfahrens gegenüber dem traditionellen innerpsychischen Ansatz der Psychoanalyse besteht darin, daß man sich in der Familientherapie stärker auf das *Unbemerkte, aber Beobachtbare,* als auch das *Unbemerkte, aber Ableitbare* konzentriert. Wynne bezieht auch die Auswirkung auf das eigene subjektive Erleben des Therapeuten ein, wenn dieser in Kontakt mit den unterschiedlichen Facetten der Familie kommt. Die Motivation, die Familienangehörige in eine gemeinsame Therapie führt, unterscheidet sich erheblich von den Gründen, aus denen sich einzelne in Gruppentherapie begeben, stellt Wynne fest. Gruppenteilnehmer kommen aufgrund eines Wunsches nach persönlicher

Veränderung zusammen; in der Familientherapie ist die Motivation jedoch als die gestörte Beziehung, in die die Familienmitglieder verstrickt sind, und der Wunsch nach persönlicher Veränderung ist eine Zugabe, der vorkommen kann oder auch nicht. »Diese gemeinsame Verstrickung stellt in der Familientherapie das funktionale Äquivalent des individuellen, inneren Leids dar, das zur Einzeltherapie und zur konventionellen Gruppentherapie motiviert.« Man muß auch den Gegensatz zwischen der historischen Kontinuität der sozialen Organisation Familie und der Diskontinuität der gruppentherapeutischen Konstellation sehen (Wynne 1965).

In Familien, in denen schon die Möglichkeit eines emotionalen Kontakts als irreal angesehen wird, können sehr erhebliche therapeutische Fortschritte erzielt werden, wenn es dem Familientherapeuten gelingt, die lange unterdrückten, verborgenen Fähigkeiten zu Zärtlichkeit und Zuneigung zueinander aufzudecken. Der Familientherapeut muß sich die Fähigkeit bewahren, einfühlsam mit jedem Familienmitglied umzugehen und dabei immer noch imstande sein, einen Schritt zurückzutreten und über die Gesamttransaktionen zu reflektieren. Es wäre gleichermaßen schlecht, wenn er sich mit bestimmten Familienmitgliedern überidentifizierte oder außerstande wäre, einzelne Mitglieder in einer bestimmten Familienrolle zu würdigen, zu verstehen und sich in sie einzufühlen. Der neue Trend in der Familientherapie hat davon weggeführt, die Nachkommen primär als Opfer ihrer Eltern zu sehen; vielmehr geht es jetzt darum, die Wechselseitigkeit von Familienbeziehungen zu begreifen. Wenn Familien »syntonische Störungen« präsentieren, das heißt Störungen, die dem Familiensystem so angepaßt sind, daß sie nicht als Störungen auffallen, dann kann der Therapeut den Angehörigen helfen, sich in Richtung auf eine Gemeinschaft zu entwickeln, die Anderssein bestätigt, indem sie ausgesparte Themen behandelbar macht.

Ein spezielles Problem der Familientherapie besteht darin, daß das verbale und nonverbale Material, das zur Klärung und Deutung ansteht, bald den Umfang dessen übersteigt, was die Familienmitglieder bereit sind, in ihr Bewußtsein aufzunehmen. »Der Familientherapeut muß seine ganzen empathischen Fähigkeiten aufbieten, um zu begreifen, in welcher Form die einzelnen Familienmitglieder das Geschehen erleben, damit er nicht in einer Weise vorprescht, die entweder verwirrend für sie ist oder verstärkte Abwehrmaßnahmen auslöst.« Bei großen oder geteilten Familien gewinnt man durch den Einsatz von Co-Therapeuten mehr Freiheit, Überblick und

Beweglichkeit. Selbst mit Co-Therapeuten ist die Schwierigkeit, einen echten und dauerhaften Wandel in den Familienmustern herbeizuführen, weitaus größer als die Gefahr, die Familie unabsichtlich zu desorganisieren. *Familien besitzen eine unglaubliche Fähigkeit zu bleiben, wie sie sind«* (Wynne 1971, S. 184, 187, 190f.).

Familientherapeuten neigen ebensosehr wie hilfreiche Familienmitglieder dazu, Deutungen aufzudrängen. »Hilfsbereitschaft« ist der Rolle von Therapeuten, von denen erwartet wird, Verständnis für Dinge zu erwecken, die dem Patienten angeblich nicht bewußt sind, immanent. Dies führt zu der speziellen Gefahr, in enge Beziehungen verwickelt zu werden, die weder Entfaltung ermöglichen noch Beendigung oder Trennung. Die lange Schulung der Psychotherapeuten, hilfreiche, »sinnvolle« Deutungen vorzunehmen, fügt sich allzu leicht in das Verhaltensmuster des Aufdrängens von Deutungen. »Darüber hinaus sind echter Austausch und Konsensbildung äußerst unwahrscheinlich, sobald sich der Therapeut eine olympische Neutralität anmaßt und seine Bewertungen im sanften Tonfall des Mitgefühls vorträgt.«

Psychoanalytische »Neutralität« kann andererseits vom Patienten als *Verbergen* von Deutungen erlebt werden. Unbeteiligte Beobachtung hält den Patienten in der psychologischen Distanz, die der Beobachter bevorzugt, gibt ihm das Gefühl der Abhängigkeit und fesselt ihn genügend, so daß die Wahrscheinlichkeit einer Trennung gering ist. Vom Standpunkt des schizophrenen Patienten aus gesehen ist es immer eine Frage, ob der Schizophrene damit beschäftigt ist, Bedeutungen für sich zu behalten, oder in eine tiefgründige Erfahrung von Bedeutungslosigkeit verstrickt ist, die in der Subkultur seiner Familie ihre Wuzeln hat. Um so stärker kann in dieser Situation die Versuchung für den Therapeuten sein, Bedeutungen aufzudrängen, da er sich unter Druck gesetzt sieht, Sinn zu stiften, wo kein Sinn vorhanden zu sein scheint.

> Bei der Psychotherapie von Schizophrenen bewirken die langen und ermüdenden Stunden, in denen vom Patienten wenig zu kommen scheint, daß sich der Therapeut frustriert und bedrückt, ja oft nutzlos und in bezug auf seine Rollenerwartungen an sich selbst auch degradiert fühlt. Der Therapeut neigt dann dazu, mit ausgeklügelten Spekulationen und Schlußfolgerungen einzugreifen (Wynne 1971, S. 191).

Aber die Gefahren des Verbergens von Deutungen sind ebenso groß, das heißt der Therapeut des Schizophrenen wandelt auf einem schmalen Grat zwischen dem Aufdrängen und Verbergen von Deutungen. Die Formalien der klassischen analytischen Praxis werden trotz der Hinweise, daß sich Freud selbst nicht in so unbeteiligter Weise verhielt, oft so fehlinterpretiert, daß Deutungen im extremen Maß vorzuenthalten seien. Schizophrene, die kaum imstande sind, sich selbst zu beobachten, neigen dazu, therapeutische Neutralität als Verheimlichung und Mystifizierung zu erleben. Der schmale Grat zwischen dem Aufdrängen und dem Vorenthalten von Deutungen ist nach Wynnes Darstellung offenkundig Heilen durch Begegnung:

> Die vordringlichste Aufgabe sowohl der Eltern als auch der Therapeuten ist es, eine tragfähige Beziehung herstellen zu helfen, in der ein verbaler und nonverbaler Austausch möglich ist. Dann und nur dann kann überprüft werden, ob es an Einfühlung und Verständigung gefehlt hat; Schritte zur Klärung von Mißverständnissen und Differenzen werden möglich (Wynne 1971, S. 192).

In seiner »Neuformulierung« der Doppelbindungstheorie in bezug auf die Therapie von Schizophrenen erklärt Wynne, daß er sich weniger als die meisten seiner Therapeutenkollegen gedrängt fühlt, Angst und andere Symptome rasch entweder mit Medikamenten oder psychosozialen Interventionen lindern zu wollen. Wenn man mit der durch Doppelbindungen hervorgerufenen Angst und den Umständen, die sie ausgelöst haben, lebt, kann wertvolles Lernen stattfinden, das der endlosen, langweiligen und nutzlosen Wiederholung von Symptomen entgegenwirkt. In diesem Zusammenhang trifft Wynne eine wertvolle Unterscheidung zwischen akuten und chronischen Schizophrenen: »Akute Schizophrene haben ihre Anstrengungen noch nicht aufgegeben, eine Lösung für ihre Probleme zu finden und nehmen noch nicht wie die chronischen Schizophrenen an, daß eine Verständigung unmöglich und daß Beziehungslosigkeit eine permanente Lebensweise ist.« Der Therapeut, der sich dessen bewußt ist, wird sich gerade jener Medikamente und anderer Interventionen enthalten, die den akuten Schizophrenen in die Hoffnungslosigkeit des chronischen stürzen könnten:

Der Versuch, doppelbindenden Situationen rasch zu entfliehen, und therapeutische Bemühungen, ein rasches Entkommen zu unterstützen, können Gelegenheiten vereiteln, Beziehungen zu verändern und zu bereichern. Trotz der Angst, die mit diesem Ringen verbunden sein kann, bietet sich die lohnende Chance zu schöpferischer Veränderung von Erfahrung vielleicht nur, indem man sich Doppelbindungen lange Zeit hindurch *nicht* entzieht. Schöpferische Leidenschaften und vielleicht sogar ein gewisser Schwung und Frohsinn mag als Ausgleich für den unvermeidlichen Schmerz und Leidensdruck dienen, während man um die Entwirrung von Doppelbindungen ringt (Wynne 1976, S. 249f.).

In seiner kürzlich erschienenen Monographie über die Epigenese von Beziehungssystemen geht Lyman Wynne auf die Stadien der Familienentwicklung ein, die von großer Bedeutung für das Heilen durch Begegnung in der Familientherapie sind. In auffallender Parallele zu dem, was Erikson und andere in ihrer Theorie der individuellen Entwicklung dargelegt haben, beginnt Wynne mit der Annahme, »daß Beziehungsprozesse in Familien und anderen dauerhaften interpersonalen Systemen in einer bestimmten Entwicklungssequenz aufeinanderfolgen«. Die vier Stadien, die Wynne epigenetisch bei Beziehungssystemen unterscheidet, sind:

1. *Fixierung / Betreuung,* komplementäre affektive Bindung
2. *Kommunikation,* gemeinsame Konzentration auf Dinge und Austausch von Deutungen und Botschaften
3. *Gemeinsames Problemlösen* und wiederholtes Teilen von Aufgaben, Interessen und Aktivitäten
4. *Wechselseitigkeit,* Muster der Erneuerung des Engagements, bei dem alle vorangegangenen Beziehungsformen in wechselnder Weise je nach der inneren Verfassung der Beteiligten und dem äußeren Kontext vertieft werden (Wynne 1984, S. 300).

In seiner Darstellung dieser vier epigenetischen Stadien bleibt Wynne durchgehend dem Doppelprinzip von Distanzierung und Kontaktaufnahme treu, das er Jahre zuvor in Martin Bubers philosophischer Anthropologie vorgefunden hatte. Dieses Prinzip dient dazu, den Stadien in der Praxis Flexibilität zu verleihen:

Die Intensität von Fixierung / Betreuung wird durch richtig terminierte Trennung gestärkt, während extrem lange und schlecht terminierte Trennungen zu Distanzierung / Ablehnung führen können ... Auch können vorübergehende Mißerfolge beim gemeinsamen Problemlösen als Herausforderun-

> gen dienen, die zur Meisterschaft führen; extrem oft wiederholt, können sie jedoch einen demoralisierenden Zusammenbruch der Beziehung bewirken ... In Beziehungssystemen sind beispielsweise Erfahrungen von Distanzierung / Ablehnung ebenso wesentlich für die weitere Entwicklung der Zusammengehörigkeit wie die Erfahrungen von Fixierung / Betreuung (Wynne 1984, S. 301).

Wynne vertritt die Auffassung, daß die meisten Änderungen des Lebenszyklus in der familiären Rollenstruktur unaufhaltsam erfolgen, ungeachtet der Beziehungsqualität der Beteiligten, mit der Folge, daß die beiden häufig nicht synchron verlaufen. »Wenn eine Familie im Stadium adoleszenter Ablösung noch eng verstrickt und emotional überinvolviert ist oder noch in einer amorphen, zusammenhanglosen oder beschränkten Weise kommuniziert, dann wird das Problemlösen in der Tat schwierig sein« (Wynne 1984, S. 307).

Wynne ist besonders interessiert an Kommunikation und gemeinsamem Problemlösen, da Familientherapeuten dabei unmittelbar helfen können, nicht dagegen an Zuneigung / Fürsorge und Gegenseitigkeit, die sich von selbst entwickeln müssen und auf die nicht direkt angestrebt werden können, ohne in das zu verfallen, was Farber als Willkür bezeichnet. Wenn Kommunikation bedeutet, die Aufmerksamkeit gemeinsam auf einen Gegenstand zu richten, und wenn dies potentiell dazu führt, daß man Bedeutungen miteinander teilt, dann ist es identisch mit dem, was Martin Buber als »Umfassung« bezeichnet und was in der Sprache von R.M. Blakar, den Wynne zitiert, »die Fähigkeit des Individuums, sich zu dezentrieren und die Perspektive des anderen einzunehmen«, heißt (Blakar 1984, S. 44). Ein Beispiel dafür, wie ein epigenetischer Prozeß auf dem anderen aufbaut, ist der Zusammenhang, den Wynne zwischen Zuneigung / Fürsorge und Kommunikation sieht:

> Wenn Zuneigung / Fürsorge nicht stattgefunden haben, ist es schwer möglich, eine gemeinsame kognitive und affektive Perspektive herzustellen. Bauen die Kommunikationsprozesse dagegen auf Zuneigung / Fürsorge auf, dann steht den Beteiligten eine Fülle von Informationen zur Verfügung, die als selbstverständlich vorausgesetzt werden können (Wynne 1984, S. 307).

Gleichzeitig weist Wynne darauf hin, daß sich Gegenseitigkeit nicht unbedingt im Anschluß an die ersten drei Prozesse entwickelt. Sie »speist sich jedoch aus der angesammelten Beziehungserfahrung und den in diesen drei Stadien erworbenen Fertigkeiten, um dann selektiv zu jener Beziehungsform zurückzukehren, die den sich wandelnden inneren und äußeren Kontexten angemessen ist« (Wynne 1984, S. 308). Wie in seinem früheren Werk betont Wynne erneut, daß echte Gegenseitigkeit das bedeutet, was wir als die »Bestätigung des Andersseins« bezeichnet haben : sie »toleriert nicht nur unterschiedliche Eigeninteressen, sondern gedeiht auf der Anerkennung solcher natürlicher und unvermeidlicher Unterschiede.« Intimität dagegen sieht Wynne historisch »eher als einen Luxus als eine entwicklungsbedingte Notwendigkeit in Beziehungssystemen« (Wynne 1984, S. 309). Darüber hinaus sind »moderne« Paare oft so davon in Anspruch genommen, die Intimität aufrechtzuerhalten, daß sie den Erfordernissen des täglichen Problemlösens nicht die angemessene Priorität einräumen. Auch Therapeuten neigen dazu, eine Pseudogegenseitigkeit zu verlängern und zu fördern, indem sie das vernachlässigen, was Buber als die »Welt des Es« bezeichnete. Wynne betrachtet Intimität als die subjektive Seite von Beziehung, das Teilen persönlicher Gefühle, Phantasien und bedeutungsvoller Erfahrungen in jedem der vier Prozesse (Wynne 1984, S. 309—312).

Wynne weist auf die Nützlichkeit der Unterscheidung zwischen der »emotionalen Bindung«, die bei Zuneigung / Fürsorge vorhanden ist, und derjenigen, die man bei Gegenseitigkeit und Intimität findet, hin. »Das epigenetische Modell eröffnet Möglichkeiten zur Identifizierung von Familienkrisen«, meint Wynne, »und zur Auswahl geeigneter vorbeugender und therapeutischer Interventionen, die Aussicht auf Erfolg versprechen.« Wynne unterstreicht insbesonder die Notwendigkeit, »die Fähigkeiten zum gemeinsamen Problemlösen in der Therapie zu stärken, bevor man erwarten kann, daß sich Gegenseitigkeit und Intimität stabilisieren« (Wynne 1984, S. 313f.).

Ivan Boszormenyi-Nagy

Den entscheidendsten Durchbruch zum Heilen durch Begegnung jenseits des Innerpsychischen verdanken wir dem Werk von Boszormenyi-Nagy. Dieses Werk zeichnet sich speziell durch sein kontextbezogenes Herangehen nicht nur an die Mehrgenerationen-Therapie, sondern an jegliche Therapieform aus.

Von seinem Verständnis der Familienbeziehung leitet Boszormenyi-Nagy einige spezifische Richtlinien für Familientherapeuten ab, die uns ein vertieftes Verständnis des Heilens durch Begegnung vermitteln und zu diesem beitragen. Um einen therapeutischen Einfluß auszuüben, muß der Therapeut ein unterscheidbares Individuum bleiben und die Familienmitglieder dadurch zwingen, sich aus ihren symbiotischen Wunschphantasien zu lösen. Familientherapeuten sollten die Familie bei den Entscheidungen des realen Lebens anleiten, nicht sie ihr abnehmen.

> Sie sollten helfen, Ordnung in das Chaos zu bringen; sie sollten deuten, wo Projektion, Obstruktion, Leugnung von Manipulationen und verschiedene andere Widerstandsspiele vorhanden sind. Schließlich sollten die Therapeuten Trauerarbeit und ernsthafte Erforschung von Introjekten belohnen, indem sie solchen Bemühungen, wann immer sie auftreten, Beachtung schenken. Sie müssen durch ihre unbestechliche Kraft und ihre konstruktive Empathie wie gute Eltern handeln (Boszormenyi-Nagy und Spark 1973, S. 127).

Familientherapeuten müssen ein Beispiel geben und in der frustrierten und oft haßerfüllten Familienatmosphäre in Vertrauen und Zuversicht *leben.* Um die Familie zu einer erfüllteren ehelichen Beziehung für die Eltern und an Ablösung, erfüllte Ehen und Elternschaft für die Nachkommen heranzuführen, müssen sie offen für aus der Tiefe kommende primärprozeßhafte Signale im Kontext eines aktuellen Familiendramas bleiben und dürfen dabei nicht jene Abwehrfassaden selektiv ignorieren, die ihrer eigenen Familie gleichen. Sie dürfen nicht der Versuchung nachgeben, ein Familienmitglied vor einem anderen zu retten. Gleichzeitig müssen sie eine Antenne für die vielen komplexen Formen haben, in denen die Partner in der Persönlichkeit des jeweils anderen »geerdet« sind. »In dem Maße, wie sich der Interaktionsstil der Familie von der Symbiose zur Individuation hin entwickelt, erhöht sich die Befähigung des Nachwuchses zu echter Begegnung.« In diesem Prozeß finden Therapeut und Familienmitglieder Zugang zur unbewußten Dynamik des jeweiligen Gegenübers, was sogar einen Grad »psychotischer Verstrickung« bzw. »therapeutischer Psychose« erreichen kann (Boszormenyi-Nagy und Spark 1973, S. 128 — 131, 134f.).

Auch in der Einzeltherapie, bemerkt Boszormenyi-Nagy, sei es der Beziehungskontext, der die signifikantesten Änderungen hervorbringe. Um Probleme in den Griff zu kriegen, muß man sich entscheiden, die therapeutische Beziehung an jedem neuen Punkt des Widerstands entweder zu unterbrechen oder zu vertiefen. Dasselbe gilt für die gemeinsame Familientherapie, die den Vorteil hat, mit Übertragungsverzerrungen im relevanten Kontext enger realer Beziehungen umgehen zu können, in dem allein bestimmte fixierte innerpsychische Konstellationen erneut durchgearbeitet werden können. Außerdem stimmt der Familientherapeut die Behandlungsziele auf das Stadium ab, in dem die *Familie* fixiert ist. »Die autistisch-beziehungslose Familie braucht vielleicht eine Überflutung mit Vertrauen.« Die Äußerungen des Therapeuten von Wut oder Verzweiflung gegenüber den mißtrauischen Mitgliedern übermitteln vielleicht sogar einen inneren Glauben an die Existenz von etwas Gutem im Leben. Ein weiteres zentrales Ziel der Familientherapie ist es, Kindern zu brauchbaren Modellen der Identifikation zu verhelfen (Boszormenyi-Nagy und Spark 1973, S. 132f.).

Für Boszormenyi-Nagy stellen die »unsichtbaren Loyalitäten« — das Gefühl schicksalhafter Bindung und Ergebenheit, das eine wichtige Determinante in den Familienbeziehungen ist — ein festeres Band dar als der echte Ich-Du-Dialog, der zwischen Nichtverwandten möglich ist. Mein Sohn ist ein »einzigartiger Gegenspieler meiner existentiellen Sphäre«, deren Bedeutung für mich von niemand anderem verkörpert werden kann, denn sie ist Teil eines mehrere Generationen umfassenden Beziehungssystems, das er und ich miteinander teilen. Auch kann das Reden *über* Familienbeziehungen in Gruppentherapie oder Encounter-Gruppen eine richtige Familientherapie nicht ersetzen, denn es fehlt »der Druck der Relevanz, der der Beziehungstherapie ihre größte Hebelwirkung verleiht« (Boszormenyi-Nagy und Spark 1973, S. 93).

Dies bedeutet nicht, daß der Therapeut keine Rolle beim Heilen durch Begegnung spielt, das in der Familientherapie stattfindet. Familientherapeuten müssen offen sein und sich exponieren, und sie müssen zulassen, daß sich dies auf ihre Beziehung zu ihrer eigenen Familie auswirkt. »Es ist unsere Überzeugung, daß Wachstum in unserem persönlichen Leben nicht nur untrennbar von Wachstum in unserer beruflichen Erfahrung ist, sondern daß es unser größtes technisches Werkzeug darstellt« (Boszormenyi-Nagy und Spark 1973, S. 13). Gleichzeitig hat »Übertragung« im familientherapeutischen System eine ganz andere Bedeutung als in der Einzeltherapie. Freud konnte von der Selbsttäuschung des Patienten hinsichtlich des

Charakters der Arzt-Patient-Beziehung als einem kognitiven Irrtum sprechen, einer Verzerrung der Wahrnehmung und der Einstellungen. Familientherapeuten sind im Gegensatz dazu mehr an den existentiellen Implikationen der Übertragung interessiert. Übertragene Einstellungen und Erwartungen stehen in der Kontinuität früherer, unaufgelöster Verpflichtungen und Erwartungen von Familienvermächtnissen und beziehen sich auf tatsächliche Ereignisse. Dies bedeutet, daß positive Übertragung auf den Therapeuten nicht immer möglich oder wünschenswert ist, da sie auf eine innere Illoyalität gegenüber dem abgelehnten Elternteil hinausläuft. Abgesehen von seinen Bemühungen, die Begriffe einer ethischen Beziehungsdynamik neu zu definieren, sind Boszormenyi-Nagys Ziele der Familientherapie am besten im Hinblick auf Bubers Anthropologie der Urdistanzierung und des Inbeziehungtretens als den beiden ontologischen Bewegungen zu verstehen, die für die menschliche Existenz fundamental sind. Für Boszormenyi-Nagy kann die Therapie niemals damit enden, daß man die verschüttete Feinseligkeit gegenüber den Eltern ans Licht bringt, da dies zwangsläufig zu einem Verstoß gegen das universelle Vermächtnis kindlicher Loyalität, einer Ablehnung des Therapeuten oder einem Anwachsen von Schuldgefühlen führen würde. »Nach unserer klinischen Erfahrung gewinnt niemand durch einen Abschluß, der auf hoffnungslos unkorrigierbaren Ressentiments oder auf Verachtung gegenüber den Eltern basiert.« In diesem Sinne beschreibt der Begriff Loyalität sowohl das Vermächtnis (die Erwartungen) als auch seine Erfüllung.

> Die bewußte Konfrontation mit den eigenen Haßgefühlen bedeutet zwar einen Fortschritt, nicht aber einen therapeutischen Endpunkt. Wenn es dem Betreffenden nicht gelingt, sich mit seinen negativen Gefühlen auseinanderzusetzen und sie durch Handlungen aufzulösen, die auf positiven, hilfreichen Einstellung gegenüber seinen Eltern basieren, kann er sich nicht wirklich von seinem inneren Loyalitätsproblem befreien und muß den Konflikt auch noch nach dem Tod der Eltern durch pathologische Abwehrmuster »ausleben« (Boszormenyi-Nagy und Spark 1973, S. 20).

Unsichtbare Loyalität bedeutet, daß das Ergebnis häufig die Ablehnung des eigenen Partners oder des Therapeuten und deren Abstempelung zum Sündenbock ist, um der vernichtenden Wirkung des Sieges über die eigenen Eltern zu entgehen. »Der Preis eines solchen Sieges wären Schuldgefühle, Scham und eine paradox bindende Loyalität, von der man sich lossagt, die man leugnet und an der man gleichzeitig in lähmender Weise festhält« (Boszormenyi-Nagy und Spark 1973, S. 20). Das positive Ziel der Therapie ist eine Dialektik zwischen Individuation und Familienloyalität, denn die erstere kann nicht um den Preis des simplen Durchtrennens der Familienbande erreicht werden. Jeder Schritt, der zu einer echten Emanzipation des Kindes führt, »berührt in der Regel das emotional aufgeladene Thema der verleugneten, aber gewünschten immerwährenden symbiotischen Zugehörigkeit jedes Mitglieds zu seiner Ursprungsfamilie« (Boszormenyi-Nagy und Spark 1973, S. 21). Der pathologische Ausdruck des Unvermögens, diese Balance zu erreichen, kann dem entsprechen, was Murray Bowen die »undifferenzierte Ich-Masse« nennt oder was Boszormenyi-Nagy als die »polarisierte Verschmelzung der Rollen« bezeichnet, bei der die Menschen statt eines echten antithetischen Dialogs einzigartiger Personen durch Rollen in symbiotischer Beziehung verbunden sind. Individuelle Autonomie wird nicht in erster Linie im Bezugsrahmen von Ich-Stärke, intrapsychischer Flexibilität und effektiver Anpassung gesehen, wie in der Einzeltherapie, sondern in dem einer dynamisch-antithetischen Beziehung mit Loyalität gegenüber der Ursprungsfamilie.

»Im Gegensatz zur Einzel-Psychotherapie geht die Familien- oder beziehungsorientierte Therapie schrittweise vor, um immer tiefere Schichten *unechter Loyalitätsdefinitionen*« abzutragen. Das Ausdrücken von Gefühlen wie Ärger und Groll zwischen den Generationen gibt Gelegenheit zum Aufbrechen all dessen, was auf den anderen projiziert oder ihm zugeschrieben wurde. Der Familientherapeut kann zu einem Dialog ermutigen, so daß die gealterten Eltern oder Großeltern sowohl ihre eigene Vergangenheit als auch gegenwärtige Sehnsüchte offenbaren können. Wenn jeder Generation geholfen wird, die Beschaffenheit der gegenwärtigen Beziehungen realistisch zu sehen und sich mit den Verpflichtungen und der Verantwortung auseinanderzusetzen, die sich aus solchen Bindungen ergeben, entsteht ein erhöhtes gegenseitiges Verständnis und wechselseitiges Mitgefühl zwischen den Generationen. Insbesondere die Enkelkinder ziehen Nutzen aus dieser Versöhnung zwischen den Generationen; ihnen bleiben auf diese Weise Sündenbock- oder Elternrollen erspart, und sie können auf altersgemäße Befriedigungen sowie auf ein Modell zur Beilegung ihrer Konflikte mit ihren Eltern hoffen. Jedes verzweifelte, dramatische *Ausagieren* seitens eines Kindes kann vom Therapeuten, wie Boszormenyi-Nagy bemerkt, immer als ein Signal gewertet werden, daß die Familie insgesamt Hilfe benötigt, und als ein Anzeichen der Notwendigkeit, mit der übrigen Familie zu arbeiten und die Verantwortung für Veränderungen in erster Linie den Erwachsenen aufzuerlegen (Boszormenyi-Nagy und Spark 1973, S. 134, 224, 245, 376).

Das Kind sollte sich darauf verlassen können, von der Familie ungeachtet seiner erworbenen Verdienste geliebt und akzeptiert zu werden. Dennoch sollte gleichzeitig von jedem Kind die Fähigkeit erwartet werden, einen sinnvollen Beitrag zu leisten (Boszormenyi-Nagy und Spark 1973, S. 83f., 87, 89). Dies gilt auch für ein erwachsenes »Kind« :

> Unsere Vorstellung von Beziehungsautonomie geht davon aus, daß das Individuum einen modifizierten, aber voll verantwortlichen und durch sensible Anteilnahme bestimmten Dialog mit den ursprünglichen Familienmitgliedern aufrechterhält. In diesem Sinn kann sich das Individuum nur in dem Maße frei fühlen, vollständige, ganz und gar persönliche Beziehungen aufzunehmen, indem es gelernt hat, auf die elterliche Zuneigung seinerseits mit Rücksichtnahme und mit der Erkenntnis zu reagieren, daß etwas zu bekommen für den einzelnen auch bedeutet, umgekehrt etwas zu schulden (Boszormenyi-Nagy und Spark 1973, S. 105).

Im Gegensatz zu jenen Familientherapeuten, die die Auffassung vertreten, daß der Therapeut nicht urteilen sollte, vertritt Boszormenyi-Nagy eine wechselnde Parteilichkeit, bei der der Therapeut einmal die Partei des einen Familienmitglieds ergreift und ein anderes Mal die eines anderen, den relativen Verdiensten ihrer Position entsprechend. Der Familientherapeut muß stark genug sein, in das Familiensystem als für jedes einzelne Mitglied präsent eingegliedert zu werden und dabei in der Rolle des Moderators für emotionale Veränderung und Wachstum draußen zu bleiben. In der Anfangsphase der Behandlung ist es wesentlich, daß der Therapeut eine gewisse Ordnung in die Kommunikation hineinbringt und eine Atmosphäre des Vertrauens schafft. Ungeachtet des chaotischen und provozierenden Verhaltens von Familienmitgliedern gegenüber dem Therapeuten muß er Ruhe und Vernunft ausstrahlen. Obwohl er Sympathie und Mitgefühl aufbringt, muß er stets auf erhöhtes Verständnis sowie Mäßigung ihres infantilen Verhaltens dringen, um den Wachstumsprozeß fördern zu helfen.

Im Falle von Teamtherapie verleiht die Fähigkeit der Familientherapeuten, bei Konflikten im Team offen und direkt miteinander umzugehen sowie echtes Interesse und echte Wertschätzung für die Fähigkeiten des anderen aufzubringen, dem familientherapeutischen Team die Kraft, angemessen auf verschiedene Arten von Familien und die mannigfaltigen Probleme, die sie mit sich bringen, einzugehen (Boszormenyi-Nagy und Spark 1973, S. 349). Vor allem muß der Familientherapeut jene »Umfassung« aufweisen, von der Buber spricht, bei der sich der Therapeut »das Reale phantasiert«, das heißt die Beziehung aus der Sicht des Patienten erlebt, ohne seine eigene aus den Augen zu verlieren. Aber es gibt auch einen Anspruch, den er an die Mitglieder der Familie richtet.

> Der Vertrag bedeutet, daß sich der Therapeut allen Mitgliedern als hilfsbereit anbieten und tatsächlich zur Verfügung stellen muß, ob sie in die Therapiesitzungen kommen oder nicht. Umgekehrt muß er alle Mitglieder der Familie veranlassen, sich zur Teilnahme zu verpflichten. Er möchte von allen Anwesenden, daß sie ihre Meinungen, Bedürfnisse und ihre Wünsche nach Hilfe äußern, und er versucht zu gewährleisten, daß die Botschaften auch des kleinsten Kindes gehört und beantwortet werden (Boszormenyi-Nagy und Spark 1973, S. 16).

Hier sehen wir die wechselnde Parteilichkeit in ihrer konkretesten Ausformung.

In *Invisible Loyalties* (1973) fordert Boszormenyi-Nagy gegenseitige Gerechtigkeit und faire Anerkennung, um die »Verdienstbilanz« zwischen den Generationen wieder auszugleichen. Dies kann nur geschehen, indem man der subjektiven Darstellung zuhört, die jedes Mitglied von seiner Verantwortlichkeit gegenüber dem Rest der Familie gibt. Boszormenyi-Nagys Prüfstein der Realität ist nicht funktionale Effizienz, sondern vielmehr das innere Gleichgewicht zwischen verborgenen Loyalitätsbindungen und Ausbeutung. Dies führt dann wieder zu dem, was ich »Dialog der Prüfsteine« bezeichnet habe, jene Anerkennung und Entlastung, bei der der Standpunkt jedes Einzelnen gerade dadurch bestätigt wird, daß er in einen Dialog mit den gegensätzlichen Auffassungen anderer eintritt. Das Ziel von Boszormenyi-Nagys Familientherapie ist nicht die Gemeinschaft der Übereinstimmung oder Gleichgesinntheit, sondern das, was ich als die »Gemeinschaft des Andersseins« bezeichne.[1] Bei einer Heirat tun sich nicht bloß zwei Individuen zusammen, sondern vielmehr zwei völlig verschiedene fa-

1) Siehe Friedman 1972; Friedman 1974, 19. Kapitel; und Friedman 1983, 13. Kapitel.

miliäre Verdienstsysteme. Wenn man dies nicht intuitiv wahrnimmt, heiratet man den anderen nur in der Phantasie als die ersehnte verbesserte Neuauflage der eigenen Ursprungsfamilie. Beide Partner könnten dann versuchen, den anderen zur Rechenschaft für empfundene Ungerechtigkeiten und erworbene Verdienste zu zwingen, die in Wirklichkeit mit der eigenen Ursprungsfamilie zu tun haben. Indem sie den gegenseitigen Loyalitätsaustausch mit ihren Ursprungsfamilien verbessert, hilft Boszormenyi-Nagys Familietherapie dem Mann und der Frau, ihre Beziehung zueinander und zu ihren Kindern optimal zu gestalten.

Bestätigung im Dialog der Prüfsteine, die zur Gemeinschaft des Andersseins führt, ist somit der Weg und das Ziel von Boszormenyi-Nagys Familientherapie. »Persönliche Ausbeutung ist nur auf einer subjektiven Skala meßbar, die ein integraler Bestandteil der Sinngebung der gesamten Existenz des Betreffenden ist« (Boszormenyi-Nagy und Spark 1973, S. 81). Bestätigt zu werden ist keine Frage der *Qualität* der irdischen Güter, die man erhält, sondern vielmehr »ein auf Realität basierender bzw. handlungsbezogener Dialog, der mehr ist als die Gesamtsumme der subjektiven Erfahrungen zweier Personen« (Boszormenyi-Nagy und Spark 1973, S. 82). Das Konzept der Realitätsüberprüfung in der Freudschen Psychologie ist vergleichsweise monologisch, indem der Patient entweder realitätsgebunden ist oder zu Entstellungen neigt. Dies bedeutet, wie Ronald Laing aufgezeigt hat, daß der Psychiater bestimmt, was »normal« ist, und daß er die Erfahrungen des Patienten für ungültig erklärt. Und es bedeutet, wie Boszormenyi-Nagy hervorgehoben hat, daß »der Psychotherapeut zusammen mit seinem Patienten herausarbeitet, was normal ist, und implizit die Erfahrungen und Bedürfnisse aller Partner der engen Beziehungen des Patienten für ungültig erklärt«.[2)]

In einer Zusammenfassung der »Kontext-Therapie« von 1979 erweitert Boszormenyi-Nagy (1981) die wechselnde Parteilichkeit des Familientherapeuten zu »einem aktiv strukturierenden und leitenden Prinzip, das zu einer die Aussagebereitschaft fördernden und nicht zu einer vorschreibenden oder urteilenden Intervention führen soll«. Der Therapeut leitet die Familienmitglieder zur Vielseitigkeit von Fairness an, bei der dadurch, daß der eine angehört bzw. zur Rechenschaft gezogen wird, es für andere leichter

2) Brief von Ivan Boszormenyi-Nagy an Maurice Friedman, 21. Juni 1974.

wird, den übrigen zuzuhören oder sich selbst zur Rechenschaft ziehen zu lassen. Der Therapeut hilft ihnen somit, die ersten Schritte zu tun, um sich auf Gegenseitigkeit von Vertrauen und Vertrauenswürdigkeit einzulassen. »Der Mangel an Vertrauenswürdigkeit in der eigenen Beziehungswelt ist die primäre pathogene Bedingung des menschlichen Lebens.« Der Therapeut kann mit diesem Problem beschädigten Vertrauens umgehen, indem er jedes Familienmitglied zu einer verantwortlichen Überprüfung der gegenseitigen Rechte und Pflichten aus seiner Sicht ermutigt.

Boszormenyi-Nagys Definition des Ziels der kontextbezogenen Therapie der »Wiederbegegnung« (*rejunction*) ist im wesentlichen identisch mit Bubers Appell zur Überwindung existentieller Schuld und zur Wiederaufnahme des Dialogs mit der Welt durch Wiederherstellung der verletzten Daseinsordnung:

> Das Ziel der kontextbezogenen Therapie ist Wiedervereinigung, das heißt 1) die Anerkennung des Prinzips des Gerechtigkeitsausgleichs, 2) ein ethisch definierter Prozeß der Wiederbeteiligung an lebendiger Gegenseitigkeit und 3) die Verpflichtung zu einer fairen Ausgewogenheit des Gebens und Nehmens. Mit anderen Worten, die Familienmitglieder erforschen ihre Fähigkeit, stagnierende Ungleichgewichte zu beseitigen, die sich daran zeigen, wie jeder von ihnen den anderen benutzt und wie sie dem anderen zur Verfügung stehen. Der Mut, den sie in die Überprüfung und Beseitigung unbeabsichtigter Unredlichkeit und Ausbeutung in die Beziehung investieren, wirft therapeutische Gewinne ab, und deren wichtigster ist: erworbene Vertrauenswürdigkeit (Boszormenyi-Nagy 1981).

Die ausgleichende Fairness in der Beziehung hängt von einer relativ ausgewogenen Investition von Vertrauen in gegenseitige Zuverlässigkeit ab; denn Vertrauenswürdigkeit ist das Fundament der Familientherapie.

Boszormenyi-Nagy unterscheidet zwischen der traditionell neutralen oder unparteilichen therapeutischen Haltung und der verallgemeinerten Vorstellung von Einfühlung auf der einen und mehrseitiger Parteilichkeit, die eine vorübergehende Parteinahme »gegen« jemanden einschließt, auf der anderen Seite. Um imstande zu sein, abwechselnd für die Verdienste des einen und des anderen Familienmitglieds Partei ergreifen zu können, muß sich der Familientherapeut in die Beziehungsposition jedes einzelnen Familienmitglieds vertretend hineinversetzen können. »Noch wichtiger ist vielleicht die Notwendigkeit, versteckte und unausgesprochene Aspekte der Ausbeutung und Unterdrückung wahrzunehmen, insbesondere soweit diese kleine, abhängige Kinder betreffen.« Gleichzeitig muß sich der Familientherapeut vor Augen halten, daß es unfair und unklug ist, Eltern zum Eingeständnis ihrer Rolle als Unterdrücker zu zwingen, ohne die eigene frühere Unterdrückung der Eltern als Kinder in Betracht zu ziehen. Der Therapeut muß für Signale empfänglich sein, die ein Familienmitglied aussendet, daß es noch nicht bereit ist, Beziehungsverantwortung zu übernehmen, ohne zuerst weitere Beweise für die einfühlsame Zuwendung des Therapeuten zu erhalten. Nachdem er sich auf die Seite der Eltern in ihren früheren Rollen als Unterdrückte und potentielle Unterdrücker gestellt hat, wird es dem Therapeuten auch leichter fallen, für das Kind Partei zu ergreifen, ohne zu riskieren, daß implizite Illoyalität zum Preis für den therapeutischen Fortschritt des Kindes wird (Boszormenyi-Nagy 1981).

Obwohl Boszormenyi-Nagy manchmal den Eindruck erweckt haben mag, als wolle er die dynamische Psychologie mit ihren verborgenen Determinanten auf die größere Bühne der Familie transponieren, warnt er den kontextbezogenen Therapeuten vor Verdinglichung und ungerechtfertigter Personifizierung von Mustern des Transaktionssystems als eigentliche Quellen einer unpersönlichen »Funktionsstörung« oder »Pathologie« der Familie. »Diese Muster sind Begleiterscheinungen der zugrundeliegenden verschiedenartigen Selbst-Andere-Dynamiken, die letztlich von der Ethik der Qualität und der Symmetrie der Vertrauensinvestitionen sowie der Ausgewogenheit der Fairness gesteuert werden.« Er warnt auch vor einer bloß vorschreibenden Umgestaltung oder »Umstrukturierung« der Familientransaktionen; denn mit dieser Umstrukturierung riskiert man eine langfristige Illoyalität und eine neue, passive Abhängigkeit vom Therapeuten. Der Therapeut muß vielmehr zum Berater für die Katalyse eines lebendigen Gebens und Nehmens einer gerechteren Art werden (Boszormenyi-Nagy 1981).

Im Gegensatz zur traditionellen Psychologie und psychodynamischen Literatur, die im allgemeinen zu wenig Wert auf die eigene Investition für Anteilnahme und Fürsorge für andere legt, muß der Therapeut in der kontextbezogenen Therapie die Überzeugung haben, daß die Fähigkeit zur Beachtung der berechtigten Verdienste des Partners denjenigen, der dies tut, zu Fortschritten in Richtung auf autonome Individuation und Wachstum befähigt.

Durch Investition geeigneter neuer Vertrauensinitiativen erhöht er sein Anrecht auf Anerkennung seiner Akte kindlicher Ergebenheit und auf die Verfolgung seiner eigenen autonomen Ziele, z.B. die Aufnahme von Beziehung zu Gleichaltrigen. Dementsprechend werden seine Schritte in Richtung Autonomie immer freier von der Last lähmender Schuldgefühle, die aus der Illoyalität erwachsen (Boszormenyi-Nagy 1981).

Durch ihre vertrauensbildenden Strategien kann die kontextbezogene Therapie dazu führen, daß das Interesse des Therapeuten an Fairness und Vertrauenswürdigkeit verinnerlicht wird, die Fähigkeit zu fairer Gegenseitigkeit durch eine Untersuchung der Verantwortlichkeit der Mitglieder füreinander mobilisiert wird, zwischen der unveränderbaren Tatsache gemeinsamer Wurzeln und dem wechselnden Auf und Ab emotionaler Einstellungen wie Liebe oder Haß unterschieden wird, stagnierende zwischenmenschliche Bilanzen in realistischer Weise ausgeglichen, unsichtbare Loyalitäten revidiert und überarbeitet, unhaltbare ethische Substitutionen korrigiert, Kinder von ihrer Elternrolle befreit und passiv abhängige Einstellungen in aktiv-verantwortliche Initiative und Planung gewandelt werden. Zu den Vorzügen der kontextbezogenen Therapie zählt die Tatsache, daß ihre ethischen Grundprinzipien universell auf die Situation des Menschen anwendbar sind und daß ihre »Sprache« der Fairness versus Unfairness weniger Gebildeten ebenso einleuchtet wie Menschen von hoher Bildung bzw. hohem gesellschaftlichen Rang.

Die Untersuchung des Gleichgewichts von Ansprüchen und Verpflichtungen ist eine überaus effektive Intervention in vielen Fällen von Depression sowie bei Patienten, die zu Suizid und zu aufopferndem Verhalten neigen. Statt sich auf das Bestreben zu konzentrieren, Pathologisches zu bekämpfen oder »Veränderung« im Dienste sozialer Konformität zu erzwingen, nutzt die kontextbezogene Therapie die Fähigkeiten zu Verantwortlichkeit und Vertrauen, die in verborgenen Beziehungsinvestitionen vorhanden sind. »Dies trägt auch dazu bei, zuverlässigere, dauerhaftere therapeutische Veränderungen hervorzubringen, da es die Entstehung von existentieller Schuld angesichts symptomatischer Besserung mit ihren Implikationen von Illoyalität abwendet.« Schließlich verhindert der kontextbezogene Ansatz durch seine wechselnde Parteilichkeit die Weitergabe von Pathologie an künftige Generationen und dient dem Interesse der gegenwärtigen Generation am Überleben ihrer Nachkommen (Boszormenyi-Nagy 1981).

In einem anderen kürzlich erschienenen Artikel beschreiben Boszormenyi-Nagy und seine enge Mitarbeiterin Barbara Krasner die kontextbezogene Therapie als eine »auf Vertrauen basierende Therapie«, die sie als ein radikales Abweichen von den traditionellen medizinischen und psychologischen Einzelperspektiven in Richtung auf »Interesse, Vertrauenswürdigkeit, Feindseligkeit, Ausbeutung und faire Gegenseitigkeit zwischen den Familienmitgliedern« charakterisieren. Sie heben hervor, daß die Kontexttherapie der persönlichen Einzigartigkeit der Familienmitglieder ebenso große Beachtung schenkt wie ihren persönlich austauschbaren Rollen im »System«. Diese Einzigartigkeit schließt die Bezogenheit eines Menschen auf seine multigenerationalen Wurzeln mit ihren spezifischen rassischen, religiösen und ethnischen Facetten ein. Eine auf Vertrauen basierende Therapie betrachtet Anzeichen auffallenden Mißtrauens als potentielle Ansatzpunkte für den Aufbau von Vertrauen. Für sie ist Vertrauen auch eine notwendige Voraussetzung für das Akzeptieren von Perioden vorübergehender Ungerechtigkeit, die in jeder Beziehung unvermeidlich sind.

Die therapeutische Bedeutung der lebenslangen Konsequenzen von Eltern-Kind-Beziehungen sei von der klassischen Familientherapie gröblich mißachtet worden, behaupten Boszormenyi-Nagy und Krasner:

> Wer für sie lebte, wer sie haben wollte, wer ihnen zur Verfügung stand und wer materielle und soziale Investitionen für sie aufbrachte, dies prägt ihre Einstellung zur Welt. Die Tatsache gemeinsamer Wurzeln und Vermächtnisse stellt ein unersetzliches Band zwischen Menschen dar, das nicht nur physische und geographische Trennungen von den Ursprungsfamilien überdauert, sondern auch den Grad beeinflußt, in dem die Nachkommen frei sind, sich auf Beziehungen außerhalb ihrer ursprünglichen Bindungen einschließlich Ehe und eigener Elternschaft einzulassen. Die langfristigen Vermächtnisse elterlicher Verantwortung sind von unentrinnbarer Bedeutung (Boszormenyi-Nagy und Krasner 1980).

Die offene Forderung der Therapeuten nach Beziehungsverantwortung, die sich aus diesen Vermächtnissen ergibt, führt sie sofort in die Tiefendimensionen der Beziehung, einschließlich der Notwendigkeit, die Familienmitglieder durch die hitzigsten, direktesten und umstrittensten Aspekte ihrer Beziehung zu lotsen — ihre Verantwortung für Vertrauenswürdigkeit. Ähnlich der chassidische Vorstellung, daß man dem »bösen« Drang dienen soll, befähigt Vertrauenswürdigkeit unsere Ich-Stärke, in die Kontrolle der eigenen Tendenzen zu einem ausbeutenden Mißbrauch enger Beziehungen zu investieren. »Aus der Sicht der kontextbezogenen Therapie ist die Fairness der Ausgewogenheit des Gebens und Nehmens in einer Beziehung ein sensibleres und genaueres Maß für Realitätsentstellungen als die einsichtorientierte Selbstreflektion eines Individuums.«

Boszormenyi-Nagy und Krasner betrachten die wechselnde Parteilichkeit als eine Strategie, die einen konstruktiven Prozeß der Vertrauensbildung in Gang setzt, einen Prozeß, der den therapeutischen Mut erfordert, vorübergehend *gegen* wie auch für Familienmitglieder Partei zu ergreifen, der den Therapeuten aber auch vor Gegenübertragungsreaktionen schützt. Vertrauensbildung ermöglicht das Erkennen und Verändern lange bestehender Ungerechtigkeiten im Vermächtnis von Eltern und befreit sie dadurch von abwehrendem und vergeltendem Verhalten und bewahrt ihre Nachkommen davor, von ihnen überfordert zu werden und zu einem ähnlichen Schicksal verdammt zu sein. Vertrauensbildung schließt einen Respekt für Gerechtigkeit aus der Sicht jedes Familienmitglieds ebenso ein wie Integrität des Gebens und Nehmens in den Beziehungen, Gegenseitigkeit der Rücksichtnahme und die Fähigkeit, den Gewinn miteinander zu teilen, den man aus Vertrauensinvestitionen ziehen kann.

In dem Maß, wie sich verschiedene Familienmitglieder an den Therapeuten um Hilfe wenden, wird er selbst zu einem wichtigen, wenn auch nur vorübergehenden Empfänger ihrer Vertrauensinvestitionen. Der Therapeut kann seine eigene Wertschätzung für Verantwortlichkeit und Integrität in die Beziehungen der Familie einbringen und kann sie zu verantwortlichen Haltungen motivieren, die einen echteren Dialog zwischen ihnen bewirken können. Er geht von der Überzeugung aus, daß sich Vertrauenswürdigkeit eher an erworbene Verdienste knüpft als an Macht, daß Kinder nicht gezwungen werden sollten, ihren Eltern nicht-altersgemäße Fürsorge zu garantieren und nicht als einseitige, unfreiwillige Investoren in die geschwundene Vertrauenswürdigkeit ihrer Eltern benutzt werden sollten. Aber der Therapeut kann seinen Patienten nicht unbegrenzt als Hauptquelle von Vertrauenswürdigkeit dienen, sonst erschöpfen sich seine eigenen Reserven in dem Maße, wie er von ihren Erwartungen vereinnahmt wird, ihnen Hoffnung, Vertrauen, Unterstützung für ihre Abhängigkeit, grenzenlose Einfühlung und einseitige Parteinahme entgegenzubringen. Was für Buber in *Ich-und-Du* zentral ist — zu lernen, anderen zu begegnen und sich selbst zu behaupten, wenn man ihnen begegnet — erweist sich somit auch für Boszormenyi-Nagys Familientherapie als wesentlich.

Boszormenyi-Nagy bezeichnet die kontextbezogene Therapie als eine weitgehende Umgestaltung des Ansatzes, den er in *Invisible Loyalities* verfolgte. Wenn dies tatsächlich der Fall ist, dann geht er jetzt noch weiter in Richtung auf Heilen durch Begegnung. »Die Kontexttherapie geht davon aus, daß die Hebelwirkung aller psychotherapeutischen Interventionen auf Beziehungsfaktoren beruht« schreiben Boszormenyi-Nagy und David Ulrich, die Koautoren einer umfangreichen Monographie, *Contextual Family Therapy* (Boszormenyi-Nagy und Ulrich 1981). Ob eine oder mehrere Personen anwesend sind, das Ziel der Kontexttherapie ist eine verantwortungsvolle Behandlung von interfamiliären Fragen der Fairness und des Vertrauens sowohl seitens des Teilnehmers als auch des Therapeuten. Die Vielseitigkeit der ethischen Beziehungsdynamik schließt den Gebrauch des Begriffs »Patient« aus, aber im Gegensatz zum Systemansatz bleibt sie am subjektiven Blickpunkt jedes einzelnen Individuums interessiert. Hier muß eine Entscheidung zwischen jenen Therapien gemacht werden, die mit Übertragung, das heißt mit substitutiven Beziehungskontexten arbeiten, und solchen, die Unterstützung innerhalb des ursprünglichen Beziehungskontexts der Teilnehmer bieten.

Boszormenyi-Nagy und Ulrich, die die Schritte in Richtung auf eine zuverlässige Zusammengehörigkeit als »verbindend«, Schritte weg von dieser als »trennend« und »Beziehungsstagnation« als familiäre Gleichgültigkeit in bezug auf Fairness bezeichnen, gehen von der Existenz eines Vertrauensreservoirs aus, aus dem heraus das Kind die Rückerstattung von Vertrauen an die Eltern initiieren kann. Wenn die Eltern eine Balance von Fairness aufrechterhalten, wird die grundlegende Loyalitätsbindung des Kindes verstärkt, aber selbst wenn sie das nicht tun, kann die Reaktion des Kindes die Hebelwirkung liefern, die nötig ist, um die Eltern zu einem verbindenden Schritt zu veranlassen. Ausbeuterische Eltern wollen sich am Kind für das schadlos halten, was sie in Form endloser Überzahlung an die ihnen vorangegangene Generation vergeudet haben, und obwohl sie existentiell schuldig sind, empfinden sie sehr wenig Schuld. Sobald das Kind größer wird und mehr Macht gewinnt, wird es jedoch auch zunehmend dafür verantwortlich, Maßnahmen zu ergreifen, um die Gesamtbilanz auszugleichen.

Wie wichtig es ist, daß sich Geben und Nehmen die Waage halten, geht daraus hervor, daß Eltern, die es hartnäckig ablehnen, Ansprüche zu stellen, und stattdessen fortfahren, ständig mehr zu geben als nötig, der Entwicklung ihres Kindes ebensosehr schaden können wie Eltern, die ständig zuviel fordern. Das Kind, das kein unmittelbares Wissen über die multigenerationale Buchhaltung haben kann, bleibt verletzbar und kann sich in die Erwartung »einkaufen«, daß die Schuld gegenüber den Eltern unbegrenzt ist und daher Vorrang gegenüber jedem anderen menschlichen Anliegen hat. Auf der anderen Seite kann das Kind, das Ladendiebstähle begeht oder sich weigert zu essen (Anorexie), einen wesentlichen Beitrag leisten, indem es ein Problem des menschlichen Gleichgewichts ans Licht bringt.

Boszormenyi-Nagy und Ulrich sind der Auffassung, daß der Aspekt des Teufelskreises unsichtbarer kindlicher Loyalitäten der Hauptfaktor bei ehelichen und familiären Funktionsstörungen ist, da der erwachsene Sproß der stagnierenden Familie unfähig ist zu beurteilen, was in seinen Beziehungen zum Partner und zu den Kindern fair ist, und wird diese Bindungslosigkeit gegenüber sich selbst in Form von Frigidität, Gleichgültigkeit oder Grausamkeit zeigen. Befreiung aus diesem Teufelskreis destruktiven Verhaltens ist nur durch die Entdeckung des Potentials an Vertrauenswürdigkeit möglich; der Schaden, der parentifizierten Kindern zugefügt wird, ist nicht durch die Umkehrung der Rollen zu erklären, sondern vielmehr durch die einseitige Ausbeutung der Vertrauensreserven des Kindes. Auch das gesund wirkende Kind, das dem pathogenen System entkommen zu sein scheint, kann sich in einer von Schuldgefühlen belasteten Atmosphäre verpflichtet fühlen, den anderen ständig zur Verfügung zu stehen, das heißt es deckt die Bedürfnisse der ganzen Familie nach Vernunft und Organisation und gestattet den anderen, in regressiven Befriedigungen zu schwelgen.

Nachdem der Therapeut den Angehörigen der zuvor stagnierenden Familie geholfen hat, eine Vertrauensbasis zu entwickeln, kann er zu Autonomie beim Problemlösen ermutigen, wobei Übergangsphasen wie Adoleszenz, Trennung, Heirat und Tod neue Bindungen und eine neue Wahlfreiheit erfordern. Die Bestrebungen des Therapeuten, in solchen Familien Fragen des Vertrauens erneut anzuschneiden, können Reaktionen der Wut oder Verzweiflung auslösen, die um so intensiver sind, als sie in vivo erlebt werden und nicht auf der Ersatzebene der therapeutischen Übertragung.

In dem Maße, wie sich das Vertrauen vertieft, kann der Therapeut offener konfrontierend auftreten und konkrete Verhaltensalternativen zur Erleichterung der Ziele des erneuten Engagements und der Wiederbegegnung anbieten. Aber ob er nun mit mehreren Familienmitgliedern oder einem einzelnen arbeitet; der Kontext einer insgesamt ausgeglichenen Bilanz der Fairness bleibt gleich. »Wir versuchen beispielsweise nicht, ein schulphobisches Kind wieder funktionsfähig zu machen, ohne Rücksicht auf die Mutter zu nehmen, die möglicherweise dekompensiert, wenn das Kind das Haus verläßt.« Da der Fokus der kontextbezogenen Therapie auf dem ursprünglichen und nicht so sehr dem ersatzweisen therapeutischen Kontext liegt, ist es nicht erforderlich, sich mit abgeleitetem symbolischen Material auseinanderzusetzen, und da er auf Vielseitigkeit liegt, ist es nicht nötig zu fragen, »was sind deine Bedürfnisse ?«, eine Frage, die zu einem Faß ohne Boden werden kann. Sobald die Familienmitglieder vielseitig fairer werden, wandeln sie sich und werden auch in ihren Ansprüchen untereinander fairer, das heißt, sie stehen auf andere und tiefere Weise für sich selbst ein als bei der verbreiteteren individualistischen Einstellung. »Diese Strategie ist besonders wirksam bei Personen, deren Ich-Funktionen wenig Stärke aufweisen.«

Die kontextbezogene Therapie nimmt auf ihre eigene Weise Bedacht auf altersgemäße Macht- und Rollenstrukturen innerhalb der Familie. »Wenn eine eheliche Äußerung eines Familienmitglieds als Munition gebraucht wird, um ihn zum Opfer zu machen, dann schreitet der Therapeut sofort ein, um diesen Ausgrenzungsversuch abzublocken.« Der Therapeut stellt den Familienmitgliedern die Aufgabe, Probleme, die einen Vertrauensschwund zwischen ihnen bewirkt haben, dingfest zu machen, und hilft jedem Mitglied, seinen Standpunkt klarzumachen, um zu verhindern, daß der Dialog ins Stocken kommt. »Wenn es jedoch der Therapeut übernimmt, für ein Familienmitglied auszusagen, dann mag sich zwar der Therapeut erleichtert fühlen, aber die Arbeit bleibt ungetan.« Der Therapeut schätzt die interindividuellen Bilanzen der Familie ein, während sich der Dialog entfaltet, aber er erklärt den Familienmitgliedern nicht ihren jeweiligen »Kontostand«. Seine Parteinahme für ein Familienmitglied gleicht er durch die Forderung nach Verantwortlichkeit des oder der Betreffenden aus. Vor allem hilft er den Kindern bei ihrer Aufgabe, die Eltern zu entlasten, indem sie »die Wolke von Scham, Schuld und impliziter Verachtung auflösen, die das Leben der Eltern verdüstert und damit auch den Kindern schadet«.

Ivan Boszormenyi-Nagy unterscheidet den »Kontext« der kontextbezogenen Therapie von der »offenkundigen Zugehörigkeit jedes Individuums zu Transaktionssystemen« :

Die *Ethik* der persönlichen *Seiten* der menschlichen Existenz ist der wichtigste Aspekt unseres Beziehungskontexts. Dabei wird jeder Einzelne als einzigartiger Mittelpunkt seines Universums gesehen und nicht als ein Faktor von

> Feedback-Korrekturen oder -Eskalationen. Es geht um die ethische Ausgewogenheit zwischen den Familienmitgliedern, noch bevor sie von Schuldgefühlen und Selbstbezichtigungen überschwemmt werden. Es geht um die Ethik von Beziehungsalternativen von mehreren Personen gleichzeitig. Es geht nicht um *das* Individuum und seine Umwelt.[3]

Die Befreiung aus dem Teufelskreis destruktiven Verhaltens erfolgt nur durch die Entdeckung der Reserven an Vertrauenswürdigkeit. Die Kontexttherapie hilft bei dieser Entdeckung nicht nur, indem sie die Familienmitglieder in einen echten Dialog miteinander bringt, sondern auch, indem sie sie lehrt, sich *gegen* Schuldgefühle zu wehren und *für* ihre eigenen Rechte einzutreten. Die Vermehrung des ungenutzten Potentials einer Familie an Vertrauenswürdigkeit erfordert Wechselseitigkeit der Anstrengungen unter den Familienmitgliedern, durch die sie gegenseitig fairer werden und sich dabei verändern und den Charakter ihrer eigenen Ansprüche verbessern. Auch hier gehören die Begegnung mit anderen und das Einstehen für sich selbst zusammen: »Dies ist eine andere, tiefere Art des Einstehens für sich selbst.«[4]

Die Familientherapie von Boszormenyi-Nagy gipfelt nach ihrer jüngsten Formulierung darin, die Fähigkeit der Menschen zu steigern, einander entsprechend ihrer Beziehungsverantwortung die nötige Zuwendung angedeihen zu lassen, insbesondere, was die Nachkommen betrifft, und den Familienmitgliedern Gelegenheit zu positiver Stellungnahme zu geben, durch verantwortungsbewußten Dialog Reaktionen auszulösen und auf verletzbare Kinder vorrangig Rücksicht zu nehmen.[5]

Eine Frage, die wir in bezug auf die Kontext-Therapie aufwerfen könnten, hat mit der entschiedenen Priorität zu tun, die sie der ererbten Eltern-Kind-Beziehung gegenüber dem Dialog unter Gleichaltrigen einräumt. Der große Vorzug der Kontext-Therapie besteht darin, daß sie den Individualismus der innerpsychischen und analytischen Therapie korrigiert und damit so romantische und illusorische Vorstellungen wie die, daß eine Beziehung nur nach dem Grad beurteilt werden sollte, in dem sie die individuellen »Bedürfnisse« erfüllt und die individuellen Möglichkeiten aller Beteiligten verwirklicht oder die, daß bei der Eheschließung nur zwei Personen einander

---

3) Brief von Ivan Boszormenyi-Nagy an Maurice Friedman, 17. Juni 1980.
4) Ivan Boszormenyi-Nagy und David N. Ulrich (1981) *Contextual Family Therapy*.
5) Aus einem Brief von Ivan Boszormenyi-Nagy an Maurice Friedman 27. Juni 1984

heiraten und nicht auch ihre Familien. Was Freud auf dem Gebiet der Psychoanalyse geleistet hat, das hat Boszormenyi-Nagy für die Familientherapie getan: Boszormenyi-Nagy hat die *unsichtbaren* Loyalitäten aufgedeckt und die ebenso verborgene generationsübergreifende Verdienstbilanz der Familie, die übersehen worden waren. Gleichzeitig sollten wir uns erinnern, daß die »unsichtbaren Loyalitäten« oft sowohl die Pathologie der Familie als auch ihre potentielle Gesundheit repräsentieren. Die Hervorhebung der vertikalen, generationsübergreifenden Dimension der Beziehung ist zum Teil deshalb nötig, weil die Ehepartner ihre Ursprungsfamilien in ihre neuen Beziehungen mit einbringen. Ohne sich dessen bewußt zu sein, neigen sie dazu, ihren Partner in das alte Familiensystem einzufügen oder, was auf dasselbe hinausläuft, in ihm den magischen Helfer zu sehen, der sie vor ihrem Familiensystem rettet.

Die Ehe bedeutet, wie Buber gesagt hat, »die Anerkennung lebendigen, vielfältigen Andersseins«. Andernfalls ist es keine echte Ehe. Jede Ehe bedeutet im Idealfall, daß nicht nur die beiden Partner, sondern auch ihre Familien, ihre Familiensysteme und ihre generationenübergreifende Verdienstbilanzen in einen echten Dialog miteinander gebracht werden. Wenn dies *nicht* geschieht, beginnt die neue Familie zu stagnieren und die Entwicklung der Kinder zu der ihnen zustehenden Autonomie hin wird unmöglich. Die gesunde Abfolge der Generationen wird somit durch den Dialog mit dem Anderssein nicht nur nicht behindert; sie wird dadurch ermöglicht. Dieser Dialog spielt sich in der ersten Instanz auf der Ebene der Altersgenossen ab: der eigene Partner zählt zu den Altersgenossen und, was noch wichtiger ist, er entstammt nicht der eigenen Ursprungsfamilie. In der zweiten Instanz erweitert sich dies zum Dialog zwischen den Ehepartnern und den Eltern ihrer Partner auf der einen und ihren eigenen Kindern auf der anderen Seite. Wenn es traditionell schwierig ist, die eigenen Schwiegereltern als Mitglieder der Familie zu betrachten, dann ist es de facto nicht weniger schwierig, mit den eigenen Kindern in ihrem wirklichen Anderssein und ihrer Einzigartigkeit in Beziehung zu treten und jene Triade des Bindens, Delegierens und Ausstoßens zu vermeiden, auf die Helm Stierlin als jene drei Methoden hingewiesen hat, mit denen Eltern ihren Kindern eine eigenständige Existenz vorenthalten und stattdessen versuchen, sie ihrem Familiensystem unterzuordnen (Stierlin 1974).

II. Teil

Bestätigung und Heilung durch Dialog

10. Kapitel

Bestätigung und die Entwicklung der Person

Gegenseitige Entwicklung ist wesentlich, um ein Selbst zu werden — ein Mensch, der seine Einzigartigkeit gerade durch seine Beziehung zu anderen Personen erkennt, deren Distanz zu ihm seiner Distanz zu ihnen entspricht. Wir existieren ebensowenig als selbstgenügsame Monaden, die nur sekundär miteinander in Kontakt kommen, wie wir bloße Zellen eines sozialen Organismus sind. Wir existieren als Personen, die in ihrer Einzigartigkeit von Personen bestätigt werden müssen, die wesentlich anders sind als wir selbst.

> Das Fundament des Mensch-mit-Mensch-seins ist dies Zweifache und Eine: der Wunsch jedes Menschen, als das was er ist, ja was er werden kann von Menschen bestätigt zu werden, und die dem Menschen eingeborene Fähigkeit, seine Mitmenschen eben so zu bestätigen. Daß diese Fähigkeit so unermeßlich brach liegt, macht die eigentliche Schwäche und Fraglichkeit des Menschengeschlechts aus: aktuale Menschheit gibt es stets nur da, wo diese Fähigkeit sich entfaltet.

> Aus dem Gattungsreich der Natur ins Wagnis der einsamen Kategorie geschickt, von einem Ja des Seindürfens aus, das ihm nur von menschlicher Person zu menschlicher Person werden kann. (Buber 1962, S. 419 f. und 423).

Wir leben in einem ständig fließenden Austausch. Wenn wir uns selbst bestätigen können, dann nur, weil wir von anderen bestätigt wurden, und wenn andere uns bestätigen können, dann nur weil wir akzeptieren können, von ihnen bestätigt zu werden. Um bestätigt zu werden müssen wir vom anderen als die Personen, die wir sind, vergegenwärtigt werden. Diese Bestätigung erfolgt weder aus Egoismus — weil es auch im Interesse des anderen liegt, dies zu tun — noch aus Altruismus — weil der andere selbstlos zur Seite tritt, um auf unsere Bedürfnisse einzugehen —, sondern aufgrund der fundamentalen Realität der Partnerschaftlichkeit des Daseins. Wir brauchen nicht zwischen dem Individuum und der Gesellschaft, zwischen Einsamkeit und Zusammengehörigkeit zu wählen. Vielmehr müssen wir die Spannung aushalten, gleichzeitig getrennt und vereint, je tiefer im Dialog und, einfach als Ergebnis, desto einzigartiger zu sein.

Carl Rogers veranschaulicht diesen ständig fließenden Austausch und die Wechselbeziehung von Dialog und Einzigartigkeit in einer seiner letzten Äußerungen über Bestätigung:

> Wenn ich nicht geschätzt und gewürdigt werde, dann *fühle* ich mich nicht nur sehr reduziert, sondern mein Verhalten wird tatsächlich von meinen Gefühlen beeinflußt. Wenn ich geschätzt werde, dann blühe ich auf und entfalte mich, dann bin ich ein interessantes Individuum. In einer feindseligen oder gleichgültigen Gruppe bin ich in keiner Hinsicht bemerkenswert. Die Leute fragen sich mit sehr gutem Grund, wie ist der je zu seinem Renommée gekommen? Ich wünschte, ich hätte die Kraft, in beiden Arten von Gruppen ähnlicher zu sein, aber die Person, die ich in einer freundlichen und interessierten Gruppe bin, ist faktisch anders als die Person, die ich in einer feindseligen oder ablehnenden Gruppe bin.
>
> Schätzen oder Lieben und Geschätzt- oder Geliebtwerden werden somit als sehr wachstumsfördernd erlebt. Ein Mensch, der anerkennend, nicht besitzergreifend, geliebt wird, blüht auf und entwickelt sein eigenes, einzigartiges Selbst. Der Mensch, der nicht besitzergreifend liebt, wird selbst bereichert. Dies ist jedenfalls meine Erfahrung (Rogers 1980, S. 23).
>
> Das sensible Verständnis eines anderen Individuums gibt dem Empfänger das Gefühl einer Identität als Person. Laing (1965) hat gesagt, »das Gefühl

der Identität erfordert die Existenz eines anderen, von dem man gekannt wird«. Buber hat ebenfalls von der Notwendigkeit gesprochen, daß unsere Existenz von einem anderen bestätigt wird. Empathie gibt uns die nötige Bestätigung, daß wir als eine seperate, für wertvoll gehaltene Person mit einer Identität existieren (Rogers 1980, S. 154 f.).

Diese gegenseitige Bestätigung von Menschen verwirklicht sich am vollständigsten in dem, was Martin Buber als »Vergegenwärtigung« bezeichnet, ein Vorgang, der ansatzweise überall dort abläuft, wo Menschen zusammenkommen, nur selten in seiner wesentlichen Struktur. Den anderen vergegenwärtigen bedeutet, »sich das Reale phantasieren«, sich ganz konkret vorstellen, was sich der andere wünscht, was er fühlt, wahrnimmt und denkt. Man will dann bis zu einem gewissen Grad, was der andere will, denkt, was er denkt, fühlt, was er fühlt. Der spezielle Schmerz, den ich einem anderen zufüge, steigt in mir selbst auf, bis wir uns paradoxerweise in derselben Situation befinden. Dieses Ereignis ist nicht abgeschlossen, bis er sich von mir vergegenwärtigt weiß und bis dieses Wissen den Vorgang seiner innersten Selbstwerdung auslöst. »Denn das innerste Wachstum des Selbst vollzieht sich nicht, wie heute so viele Menschen glauben möchten, in der Beziehung des Menschen zu sich selbst sondern . . . im Vergegenwärtigen des anderen Selbst und im Wissen, daß das eigene Selbst von anderen vergegenwärtigt wird.«

Echte Bestätigung bedeutet, daß ich meinen Partner als dieses existierende Geschöpf anerkenne, während ich ihm gleichzeitig als die Person, die ich bin, entgegentrete. Um ihn auf diese Weise zu bestätigen muß ich meine »Realphantasie« zu Hilfe nehmen. Das ist nicht intuitive Wahrnehmung im gewöhnlichen Sinn dieses Begriffes, sondern »vielmehr ein kühnes Einschwingen in den anderen, das die intensivste Regung meines Seins erfordert.« Die Sphäre meines Handelns ist hier die »spezielle reale Person, die mir entgegentritt, die Person, die ich in ihrer Ganzheit, Einheit und Einzigkeit zu vergegenwärtigen suche«. Ich kann dies nur als ein Partner tun, der sich mit dem anderen in einer gemeinsamen Situation befindet, und selbst dann, »kann meine Botschaft an den anderen unbeantwortet bleiben, und der Dialog kann im Keim ersterben«.

Wir haben mit jedem Ding die Fähigkeit gemein, zu einem Objekt der Beobachtung zu werden, schreibt Buber in *Schuld und Schuldgefühle.* Aber es ist das Privileg des Menschen, durch das verborgene Wirken seines Seins eine unüberwindliche Barriere gegen seine Objektivierung errichten zu können. Nur als Partner kann ein Mensch als existierende Ganzheit wahrgenommen werden. Eines Menschen inne werden heißt, seine Ganzheit als eine durch Geist definierte Person wahrzunehmen, die dynamische Mitte wahrzunehmen, die allen seine Äußerungen, Handlungen und Einstellungen das konkrete Zeichen des Einsseins aufdrückt. Ein solches Innewerden ist unmöglich, wenn und solange der andere für mich das Objekt meiner nüchternen Beobachtung ist, denn auf diese Weise werde ich nicht seine Ganzheit und seine Mitte begreifen. Dies ist nur möglich, wenn er mir also Gegenwart wird.

Die entscheidende Problematik der Sphäre des Zwischen, schreibt Buber, sei die Dualität von Sein und Scheinen. Der vom Sein bestimmte Mensch öffnet sich dem anderen spontan, ohne über das Bild nachzudenken, das er beim Betrachter ausgelöst hat. Der »scheinende Mensch« ist im Gegensatz dazu in erster Linie darum besorgt, was der andere von ihm denkt, und er bietet ein Bild von sich, das darauf ausgerichtet ist, ihm »spontan«, »aufrichtig« (oder was auch immer die vermeintliche Anerkennung des anderen einträgt) erscheinen zu lassen. Dieses Scheinen zerstört die Echtheit des Lebens zwischen den Menschen und damit die Echtheit der menschlichen Existenz im allgemeinen. Dieser Hang zum Schein entspringt dem Bedürfnis des Menschen nach Bestätigung und seinem Wunsch, lieber falsch bestätigt zu werden, als überhaupt nicht. »Diesem Hang nachzugeben ist die eigentliche Feigheit des Menschen«, schreibt Buber; »ihm widerstehen dessen eigentlicher Mut.«

Diese Unterscheidung zwischen »seiendem« und »scheinendem Menschen« befähigt Buber, die älteren Auffassungen des Menschen, als von Natur aus gut oder schlecht, durch eine modernere Erkenntnis zu ersetzen: obwohl manche Menschen den Eindruck machen, ausschließlich vom Schein bestimmt zu sein, ist es nur durch die wiederholte Täuschung, die den Eindruck erweckt, daß diese Individuen ihrer innersten Natur nach scheinende Menschen seien. »Ich habe keinen jungen Menschen gekannt, der mir hoffnungslos schlecht erschienen wäre«, schreibt Buber. »Der Mensch ist, als Mensch, erlösbar.« (Buber 1973, S. 281)

Wir müssen in unserer Einzigartigkeit bestätigt werden, doch diese Bestätigung muß von anderen kommen, die sich von uns unterscheiden. Dies ist solange kein Paradox, als echte Zwischenmenschlichkeit im Zentrum der menschlichen Existenz steht; denn unsere Existenz als Selbst wurzelt im

Zwischenmenschlichen und erhält sich durch dieses. Aber andere Menschen einschließlich unserer Eltern sind nicht immer bereit, uns in unserer Einzigartigkeit zu bestätigen. Wir können nicht wir selbst werden, ohne andere Menschen, die uns aufrufen, unsere erschaffene Einzigartigkeit in Beantwortung unserer Lebensaufgaben zu verwirklichen. Viele von uns haben bedauerlicherweise eine »Bestätigung« ganz anderer Natur erfahren, eine Bestätigung, die mit Bedingungen verknüpft ist. Vielen von uns wurde de facto ein Vertrag offeriert, der besagt: »Wir werden dich nur bestätigen, wenn du dich an unsere Vorstellung vom braven Kind, braven Kirchgänger, braven Schüler, braven Bürger, braven Soldaten anpaßt.«

Sobald wir auf diesen Handel eingegangen sind, und die meisten von uns gingen mehr oder weniger darauf ein, befinden wir uns in einer unerträglichen Doppelbildung. Solange wir in dieser Weise bestätigt werden, wissen wir irgendwo in unserem Innersten, obwohl wir es willentlich vergessen, daß nicht *wir* es sind, die bestätigt werden, sondern vielmehr die Rolle, die wir spielen, um unseren Bezugspersonen zu gefallen. Doch sobald wir versuchen, uns gegen diese Pseudobestätigung aufzulehnen und ihr zu entkommen, tritt die andere Hälfte des Vertrags in Kraft. Ohne es zu wissen, haben wir die Vorstellung verinnerlicht, daß wir, wenn wir uns nicht so verhalten, *nicht* bestätigt werden *können,* weil wir nicht liebenswert sind. Die Folge ist, daß wir uns selbst noch viel stärker isolieren als unsere Bezugspersonen dies bewirken konnten. Dies sei das eigentliche Paradox aller an Bedingungen geknüpften Bestätigungen.

Wir sind jetzt imstande zu begreifen, warum »Umfassung« bzw. die »Realphantasie« den Kern der Bestätigung bildet. Niemand kann uns durch Einfühlung bestätigen - weil er dadurch nichts von sich selbst gibt — und ebensowenig durch Identifizierung — weil er uns so in unserer Einzigartigkeit verfehlt und nur das herausfiltert, was ihm selbst gleicht. Die anderen können uns nur dann bestätigen, wenn sich sich selbst in ihrer Einzigartigkeit in den Dialog mit uns einbringen und uns bestätigen, während sie gleichzeitig die Spannung des Andersseins und nötigenfalls der Gegnerschaft aushalten, die sich aus dieser einzigartigen Beziehung zwischen zwei einzigartigen Personen ergibt. Wenn sie uns stattdessen eine bedingte Bestätigung anbieten, einen »Vertrag«, demzufolge wir nur entsprechend unserem guten Benehmen bestätigt werden, dann wird die Bestätigung, die wir erhalten, wie wir gesehen haben, bestenfalls problematisch sein. [1)]

1) Eine ausführliche Erörterung der Problematik der Bestätigung findet sich in Friedman 1983, 5. bis 8. Kapitel.

11. Kapitel

Nichtbestätigung und »Geisteskrankheit«

Die allmähliche Evolution der gegenseitigen Bestätigung vollzieht sich in ihrer intensivsten Form im Familienleben. Sobald der Vorgang der Bestätigung entgleist, haben wir es mit emotionalen und psychischen Störungen zu tun. Wir stehen dann vor einem lebenslangen Problem. Man kann nur von jemandem bestätigt werden, den man selbst bestätigt. Es ist ein wechselseitiger Eskalationsprozeß.

Saul L. Brown, M.D.
Direktor der Psychiatrie
Cedars Sinai Medical Center, Los Angeles

Wenn Bestätigung für die menschliche und zwischenmenschliche Existenz zentral ist, dann folgt daraus, daß Nichtbestätigung, insbesondere in den ersten Lebensstadien, ein wesentlicher Faktor in der Psychopathologie sein muß bzw. bei dem, was fälschlicherweise als »Geisteskrankheit« bezeichnet wird. Statt die Entstehung von Neurosen und Psychosen à la Freud in frustrierter Triebebefriedigung zu suchen, werden wir sie grundlegender und häufiger in nichtbestätigten Situationen in der Familie finden, die das Grundvertrauen des Kindes beeinträchtigen. »Man kann hypothetisch annehmen«, schreibt Ivan Boszormenyi-Nagy, »daß ein fixiertes, grenzenloses Verlangen nach Vertrauen zum dauerhaften Charakterzug des Kindes wird, wenn die Eltern als Komponente bei der Identitätsbildung des Kindes vorzeitig ausfallen« (Boszormenyi-Nagy 1965, S. 120). Nagys Hypothese wird durch die Theorien und die klinische Praxis von Heinz Kohut, Harold Searles, Ronald Laing, Helm Stierlin und Carl Rogers nachdrücklich bestätigt.

Harold Searles

Harold Searles konzentriert sich auf die Welt der Schizophrenen und versucht, durch deren Verständnis einen Weg zu finden, der zur Heilung führen könnte. Searles führt ebenso wie Kohut die Entstehung der Psychopathologie auf Nichtbestätigung zurück, aber Searles sieht diese Nichtbestätigung eher im Hinblick auf den Platz des Kindes in der Familie, als im Hinblick auf die Introjektion spiegelnder und/oder idealisierter Bezugspersonen.

Searles geht davon aus, daß die Identität des Kindes als Reaktion auf den Druck anderer Familienmitglieder und auf die Rolle, die sie dem Kind zuschreiben, entsteht. Wenn das Kind keine festgefügte, sich entwickelnde Identität in der Familie hat, keine vorherrschende und konsistente Familienrolle, von der aus es sich selbst und die Außenwelt betrachten kann, dann empfindet es seine eigene innere Realität nicht länger als die eines einzelnen, lebenden Menschenwesens, und seine Familienwelt wird chaotisch und mehrdeutig. Diese Mehrdeutigkeit erstrecke sich auch auf seine Wahrnehmungen; »das Kind kann keine realistischen Wahrnehmungen entwickeln, sofern kein zuverlässiges, von gegenseitigem Vertrauen gekennzeichnetes emotionales Klima vorhanden ist, in dem es weiß, wo es gegenüber beiden Eltern steht — weiß, was es für sie bedeutet, und weiß, daß es von ihnen geliebt und akzeptiert wird.« Obwohl dies zu Kohuts spiegelnden und idealisierten Eltern ausgebaut werden *könnte,* ist es bedeutsam, das Searles' Sprache interpersonal ist, während die Kohuts intrapsychisch bleibt. Bei Searles wird die Beziehung als solche hervorgehoben; bei Kohut steht das, was jeder Mensch *ist,* im Vordergrund, und die Beziehung ist eher ein sekundäres Derivat.

In den Familien von Schizophrenen gibt es unter den Familienmitgliedern so wenig vertrauensvolle, entspannende Mitteilungen der eigenen Gedanken, daß das Kind wenig Zeit und emotionale Sicherheit hat, um Wahrnehmungen abzuwägen, bevor ihnen Bedeutungen übergestülpt werden müssen. Das Kind muß auf Wahrnehmungen schnell reagieren und emotionale Vorurteile und Über-Ich-Maßstäbe bestätigen, die aus elterlicher Indoktrinierung abgeleitet sind. Das Kind ist nicht frei, anders zu verfahren, denn man gibt ihm das Gefühl, die einzige Alternative zur Übereinstimmung mit den Eltern sei totale Isolierung und Verrücktheit. Es muß oft zwischen der elterlichen Weltsicht und seinen eigenen Sinnen wählen, die ihm entgegengesetzte Ergebnisse liefern. Ein solches Kind befindet sich in einer Doppelbindung nicht nur zwischen den Eltern und sich selbst, sondern auch hinsichtlich der Weise, wie es von anderen Familienmitgliedern gesehen wird:

> Seine Familienrolle in bezug auf Wahrnehmung ist zutiefst *konfliktträchtig,* denn die anderen Familienmitglieder, die selbst danach streben, ganze, integrierte Individuen zu werden, reagieren einerseits implizit auf das Kind, als *Fürsprecher* ihrer eigenen abgespaltenen Persönlichkeitsaspekte und ermutigen es daher unbewußt, Persönlichkeitsmerkmale und interpersonale Vorgänge, die sie abspalten, in der Familie wahrzunehmen; andererseits reagieren sie solange auf das Kind, als ob es verrückt sei, bis es als ein Individuum funktioniert, das sich dieser Aspekte der Realität der Familienwelt um es herum bewußt *ist* (Searles 1967, S. 122 f.).

Diese Doppelbindungen führen zu schweren Verzerrungen, in denen sich der Schizophrene entweder ohne sinnvollen Bezug zu den Komponenten der Welt um ihn herum fühlt oder so mit ihnen vereinigt und verschmolzen, daß wiederum keine Wahrnehmung und keine Deutung möglich sind. In extremen Fällen werden Vorgänge, die im wesentlichen innere, emotionale Veränderungen sind, als Veränderungen in der Umwelt erlebt. Searles zitiert das Beispiel einer Frau, mit der er viele Jahre arbeitete, und die ihre eigene Existenz als höchst diskontinuielich und abgespalten (aus dem Bewußtsein verdrängt) empfand, so daß sie die Wahnvorstellung hatte, viele »Doppelgängerinnen« zu haben, die all das taten, was die Leute ihr zuschrieben. Sie sah auch andere als Doppelgängerinnen: »Sie konnte nicht begreifen, daß ich dieselbe Person, aber in einer anderen Stimmung, einer anderen Gefühlslage war, als sie je zuvor an mir gekannt hatte, oder dieselbe Person, der gegenüber sie jedoch eine neue Verbindung von Gefühlen empfand.«

Angesichts derartig chaotischer Wahrnehmungserlebnisse versucht der Paranoide, diese in eine künstlich aufgepfropfte, wahnhafte Ordnung, etwa eine kommunistische Verschwörung oder ein Mafiakomplott zu bringen. Daß er sich selbst im Mittelpunkt dieses Komplotts erlebt, ist seine Reaktion auf eine tiefe Bedrohung, falls er sich nicht als ebenso bedeutungslos, ebenso unbeachtet empfindet, wie die anderen es für ihn sind. Die Nichtbestätigung, die das schizophrene Individuum erlebt, hinterläßt bei ihm weitaus intensivere und konfliktreichere Gefühle außerhalb seiner Bewußtheit als beim Gesunden, während er gleichzeitig weitaus weniger fähig ist, sich mit solchen Gefühlen auseinanderzusetzen und sie zu integrieren (Searles 1967, S. 123—125).

In seinem Essay »Der Patient als Therapeut seines Analytikers« dehnt Searles Nichtbestätigung als Ursache von Geisteskrankheit auf die spezifische Nichtbestätigung oder Perversion des Bedürfnisses aus, ein Therapeut für seine Mutter zu sein, das ein Kleinkind empfindet. Unter bestimmten tragischen Umständen gelingt es dem Kind nicht, ein wirklich menschliches Individuum zu werden. Stattdessen wird es ein »symbiotischer Therapeut, dessen eigene Ich-Ganzheit sein ganzes Leben lang in wahrhaft selbstloser Ergebenheit geopfert wird, um die Ich-Unvollständigkeit der mütterlichen Bezugsperson und späterer Personen in seinem Leben, die in seinem Unbewußten die emotionale Bedeutung ähnlich unvollständiger Mütter haben, zu vervollständigen«. Ironischerweise ist es die entstehende Fähigkeit des Patienten zu lieben und die Entwicklung reifer menschlicher Verantwortlichkeit, die ihn in diese märtyrerhafte Rolle drängen. Es ist ohne Bedeutung, ob wir diese Bestrebungen als »egoistisch« oder »altruistisch« ansehen, denn womit wir es hier zu tun haben, ist der vergebliche Versuch, den Teufelskreis einer schlechten Beziehung in eine gute zu verwandeln:

> Das therapeutische Bestreben des Patienten ist es, als Mutter seiner biologischen Mutter zu fungieren (die Ich-Entwicklung der letzteren in bezug auf ihre eigene Mutterrolle ist auf infantilem Niveau fixiert oder auf dieses regrediert), um sie zu befähigen, hinreichend integriert und reif zu werden, so daß sie imstande ist, wirklich als Mutter für den Patienten zu fungieren (Searles 1975, S. 137).

Searles betrachtet das Familienmilieu, das die therapeutischen Bestrebungen des Kindes verdreht, als eine *Haupt*quelle *aller* Psychopathologie. Das Unvermögen des Psychotikers, ein individuelles menschliches Selbst zu werden, ist vor allem dadurch erklärbar, daß sich seine eigene Individuation durch seine symbiotische Funktion als Therapeut des einen oder anderen seiner Familienmitglieder oder, bei einer Familiensymbiose, aller zusammen verzögert. Oder er kann von unbewußten, lebenslangen Schuldgefühlen geplagt werden, mit seiner therapeutischen Anstrengung, seine ichschwache Mutter zu befähigen, eine ganze und erfüllte Mutter für ihn zu werden, gescheitert zu sein. Wir könnten sagen, daß er von dem einen oder anderen Mitglied der Familie gebraucht und benutzt wurde, aber in einer Weise, die ihn *nicht* als eine Person mit eigenem Anrecht bestätigte. Nichtbestätigung kann auch darin bestehen, daß einem nicht erlaubt wird, anderen zu helfen. »Der Mangel an Gelegenheit zu und die Ankerkennung von wiedergutmachender Bestätigung kann psychotische Geisteszustände nachhaltig begünstigen«, zitiert Searles M. Milner und, in ähnlichem Sinne, E. Singer : »Wer sich mit der Entstehung von Psychopathologie und mit Bestrebungen zur Förderung emotionalen Wachstums befaßt, muß der Möglichkeit ernsthaftes Augenmerk schenken, daß die verheerendste aller menschlichen Erfahrungen das Gefühl der Nutzlosigkeit ist« (Searles 1975, S. 149, 98 f., 145, 148).

R. D. Laing

Für Ronald Laing entsteht Psychopathologie ebenfalls durch Nichtbestätigung in der Familie, aber Laing gebraucht ebenso wie Farber und Jourard Bestätigung ausdrücklich im Buberschen Sinne. Der Mangel an Reaktion seitens der Mutter bedroht nach Laings Auffassung das Individuum mit dem Verlust seines Selbsts, denn »ein notwendiger Bestandteil der Entwicklung des Selbst ist es, sich unter den liebevollen Augen der Mutter selbst als Person zu erleben«. Laing, der sich sehr deutlich des »Vertrags«, an den Bedingungen geknüpft sind, bewußt ist, wovon wir im letzten Kapitel gesprochen haben, zitiert eine schizophrene Patientin, Joan, folgendermaßen :

> Wir alle sollten imstande sein, in unseren Erinnerungen zurückzublikken und sicher zu sein, eine Mutter gehabt zu haben, die uns liebte, alles an uns; auch unsere Pisse und Scheiße. Wir sollten sicher sein können, daß uns unsere Mutter um unser selbst willen liebte; nicht dafür, was wir tun konnten. Sonst haben wir das Gefühl, kein Recht auf Dasein zu haben. Dann haben wir das Gefühl, wir hätten nie geboren werden sollen (Laing 1965, S. 172).

Obwohl zunächst die Mutter dem Säugling die Welt vermittelt, denkt Laing nicht ausschließlich an schizophrenogene Mütter, sondern vielmehr an schizophrenogene Familien. Solche Familien bestätigen den oder die Betreffende gerade deshalb nicht, indem sie ein falsches Selbstsystem bestätigen. Julie klagte, sie sei erstickt worden und man habe ihr nicht gestattet, als Mensch zu leben, obwohl sie faktisch der Liebling der ganzen Familie war, alles erhielt und in ihrem Wachstum gefördert wurde. Nur war es ihr falsches Selbst, nicht ihr wahres, was bestätigt wurde. Obwohl die Eltern sich sonst in nichts einig waren, hielten sie ein Einverständnis aufrecht, Julies falsches Selbst als gut zu akzeptieren und jeden anderen Aspekt von ihr als schlecht abzulehnen. Was uns Laing skizziert, läuft praktisch auf eine echte Verleugnung des Prüfsteins der Realität des anderen und damit jeder Möglichkeit zu einem »Dialog der Prüfsteine« hinaus:

> Der schizophrenogenste Faktor dieser Zeit war . . . das völlige Fehlen von jemandem in ihrer Welt, der in ihrem Standpunkt, ob dieser richtig oder falsch war, irgendeinen Sinn sehen konnte oder wollte . . . Julie versuchte nicht einfach, ihre Existenz zu erhalten, sie versuchte Existenz zu erlangen . . . Der Familienkonsens gestand ihr keine Existenz zu. Ihre Mutter mußte rechthaben, absolut recht. Wenn ihre Mutter sagte, sie sei böse, dann empfand Julie das als Mord. Es war die Verneinung jedes autonomen Standpunktes ihrerseits . . . Die existenzielle Wahrheit in Julies Wahnvorstellungen war, daß ihre eigenen wahren Möglichkeiten erstickt, erwürgt, ermordet wurden (Laing 1965, S. 192 f.).

In *Self and Others* weist Laing darauf hin, daß selbst wenn sich ein Mensch in seine Handlungen einbringt und die Handlungen einen Sinn zu haben scheinen, er dennoch Leere und Vergeblichkeit empfinden kann, wenn ihm vom anderen keine Anerkennung zuteil wird und er das Gefühl hat, nicht imstande zu sein, irgend jemandem etwas zu bedeuten. Laing erkannte ebenso wie Buber, daß Ablehnung bestätigend sein kann, wenn sie direkt, und nicht flüchtig ist und der Handlung, die sie hervorruft, Bedeutung und Gültigkeit verleiht. Wie Lyman Wynne stößt Laing auf viele Familien, in denen es wenig echte Bestätigung gibt und Pseudobestätigung vorherrscht. Es ist nicht ausgesprochene Vernachlässigung, sondern vielmehr die unabsichtliche, subtile und durchgängige Nichtbestätigung oder die aktive Bestätigung des falschen Selbst, die zu Schizophrenie führen. *»Wer in einer falschen Position ist, empfindet Schuldgefühle, Scham oder Angst,* *wenn er nicht falsch ist«.* Julies Mutter betrachtete die passive, lustlose »Puppe« Julie als normal, während sie auf Spontaneität mit Angst und Zuschreibungen von Schlechtigkeit oder Verrücktheit reagierte (Laing 1971, S. 83, 99—102).

Laing analysiert »Kollusion« im Sinne von Bubers Verständnis des »scheinenden« Menschen, der sich um falsche Bestätigung bemüht und dadurch das Zwischenmenschliche unecht macht:

> Zwei in einer Beziehung befindliche Menschen können einander bestätigen oder echt ergänzen. Dennoch ist es schwer, sich dem anderen zu offenbaren ohne Vertrauen zu sich selbst und Zutrauen zum anderen. Der Wunsch nach Bestätigung vom anderen ist bei beiden vorhanden, aber beide schwanken zwischen Vertrauen und Mißtrauen, Zuversicht und Verzweiflung, und beide begnügen sich mit unechten Akten der Bestätigung auf der Basis von Verstellung. Dazu müssen *beide* das Spiel der Kollusion spielen (Laing 1971, S. 108f.).

»Scheinende Personen, die in Kollusion sind, verbergen nicht ihr »wahres« Selbst, denn keiner der beiden ist zu einer echten Erkenntnis des eigenen Selbst oder des Selbst des anderen gelangt. Diese gegenseitige Pseudobestätigung kann natürlich auch zu Konflikten führen, wenn die Wünsche der beiden nicht übereinstimmen. Beide wünschen, vom anderen »bemuttert« zu werden und kritisieren ihn, weil er das nicht tut. Der eine projiziert nicht auf den anderen, diesen als Haken benutzend, auf den er Projektionen hängen kann. Vielmehr will er den anderen veranlassen, geradezu zur *Verkörperung* seiner Projektion zu werden. Wenn der andere bei dieser Kollusion nicht mitmacht, fühlt dieser sich schuldig. Macht er dagegen mit, wird er seinem eigenen Selbst entfremdet. Wenn zwei Menschen kolludieren, verkörpert jeder der beiden eine Fiktion, die sich der andere wünscht, und bestätigt auf diese Weise den anderen in dem falschen Selbst, das er zum wirklichen zu machen sucht. »Der Boden ist dann bereitet für ein anhaltendes gegenseitiges Vermeiden von Wahrheit und echter Erfüllung (Laing 1971, S. 109—111).

Der Paranoiker ist im Gegensatz dazu in einer viel einsameren Position. Obwohl er in seinem Verfolgungswahn der Mittelpunkt der Welt aller anderen ist, wird er von dem Gedanken gequält und ist davon besessen, niemals in irgend jemandes Zuneigung die erste Stelle einzunehmen. Der andere ist da, aber *er* ist für den anderen nicht vorhanden. Er lebt weniger in seiner eigenen Welt als vielmehr in dem leeren Raum von dem er annimmt, daß er ihn *nicht* in der Welt des *anderen* besetzt. »Unfähig, sich als bedeutsam für einen anderen zu erleben, entwickelt er einen wahnhaft bedeutsamen Platz für sich selbst *in der Welt anderer«* (Laing 1971, S. 136—138).

Viel von dem, was Laing in *The Politics of Experience* über »Mystifizierung« schreibt, ist eine Erweiterung dieses Verständnisses von Nichtbestätigung in ihren verschiedenen Formen. Für Laing ist die Familie eine »Schützende Gangsterbande« : hinter all dem gegenseitigen Schulterklopfen und dem Geben und Nehmen von Wertschätzung, Status, Unterstützung, Schutz und Sicherheit lauert die Angst, nicht bestätigt zu werden. Das Endresultat ist Marcuses »eindimensionaler Mensch«; denn die Funktion der Familie, den Eros zu unterdrücken, erzeugt ein falsches Bewußtsein von Sicherheit; leugne den Tod durch Vermeidung des Lebens; fördere Respekt, Anpassung und Gehorsam; und bewirke eine Furcht vor dem Scheitern und einen Respekt vor Arbeit und »Wohlanständigkeit«. In seiner Erörterung der Attributionen (Zuschreibungen) in *The Politics of the Family* veranschaulicht Laing ausführlich, wie diese Mechanismen funktionieren. Ob einem Schlechtigkeit oder Hübschheit zugeschrieben wird, das Schema ist dasselbe : die Eltern oktroyieren dem Kind ihre Standpunkte auf und machen dem Kind Schuldgefühle, weil es anderer Meinung ist (Laing 1967, S. 64; Laing 1972, S. 122).

Helm Stierlin

Der deutsche Familienpsychiater Helm Stierlin hat unser Verständnis dessen, was wir als den »Vertrag« bezeichnet haben, und was Laing das falsche Selbstsystem nennt, durch seine Unterscheidung zwischen drei Arten der Nichtbestätigung, die zu Pathologie und Kriminalität führen erweitert : das »gefesselte Kind«, das »delegierte Kind« und das »ausgestoßene« Kind. Dem gefesselten Kind wird implizit die Botschaft vermittelt, daß es sich nicht aus dem Familiensystem herauswagen darf. Eltern versuchen, sobald sie durch die Kinder mit ihrer eigenen Entwicklungskrise konfrontiert sind, diese immer enger an sich selbst und das »Familienghetto« zu binden und die Ablösung der Kinder um jeden Preis zu verzögern oder zu verhindern.

In seiner Erörterung der »kognitiven« oder »Ich«-Bindung greift Stierlin einige der Themen wie Doppelbindung, Attributionen und Mystifikationen wieder auf, denen wir im Werk von Wynne und Laing und implizit bei Searles begegnet sind:

> Die kognitive oder »Ich«-Bindung ... besteht aus unaufrichtiger oder indirekter Kommunikation, die täuscht oder verwirrt, die gemeinsame Konzentration auf eine Sache stört und die eigenen Botschaften oder die des anderen leugnet. Eine solche unaufrichtige Kommunikation belastet oder verunsichert den Partner im Dialog und wirft den Dialog aus der Bahn ... Sie verletzt seine »kognitive Integrität«; sie verletzt den Partner; sie bewirkt, daß er das Vertrauen zu seinen inneren Wegweisern, zu seinen Wahrnehmungen von sich und anderen und zu seinen tiefsten Gefühlen verliert. Diese Gefühle — z. B. Gefühle, die mit unserem Lieben oder der Empfindung, liebenswert zu sein, zusammenhängen — sind immer für entgegengesetzte Attributionen anfällig — d. h. Behauptungen, der oder die Betreffende empfinde das nicht »wirklich« oder vertusche etwas, mache sich selbst etwas vor etc. Denn solche Erfahrungen können nicht durch gewöhnliche Logik, durch simple Beweise oder Widerlegungen oder durch Anrufung eines unparteilichen Schiedsrichters bestätigt werden. Um Gültigkeit zu erlangen, müssen sie subjektiv behauptet aber auch mitgeteilt und offengelegt werden. Aber dieses Mitteilen und Offenlegen bedeutet Verletzbarkeit durch die Angriffe eines kognitiven »Binders« (Stierlin 1974, S. 42f., rückübersetzt).

Wenn wir in dem obigen Abschnitt die Worte »Gültigkeit erlangen« durch »bestätigen« ersetzen (was Stierlin selbst an einem Punkt tut) dann wird klar, welch ein anschauliches Beispiel für Nichtbestätigung eine solche kognitive Bindung als Wurzel der Psychopathologie ist.

Stierlin setzt die delegierende Form der Interaktion zwischen Eltern und Kindern in Bezug zu ungelöster Ambivalenz und zu Konflikten der Eltern in ihrer eigenen Entwicklungskrise. Sie schwanken selbst zwischen der Konsolidierung bestehender Beziehungen und Arbeitsverhältnisse und dem Versuch neuer Starts, die sie aus dem Kreis der Familie führen. Sie wenden sich ihren Kindern mit widersprüchlichen Erwartungen zu, binden sie an sich und schicken sie fort. Das delegierte Kind muß es auf sich nehmen, mit der elterlichen Ambivalenz fertigzuwerden und sich zu *ihrer* Aussöhnungsinstanz zu machen, immer auf Kosten seines eigenen echten Wachstums und seiner eigenen Ablösung. Gerade die Jugendlichen, die ihre Auflehnung offen zur Schau zu tragen scheinen, indem sie Drogen nehmen, Autoritäten und Konventionen trotzen, sich sexuell promisk verhalten und von zu Hause ausreißen, sind in Wirklichkeit die loyalsten und fügsamsten

Kinder. Sie reagieren auf die geheimen Erwartungen ihrer Eltern, und ihre Konflikte sind Konflikte der Loyalitäten und der Missionen, mit denen ihre Eltern sie belasten, ob diese Missionen nun darin bestehen, die libidinösen Wünsche ihrer Eltern auszuagieren oder für das schlechte Gewissen ihrer Eltern zu büßen.

Zu den »unmöglichen Missionen«, die Stierlin anführt, zählen die Verkörperung und Verwirklichung des größenwahnsinnigen Ich-Ideals eines Elternteils von Leistung, Berühmtheit, Schönheit oder Vitalität und die Verkörperung und Externalisierung der Schlechtigkeit und Verrücktheit, die ein Elternteil in seinem tiefsten Inneren als sein eigenes Schicksal empfindet und fürchtet. Dieser letztgenannte Auftrag stammt oft von Eltern, die, verfolgt vom Schatten geisteskranker Verwandter, ein Kind dazu bestimmen, das verrückte Familienmitglied zu werden, in der Hoffnung, auf diese Weise die gefürchtete und ständig vorhandene Verrücktheit bei sich selbst unter Kontrolle zu halten, eindämmen und neutralisieren zu können (Stierlin 1974, S. 51f., 132f., 182f.)

Helm Stierlin hat eine Psychobiographie Hitlers als ein delegiertes Kind geschrieben, das die Wünsche seiner Mutter erfüllte, ihrer Stellung als Dienstmagd zu entkommen, die zwar die zweite Frau des Vaters wurde, aber im Grunde immer noch als Dienstmagd behandelt wurde. Ein weiteres bekanntes Beispiel für das delegierte Kind findet sich in Bud Schulbergs Buch *What Makes Summer run* (1941), ein Porträt des Filmmagnaten Samuel Goldwyn. Goldwyns Eltern waren beide Immigranten, und dem Vater gelang es nicht, einen erfolgreichen Platz in der Wirtschaft und Kultur seines neuen Landes zu erringen. Die Mutter wandte deshalb ihr Interesse dem Sohn zu, der sie für das Versagen des Vaters entschädigen sollte. Wenn man Samuel Goldwyn fragen würde, warum er sein ganzes Leben lang so hart gearbeitet habe, dann würde er sagen, das sei nur für ihn oder vielleicht für seine Frau und seine Kinder geschehen. In Wirklichkeit rannte er für seine Mutter. Das entscheidende Moment bei der dritten Interaktionsform, dem Ausstoßen, ist, daß die Elten bei den Versuchen, *ihre* Krisen zu lösen und einen neuen Anfang im Leben mit Hilfe von Partnern, Arbeitsplätzen oder emotionalen Investitionen zu machen, ihre halbwüchsigen Kinder als Hindernisse anzusehen beginnen. Sie weisen ihre Kinder ab und vernachlässigen sie, lassen sie herumstreunen und überlassen sie sich selbst, so daß diese ständig die Botschaft erhalten : »Du bist überflüssig; je früher du von zu Hause fortgehst, desto besser.« Das sind dann Kinder, die ohne Hemmungen von zu Hause ausreißen und in vielen Fällen durch Selbstmord enden. Es gibt auch gemischte Fälle, wie die sogenannten chronischen Schizophrenen, die in psychiatrische Anstalten verfrachtet werden und ihren Eltern extrem verfremdet sind, aber gleichzeitig extrem an sie gebunden bleiben.

Stierlin rechnet auch Kohuts Bemerkungen über den Narzißmus in *The Analysis of the Self* (1971) zum Modus des Ausstoßens. Die Eltern solcher Kinder sind kalt und verweigernd, mit der Folge, daß die Kinder in einem zwischenmenschlichen Vakuum ohne Eltern, Wärme, Fürsorge und Anteilnahme aufwachsen. Obwohl die Kinder ein stabiles Zuhause und materiellen Komfort haben, fehlt ihnen jegliches Selbstbewußtsein. Ihre quälende Furcht, als bedeutungslos angesehen zu werden, läßt sie ihre ganzen Kräfte auf das verzweifelte Ringen nach Bestätigung ihrer (innerlich bezweifelten) Bedeutung konzentrieren. Sie zeichnen sich oft durch Autonomie und Kreativität aus, die sie befähigen, ständig neue Bewunderer zu finden, die ihre Wichtigkeit bestätigen. Und dennoch verdeutlicht niemand wie sie die Problematik von Bestätigung, da jeder frische Erfolg und jeder neue Bewunderer sie nur vorübergehend von ihren eigenen inneren Zweifeln an ihrer Bedeutung befreit. Ihre scheinbare Selbstüberschätzung verdeckt ein inneres Vakuum (Stierlin 1974, S. 66f., 136f., 154f.)

Carl Rogers

Der Aufsatz von Carl Rogers, »Ellen West — und Einsamkeit« enthält eine ausgezeichnete Zusammenfassung der Korrelation zwischen Nichtbestätigung und »Geisteskrankheit«:

> Ellen ließ man in einigen entscheidenden Augenblicken ihres Lebens spüren, daß ihr eigenes Erleben ungültig, irre, falsch und ungesund sei und daß ihre Gefühle ganz anders geartet sein sollten. Unglücklicherweise war die Liebe zu ihren Eltern, insbesondere zu ihrem Vater, so stark, daß sie ihr eigenes Ich unterdrückte und durch die Normen ihrer Eltern ersetzte. Sie gab es auf, sie selbst zu sein . . . »ich schreie, aber sie hören es nicht«. Ellens Worte tönen mir in den Ohren. Niemand *hörte* sie als Person. Weder ihre Eltern noch ihre beiden Analytiker noch ihre Ärzte scheinen sie jemals genug geachtet zu ha-

ben, um ihr auch nur zuzuhören. Wie sollte sie dann sich selbst zuhören oder ihre innere Welt wichtignehmen?
»Ich bin ganz isoliert. Ich sitze in einer Glaskugel. Ich sehe die Menschen durch eine Glaswand . . . Ich schreie, aber sie hören es nicht.« Welch verzweifelter Schrei in einer Beziehung zwischen zwei Personen; sie erlebte nie, was Buber »Heilen durch Begegnung« genannt hat. Es gab niemanden, der ihr hätte begegnen, sie hätte annehmen können, so wie sie war (Rogers 1980, S. 100 — 101. Englische Ausgabe S. 173 — 175).[1)]

1) Siehe auch Rogers 1980, englische Ausgabe, S. 211, 226.

12. Kapitel

Bestätigung in der Therapie

Wenn Nichtbestätigung oder das Fehlen von Bestätigung eine verbreitete Ursache von Psychopathologie ist, dann bildet Bestätigung den Kern des Heilens durch Begegnung. Heilen durch Begegnung in Bubers Begriffen ist jene Therapie, die über die Reparaturtätigkeit hinausgeht, die »einer Seele, die diffus und schlecht strukturiert ist, [hilft], sich zu sammeln und zu ordnen«, und ihr die Bewältigung der wesentlichen Aufgaben ermöglicht — »die Regeneration einer verkümmerten persönlichen Mitte«. Dies wird besonders an dem »liebevollen Kampf« deutlich, durch den nach Stierlins Auffassung gegenseitige Befreiung im Konflikt zwischen den Generationen möglich wird. Ein solcher »liebevoller Kampf« ist zunächst durch zwei Parteien gekennzeichnet, die danach streben, sich zu differenzieren und ihre unterschiedlichen Bedürfnisse und Interessen zu artikulieren und diese in eine laufende Kommunikation und Beziehung einzubringen. Zweitens zeichnet er sich durch ein sich vertiefendes Bewußtsein der Interdependenz und der gegenseitigen Verpflichtungen beider Parteien aus und drittens durch die Förderung der Wiedergutmachungsbemühungen jeder Partei. Dies ermöglicht eine dreidimensionale Befreiung, die idealerweise auch die Eltern der Eltern und die noch ungeborenen Kinder der Kinder einschließen kann (Stierlin 1974, S. 181 f.).

Einen Großteil dessen, was wir über Harold Searles' Herangehen an die Bestätigung in der Therapie zu sagen haben, reservieren wir für unser Kapitel »Der Dialog der Prüfsteine«, ein Thema, zu dem er einen besonders bedeutsamen Beitrag geleistet hat. Hier wollen wir uns auf die Schlußfolgerungen beschränken, die er aus seiner These zieht, daß der Patient ein Therapeut seines Analytikers sei und als solcher anerkannt werden sollte. »Je kranker ein Patient ist«, schreibt Searles, »desto mehr erfordert eine erfolgreiche Behandlung, daß er zu einem Therapeuten seines offiziell für ihn bestimmten Therapeuten, des Analytikers, wird und man ihn implizit als solchen anerkennt.« Nur wenn der Patient mit seinen therapeutischen Bestrebungen gegenüber dem Therapeuten Erfolg hat, kann er hinreichend frei von Schuldgefühlen und seines Worts genügend sicher werden, um ein vollständigeres menschliches Individuum werden zu können. »Individuation hat ihren Beigeschmack verheerender Zersplitterung oder tödlicher Lossagung von der Mutter verloren, für die der Patient nicht nur gelernt hat, sich verantwortlich zu fühlen, sondern die er auch wirklich liebte und die er irgendwie ganz und erfüllt sehen wollte.« Umgekehrt erklärt das Unvermögen des Analytikers, die lange verdrängten therapeutischen Bestrebungen des Patienten zu erkennen, mehr als jedes andere interpersonale Element der Behandlung, den unbewußten Widerstand des Patienten gegen den analytischen Prozeß (Searles 1975, S. 96, 99, 149).

Ronald Laing zeichnet sich durch brillante Analyse und Diagnose aus; er hat wenig zum Thema Bestätigung und Heilen durch Begegnung zu sagen. In dem Kapitel »Bestätigung und Nichtbestätigung« in *Self and Others* zitiert er jedoch einige eindrucksvolle Beispiele. In einer Therapiestunde mit einer 25jährigen schizophrenen Frau, die in einiger Entfernung von ihm saß, ohne sich zu bewegen oder zu sprechen, schweiften seine Gedanken zu Dingen ab, die ihn selbst betrafen. Plötzlich hörte er sie sehr leise sagen : »Ach bitte, geh nicht so weit weg von mir.« Laing war klar, daß es in diesem Augenblick am wichtigsten war, ihr zu bestätigen, daß sie ganz richtig erkannt hatte, daß er ihr seine »Gegenwart« entzog.

> Es gibt viele Patienten, die für ein solches Im-Stich-Lassen ein sehr feines Gefühl haben, die sich aber der Zuverlässigkeit ihres Gefühls — von der Gültigkeit ganz zu schweigen — nicht sicher sind. Sie trauen anderen Leuten nicht, können aber auch ihrem eigenen Mißtrauen nicht trauen (Laing 1973, S. 111, englische Ausgabe 1971, S. 104f.).

Das andere Beispiel, das Laing anführt, ist das einer Krankenschwester, die einer »etwas katatonischen, hebephrenischen, schizophrenen Patientin« eine Tasse Tee gab. Diese chronisch psychotische Patientin sagte, als sie den Tee entgegennahm : »Das ist das erste Mal in meinem Leben, daß mir jemand eine Tasse Tee gibt.« Für Laing wird dies zum eigentlichen Symbol für Bestätigung in der Therapie. Der »Schizophrene« wird oft so bezeichnet, weil er *sehr* sensibel dafür ist, nicht als Mensch anerkannt zu werden, weil er ein großes Bedürfnis hat, Liebe zu geben und zu erhalten. Für einen solchen Menschen kann das wirkliche Geben einer Tasse Tee die Bestätigung seiner Existenz als Mensch sein, als einer Person von Bedeutung und Wert. Allzu oft werden Tassen mit Tee gereicht, weil man angeben oder weil man vom anderen etwas haben will.

> . . . es ist die einfachste und schwierigste Sache auf der Welt, daß *eine Person,* die ihr echtes Selbst ist, *einer anderen Person,* vom Geber in ihrer eigenen Person realisiert, *eine Tasse Tee,* ganz real und nicht nur dem Schein nach, gibt, tatsächlich und nicht nur dem Schein nach (Laing 1973, S. 112f., englische Ausgabe 1971 S. 106f.)

Praktisch alles, was Carl Rogers über Therapie geschrieben hat, kann als Bestätigung des nichtbestätigten oder unbestätigten Selbst des Klienten gesehen werden. Sidney Jourard, der Rogers in vieler Hinsicht folgt, weist noch entschiedener auf die zentrale Bedeutung von Bestätigung und Heilung durch Begegnung für die Therapie hin. Jourard sagt von sich selbst, er bestätige seinen Klienten durch seine *Intention* — »den Wunsch, daß derjenige, der für den Therapeuten der andere ist, seine Freiheit erleben sollte, daß er er selbst sein und werden sollte«. Dieses Engagement transzendiert die Loyalität des Therapeuten gegenüber irgendeiner automatisierten Technik oder theoretischen Orientierung. Gleichzeitig läßt sie Raum für Technik als eine Kunst, die von einem Lehrer erlernt wird, *»ein Idiom,* in dem man eine ursprüngliche therapeutische Absicht ausdrückt.

Wenn Jourard einem Patienten begegnet, der unter den einschränkenden und krankmachenden Auswirkungen von Kindheitsversagungen und -traumata leidet, bemüht er sich nicht in erster Linie, mit dem Patienten den Wurzeln seiner »Pathologie« nachzuspüren, sondern vielmehr sich zu fragen, wie es möglich wäre, seine verzagenden Lebensgeister so zu mobilisieren, daß er die gegenwärtigen Umstände, von denen er sich hat niederdrücken lassen, überwinden könnte. Für Jourard ist der zentrale Faktor von »iatrogener Gesundheit« die »Kraft des Glaubens des *Heilers* an die Möglichkeiten des Leidenden, die hemmenden Umstände seiner Existenz zu transzendieren«. Von diesem Standpunkt aus *tragen* Vertrauen und Hoffnung nicht zur Heilung *bei*, sondern sind vielmehr selbst das Anzeichen, daß eine *totale* organismische Heilung bzw. ein Reintegrationsprozeß in Gang gesetzt wurde (Jourard 1968, S. 57—59, 68).

Für Jourard ist Bestätigung ein Akt der Liebe, durch den man den anderen als jemanden anerkennt, der in seiner eigenen speziellen Form existiert und das Recht dazu hat. Diese Anerkennung transzendiert sowohl die Vorstellung, die der Therapeut vom Dasein des Klienten hat, als auch die eigenen früheren Vorstellungen des Klienten von sich und seine Selbstdarstellungen. Deshalb befähigt die Bestätigung durch den Therapeuten den Klienten zu wachsen:

> Indem ich meine vorgefaßten Meinugen von ihm außer Kraft setze, lade ich ihn ein, in meiner Gegenwart loszulassen. Er kann die gestrigen Selbstdarstellungen, Verpflichtungen, Interessen und Ziele fallenlassen und die Möglichkeiten neuer erkunden. Er kann weinen, regredieren, in sich hineinschauen, während er mit mir zusammen ist, und dabei das sichere Gefühl haben, daß ich warte und vielleicht dabei seine Hand in meiner halte, bis er bereit ist, mir zu sagen, wer er ist. Und ich bestätige ihn in jedem Augenblick seiner Reise als denjenigen, der er ist — John auf der Suche; John in Verzweiflung; John, der mit neuen Zielen und Wertvorstellungen zurückkehrt (Jourard 1968, S. 123f.).

Im Laufe seiner Seminare an der Washington School of Psychiatry machte Martin Buber Andeutungen über Bestätigung in der Therapie und deren Zusammenhang mit dem Heilen durch Begegnung: Zum Zeitpunkt der stärksten Übertragung hat der Patient das unbewußte Bedürfnis, sich ganz in die Hände des Therapeuten zu begeben, damit ein Kontakt zustandekommt. Die Offenheit und Bereitschaft des Therapeuten für alles, was kommt, ist nötig, damit der Patient ihm existentiell vertrauen kann. Eine bestimmte, sehr wichtige Form der Heilung — existentielle Heilung — findet durch Begegnung und nicht durch Einsicht und Analyse statt. Dies bedeutet die Heilung nicht bloß eines bestimmten Teils des Patienten, sondern auch der eigentlichen Wurzeln seiner Existenz. Das existentielle Vertrauen eines ganzen Menschen zu einem anderen hat in der Sphäre des

Heilens eine besondere Bedeutung. Solange es nicht vorhanden ist, wird es keine Erkenntnis dieses Bedürfnisses geben, das Verdrängte in die Hände des Therapeuten zu legen. Ohne solches Vertrauen können auch Meister der Methodik keine existentielle Heilung herbeiführen.

Das existentielle Vertrauen zwischen Therapeut und Patient, das die Beziehung zu einer heilenden im vollsten Sinn dieses Begriffs werden läßt, implizit Bestätigung von sehr spezieller Art. Diese Bestätigung ersetzt nicht die Übertragung. Aber wenn Begegnung der entscheidende Faktor ist, verändert die Übertragung ihre Bedeutung und Dynamik. In wirklicher Begegnung ändert sich alles. Bestätigung kann als *statisch* mißverstanden werden. Ich begegne einem anderen — ich akzeptiere und bestätige ihn so, wie er jetzt ist. Aber eine Person zu bestätigen, *wie sie ist,* ist nur der erste Schritt. Bestätigung bedeutet nicht, daß ich den Anschein, den die Person in diesem Augenblick erweckt, für diejenige halte, die ich bestätigen will. Ich muß den anderen in seiner dynamischen Existenz mit seinen latenten Kräften wahrnehmen. Im Vorhandenen liegt das verborgen, was noch *werden* kann.

Diese latenten Kräfte, dieses Gefühl für sein einzigartiges Potential als Persönlichkeit, können sich mir im Laufe unserer Beziehung vermitteln, und dies ist es, was ich vor allem zu bestätigen wünsche. In der Therapie wird dieses persönliche Potential für den Therapeuten in ganz besonderer Weise wahrnehmbar. Im schlimmsten Krankheitsfall kann sich das höchste Potential eines Menschen in negativer Form zeigen. Der Therapeut kann die Entwicklung dieser latenten Kräfte direkt beeinflussen. Heilen bedeutet nicht, das Alte heraufzuholen, sondern vielmehr, das Neue zu gestalten : es bedeutet nicht, das Negative zu bestätigen, sondern vielmehr, es durch das Positive auszugleichen (Friedman 1966, S. 38f.; Buber 1969, S. 169—173).

Bubers Versicherung, daß Bestätigung nichts Statisches ist, sondern vielmehr eine Bekräftigung der Möglichkeiten, die sich noch in der schlimmsten Krankheit des Patienten verbergen, hat mit der Frage zu tun, die sich im Dialog zwischen Buber und Rogers über den Unterschied zwischen *Akzeptieren* und *Bestätigen* stellte. Carl Rogers neigt, wie wir gesehen haben, zu einer Gleichsetzung dieser beiden Begriffe. Echtes Annehmen, meint er, bedeute, das Potential eines Menschen ebenso zu akzeptieren, wie das, was er im Augenblick ist. Wenn wir nicht imstande sind, sein Potential zu erkennen, sagt Rogers, dann ist es wirklich die Frage, ob wir ihn annehmen können. Wenn ich genau so akzeptiert werde, wie ich bin, fügt er hinzu, kann ich gar nicht anders, als mich zu verändern. Wenn keine Notwendigkeit für Abwehrstellungen besteht, dann verschafften sich die vorwärtsdrängenden Prozesse des Lebens ihr Recht. Genau diese Annahme — daß die Prozesse des Lebens immer voranschreiten — stellt Buber in Frage, und dies führt ihn zu einer Unterscheidung zwischen Bejahung *(affirmation)* und Bestätigung *(confirmation)*, die Rogers nicht trifft:

> Jede wahre existentielle Beziehung zwischen zwei Personen beginnt mit Akzeptanz. . . Ich nehme dich an wie du bist. . . in diesem Moment, in dieser Gegenwärtigkeit. . . Bestätigung bedeutet. . . die ganze Potentialität anzunehmen. . . die ich in ihr jetzt erkennen kann, von der ich mehr oder weniger wissen kannn. . . die Person, die sie war. . . Und jetzt akzeptiere ich den anderen nicht nur wie er ist, sondern ich bestätige ihn, zuerst in mir und dann in ihm, in Beziehung zu seiner Potentialität, die. . . jetzt entwickelt werden kann. . . sich herausbilden kann. . . die auf die Realität des Lebens antworten kann. . . »Ich akzeptiere dich, wie du bist«. . . bedeutet *nicht* »Ich will nicht, daß du dich änderst«, sondern. . . »Ich entdecke durch meine annehmende Liebe in dir das. . . was du bestimmt bist zu werden«. (Buber 1966, S. 181f.)

Buber fügt hinzu, daß er bei der Arbeit mit einem problematischen Menschen diesem manchmal gegen sich selbst helfen muß, denn aufgrund dieser Problematik ist das Leben sinnlos für ihn geworden.

> Was er braucht ist ein Wesen, dem er nicht nur vertrauen kann wie ein Mensch dem anderen vertraut, sondern ein Wesen, das ihm jetzt die Sicherheit gibt, daß »es einen Grund *gibt*, eine Existenz *gibt*. Die Welt ist nicht zur Ausbeutung, Degeneration, Zerstörung verdammt. Die Welt *kann* erlöst werden. *Ich* kann erlöst werden, weil es dieses Vertrauen gibt«. Und wenn dies erreicht ist, dann kann ich diesem Menschen sogar in seinem Kampf gegen sich selbst helfen. Und dies kann ich nur, wenn ich zwischen Akzeptieren und Bestätigen unterscheide (Buber 1966, S. 183).

Rogers macht, wie wir gesehen haben, einen Schritt in Richtung auf diese Unterscheidung, indem er »Kongruenz« auf seiner Liste der Voraussetzungen guter Therapie vor »dem einfühlsamen Verständnis« und »der bedingungslosen positiven Zuwendung« anführt. Kongruenz ergibt jedoch nur ein unvollständiges Bild. Sie bedeutet, daß ich dich als das bestätigen muß, was ich bin, und nicht, was du oder ich von mir erwarten oder wünschen könnten. Es bedeutet noch nicht, daß ich gerade, um dich zu *bestätigen, mit dir ringe* und dir *Widerstand leiste.* Sidney Jourard vertritt die Auffassung, daß Rogers, der von der Atmosphäre spricht, in der ein Mensch wachsen kann, selbst entdeckt habe, daß es nicht genüge, bloß ein fabelhaft toleranter und »spiegelnder« Mensch zu sein.

Den anderen als denjenigen zu bestätigen, der er ist, und ihn zu ermutigen, sich die Freiheit zu nehmen zu zeigen und zu sein, wer auch immer und was auch immer er ist, bedeutet, daß sich auch der Therapeut die Freiheit gewähren muß, genau der Mensch zu sein, der er ist, und als solcher zu reagieren. Es bedeutet auch, daß man während man zurücktritt und das Dasein des anderen »geschehen« und es sich in seiner Realität und Authentizität enthüllen läßt, dem anderen als man selbst begegnet, in dem Bewußtsein, daß »die direkteste Bestätigung oft darin besteht, eine Gegenposition zur Enthüllung des anderen einzunehmen«. Auch diese Begegnung in Gegnerschaft bestätigt dem anderen, daß er ist, wer er ist. »Sie zeigt ihm, daß er existiert« (Jourard 1968, S. 74, 122f.)

Der Therapeut kann dem Patienten auch helfen zu wachsen, behauptet Jourard, indem er ihn herausfordert und ermutigt, neue Vorhaben in Angriff zu nehmen. Wenn die Vorstellung des Therapeuten vom Patienten mehr Verhaltensmöglichkeiten umfaßt, als dieser selbst für sich in Anspruch nimmt, wenn sein Bild vom Patienten umfassender und genauer ist als die Vorstellung des Patienten vom Dasein, und wenn er den Patienten von Augenblick zu Augenblick wissen läßt, wie er ihn *wirklich* erlebt, kann der Patient dies mit seinem eigenen Erleben seiner selbst und mit seinem eigenen Selbstbild vergleichen. Der Therapeut »kann auf diese Weise den Keim des Zweifels in die Kruste (seines Selbstkonzepts) pflanzen« und ihm helfen, diese zusammenbrechen zu lassen, damit er sein Selbstkonzept umgestalten kann. »Genau dies ist es, was ein liebevoller Freund oder ein guter Psychotherapeut tut« (Jourard 1968, S. 122).

Viktor Frankl scheint eine ähnliche Unterscheidung zwischen Annehmen und Bestätigen zu implizieren, wenn er sagt, daß der Liebende nicht nur die wesentlichen Charakterzüge und Merkmale des Geliebten wahrnimmt, sondern auch seine Möglichkeiten sieht, das, was noch nicht verwirklicht ist, aber verwirklicht werden sollte. Indem er dem Geliebten bewußtmacht, was er sein kann und was er werden sollte, trägt der Liebende zur Verwirklichung dieser Möglichkeiten bei (Frankl 1970, S. 113f.). Der Gestalttherapeut Vincent O'Connel kommt diesem Verständnis von Bestätigung nahe, wenn er schreibt: »Ich habe auch gelernt, daß zumindest für mich die angemessene Reaktion ehrlicher und liebevoller Zorn ist (wenn er sich einstellt), da dieser Zorn ein persönliches Engagement und einen Appell an die Person enthält« (Fagan und Shepard, Hsg. 1970, S. 251f.).

Der Beginn aller menschlichen Beziehungen und damit aller helfenden, heilenden, therapeutischen Beziehungen ist das »ich akzeptiere dich, wie du bist«. Aber das bedeutet nicht, daß ich alles bestätige, was du tust, bloß, weil du es tust. Das hieße, die Realität der Beziehung zu ignorieren, die Realität von mir als Person, die dir gegenübertritt. Nicht, daß ich dich von oben herab beurteile oder dir Moral predige. Doch unsere Beziehung als solche stellt einen Anspruch an dich wie an mich. Ich muß von dort, wo ich mich in meiner Einzigartigkeit befinde, zu dir kommen. Ich kann mich nicht zur Null machen, um dir zu helfen. Den anderen zu bestätigen, ist nur innerhalb der Beziehung selbst möglich, sofern der andere dir sein Selbst vermitteln kann und du sowohl seine als auch deine eigene Seite der Beziehung erleben kannst.

Der Therapeut muß möglicherweise *mit* dem Patienten, *für* den Patienten und *gegen* den Patienten kämpfen. Es geht ihm nicht nur um die Person, die er in diesem Augenblick ist, sondern auch darum, daß er wird, was zu werden er berufen ist. Der Therapeut mag in dem Sinne »bedingungslose positive Zuwendung« für den Patienten empfinden, falls sich diese mit seiner Beziehung zum Patienten deckt, daß er keine Bestätigung anbietet, die mit Bedingungen veknüpft ist: »Du mußt jene Art von Mensch werden, als den ich dich haben möchte, wenn du willst, daß ich dir helfe.« Aber dies kann nicht bedeuten, daß der Therapeut alles positiv bewertet, was der Patient tut. Er kann sich nicht so verhalten und eine Person sein, und er kann sich nicht so verhalten und ein Heiler oder Helfer für den Patienten sein.

In meinem ersten Jahr als Professor am Sarah Lawrence College hatte ich eine Studentin, von der ich nicht verstand, warum man sie an der Schule duldete. Sie kam jede Woche zu einem Einzelgespräch in meine Sprechstunde, setzte sich auf meinen Sessel, legte die Füße auf meinen Schreibtisch, wurde rot im Gesicht und sagte niemals ein Wort! Gegen Ende dieses Jahres — ihres zweiten Studienjahres — beschloß sie, etwas für mich zu tun, und schrieb eine philosophische Abhandlung über Kant und Hume, die nach meiner ehrlichen Überzeugung das Niveau einer Diplomarbeit hatte. Das ganze Kollegium, vom Rektor und Dekan abwärts, lachte mich aus. Sie hatten die Arbeit nicht gelesen, und die meisten von ihnen waren nicht als Philosophen ausgebildet, aber für sie stand fest, daß diese Studentin unfähig zu ernsthafter Arbeit sei. Am gleichen Abend nahm diese Studentin eine Überdosis Schlaftabletten, und sie wäre gestorben, hätte nicht ein anderer Instinkt sie veranlaßt, jemanden zu verständigen, so daß ihr Magen ausgepumpt wurde. Die Reaktion meiner Kollegen war, daß man sie von der Schule weisen sollte. »Wie könnt ihr das jetzt tun«, protestierte ich, »nachdem ihr sie das ganze Jahr ohne guten Grund behalten habt ?« Ich bestand darauf, daß sie blieb, und setzte mich durch.

Im nächsten Herbst belegte dieselbe Studentin eine Vorlesung bei mir. Mittendrin erklärte sie : »Ich will das eigentlich gar nicht machen, was ich machen wollte. Ich möchte lieber etwas anderes tun.« »Gut«, sagte ich. Am Ende des Quartals sagte sie zu mir : »Ich habe keine Arbeit für Sie, aber ich werde Ihnen einen Brief schreiben, in dem ich Ihnen über die Arbeit berichte, die ich schreiben werde.« Wieder antwortete ich »gut« und gab ihr einen Schein für die Arbeit des Quartals. Nachdem sie den Schein hatte, erklärte sie, sie wolle jetzt zu meiner Kollegin Helen Merrell Lynd überwechseln und bei ihr studieren. Auch darauf antwortete ich »gut«, aber ich fügte hinzu : »Sie müssen noch die Arbeit für mich schreiben.« Nicht nur diese Studentin, sondern auch eine Reihe meiner Kollegen begannen, mich unter Druck zu setzen, darunter auch ihre Tutorin, eine Kollegin vom Fachbereich Psychologie, deren neugeborene Zwillinge diese Studentin gedroht hatte, in der Badewanne zu ertränken. »Ich komme den U-Bahn-Zügen in New York immer näher«, sagte diese Studentin zu mir. »Was ist Ihnen wichtiger, diese Arbeit oder mein Leben ?« »Sie wollen den Schein«, antwortete ich. »Was ist Ihnen wichtiger, der Schein oder Ihr Leben ?« Sie schrieb schließlich diese Arbeit für mich als den zweiten Teil des Referats, das sie für einen anderen Kollegen verfaßte. Was noch wichtiger ist, ich war das einzige Mitglied des Kollegiums, mit dem sie nach ihrem Studienabschluß in Kontakt blieb, als sie mit einem Stipendium ein Aufbaustudium in Psychologie machte und klinische Psychologin wurde. Wenn ich mich von ihr hätte erpressen lassen, dann hätte ich sie nicht als Person bestätigt oder nur, falls ich in solchen Kategorien dachte, als »Kranke«, die eine Therapie benötigte. Ich konnte nur dadurch zu ihrer Heilung beitragen, daß ich standhaft und meiner Seite des Dialogs treu blieb, während ich gleichzeitig versuchte, ihren Standpunkt aus ihrer Sicht zu verstehen.

Selbst wenn der andere »völlig unrecht« hat, hat er immer noch seinen eigenen Standpunkt, seine eigene Existenz, die ihm nicht genommen werden können. Echte Bestätigung nimmt den anderen wichtig genug, um sich mit ihm auseinanderzusetzen, mit ihm zu ringen — ihn zu bestätigen, selbst während man ihm entgegen tritt. Sie ist nicht anmaßend, aber sie nimmt Anteil, und diese Anteilnahme bedeutet oft eine Auseinandersetzung innerhalb des Dialogs mit ihm. Hans Trüb hilft uns, diese Bedeutung der Bestätigung in der Therapie durch seine Konzeption der zwei Stadien zu verstehen. Im ersten Stadium ist der Mensch, der zum Therapeuten kommt, wie wir gesehen haben ein Individuum, das von der Welt nicht bestätigt wurde. Dieser Mensch braucht einen Vertrauten, einen großen Bruder oder eine große Schwester, jemanden, der versteht, nicht mittels analytischer Kategoreien, sondern durch seine eigenen Augen, jemanden, der wirklich zuhört und der »das Reale phantasiert« während er zuhört. Dies ist ein wichtiger Bestandteil des Heilungsprozesses, der aber allein nicht heilen kann. Das ist vielleicht eine der Grenzen des »aufgeschlossenen Zuhörens« und der »bedingungslosen Wertschätzung«. Ein Teil der Krankheit besteht darin, daß sich der Betreffende aufgrund dieser Nichtbestätigung aus dem aktiven Dialog mit seiner Familie, seinen Freunden und seiner Gemeinschaft zurückgezogen hat.

Ab einem gewissen Punkt muß der Therapeut deshalb in ein zweites Stadium eintreten, in dem er dem Klienten hilft, den abgebrochenen Dialog mit der Gemeinschaft wieder aufzunehmen. Er tut dies, indem er den Klienten mit den Ansprüchen der Gemeinschaft konfrontiert — nicht von oben herab, sondern indem er seinen Standpunkt als die Person, die er ist, entschieden vertritt, *und* indem er die Gemeinschaftswerte repräsentiert und mitträgt. Ohne dieses zweite Stadium — nicht anstelle des ersten, aber in Verbindung mit diesem — kann es keine echte Heilung geben.

Dasselbe gilt für den Umgang mit wirklicher oder existenzieller Schuld. Es genügt nicht, wenn der Therapeut dazu beiträgt, Menschen bezüglich ihres Selbstverrats oder auch ihrer Schuld gegenüber ihrer Familie oder dem Therapeuten selbst zur Rechenschaft zu ziehen. Die Forderung nach Rechenschaft muß mit der Wiederaufnahme des abgebrochenen Dialogs mit der Gemeinschaft einhergehen. Dabei geht es nicht darum, sich in Selbstanklagen zu ergehen, sondern vielmehr um eine kreative Reaktion, eine Spontaneität, die aufgehört hat, um sich selbst zu kreisen, und die besagt: »Ich kann mich in eine neue Situation begeben und mich ihr wirklich stellen, wirklich in ihr gegenwärtig sein, obwohl ich das in der Vergangenheit nicht konnte.«

Die Frage bleibt natürlich, was zum jeweiligen Zeitpunkt die richtige Mischung aus den beiden Stadien darstellt — der Therapeut als Vertrauter und der Therapeut als Vertreter der berechtigten Ansprüche der Gemeinschaft, der dem Patienten hilft, in den Dialog mit der Gemeinschaft zurückzukehren. Es gibt keine Formel, die dem Therapeuten sagt, wieviel Zeit er in dem einen Stadium zubringen sollte und wieviel in dem anderen. Beide Stadien müssen wahrscheinlich in jedem Augenblick vorhanden sein, aber das richtige Verhältnis zwischen den beiden in jedem Augenblick ist eine Frage des Takts und des Könnens und des wirklichen Zuhörens. Es ist auch eine Frage von »Gnade« — etwas in sich entstehen zu lassen, und sich selbst durch eben diese Offenheit und Reaktionsbereitschaft zu gestatten, das zu beantworten und zu entdecken, was in der jeweiligen Situation angemessen ist. Es gibt Menschen, denen man empfindlich schaden kann, wenn man sie zu früh mit den Ansprüchen der Gemeinschaft belastet, so wie es auch Menschen gibt, denen empfindlich geschadet würde, wenn der Therapeut dieses Stadium niemals erreichte.

Die beiden Stadien, auf die Trüb als wesentliche Bestandteile des Heilens durch Begegnung hinweist, können uns helfen, eine Menge über die Problematik der Bestätigung zu begreifen. Zu dieser Problematik gehört auch, daß der Therapeut den anderen genügend schätzt, um ihn oder sie als einen Menschen zu behandeln und nicht bloß als einen Kranken. Diese Anteilnahme bedeutet, dem anderen zu helfen, den Punkt zu erreichen, an dem er in einen Dialog eintreten kann, zuerst mit dem Therapeuten und dann mit den anderen Personen in seinem Leben. Sie bedeutet auch, dem anderen zu gestatten, vor- und zurückzupendeln — nicht einen abstrakten, moralischen Anspruch an den anderen zu richten, der ihm nicht gestattet, nötigenfalls in das Stadium desjenigen zu regredieren, der Zuspruch, Trost und Verständnis braucht. Echte Bestätigung ist nicht »empathisches Verständnis« allein oder selbst »Umfassung« allein : sie ist auch Kampf und Forderung. Letzten Endes ist sie jedoch nicht etwas, das der Therapeut mit dem Patienten *tut*, sondern vielmehr ein Ereignis, das *zwischen* ihnen stattfindet und das dem Patienten hilft, sich wieder in die Welt hinauszubegeben und in wechselseitiger Interaktion mit anderen Bestätigung zu geben und zu erhalten.

Ein wichtiges Bindeglied zwischen Trübs zwei Stadien sowie zwischen Bestätigung und Heilen durch Begegnung ist der »Dialog der Prüfsteine«, den wir im 18. Kapitel erörtern werden. Es wird unser Verständnis von Bestätigung und dem Dialog der Prüfsteine vertiefen, wenn wir zunächst einen genaueren und systematischeren Blick auf eine Reihe von Aspekten des Heilens durch Begegnung werfen, die wir bereits alle gestreift haben : das Unbewußte, Träume, Schuld, Gegenseitigkeit, Einfühlung und Umfassung.

13. Kapitel

Das Unbewußte als Grundlage des Körperlichen und des Seelischen

»Jede Schule der Tiefenpsychologie besitzt ihr eigenes Unbewußtes«, schrieb Viktor von Weizsäcker. Auch die dialogische Psychotherapie hat wichtige Implikationen für das Unbewußte.

Freud, Jung und die gesamte psychoanalytische Welt haben ohne weitere Umstände angenommen, daß das Unbewußte eine geistige oder psychische Realität sei, die Vorstellungen enthalte, die verdrängt und durch Freudsche Übertragung auf den Therapeuten oder durch Jungsche Begegnung mit dem Schatten ins Bewußtsein zurückgeholt werden könnten. Nur diese unüberprüfte Annahme kann die unkritische Übertragung ihres Psychologismus vom Bewußten auf das Unbewußte erklären, und sie erhellt, warum sich die Genannten nicht klar machten — nicht theoretisch, sondern vielmehr in ihrem Umgang mit Träumen und unbewußten »Materialien« — daß wir, wenn das Unbewußte wirklich unbewußt ist, zwar seine Auswirkung kennen können, aber niemals es selbst oder seine Inhalte, außer in der Form und Ausgestaltung, die ihnen das Bewußtsein verleiht.

Der Grund, warum Freud es für nötig hielt, die Existenz eines Unbewußten anzunehmen, lag in den überzeugenden Beweisen, die sich ihm in Träumen, Versprechern und dem ganzen Spektrum dessen darboten, was er als »die Psychopathologie des Alltagslebens« bezeichnete. Obwohl Freud das Unbewußte als etwas ansah, das man im Grunde nicht kennt und nicht kennen kann, bezeichnete er es dennoch als »psychisch« und widersprach entschieden denjenigen, die »psychisch« und »bewußt« gleichsetzen wollten, aber auch jenen, die das Unbewußte für den Niederschlag somatischer, physiologischer Ereignisse hielten, aus dem das Psychische hervorgeht. »Das Unbewußte ist das eigentlich wahrhaft Seelische«, schrieb Freud. »Jeder psychische Akt beginnt im Unbewußten«. Freud hob sogar hervor, daß wir nicht zu stark zwischen dem bewußten *Ich* und dem unbewußten *Es* unterscheiden sollten, da das Ich ein besonders differenzierter Teil des Es sei.[1)]

Freud unterscheidet zwischen dem Vorbewußten, das wir nicht bemerken, das wir aber kennen können und dem Unbewußten, dessen Inhalt uns wegen der Verdrängung unbekannt bleibt. Nach Freuds Auffassung enthält das Unbewußte jedoch mehr als verdrängtes Material. Er betrachtete die unbewußte Energie als einen ungebundenen Primärvorgang, der keine Beziehung zur Realität hat und die Prinzipien des Widerspruchs oder der Zeit nicht kennt (Ellenberger 1970, S. 512).

Obwohl der Hauptakzent der Freudschen Psychoanalyse darauf liegt, verdrängtes Material aus dem Unbewußten ans Licht zu bringen, enthält Freuds Auffassung vom Unbewußten einige Aspekte, die sich zum Heilen durch Begegnung eignen. Freud meinte, der Analytiker sollte seine eigene unbewußte Aktivität so frei wie möglich schweifen lassen und die Motive außer Kraft setzen, die gewöhnlich seine Aufmerksamkeit steuern. Der Analytiker müsse sich davor hüten, die Auswahl, auf die der Patient verzichtet hat, durch seine eigene Zensur zu ersetzen. Die Lehranalyse hatte den Zweck, die unbewußten Vorurteile und die bewußten Abwehrmaßnahmen des Analytikers soweit wie möglich zu beseitigen. Aber, wie Leplanche und Pontalis betont haben, fordert Freud noch mehr als dies.

> Es scheint, daß das erwünschte Ziel die gegenwärtige, direkte Kommunikation zwischen dem Unbewußten und dem anderen ist: das Unbewußte des

---

1) Nach einem Manuskript in Martin Bubers Handschrift, das sich in einer Mappe mit dem Titel »Das Unbewußte« im Martin Buber Archiv der Jewish and National University Library der Hebräischen Universität in Jerusalem, Israel, befindet.

2) Sigmund Freud »Die Dispositionen zur Zwangsneurose« (1913i), G. W. VIII, 455; Sigmund Freud, »Das Unbewußte« (1915e), G. W. X., 293.

Analytikers muß sich zu dem auftauchenden Unbewußten des Patienten beziehen wie ein Telefonhörer an das übermittelnde Mikrophon gekoppelt ist. Das ist das, was Theodor Reik später bildlich als das Hören mit dem dritten Ohr beschreiben sollte (Leplanche und Pontalis 1973, S. 44f.)

Nach Auffassung von Theodor Reik und seinen Anhängern wird die Gegenübertragung zum Kennzeichen der Tiefe der empathischen Kommunikation. Für Freud und die meisten Psychoanalytiker findet der wesentliche Teil des psychoanalytischen Dialogs weiterhin auf einer Ich-zu-Ich-Ebene statt. Doch Freud bezeugte auch die direkte Kommunikation zwischen dem Unbewußten des einen mit dem eines anderen aufgrund seiner eigenen Erfahrungen als Analytiker:

> Jeder besitzt in seinem eigenen Unbewußten ein Instrument, mit dem er die Äußerungen des Unbewußten in anderen Menschen interpretieren kann. Das Unbewußte eines menschlichen Wesens kann auf das eines anderen reagieren, ohne das Bewußte einzuschalten. Das verdient genauerer Erforschung, besonders mit der Absicht herauszufinden, ob ausgeschlossen werden kann, daß vorbewußte Aktivitäten dabei eine Rolle spielen (Freud, zit. nach Leplanche und Pontalis 1973, S. 44 Anm.)

Im Gegensatz zu Freud ist Jung der Auffassung, daß das Unbewußte einen autonomen Entwicklungsverlauf komplementär zum Bewußtsein nimmt und der Sitz der universellen Urbilder ist, die er als Archetypen bezeichnet. Die Archetypen als solche sind eigentlich numinose, lebendige Zentren psychischer Energie, inhaltlose Universalien, die normalerweise latent und unbewußt bleiben, während nur die archetypischen Vorstellungen ins Bewußtsein dringen und mit spezifischem Inhalt gefüllt werden. Jungs Konzept des Schattens unterscheidet sich insofern von Freuds Begriff der Verdrängung, als er die negative Seite eines Menschen darstellt, deren sich dieser nicht bewußt ist, die ihm aber bewußt werden könnte, wenn er es aufrichtig wollte (Ellenberger 1970, S. 705—707).

Im allgemeinen folgt Jung Freud in der Zuordnung des Unbewußten zum Seelischen. Das kollektive Unbewußte repräsentiert für Jung das objektive Seelische, das persönliche Unbewußt das subjektive. An einer Stelle führt Jungs Erkenntnis, daß die Archetypen nicht mit Sicherheit als seelisch beschrieben werden können, zu einer flüchtigen Ahnung jener Einheit des Körperlichen und Seelischen, die, wie wir sehen werden, das Herzstück von

Bubers Auffassung des Unbewußten bildet:

> Der Archetypus bezeichnet eine Sphäre, die einerseits keine Merkmale des Physiologischen aufweist und die andererseits letzten Endes nicht als psychisch bezeichnet werden kann, obwohl er sich auf psychische Weise manifestiert. Aber physiologische Ereignisse verhalten sich so, ohne daß man imstande wäre, sie deshalb als psychisch zu bezeichnen. Obwohl es keine Form der Existenz gibt, die uns nicht ausschließlich durch das Psychische vermittelt wäre, kann man nicht alles als bloß psychisch erklären (Ellenberger 1970, S. 462).

Jung warnt uns davor, die archetypischen Vorstellungen mit dem Archetypus selbst zu verwechseln, den er als »einen psychischen Faktor [betrachtet], der dem unsichtbaren, ultravioletten Teil des Spektrums angehört« und als solcher eine transzendente, »psychoide« Realität ist, die außerstande ist, bewußt zu werden.[3]

Martin Buber hat die Ansicht vertreten, daß das Unbewußte die Grundlage der persönlichen Ganzheit vor ihrer Entwicklung zum Physischen und Psychischen sein könnte. Freud und nach ihm Jung, glaubt er, hätten den simplen logischen Irrtum begangen, anzunehmen, daß das Unbewußte psychisch sei, da sie zu leugnen wünschten, daß es physisch sei. Nach Bubers Auffassung haben sie diese dritte Alternative nicht gesehen und damit die Möglichkeit, die Grenzen des Psychologismus durch die Erkenntnis zu sprengen, daß die Trennung von Innerem und Äußerem, die für die Psyche und die Physis gilt, für das Unbewußte nicht zu gelten braucht. Hier konnte im Gegensatz dazu eine direkte Begegnung und unmittelbare Kommunikation zwischen einem Unbewußten und einem anderen stattfinden.

> Die meisten psychologischen Schulen, besonders die Jungs, nehmen an, daß es eine nicht-phänomenologische, sondern psychische Wirklichkeit gibt. Das bedeutet die Aufstellung einer mystischen Hypothese als Grundlage der Wirklichkeit . . . Die Annahme einer Psyche, die existiere, wie etwas im Raum existiert, ist entweder eine Metapher oder ein rein metaphysischer Grundsatz über die Natur des Seins, für den es keinerlei Erfahrungsgrundlage gibt. Freud blieb letzten Endes ein radikaler Physiologe. Jung behandelte das Problem falsch, und Freud behandelte es überhaupt nicht. . . .

---

3) C. G. Jung, »Der Geist der Psychologie« in Eranos Jahrbuch XIV 1946, S. 425, 427, 449, 460—462, zitiert in Martin Buber, »Das Unbewußte«.

> (Freud) spricht nicht ausdrücklich von der Seele, sondern von dem, was »psychoate« (etwa psychisch begründet) ist. Er definiert es niemals. Freud war ein »simplificateur«, so wie es Marx auf dem gesellschaftlichen Gebiet vor ihm war, d. h. jemand, der eine allgemeine Konzeption an die Stelle der immer erneuten Erforschung der Wirklichkeit setzt. Ein neuer Aspekt der Wirklichkeit wird von dem simplificateur als die Lösung eines der Welträtsel behandelt. Fünfzig Jahre psychotherapeutischen Denkens haben auf dieser gefährlichen Art des Denkens aufgebaut. Nun ist diese Zeit zu Ende (Buber 1965, S. 164f.)

In seinem Essay von 1952, »Heilen durch Begegnung«, macht Buber eine Andeutung über die Natur »des Unbewußten«, die nirgends sonst in seinen anderen Schriften entwickelt wird:

> Der Wirklichkeitsbereich dieses vielgenannten Begriffs ist meinem Verständnis nach unterhalb der Aufspaltung menschlicher Existenz in körperliche und seelische Phänomene gelagert. Aber jeder seiner Gehalte vermag in jedem Augenblick in die Dimension der Introspektivität einzutreten und läßt sich daher als dem psychischen Bereich zugehörig erklären und behandeln (Buber 1965, S. 140f.)

Im März und April 1957 hielt Buber sieben private Seminare für die Washington School of Psychotherapy ab, von denen sich drei mit dem Unbewußten beschäftigten, einem Thema, dem Buber eingehendes Studium und Nachdenken gewidmet hatte und über das er ursprünglich eine Reihe von Essays für die endgültige Formulierung seiner philosophischen Anthropologie, Schuld und Schuldgefühle, schreiben wollte.

Freud, erklärte Buber in diesen Seminaren, sei dem logischen Irrtum zum Opfer gefallen, das Unbewußte als psychisch zu erklären, in Alternative zur Auffassung seiner Gegner, die meinten, weil die Psyche bewußt sei, müsse das Unbewußte physiologischer Natur sein. Francis Schiller beispielsweise charakterisiert das Unbewußte als »einen extrapolierten Begriff, nicht Dingliches« und identifiziert es mit physiologischen Abläufen.[4] Die Erkenntnis, daß das Unbewußte *nicht* nur physiologisch ist, bedeutet nicht notwendigerweise, daß es *nur* psychisch ist; doch Freud und all jene, die ihm in den verschiedenen Schulen der Psychiatrie folgten, haben dies angenom-

4) Francis Schiller, *»Consciousness Reconsidered« in Rational Mind, Unconscious Mind, and Brain, Psychosomatic Medicin,* XI, zitiert in Buber, »Das Unbewußte«.

men. So revolutionär Jungs Differenzen gegenüber Freud sind, hat auch er das Unbewußte der *psychischen* Kategorie zugerechnet, und dasselbe tut die gesamte moderne Psychologie.

Das *Physische* und das *Psychische* repräsentieren zwei radikal verschiedene Formen des Wissens : das der Sinne und das des »inneren Sinnes«. Ein rein psychischer Vorgang ist im Physischen nicht zu finden. Unser Gedächtnis behält natürlich den Vorgang, aber durch einen neuen zeitlichen Prozeß. Die Physiologie beschäftigt sich mit Dingen, die zu finden sind, die Psychologie mit Dingen, die nicht zu finden sind. Das Psychische ist ein reiner Vorgang in der Zeit. Um das Physische als Ganzes zu begreifen, benötigen wir sowohl die Kategorie des Raumes als auch die der Zeit. Aber für das Psychische brauchen wir nur die Zeit. Es gibt — bewußte — Berührungspunkte zwischen dem Physischen und dem Psychischen, aber wir müssen zwischen diesen beiden Artikulationen des Unbewußten unterscheiden.

Die Annahme, daß das Unbewußte entweder Leib oder Seele, physisch oder psychisch ist, wiederholte Buber, sei unbegründet. Das Unbewußte ist ein Zustand, aus dem sich diese beiden Phänomene noch nicht entwickelt haben und in dem sie nicht voneinander unterscheidbar sind. Das Unbewußte ist unser Dasein selbst in seiner Ganzheit. Daraus entwickeln sich wieder und wieder und in jedem Augenblick das Physische und das Psychische. Das Unbewußte ist kein Phänomen. Es ist, wofür die moderne Psylogie es hält — eine dynamische Tatsache, die sich durch ihre Auswirkungen bemerkbar macht, Auswirkungen, die der Psychologe untersuchen kann. Aber diese Untersuchung, so wie sie in der Psychiatrie vorgenommen sird, betrifft nicht das Unbewußte selbst, sondern vielmehr die Phänomene, die davon abgespalten worden sind. Die Behauptung der modernen Psychologie, daß es unbewußte Dinge gibt, die unser Leben beeinflussen und sich in bestimmten bewußten Zuständen manifestieren, wird von Buber im Gegensatz zu Sartre, Binswanger und anderen Phänomenologen nicht bestritten. Aber wir können nichts über das Unbewußte als solches sagen, erinnert er uns. Es ist uns niemals gegeben. Der radikale Fehler, den Freud gemacht hat, war der, zu glauben, er könne eine Region des Geistes als unbewußt postulieren und gleichzeitig so tun, als ob ihr »Inhalt« einfach verdrängtes bewußtes Material sei, das ohne entscheidende Veränderung in das Bewußtsein zurückgeholt werden könne.

Abspaltung ist der Vorgang, durch den sich der unbewußte »Klumpen« in inneren und äußeren Wahrnehmungen manifestiert. Diese Abspaltung könnte de facto der Ursprung unserer gesamten Empfindung von Innerem und Äußerem sein. Das bewußte Leben des Patienten ist ein dualistisches Leben, sowie er es kennt; sein objektives Leben ist nicht dualistisch, aber dieses Leben kennt er nicht. Ein Mensch kann bis zu einem gewissen Grad das Bewußtsein der Vereinigung seiner Kräfte, seiner handelnden Einheit haben, aber er kann seine Einheit nicht als Objekt wahrnehmen.

Wenn das Unbewußte nicht der Natur des Psychischen entspricht, dann ergibt sich daraus, daß der Hauptunterschied zwischen dem Physischen und dem Psychischen als »Äußeres« und »Inneres« nicht für das Unbewußte gilt. Doch Freud hat, da er der Meinung war, das Unbewußte müßte einfach psychisch sein, das Unbewußte *in* das Individuum verlegt, und so machen es alle Schulen, die nach Freud gekommen sind. Die Folge ist, *daß die Grundlage der menschlichen Realität selbst als psychisch und nicht als zwischenmenschlich angesehen wird und daß die Beziehungen zwischen den Menschen psychologisiert werden.* Freuds Vorstellung, das Bewußte unbewußt und das Unbewußte bewußt zu machen, bedeutet, daß es verdrängte Elemente gibt, die der Patient in den Orkus verbannt, und daß der Therapeut den Patienten später veranlaßt, sie wieder ans Licht zu holen. Bubers Verständnis des Verhältnisses zwischen Bewußtem und Unbewußtem ist radikal anders:

> Wenn das Unbewußte nichts Psychisches ist, das im Untergrund aufbewahrt wird, sondern eben ein Stück Körper-Seele-Dasein, kann es überhaupt nicht hervorgeholt werden, wie es vorhar war. Wir haben keine Tiefkühlung, die die Fragmente konserviert, sondern dies Unbewußte hat sein Eigendasein, das wieder in physische und psychische Phänomene dissoziiert werden kann — aber das kann eine radikale Veränderung seiner Substanz bedeuten. Diese radikale Veränderung kann vom Patienten unter der Aufsicht, Hilfe und sogar Initiative des Therapeuten hervorgebracht werden (Buber 1965, S. 177f.)

Das Konzept der »Übertragung« verändert sich radikal, wenn wir darunter nicht länger verstehen, das Unbewußte bewußt zu machen, sondern vielmehr die Entwicklung von Elementen, die vom Unbewußten abgespalten sind. Wenn es das Ziel der Therapie ist, etwas heraufzuholen, das im Untergrund des Unbewußten liegt, dann ist der Therapeut nur eine Art Hebamme. Aber wenn diese Arbeit die reale und manchmal radikale Veränderung der Substanz bedeutet, dann impliziert Übertragung zweifellos einen gewissen Einfluß des Therapeuten auf den Akt als solchen, der da stattfindet. Der Patient hat das *Gefühl*, als entdecke er etwas, das geschieht und das im wesentlichen dasselbe ist wie das, was in unbewußter Form in seiner Seele enthalten ist. »Dies ist ein Irrtum des Patienten«, sagt Buber, »der durch die Beziehung zwischen ihm und dem Therapeuten entsteht.« In Wirklichkeit bringt der Patient das vor, wovon er spürt, daß man es von ihm erwartet, etwas, das das Produkt seiner Beziehung zum Therapeuten ist.

> Ich möchte die Therapeuten der Welt bitten, das Wesen dieser einzigartigen Übertragungsbeziehung erneut zu untersuchen. . . . Keine andere Beziehung der Welt erzeugt so seltsame Phänomene. Bei diesem neuen Begriff wird die Verantwortung geteilt und liegt nicht nur beim Therapeuten (Buber 1965, S. 179).

Da das Material, das der Patient in der Therapie vorbringt, gemacht und produziert wird, statt einfach aus dem Unbewußten heraufgeholt zu werden, ist die Verantwortlichkeit des Therapeuten größer, als man gewöhnlich angenommen hat. »In den letzten zehn Jahren«, sagte Buber im Laufe seiner Seminare von 1957, »hatte ich den Eindruck einer gewissen Veränderung der psychotherapeutischen Praxis: mehr und mehr Therapeuten sind nicht mehr so überzeugt, daß diese oder jene Theorie richtig ist, und sie haben eine 'musikalischere', schwebendere Beziehung zu ihren Patienten. *Die entscheidende Realität ist der Therapeut, nicht die Methoden.«* Obwohl kein Arzt ohne eine Typologie auskommt, weiß er, daß in einem bestimmten Augenblick die einzigartige Person des Patienten vor der einzigartigen Person des Arztes steht. Er wirft soviel von seiner Typologie weg, wie er kann, und akzeptiert das unvorhersehbare Geschehen, daß sich zwischen Therapeut und Patient abspielt.

Der übliche Therapeut drängt sich seinen Patienten auf, ohne sich dessen bewußt zu sein. Es ist daher die bewußte Befreiung des Patienten von diesem unbewußten Mißbrauch seitens des Therapeuten nötig — man muß den Patienten wirklich sich selbst überlassen und abwarten, was dabei herauskommt. Der Therapeut geht auf den Patienten zu, aber er muß versuchen, ihn so wenig wie möglich zu beeinflussen, d. h., der Patient darf nicht von den allgemeinen Vorstellungen der psychologischen Schule des Therapeuten beeinflußt werden. »Es ist viel leichter, sich dem Patienten aufzudrängen, als es ist, die ganze Kraft seine Seele dafür aufzuwenden, den

Patienten sich selbst zu überlassen und ihn nicht zu berühren. *Der wahre Meister reagiert auf Einzigartigkeit.«*

Wenn das Unbewußte jener Teil der Existenz eines Menschen ist, in dem die Sphären des Körperlichen und Seelischen nicht voneinander geschieden sind, dann würde *die Beziehung zwischen zwei Menschen die Beziehung zwischen zwei ungeteilten Existenzen bedeuten.* Der höchste Moment der Beziehung wäre somit, was wir unbewußt nennen (genauer gesagt, das Unbewußte und das Bewußte werden in der Spontaneität der persönlichen Begegnung integriert). Das Unbewußte sollte mehr Einfluß im Zwischenmenschlichen haben als das Bewußte, es könnte mehr haben und wird in der Tat künftig auch mehr haben. Beim Händeschütteln ist z. B., wenn ein echter Wunsch vorhanden ist, der Kontakt nicht körperlich oder seelisch, sondern eine Einheit aus dem einen und dem anderen. Es findet ein unmittelbarer Kontakt zwischen Personen in ihrer Ganzheit statt, deren Hüter das Unbewußte ist.[5]

Wenn das Unbewußte der Hüter der persönlichen Ganzheit ist, wie sollen wir dann das Unbewußte des gespaltenen Menschen verstehen, jenes Menschen, mit dem Freud vor allem in seiner Therapie zu tun hatte und von dem er seine Theorie der Verdrängung zensierter Vorstellungen in das Unbewußte ableitete? Leslie H. Farber, der sich in seinen Büchern *The Ways of the Will* und *lying, despair, jealousy, sex, suicide, drugs, and the good life* ausdrücklich Bubers Verständnis des Unbewußten zu eigen machte, hat mich darauf hingewiesen, daß Buber das Unbewußte auf zwei verschiedene Arten verwendet. Aufgrund meines Gesprächs mit Farber über diesen Punkt glaube ich ihn so zu verstehen, daß Buber manchmal das Unbewußte als die Ganzheit der Person vor deren Ausgestaltung im Physischen und Psychischen benutzt, und daß er es manchmal eher im Freudschen Sinne einer unbekannten Sphäre gebraucht, die sowohl beim gespaltenen als auch beim ganzen Menschen reale Auswirkungen auf das bewußte Leben hat, die man kennen kann, obwohl sie als solche unbekannt bleibt.

Buber leugnete nicht die Verdrängung, aber er gestand ihr nicht den zentralen, unveränderlichen Platz in der menschlichen Natur zu, den ihr Freud einräumte. Obwohl er in seinen Washingtoner Seminaren nicht darüber

5) Die obigen Seiten basieren auf dem achten Abschnitt meines »einführenden Essays« (Friedmann 1966) zu Buber 1965 b, S. 33 — 38, in dem ich meine Notizen über Martin Bubers Seminare über das Unbewußte und Träume für die Washington School of Psychotherapie, 1957, verarbeitete.

sprach, äußerte er seine Auffassungen vom Freudschen Konzept der Verdrängung im Rahmen seiner Erörterung von Max Schelers Anthropologie in »Was ist der Mensch ?«, die erste offizielle Äußerung von Bubers eigener philosophischer Anthropologie:

> Aber wiewohl diesen Kategorien eine allgemeine Geltung zukommt, so ist doch die zentrale Stellung, die Freud ihr verleiht, ihre beherrschende Bedeutung für den ganzen Aufbau des persönlichen und gemeinschaftlichen Lebens und insbesondere auch für die Entstehung und Entwicklung des Geistes, nicht im allgemeinen Wesen des Menschen, sondern nur in der Lage und Beschaffenheit des typischen heutigen Menschen begründet. Dieser Mensch aber ist erkrankt, sowohl in seinem Verhältnis zu den anderen als auch in seine Seele selbst. Die zentrale Bedeutung von Verdrängung und Sublimierung in Freuds System ergibt sich aus der Analyse eines pathologischen Zustands und gilt für diesen Zustand; die Kategorien sind psychologische, ihre beherrschende Macht ist eine pathopsychologische. . . . Erst wenn die organische Gemeinschaft von innen her zerfällt und das Mißtrauen der Grundton des Lebens wird, gewinnt die Verdrängung ihre beherrschende Geltung. Die Unbefangenheit des Wünschens wird vom Mißtrauen erstickt, alles um einen her ist feindlich oder kann feindlich werden, man erfährt keine Übereinstimmung mehr zwischen dem eigenen Verlangen und dem der andern, denn es gibt keine wahre Verschmelzung oder Versöhnung mit dem, was einer tragenden Gemeinschaft nottut, und hoffnungslos verkriechen sich die dumpfgewordenen Wünsche in die Höhlen der Seele. . . . Jetzt gibt es eine menschliche Ganzheit mit der Kraft und dem Mut sich kundzugeben nicht mehr; damit Geist werde, muß zumeist erst die Energie der bedrängten Triebe »sublimiert« werden, ... Geist . . . kann sich zumeist nur in krampfhafter Entfremdung gegen die Triebe behaupten. Die Scheidung zwischen Geist und Trieben ist hier wie oft die Folge der Scheidung zwischen Mensch und Mensch (Buber 1962, 396ff.)

Hans Trüb war es, der die Konsequenzen dieser Auffassung des Unbewußten für das Heilen durch Begegnung am besten herausgearbeitet hat. Statt ein grundlegender Aspekt der menschlichen Natur oder eine unvermeidliche Erscheinung der Zivilisation und ihrer unzufriedenen Angehörigen zu sein, wird Verdrängung zur frühen Verleugnung von Begegnung, und ihre Überwindung bedeutet die Wiederherstellung von Begegnung, den Durchbruch zum Dialog:

> Aber es ist unverkennbar, daß dieses von uns berührte Unbewußte von dorther seinen Ursprung hat und nimmt: eben von jenem radikalen »Nein« der Begegnungsabsage, hinter dessen mächtiger Schranke das seelische Bedürfnis des Menschen nach wahrer Weltbegegnung sich heimlich staut, auf sich selbst zurückfällt und so zum »Unbewußten« gleichsam gerinnt. Wir sind durch die Unbewußtheit der Bilder der Mächtigkeit der Wirklichkeit des Wirklichen passiv ausgeliefert — durch die Analyse, durch die Bewußtmachung der Bilder vermögen wir dieser Wirklichkeit der Welt standhaft zu begegnen. Ohne die gewonnene Bewußtheit des eigenen seelischen Bestandes aber verfallen wir jener Mächtigkeit der Welt in magischer Weise. Die introspektive Analyse ist somit imstande, uns vor dieser magischen Bedrängung zu schützen, und sie gibt uns etwas in die Hand, womit wir jene Mächtigkeit zu bewältigen fähig werden. Es ist also zu betonen, daß die introspektive Analyse uns nicht eine Welt eröffnete, die mit der Wirklichkeit zu konkurrieren hat — sie eröffnet uns nicht eine andere Wirklichkeit *als Welt,* in der man zu leben vermöchte. Sondern sie gibt uns zu eigen die *Welt der Bilder,* mit der wir der einen einzigen wirklichen Welt erst wahrhaft zu begegnen vermögen . . . Wenn wir den Menschen als Person rufen, so suchen wir etwas, was doch in ihm von Anfang an da ist und dennoch in seiner Jugend verlorenging. Das was mit dem Unbewußten gemeint ist, ist gerade das Personale, das im Verlauf der Entwicklung abhanden kommt, dem Bewußtsein sich entzieht (Trüb 1951, S. 96, 98f., 104).

Der amerikanische Psychologe Sabert Basescu schlägt einen ähnlichen Ton an wie Trüb, wenn er den Part erkennt, den Wille und persönliche Wahl bei der Entstehung des Unbewußten spielen:

> Unbewußte Inhalte werden meist als Folge von Kindheitsverdrängungen angesehen. Ich glaube, sie sind auch die Folge bewußter Entscheidungen. Das heißt, die Art und Weise, wie man sich entscheidet, seine Welt zu strukturieren, beeinflußt die Beschaffenheit unserer unbewußten Erfahrungen. Das Unbewußte ist eine Funktion des Selbst und seiner Vorhaben und wird von diesen bestimmt. Unbewußt gesteuertes Verhalten ist ein Ergebnis früherer Entscheidungen und Festlegungen. In diesem Sinne beeinflußt das Unbewußte das Bewußtsein und umgekehrt. Die Psychoanalyse hat sich traditionell mit dem ersteren, nicht dem letzteren befaßt . . . Ich versuche, das letztere hervorzuheben (ohne das erstere zu vernachlässigen) . . . (Basescu 1977, S. 162).

Im Lichte von Bubers und Trübs Erörterung der Verdrängung und ihrer Entstehung durch die Abwendung vom Dialog oder dessen Scheitern sind wir in der Lage, uns genauer damit auseinanderzusetzen, was wir oben über die zweite Art des Unbewußten als unbekannte Sphäre sagten, die reale Auswirkungen auf das bewußte Leben hat. Beim relativ ganzheitlichen Menschen würde dieses Unbewußte einen direkten Einfluß haben, nicht nur auf das bewußte Leben, sondern auch auf andere Menschen, gerade weil es die Ganzheit der Person repräsentiert. Beim relativ gespaltenen Menschen hat das Unbewußte im Gegensatz dazu eine Spaltung erlitten, so daß nicht nur verdrängte Materialien vorhanden sind, die nicht in das Bewußtsein aufsteigen können, sondern jenes Material, das hochkommt, repräsentiert nicht die Ganzheit des oder der Betreffenden, sondern nur eines der Fragmente.

Wenn wir dieser Logik folgen, dann würde sich der Freudsche Mensch als das gespaltene und kranke moderne Individuum erweisen, das jeder Gemeinschaft entfremdet wurde, zu dem der oder die Betreffende Zutrauen und Vertrauen hatte. Dies würde sich auch als ein allzu vereinfachtes Bild erweisen, da wir nicht nur zwischen dem Unbewußten und dem Vorbewußten unterscheiden müßten, wie es Freud tut, sondern auch zwischen den verschiedenen Fragmenten des gespaltenen Selbst, die separat im Unbewußten vorhanden sein können, selbst wenn dieser Begriff im Freudschen Sinne für etwas gebraucht wird, das dem Bewußtsein wegen der Verdrängung nicht zugänglich ist.

Dies würde den Weg für das Verständnis des Phänomens multipler Persönlichkeiten eröffnen, wie Sybill, die 16 verschiedene Persönlichkeiten hatte, von denen 15 nichts über die anderen wußten, aber eine, die alle übrigen kannte. Es würde auch das Verständnis für Abstufungen zwischen dem »ganzen« und dem »gespaltenen Menschen« eröffnen. Niemand ist je ein für alle Mal ganz. Vielmehr ist Ganzheit eine immer wieder erreichte persönliche Realität, die vor der Aufgabe steht, das zu akzeptieren, was durch den Appell der Welt an sie herangetragen wird, so wie die aufwallenden und möglicherweise widersprüchlichen Emotionen, die durch diesen Appell ausgelöst werden, in die persönliche Ganzheit zu integrieren. Andererseits ist auch ein extrem gespaltener Mensch wie Sybill auf irgendeiner Ebene nicht ganz ohne Bewußtsein der anderen Teile ihres Selbst. In dem Maße, wie man sich auf größere Ganzheit hinbewegt, würde das eigene Unbewußte diese Ganzheit zunehmend widerspiegeln und behüten.

Da gerade das Unbewußte des relativ ganzen Menschen der Boden der Begegnung und ein integraler Bestandteil des Zwischenmenschlichen ist, ist das Unbewußte des relativ gespaltenen Individuums das Produkt des Fehlens oder der Verleugnung von Begegnung. Daraus können wir folgern, daß die Überwindung der Spaltung zwischen dem verdrängten Unbewußten und dem Bewußtsein des gespaltenen Individuums von der Heilung durch Begegnung abhängt. Dies schließt das an Bestätigung ein, was der Therapeut aus der Beziehung mit dem Klienten gewinnen kann, als Ausgleich für das »absolute Nein« der Begegnung, die in der Kindheit erfahren wurde.

14. Kapitel

Dialog mit Träumen

Zu Beginn des Essays »Zwiesprache« berichtet uns Martin Buber unter der Überschrift »Urerinnerung« von einem immer wiederkehrenden Traum, der uns eine deutliche Vorstellung von der Rolle vermittelt, die Träume im Leben des Dialogs spielen:

> In allerlei Abwandlungen kehrt mir, zuweilen nach einem Zwischenraum von mehreren Jahren, der gleiche Traum wieder. Ich nenne ihn den Traum vom Doppelruf. Seine Umwelt bleibt sich stets darin ähnlich, daß es eine apparatarme, »primitive« Welt ist: ich befinde mich in einer großen Höhle, wie die Syrakuser Latomien, oder in einem Lehmbau, der mich im Erwachen an die Fellachendörfer erinnert, oder aber auch am Saum eines riesenhaften Waldes, dessengleichen gesehen zu haben ich mich nicht entsinne. Der Traum beginnt auf sehr verschiedene Weise, immer aber damit, daß mir etwas Außergewöhnliches widerfährt, zum Beispiel, daß ein kleines, löwenjungenähnliches Tier, dessen Namen ich im Traum, aber nicht im Erwachen kenne, mir den Arm zerfleischt und von mir nur mit Mühe bezwungen wird. Das seltsame nun ist, daß dieser erste und sowohl der Dauer wie der äußeren Bedeutung der Vorgänge nach weitaus belangreichste Teil der Traumgeschichte stets in einem jagenden Tempo abgespielt wird, als komme es auf ihn nicht an. Dann verlangsamt es sich plötzlich: ich stehe da und rufe. Meiner wachbewußten

Übersicht der Ereignisse nach müßte ich ja annehmen, daß der Ruf, je nachdem, was ihm vorausging, einmal freudig, einmal schreckhaft und einmal wohl zugleich schmerzlich und triumphierend sei. Aber mein Gedächtnis am Morgen meldet ihn mir nicht so gefühlbetont und wandlungsreich; es ist jedesmal derselbe Ruf, nicht artikuliert, aber rhythmisch streng, ab- und wieder ansetzend, schwellend bis zu einer Fülle, die meine wache Kehle nicht trüge, lang und langsam, ganz langsam und sehr lang, ein Lied-Ruf — wenn er endet, stockt mir der Herzschlag. Dann aber erregt sich irgendwo, in der Ferne, auf mich zu ein anderer Ruf, ein anderer und der gleiche, der gleiche von einer anderen Stimme gerufen oder gesungen, dennoch nicht der gleiche, nein, ganz und gar nicht ein »Widerhall« des meinen, vielmehr sein wahrer Gegenhall, Ton um Ton die meinen nicht, auch nicht abschwächend, wiederholend, sondern dem meinen entsprechend, entgegnend, — so sehr, daß die meinen, die eben erst meinem eigenen Ohr durchaus nicht fragend klangen, nun als Frage, als eine lange Reihe von Fragen erscheinen, die jetzt alle eine Antwort empfangen, unausdeutbar so Antwort wie Frage. Und doch scheinen die dem einen gleichen Ruf entgegnenden Rufe einander nicht zu gleichen. Die Stimme ist jedesmal eine neue. Wie nun aber die Erwiderung zu Ende ist, im ersten Nu nach ihrem abscheidenden Schall, gerät die Gewißheit, eine echte Traumgewißheit über mich : Nun ist es geschehen. Nichts weiter. Nur eben dies, gerade so : Nun ist es geschehen. Wenn ich es zu erklären versuchen soll, bedeutet es, daß jene Begebenheit, die meinen Ruf erzeugte, jetzt erst, mit dem Gegenhall, sich wirklich und unanzweifelbar begeben hat.

So ist der Traum jedesmal wiedergekehrt — bis auf eins, das letzte Mal, nun vor zwei Jahren. Erst wars wie sonst (es war der Traum von dem Tier), mein Ruf verklang, wieder stand das Herz mir still. Dann aber war Stille. Kein Gegenruf kam. Ich horchte hin, erhorchte keinen Laut. Ich *erwartete* nämlich, zum erstenmal, die Antwort, die mich sonst stets, als hätte ich sie nie zuvor erfahren, überrascht hatte; und die erwartete blieb aus. Nun jedoch geschah etwas in mir : als hätte ich bisher keine anderen Zugangswege von der Welt zur Empfindung gehabt, als die über die Ohren führen, jetzt aber entdeckte ich mich als schlechthin mit Sinnen, organbekleideten und nackten, ausgestattetes Wesen, so reichte ich mich offen, zu aller Empfangnahme, Wahrnahme aufgeschlossen, an die Ferne. Und da kam, nicht aus ihr, sondern aus der Luft nah um mich, lautlos die Antwort. Eigentlich kam sie nicht, sie war da. Sie war — so darf ich wohl erklärend sagen — schon vor meinem Ruf dagewesen, war überhaupt da und ließ sich nun, da ich mich ihr auftat, von mir empfangen. Ich habe sie so vollständig wahrgenommen wie nur je den Gegenhall in einem der früheren Träume. Wenn ich berichten sollte, womit, würde ich berichten müssen : mit allen Poren meines Leibes. Wie nur je der Gegenhall in einem der früheren Träume, entsprach, entgegnete sie. Sie über-

> traf ihn noch in einer ungekannten, schwer zu bezeichnenden Vollkommenheit: eben daß sie schon da war. Als ich geendet hatte sie aufzunehmen, verspürte ich wieder, glockenhafter als je, jene Gewißheit: Nun ist es geschehen (Buber 1962, S. 173f.)

Heilen durch Begegnung bedeutet die konkrete Entfaltung der »Ontologie des Zwischen« in der Therapie. Im Sinne des vorangegangenen Kapitels bedeutet es speziell die Entdeckung der Implikationen unseres Verständnisses des Unbewußten für die Traumarbeit, die der Klient im Dialog mit dem Therapeuten ausführt. Tatsächlich gibt es in jeder therapeutischen Schule eine Korrelation zwischen der Auffassung vom Unbewußten und dem Verständnis und der Deutung von Träumen. Diese Korrelation funktioniert natürlich in beiden Richtungen. Einer der Meilensteine auf Freuds Weg zum Verständnis des Unbewußten war seine *Traumdeutung.*

Nach Ellenberger enthielt Freuds Methode der Traumdeutung vier Innovationen:

> Die erste ist sein Modell des Traums mit seiner Unterscheidung zwischen manifestem und latentem Inhalt und seinem spezifischen Muster, gleichzeitig in der Gegenwart und in der fernen Vergangenheit gelebt zu werden. Die zweite ist Freuds Behauptung, daß der manifeste Inhalt eine Entstellung des latenten Inhalts darstellt, die durch Verdrängung durch den Zensor zustande kommt . . . Freuds dritte Innovation war die Anwendung der freien Assoziation als Methode der Traumanalyse, und die vierte war die Einführung der systematischen Traumdeutung als Werkzeug der Psychotherapie (Ellenberger 1970, S. 493).

In seiner *Traumdeutung* behauptet Freud, daß, was wir von Träumen erinnern, sei erstens durch die Unzuverlässigkeit unserer Erinnerung verstümmelt, die weitgehend außerstande scheint, den Traum zu behalten und vielleicht wesentliche Teile seines Inhalts verloren hat. Aber zweitens deute alles darauf hin, daß unsere Erinnerungen an den Taum nicht nur bruchstückhaft, sondern unwahr und verfälscht sind. Tatsächlich behaupten manche Autoren, daß jede Ordnung und jeder Zusammenhang, den wir heranziehen, um den Traum zu erinnern, in Wirklichkeit in diesen hineingelesen wird! Freud zitiert Nietzsches Ausspruch, daß im Traum ein uraltes Stück Menschheit weiterlebe, zu dem wir kaum einen unmittelbaren Zugang hätten.

Freud behauptet, daß es Menschen gibt, die sich der Tatsache voll bewußt sind, daß sie schlafen und träumen, und die sogar ihre Träume zu steuern vermögen. Ein solcher Träumender sei z. B. mit der Wendung unzufrieden gewesen, die ein Traum nahm, und deshalb unterbrach er ihn und begann ihn, ohne aufzuwachen, neu, um ihn in eine andere Richtung fortzusetzen. Dies deckt sich fast genau mit dem, was Buber in den Seminaren an der Washington School of Psychiatry über sich selbst berichtete: »Die Deutung der Träume ist die *via regia* zur Kenntnis des Unbewußten im Seelenleben«, schrieb Freud. Die kompliziertesten und korrektesten Denkprozesse, denen man die Bezeichnung psychischer Geschehnisse nicht vorenthalten kann, können sich ereignen, ohne dem oder der Betreffenden ins Bewußtsein zu dringen. Angesichts dessen stellt Freud die Frage, welche Rolle in unserer Vorstellung für das einst allmächtige Bewußtsein übrigbleibt, durch das wir alles übrige interpretiert haben. Seine Antwort lautet, nichts anderes als die eines Sinnesorgans für die Wahrnehmung psychischer Eigenschaften.[1)]

Freuds Mißtrauen gegenüber unseren Erinnerungen an Träume wird von vielen anderen geteilt. Der französiche Philosoph Henri Bergson erklärte, die Phantasie des Schläfers ergänze den Traum beim Erwachen, verändere ihn rückwirkend und fülle die Lücken aus, die beträchtlich sein können. Harry Stack Sullivan äußert seine Skepsis noch entschiedener:

> Man hat niemals, unter keinen Umständen, unmittelbar mit Träumen selbst zu tun. Das ist einfach unmöglich. Womit man es in der Psychiatrie und de facto in vielen anderen Aspekten des Lebens zu tun hat, sind Erinnerungen, die sich auf Träume beziehen. Wie nahe diese Erinnerungen den tatsächlichen Träumen kommen, wie sehr sie sich mit ihnen decken, ist eine unlösbare Frage, denn soweit ich weiß, gibt es keine Möglichkeit, zu einer halbwegs stichhaltigen Überzeugung von der Deckungsgleichheit zwischen der Erinnerung an Träume und den Träumen selbst zu gelangen . . . In den meisten Träumen, die zu berichten sich der Patient mehr oder weniger genötigt fühlt, stößt man häufig auf massive Anzeichen von Sicherheitsmaßnahmen, die beim Erwachen ergriffen wurden. Obwohl die Bruchstücke dieser Träume, die berichtet werden, sehr hilfreich sein könnten, wenn sie in bedeutsamen Einzelheiten aufbewahrt werden könnten, sind sie ganz hinterlistig und unabsichtlich zu großen dramatischen Handlungsbögen verschmolzen wor-

---

1) Sigmund Freud, *Die Traumdeutung,* zitiert in Buber, »Das Unbewußte«.

den, in denen alles, was dem eigentlichen Nutzen des Traums entsprach, fast unentwirrbar in das hineinverwoben wurde, was Freud als sekundäre Bearbeitung bezeichnete (Sullivan 1953, S. 331 — 333).

Der deutsche Philosoph und Psychologe Ludwig Klages hat uns in seinem Buch über das Traumbewußtsein mit einer Brücke zum dialogischen Verständnis der Träume versehen. »Womit wir es im vervollständigten Traum zu tun haben«, schreibt Klages, »kann nicht länger als Subjekt und Objekt bezeichnet werden«. Klages sieht die Bedeutung des Traumes in der Aufhebung der Zeit. Die Dinge bleiben nicht nur im Laufe der Zeit nicht dieselben, sondern auch zur gleichen Zeit können sie das eine oder das andere sein. Im Traum verschwinden die Logik der Identität und das Konzept des Faktischen. Wenn man den Traum festzuhalten sucht, zerschmilzt er. Im Traum befinden wir uns nicht länger im Strom der Zeit, in dem jedes Jetzt unablässig in die Vergangenheit entflieht. Vielmehr gründen wir uns selbst in einer ewig währenden Gegenwart mit einem unbegrenzten, beweglichen Nullpunkt, und wir befinden uns ebensowenig in einem Raum, den zu vermessen es Zeit braucht. Vielmehr existieren wir in einem unbegrenzten Hier. Nur derjenige, der ganz begriffen hat, daß sich das Räumliche im Traum ebenso grundlegend von dem im Wachsein unterscheidet wie die Traumzeit von der Wachzeit, kann versuchen, den Inhalt von Träumen mit einiger Hoffnung auf Erfolg zu deuten.[2)]

Eine noch wichtigere Brücke zum dialogischen Verständnis von Träumen ist Rollo Mays phänomenologische Studie, »The Dreams of Susan«. Der Urzustand des Säuglings, glaubt May, ist nicht Unbewußtheit, sondern eine generalisierte Bewußtheit, aus der sich Bewußtsein und Unbewußtheit als Nebenprodukt der Differenzierung von Selbst und Welt und der Entwicklung der Sprache und der Fähigkeit zum Gebrauch von Symbolen entfalten. Die Bewußtseinsspaltung, die der Differenzierung zwischen Subjekt und Objekt innewohnt, geht mit der Fähigkeit einher, das Gewahrwerden von Möglichkeiten aufzuschieben oder zu leugnen. Tatsächlich definiert May den Inhalt des Unbewußten als »die Möglichkeiten zur Bewußtheit und Erfahrung, die das Individuum zum jeweiligen Zeitpunkt nicht imstande oder nicht bereit ist, zu verwirklichen«.

Aus dieser Sicht des Unbewußten ergibt sich, daß jede Traumsituation

2) Ludwig Klages, *Vom Traumbewußtsein,* S. 22, 32, 39, 43, zitiert in Buber, »Das Unbewußte«.

irgendeine Krise enthält, die der Anlaß ist, warum der oder die Betreffende gerade in dieser Nacht diesen Traum hat. »Jeder Traum enthält irgendeine Entscheidung, so latent, verdrängt oder widersprüchlich diese auch sein mag.« Der Anreiz zum Träumen ist das Bedürfnis, die eigene Beziehung zur Welt angesichts eines Konflikts, einer Angst, einer Verunsicherung oder einer Gabelung des Wegs umzugestalten. Die unbewußte Erfahrung *als solche* ist für May somit intentional, auf eine Bedeutung hin ausgerichtet. Dies ist eine Bedeutung, die der Patient eher erleben als erklären muß. Traumsymbol und Traumgeschichte vereinigen Fühlen, Wollen und Denken zu einer Titalität von Bedeutung, die uns »packt«. May stimmt der Annahme von Freud und Jung zu, daß es Symbole gibt, die so tiefe biologische und kulturelle Wurzeln haben wie jene, die mit Geburt und Tod zusammenhängen, daß sie durchaus universell sein könnten. Aber er betont stärker als diese die Bedeutung der Art und Weise, wie sich der einzelne zu einem universellen Symbol in Beziehung setzt. Um das Individuum zu verstehen, müssen wir verstehen, »wie es ein universelles Symbol in einzigartiger Weise auswählt, gestaltet und neu erschafft«. Ein von May zitiertes Beispiel ist der Spiegel, der in Susans Träumen für eine intersubjektive Welt ohne Menschen steht, eine Welt, in der andere nur als Widerspiegelungen existieren, nur in bezug auf die Frage, »Wie sehe ich aus ?« (May 1968).

In seinen Seminaren an der Washington School of Psychotherapy stellte Buber die Frage, ob wir überhaupt Träume wissen oder *haben.* Was wir besitzen, ist vielmehr das Werk der gestaltenden Erinnerung, die uns etwas über die Beziehung des Träumers zum »Traum« sagt, aber nichts über den Traum als solchen. Buber stellte auch die Auffassung von einem Trauminhalt und damit Freuds ganze Theorie der Verdrängung in Frage:

> Wir neigen dazu zu denken, daß die regelmäßige Wiederkehr von Träumen dem bewußten Zustand der Seele analog sei. Wir können jedoch einen Traum mit keinem anderen Phänomen vergleichen. Im Traum selbst, so scheint es, haben wir ein gewisses Gefühl von Bewußtheit. Dessen Beziehung zum Bewußtsein im psychischen Leben ist ein echtes Problem. Was ist der Charakter der Verbindung zwischen Elementen eines Traums im Gegensatz zu der zwischen Elementen des bewußten Lebens ? Es handelt sich da um etwas sehr Verschiedenes. Freud hat gar nicht den Versuch gemacht, sich mit diesen Dingen auseinanderzusetzen. Manchmal mache ich beim Erwachen eine gewaltige Anstrengung, um mich von der Welt der Träume loszureißen und in die gemeinsame Menschenwelt (Heraklit) einzugehen (Buber 1965, S. 167).

Eine weitere Frage, die Buber aufwarf, war die der Identität und Nichtidentität des Traumobjekts mit dem Objekt im wachen Leben. Im Traum ist die Ordnung und Kontrolle des wachen Lebens zugunsten einer Kontinuität und eines Zusammenhangs ganz anderer Art aufgehoben.

> Eine psychologische Theorie des Traumes wird gewaltig erschwert durch die Tatsache, daß der Traum uns weder als Erfahrung noch als Gegenstand der Erforschung gegeben ist, und auch nicht als etwas, das mit dem bewußten Leben verglichen werden kann. Selbst in meinem hohen Alter bin ich noch nicht zu einem Zustand des Gleichmuts hinsichtlich der Träume gelangt, die ich jede Nacht habe. Freud hat das alles als etwas Selbstverständliches behandelt. Die Anhänger des Tao haben niemals aufgehört, über das Traumproblem nachzudenken. Der Traum ist ein Problem, das dem des Todes tatsächlich benachbart ist. Shakespeares Vergleich ist keine Metapher, denn beide sind ihrem Wesen nach unbekannt. Wir glauben auf Grund unserer gestaltenden Erinnerung den Traum zu kennen, aber das eigentlich Zugrundeliegende entzieht sich uns (Buber 1965, S. 168).

Bubers Bericht über seine eigenen Träume bestätigt in auffallender Weise die Feststellung von Klages über den großen Unterschied zwischen Raum und Zeit des Wachzustandes und jenen des Traums.

> In den Träumen, an die wir uns erinnern, werden manchmal Räume dazwischengeschoben, in dem Sinn, daß Dinge hier vor sich gehen und dort andere Dinge, daß sie sich aber nicht vermischen. Es gibt also sozusagen zwei Ebenen, zwei Raum-Dimensionen, die nebeneinander fortbestehen. Noch seltsamer sind die Zeiterscheinungen. Ich hatte einmal einen Traum, in dem ich zu einem Zeitpunkt vorwärtsging, und der Wind blies mir ins Gesicht. Da sagte ich zu mir selbst im Traum : »Aha, da ist die andere Zeit«. Ich fühlte nicht nur die Richtung der Zeit, die von der Geburt zum Tod geht, sondern es war mir, als ob es noch eine andere Zeitrichtung gebe, die auf mich zukam und mich traf. Beim Nachdenken darüber fiel mir ein : »Oh, mit dem Raum verhält es sich ja genauso wie mit der Zeit«. Im Traum gibt es einen Zusammenhang von Dingen, der gänzlich verschieden ist vom Wachzustand, aber es gibt ihn. Es hat eine Zeit in meinem Leben gegeben, da ich sehr viel von Träumen wußte; dann wurde es immer weniger, und nun ist es nur noch Erinnerung (Buber 1965, S. 175).

Buber berichtete auch, wie es ihm gelungen sei, den Traum zu steuern, während er schliefe, und er zog daraus den Schluß, daß im Traum ein bestimmtes Moment des Willens vorhanden ist, obwohl dieses im Traum nicht als solches empfunden wird.

> Ein bestimmter Traum von mir ging weiter, bis zu einem Zeitpunkt, in dem ich das Gefühl hatte — im Traum —: »Es ist nicht, wie es sein sollte — was nun ?« Als ob ich eine Geschichte schriebe und daran dächte, sie zu ändern. Von diesem Augenblick an kam dieselbe Szene immer wieder vor, mit einigen Abweichungen. Schließlich gelang es mir, den Schluß der Szene zu ändern, und es ging weiter. Das wiederholte sich viele Male (Buber 1965, S. 173f.)

Im bewußten Leben ist eine ordnende Kraft vorhanden. Jeden Morgen wenn wir aufwachen, veranlaßt uns eine Kraft aufs Neue, in einem gemeinsamen Kosmos zu handeln und zu leben. Nichts dieser Art geschieht in Träumen. Sie besitzen zwar eine bestimmte Kontinuität und ihren eigenen Zusammenhang, aber wir können diesen Zusammenhang nicht verstehen oder mit dem der wachen Welt vergleichen. Der Träumende hat, solange er träumt, keinen Anteil an der gemeinsamen Welt, und somit ist da nichts, wozu wir Zugang haben können. Der existentielle Analytiker Medard Boss stellt die Behauptung von Heraklit in Frage, daß nur die Wachen eine gemeinsame Welt hätten, indem er darauf hinweist, daß wir in unseren Träumen selten allein sind und daß 85 Prozent unserer Träume andere Menschen einschließen. Dabei übersieht Boss den wesentlichen Unterschied zwischen Beziehungen in der wachen Welt und solchen in Träumen. Träume sind die Rückstände unserer wachen Dialoge. Es gibt in unseren Träumen nicht nur keine wirkliche Begegnung mit dem Anderssein, sondern sogar die Spuren des Andersseins sind weitgehend verweht. Dies bedeutet nicht, wie Jung und Fritz Pearls meinten, daß jedes Geschöpf im Traum in Wirklichkeit wir selbst sind. Aber wir können nicht so von Traumbeziehungen sprechen, als seien sie identisch mit Beziehungen zu Personen im wachen Leben.[3] Was wir sagen können, ist, daß wir in einen Dialog mit dem Traum eintreten, sobald wir ihn objektiviert, d. h. isoliert, gestaltet, entwickelt und ihm als ein unabhängiges Gegenüber Form verliehen haben. Von jetzt an wird er zu einer der Realitäten, die uns in der Welt entgegentreten, ebenso sicher und ebenso konkret wie jedes sogenannte äußere Ereignis.

»Es gibt zwei Arten von Therapeuten«, behauptete Buber bei den Washingtoner Seminaren; »die einen wissen mehr oder weniger bewußt, welche Art von Traumdeutungen sie erhalten werden; und die anderen, die

Psychologen, wissen das nicht. Ich bin ganz und gar auf Seiten der letzteren, die nichts Genaues wollen. Sie sind bereit zu empfangen, was sie empfangen werden. Sie wissen nicht im voraus, welche Methode sie benutzen werden. Sie sind sozusagen in der Hand ihrer Patienten.« Man kann Gedichte nicht mit denselben Methoden interpretieren wie einen Roman und noch weniger lassen sich die Träume eines Patienten mit denselben Methoden deuten wie die eines anderen. Man ist ein besserer Therapeut, wenn man sich bei der Deutung von Träumen nicht als Freudianer, Jungiander oder Adlerianer verhält, sondern sich vielmehr von dem leiten läßt, was einem der Patient anbietet. Der Therapeut muß bereit sein, sich überraschen zu lassen. Durch diese Art des »ergebenen Zuhörens« kann ein neuer Typus von Therapeut entstehen — ein Mensch von größerer Verantwortlichkeit und sogar größeren Fähigkeiten, da es nicht so leicht ist, ohne vorgefertigte Kategorien neue Situationen zu meistern (Buber 1969, S. 167f.)

15. Kapitel

Paradoxa der Schuld

Eines der wichtigsten Kennzeichen der dialogischen Psychotherapie, wie jeder anderen Psychotherapie auch, ist der Umgang des Therapeuten mit Schuld. Für Freud wurde Schuld aus dem Bewußtsein verdrängt, und Träume bildeteten die *via regia* zur Schuld wie zum Unbewußten im allgemeinen. Buber, obwohl er die Existenz verdrängter, neurotisch verdrängter Schuld nicht leugnete, ging insofern über Freud hinaus, als er das Vorhandensein einer »existentiellen Schuld« postulierte, die mit Ereignissen verbunden ist, welche dem Bewußtsein zugänglich sind, aber aufgrund unserer Einstellung zu ihnen ihren Charakter der Schuld verloren haben. Die dialogischen Therapeuten müssen bereit sein, mit dieser Einstellung in ganz spezifischer Weise umzugehen.

Für Freud war Schuld das Projekt der Introjektion des strengen Über-Ich. Als solche war sie bestenfalls identisch mit gesellschaftlichen und elterlichen Tabus oder schlimmstenfals mit der neurotischen Fixierung dieser Prozesse. Obwohl sich Freud nicht vorstellen konnte, daß man Schuldgefühle ganz überwinden kann, betrachtete er sie als etwas, das soweit wie möglich zu modulieren sei, um dem Individuum mehr Glück zu ermöglichen. Schuld war somit für Freud ein eingebauter Teil des psychischen und sozialen Systems, aber im Grunde von außen kommend, was die Wertvorstellungen betrifft.

An all dem ist nichts Paradoxes. Vom Standpunkt des Heilens durch Begegnung aus betrachtet ist im Gegensatz dazu Schuld doppelt paradox geworden. Erstens ist sie paradox, weil Heilen durch Begegnung notwendigerweise das Vorhandensein einer wirklichen, existentiellen Schuld impliziert, die jedoch gewöhnlich mit neurotischen und/oder bloß gesellschaftlich induzierten Schuldgefühlen vermengt und verwechselt wird. Das zweite Paradox besteht darin, daß das Vorherrschen neurotischer Schuldgefühle in unserer Gesellschaft und die traumatisierte Reaktion darauf seitens vieler Individuen es schwierig machen, wirkliche Schuld zu erörtern, ohne dieselben Reaktionen von Erdulden oder Ablehnen auszulösen, die von neurotischen Schuldgefühlen verursacht werden.

Die gemeinsame Ordnung der Welt, die wir durch unsere gemeinsame Sprache und die Zentralität der menschlichen Existenz als »Wir« aufbauen, sind die Grundlagen von Martin Bubers Unterscheidung in »Schuld und Schuldgefühle« *(Schuld und Schuldgefühle* 1962) zwischen »grundloser« neurotischer Schuld — den subjektiven Gefühlen eines Menschen, gewöhnlich unbewußt und verdrängt — und »existentieller« Schuld — einer ontischen, zwischenmenschlichen Realität, in der das Individuum im wahrsten Sinne des Wortes weilt. Der Analytiker, schreibt Buber in »Heilen durch Begegnung«, müsse die Krankheit des Patienten als eine Krankheit seiner Beziehungen zur Welt sehen. Wahre Schuld steckt nicht im Menschen, sondern vielmehr in dessen Unvermögen oder Weigerung, auf die legitimen Ansprüche und Appelle der Welt zu reagieren. Und die Verdrängung von Schuld und die aus dieser Verdrängung entstehenden Neurosen sind nicht bloß psychologische Phänomene, sondern vielmehr Ereignisse zwischen Personen (Buber 1969, S. 14* — 142).

Existentielle Schuld, führt Buber fort, sei »Schuld, die eine Person als Person und in einer persönlichen Situation auf sich geladen hat«. Sicher gibt es auch rein soziale und sogar neurotische Schuld, abgeleitet von einem Kanon von Geboten und Verboten, der dem Individuum von den Eltern und der Gesellschaft aufgepfropft wird, und den es einem internalisierten »Über-Ich« einverleibt. Aber es gibt auch wirkliche Schuld, Schuld, die mit unserer realen Position in der Welt zu tun hat und mit der Art und Weise, wie wir davon ausgehend zu anderen Menschen in Beziehung treten. Wirkliche Schuld ist weder subjektiv noch objektiv. Sie ist dialogisch — die untrennbare Begleiterscheinung unserer persönlichen Verantwortlichkeit für die Beglaubigung unserer eigenen Existenz und darüber hinaus für unsere Aufgeschlossenheit gegenüber den Partnern unseres Daseins, den anderen Personen, mit denen wir zusammenleben. Wo es persönliche Verantwortung gibt, muß es auch die Möglichkeit echter Schuld geben, indem wir es versäumen, dem anderen zu antworten, indem wir ihm unzulänglich oder zu spät antworten, oder indem wir ihm nicht mit unserem ganzen Selbst antworten.

Solche Schuld ist weder innerlich noch äußerlich. Man schuldet dafür nicht nur sich selbst Rechenschaft oder der Gesellschaft, abgesehen von sich selbst, sondern jenem Bund zwischen einem selbst und anderen durch den man wieder und wieder die Richtung entdeckt, durch die man die eigene Existenz beglaubigen kann. Wenn die Beziehung zu einem anderen nicht auf das reduziert werden kann, was im inneren der beiden Beteiligten vor sich geht, dann kann die Schuld, die eine Person gegenüber dem Partner in einer Beziehung hatte, nicht auf die subjektive Schuld reduziert werden, die sie empfindet. »Existentielle Schuld«, schreibt Buber, »entsteht, wenn jemand eine Ordnung der menschlichen Welt verletzt, deren Grundlagen er (auf irgendeiner Ebene des Daseins) als die seiner eigenen Existenz und aller gemeinsamen menschlichen Existenz kennt und anerkennt.« Existentielle Schuld transzendiert somit die Sphäre der inneren Gefühle und des persönlichen Verhältnisses zu sich selbst.

Die Ordnung der menschlichen Welt, gegen die man verstößt, ist kein objektives Absolutum, weder platonischer Ideen, der Gesellschaft oder der Kirche, somit etwas, das wir als rein äußerlich fremd für uns ansehen können, so sehr wir uns dem auch unterwerfen müssen. Es ist die Sphäre des »Zwischenmenschlichen« selbst, genau jene der Wir-Gefühle, die wir gemeinsam in der Familie, der Gruppe und der Gesellschaft aufgebaut haben, und zu denen unsere eigene Existenz im wörtlichsten Sinne des Wortes gehört. Obwohl uns vielleicht nicht bewußt ist, was es bedeutet, gegen eine »Ordnung der menschlichen Welt« zu verstoßen, wissen wir alle recht gut, wie wir durch unser Tun oder Lassen, durch Angriff oder Selbstverweigerung unsere Familie, unsere Freunde, unsere Gemeinschaft und unsere Kollegen oder Mitarbeiter verletzen können. Die Sphäre des Zwischenmenschlichen und die Schuld, die darin entsteht, kann nicht mit den Tabus und Verboten einer bestimmten Kultur und Gesellschaft identifiziert werden. »Die Tiefe des Schuldgefühls hängt nicht selten gerade mit dem Teil der Schuld zusammen, der nicht dem Tabuverstoß zugeschrieben werden kann, folglich mit der existentiellen Schuld.«

Schuld ist ein wesentlicher Faktor in den Beziehungen des Menschen zu anderen: sie erfüllt die notwendige Funktion, den Wunsch in einem zu wecken, diese Beziehungen in Ordnung zu bringen. Genau hier, in der wirklichen Schuld des Menschen, der nicht auf den berechtigten Anspruch und Appell der Welt geantwortet hat, liegt die Möglichkeit der Veränderung und Heilung. Der Therapeut kann den Menschen, der unter existentieller Schuld leidet, an die Stelle führen, von der aus die Person den Weg zur Erhellung dieser Schuld gehen kann, indem sie sich beharrlich als die Person identifiziert, die, so anders sie auch gegenüber früher sein mag, diese Schuld angenommen hat und soweit es die eigene Situation ermöglicht, »die von ihr verletzte Daseinsordnung durch ihre Haltung aktiver Hingabe an die Welt wiederherstellt und wiedergutmacht (Buber 1966, 6. Kapitel).

»Ursprüngliche Schuld besteht darin, bei sich selbst zu bleiben«, schreibt Buber in einer Kritik an dem deutschen existentialistischen Philisophen Martin Heidegger. Wenn wir dem Geschöpf, vor das uns diese Stunde stellt, nicht mit der Wahrheit unseres ganzen Lebens begegnen, dann sind wir schuldig. Urschuld ist nicht in unserem Verhältnis zu uns selbst zu finden, sondern vielmehr, indem wir des Lebens gewahrwerden, in welchem wir essentiell zu etwas anderem als uns selbst in Beziehung stehen.

Ebenso gilt, daß echte Schuld nicht auf die Schuld begrenzt werden kann, die nach Auffassung des existentiellen Psychoanalytikers Medard Boss Heidegger folgend darin besteht, unsere Verpflichtung gegenüber dem Dasein durch die Verwirklichung unserer eigenen Möglichkeiten zu erfüllen:

> Wenn wir unsere eigenen latenten Kräfte blockieren, machen wir uns schuldig gegenüber dem, was uns ursprünglich, in unserem »Kern« mitgegeben wurde. In diesem existentiellen Zustand der Schuld wurzeln alle Schuldgefühle, welche tausenderlei konkrete Formen und Deformationen sie in der Realität auch annehmen mögen. [1)]

Die eigene potentielle Einzigartigkeit mag uns geschickt worden sein, aber für die Richtung, in der wir die eigene Existenz rechtfertigen, gilt dies nicht. Man entdeckt sie in ständig erneuerten Entscheidungen in Reaktion auf den Anspruch konkreter Situationen. Wenn wir schuldig sind, dann nicht, weil wir es versäumt haben, unsere potentiellen Kräfte zu verwirkli-

1) Zitiert in May 1958, S. 53

chen, die wir als Abstraktum nicht kennen können, sondern vielmehr, weil wir es versäumt haben, die Mittel, die uns in einem bestimmten Augenblick zur Verfügung stehen, in unsere Reaktion auf eine bestimmte und herausfordernde Situation einzubringen. Dies bedeutet, daß wir nicht *a priori* gegenüber einer idealen Konzeption des Selbst schuldig sein können, sondern nur gegenüber den sich Augenblick für Augenblick ergebenden Chancen, uns selbst zu rechtfertigen, die sich in der konkreten Situation für uns auftun. Unsere latenten Kräfte können nicht getrennt werden von der Entdeckung unserer »Seinsintention«, und diese zeigt sich nicht in der Begegnung eines Menschen mit sich selbst, sondern vielmehr in der mit anderen Menschen. Die Daseinsordnung, gegen die ich verstoße, ist meine eigene Ordnung sowie die der anderen, da sie die Grundlage und die eigentliche Bedeutung meiner Existenz als Selbst ist.

Freud habe durch seine Relativierung genetisch bedingter Schuldgefühle »die Tiefe von existentieller Schuld jenseits aller bloßen Tabuverletzungen« leugnen wollen, schreibt Buber in *Schuld und Schuldgefühle.* Das ist charakteristisch für jene »fortgeschrittene« Generation, die es »inzwischen als bewiesen ansieht . . ., daß es keine wirkliche Schuld gibt; nur Schuldgefühle und Schuldkonvention«. Diese Leugnung läuft auf eine Krise hinaus, nicht nur im Leben des modernen Menschen, sondern des Menschen als solchem, denn »der Mensch ist das Geschöpf, das fähig ist, schuldig zu werden, und fähig, seine Schuld zu erhellen«.

Ein Aspekt dieser Krise ist die Leugnung wirklicher Schuld. Ein anderer ist die komplexe und undifferenzierte Vermengung wirklicher und neurotischer Schuld, selbst wenn wirkliche Schuld nicht geleugnet wird. Dies macht es zu einer sehr delikaten und subtilen Angelegenheit sowohl für den Therapeuten als auch für den Klienten, die einzelnen Stränge zu entwirren und im jeweiligen Augenblick zu wissen, was was ist. Der klinische Psychologe A. David Feinstein gibt uns eine hilfreiche Anregung für das Vorgehen bei dieser Klärung:

> Die Feststellung, ob ein Patient an neurotischer oder existentieller Schuld leidet, wird dadurch erschwert, daß diese beiden Formen oft miteinander verbunden sind und interagieren. Existentielle Schuld kann anfangen zu schwinden, sobald ihre Bedeutung verstanden wurde, aber begleitende neurotische Schuldgefühle können bereits geweckt worden sein. Günstige Umstände in einer Welt, in der viele leiden, zu genießen, fordert z. B. existentielle Schuld heraus, wenn man in fundamentaler Weise seine Verpflichtun-

gen gegenüber der menschlichen Gemeinschaft leugnet. Wenn man außerdem programmiert ist, das eigene Selbstwertgefühl herabzusetzen, sooft man das größere Stück vom Kuchen erhält, dann werden auch neurotische Schuldgefühle vorhanden sein. Wenn beide Formen solcher Art im Spiel sind, kann es therapeutisch nützlich sein, die informativen Aspekte der existentiellen Schuld von den strafenden Qualitäten der neurotischen Schuld zu trennen . . . Sobald dies erkannt und Veränderungen vorgenommen werden, aber die Schuldgefühle andauern, ist es angebracht, diese Schuldgefühle in der Beratung in Frage zu stellen.[2)]

Ein dritter Aspekt der Krise ist die Schwierigkeit zu unterscheiden, wann man selbst als Person Rechenschaft schuldig ist, und anderen nicht zu gestatten, einem Schuldgefühle aufzunötigen, zu denen man sich nicht bekennen kann und sollte.[3)]

Was kann der Therapeut, der sich dem Heilen durch Begegnung verpflichtet fühlt, angesichts dieser Paradoxa der Schuld tun? Eine Antwort auf diese Frage gibt Ivan Boszormenyi-Nagy in seinem Buch *Invisible Loyalities.* Hans Trüb, Leslie Farber, Ronald Laing und Sidney Jourard machen bei ihrem Herangehen an die Therapie, wie wir gesehen haben, expliziten Gebrauch von Bubers Verständnis der Bestätigung und des Primats der Begegnung oder des Dialogs. Meines Wissens hat nur Boszormenyi-Nagy seine Therapie auf den weiteren Konsequenzen von Bubers philosophischer Anthropologie aufgebaut — seinem Verständnis des »essentiellen Wir«, der gemeinsamen Welt, errichtet durch die gemeinsame »Sprache-mit-Bedeutung«, und der existentiellen Schuld, die durch den Verstoß gegen die gemeinsame Welt entsteht (Buber 1966, 4. und 6. Kap.)

Boszormenyi-Nagy zufolge kann der Patient seine Probleme mit seiner Familie nicht lösen, wie so viele traditionell orientierte Psychoanalytiker empfehlen, indem er bloß von zu Hause wegzieht und unabhängig wird oder sich seine Haßgefühle gegenüber seinen Eltern bewußtmacht. Eine Massenflucht vor kindlichen Verpflichtungen aus Furcht vor Verantwor-

---

2) A. David Feinstein, »Self-Responsibility in Illness and the Issue of Guilt« (unveröffentlicht). Feinsteins Artikel basiert weitgehend auf dem vorliegenden Kapitel, das Feinstein in Manuskriptform zur Verfügung stand.

3) Dies berührt die Problematik der Schuld, der ich den größten Teil eines Kapitels in dem Buch gewidmet habe, das die Grundlage für dieses bildet, nämlich Maurice Friedman, *Contemporary Psychology: Revealing and Obscuring the Human* (Pittsburgh: Duquesne University Press 1984, S. 167—175.

tung kann alle menschlichen Beziehungen mit unerträglichem Chaos erfüllen, meint Boszormenyi-Nagy. Das Individuum kann durch amorphe, therapeutisch unzugängliche existentielle Schuld gelähmt werden. Im übrigen ist »der wahre Maßstab menschlicher Emotionen nicht die Intensität ihrer affektiven oder physiologischen Begleiterscheinungen, sondern die Relevanz ihres zwischenmenschlichen Kontexts«. Boszormenyi-Nagy folgt Buber in seiner Unterscheidung zwischen Beziehungen, die bloß Funktionen individueller Entfaltung, Normalität, Anpassung und Perspektive sind, und Beziehungen, die insofern ontologisch sind, als sie für sich genommen Realität, Verantwortlichkeit, Bedeutung und Wert besitzen. Dies veranlaßt Boszormenyi-Nagy, nachdrücklich und wiederholt auf Bubers Unterscheidung zwischen *innerpsychischen Schuldgefühlen* und *zwischenmenschlicher existentieller Schuld* hinzuweisen.

> Der Therapeut, der den Patienten von seiner Sorge um Mitglieder seiner Familie oder von seiner schuldbeladenen Loyalität diesen gegenüber befreien möchte, wird es vielleicht schaffen, bestimmte Manifestationen psychologischer Schuld zu bestätigen, aber gleichzeitig kann er die existentielle Schuld des Patienten verstärken. Buber unterschied zwischen Schuldgefühlen und existentieller Schuld. Die letztere geht offensichtlich über das Psychologische hinaus: sie hat etwas mit objektiver Verletzung der Ordnung und Gerechtigkeit der menschlichen Welt zu tun. Wenn ich wirklich einen Freund verraten habe oder wenn meine Mutter wirklich meint, daß ich ihr durch meine Existenz geschadet habe, dann bleibt die Realität einer gestörten Ordnung der menschlichen Welt bestehen, ob ich nun bestimmte Schuldgefühle loswerden kann oder nicht. Eine solche Schuld geht in die allgemeine Buchführung über Recht und Unrecht ein und kann nur durch Handlungen und existentielle Neuordnung getilgt werden, falls überhaupt (Boszormenyi-Nagy und Spark 1973, S. 184).[4)]

So wertvoll ihr Beitrag zum Verständnis des Menschen als geschlossenes System auch sein mag, so kann doch jede psychodynamische Theorie, die sich auf die Motivation des Individuums beschränkt, potentiell gesellschaftsschädigend sein, wenn sie den Ansprüchen unseres Zeitalters nicht genügt, die Bedürfnisse anderer wahrzunehmen und darauf zu reagieren. Was eine von der Familie ausgehende Einstellung zur Gerechtigkeit beson-

---

4) Ich beziehe mich in diesem Text allein auf Boszormenyi-Nagy, da er der Verfasser der wichtigsten theoretischen Kapitel von *Invisible Loyalities* ist.

ders nötig macht, ist die Tatsache, daß manche Menschen der Ungerechtigkeit, die sie anderen zugefügt haben, niemals ins Auge sehen oder sie auch nur erkennen, solange ihre Kinder und ihre Enkel sie nicht büßen müssen. Der Familientherapeut beleuchtet eine spezifische existentielle Dimension, die in unserer Zeit gemieden, verleugnet und ausgehöhlt wird : die Aufrechnung von Recht und Unrecht in der menschlichen Welt. Der Familientherapeut muß sich um die generationenübergreifende Buchführung der Verdienste kümmern, eine unsichtbare systematische Bilanzierung, die die interpersonalen Strukturen der menschlichen Ordnung oder die »Sphäre des Zwischen« einbezieht.

Der Therapeut muß zwischen der persönlichen Ausbeutung des Geistes oder dem einseitigen Nehmen und der strukturellen Ausbeutung, die durch Eigenschaften des Systems bedingt ist, unterscheiden, die beide Beteiligte gleichzeitig zu Opfern werden lassen. Ein Ungleichgewicht zwischen zwei oder mehr Partnern in Beziehungen wird vom anderen subjektiv als Ausbeutung empfunden. Darüber hinaus kann ein Individuum durch die Handlungen anderer in existentielle Schuld geraten, da man einen Platz im generationenübergreifenden Netzwerk der Verpflichtungen erbt und als Glied in der Kette vergangener Traditionen zur Rechenschaft gezogen wird. Je weniger man sich dieser Verpflichtungen bewußt ist, desto mehr wird man diesen unsichtbaren Kräften ausgeliefert sein (Boszormenyi-Nagy und Spark 1973, S. 8, 55—58, 60f., 67).

Boszormenyi-Nagy bezeichnet die moderne Illusion, die strafende Gerechtigkeit durch Menschlichkeit zu ersetzen, statt sie zu mildern, als große Heuchelei, die eine Gefahr für den dynamischen Zusammenhalt der Gesellschaft selbst ist. »Während die *Schuldgefühle* eines Individuums ohne Rücksicht auf die Gefühle und Reaktionen der anderen Mitglieder verstanden werden können, gilt dies für die ihnen zugrundeliegende existentielle Schuld nicht.« Die Frage der Gerechtigkeit kann daher nicht auf eine Angelegenheit individueller Vergebung oder Liebe reduziert werden, wie so viele glauben. Darüber hinaus könnte es sein, daß wir, »wenn wir das unschuldige Kind nicht für die Sünden des Vaters bzw. die Eltern nicht für die Vergehen ihres Kindes zur Rechenschaft ziehen, konkrete, aber verborgene Kräfte der Mitschuld übersehen, die im Familiensystem verankert sind«.

Der Familientherapeut entdeckte, daß »offenstehende Rechnungen in den Beziehungen, die nicht durch selbstreflektierende Analyse, Übertragungsauflösung und Einsicht beglichen werden können, durch zwischenmenschliche Initiative und Wiedergutmachung, oft im Kontext von drei Generationen, aus der Welt geschafft werden können«. Persönliche Ausbeutung ist nur auf einer subjektiveren Skala meßbar, die Bestandteil des Gefühls einer Person für die Bedeutung ihrer ganzen Existenz ist. Der Familientherapeut muß sich mit dem subjektiven Maß von Ausbeutung jedes Mitglieds des Familiensystems auseinandersetzen. »Indem er die Tür zu einem aktiven Ausgleich von Recht und Unrecht öffnet, kann der therapeutische Prozeß die Akkumulation und Verewigung lastender unbeglichener Rechnungen abbauen, die anderenfalls die Chancen künftiger Gererationen beeinträchtigen könnten« (Boszormenyi-Nagy und Spark 1973, S. 69, 78—81).

Bubers und Boszormenyi-Nagys Konzept von »der gerechten Ordnung der menschlichen Welt« ist ein dialogisches. So pathologisch sie auch sein mag, so ist doch die einzigartige Erfahrung aller Angehörigen der Familie als solche wertvoll: sie geht in die Verdienstbilanz und in die dialogische Realitätsprüfung — den »Dialog der Prüfsteine« — ein. Derjenige in der Familie, der den Sündenbock sucht, kann als hilfsbedürftig und der Sündenbock als potentieller Helfer angesehen werden; denn ersterer belädt sich mit einer immer schwerer werdenden Last an Schuld, und letzterer sammelt Pluspunkte, indem er von den anderen Lasten aufgebürdet bekommt. Gerechtigkeit ist für Boszormenyi-Nagy »ein persönliches Prinzip der Ausgewogenheit des gegenseitigen Gebens und Nehmens, das das einzelne Mitglied einer sozialen Gruppe im Umgang mit den letztendlichen Konsequenzen seiner Beziehung zu anderen leitet« (Boszormenyi-Nagy und Spark 1973, S. 61). Das Klima des Vertrauens, das eine soziale Gesellschaft kennzeichnet, ist die Summe der subjektiven Bewertungen der Gerechtigkeit der Beziehungserfahrungen jedes einzelnen Mitglieds im Rahmen dessen, was Boszormenyi-Nagy als Teufelskreis der historisch entstandenen Verdienstbilanz bezeichnet. Die Zuverlässigkeit von Beziehungen hängt von erworbenen Beziehungsverdiensten ab.

> Wir glauben, daß der »zwischenmenschliche« Aspekt der Gerechtigkeit der menschlichen Welt die Voraussetzung für Vertrauen zwischen den Menschen ist . . . Versuche, eine solche Rechenschaftspflicht zu leugnen oder sich ihr zu entziehen, stellen eine wichtige Dynamik jedes Beziehungssystems dar. Obwohl eine solche Fluchtbewegung für die autonomen Explorationen eines Menschen vorübergehend notwendig sein mag, muß man sie aufdecken und

sich damit auseinandersetzen, wenn das soziale System weiterhin gesundes Wachstum ermöglichen soll (Boszormenyi-Nagy und Spark 1973, S. 148).

Einsicht allein — die Konfrontation mit der Verdienstbilanz — ist nur die Voraussetzung für die Aufgabe, die Beziehungen aktiv auszubalancieren. In *Schuld und Schuldgefühle* erklärt Martin Buber, die Überwindung von existentieller Schuld vollziehe sich in den drei Stadien der Erhellung dieser Schuld, dem Festhalten dieser Einsichten und der Wiederherstellung der vorletzten Daseinsordnung durch eine Wiederaufnahme des Dialogs mit der Welt. In einer genauen Parallele dazu meint Boszormenyi-Nagy, Selbsterkenntnis und geseteigerte Selbstbehauptung fänden ihren Platz im Kontext der Bilanzen von Fairness und Gerechtigkeit in engen Beziehungen. So stark die Rachewünsche beim einzelnen auch sein mögen; das therapeutische Ziel muß letztlich die gegenseitige Klärung und Wiedergutmachung sein, um dem erwachsenen Kind und seinen Eltern Gelegenheit zu geben, die destruktiven, kettenartigen Beziehungsmuster zu durchbrechen, die sich vielleicht bereits über mehrere Generationen erstrecken.

Die Ungerechtigkeit der Parentifizierung von Kindern durch ihre Eltern kann nur aus der Welt geschafft werden, wenn man zunächst die Beziehung der Eltern zu ihrer Ursprungsfamilie ins Auge faßt und einen konstruktiven Ausgleich von Schuld versucht. Als ein therapeutisches Ziel gewähren die Kinder somit ihren Eltern, indem sie sie von Schuld freisprechen, eine primäre Form von innerer, unbefriedigter Anerkennung, die diese besonders benötigen. Der Familientherapeut muß den Kindern helfen, sich aus ihrer hilflosen Opferrolle zu befreien. Um dies zu erreichen, ist es zuerst nötig, die eigenen unbefriedigten Abhängigkeitsbedürfnisse und ungelösten negativen Loyalitätsbindungen der Erwachsenen, die auf ungerechter Behandlung und Ausbeutung durch ihre Ursprungsfamilien beruhen, zu erkennen und durchzuarbeiten — wenn möglich mit den Ursprungsfamilien selbst. In vielen Fällen bietet sogar noch die unheilbare Krankheit der Großmutter oder des Großvaters Gelegenheit zum Abtragen einer Schuld und zu der damit verbundenen emotionalen Befreiung aller drei Generationen von Schuldgefühlen. »Wir glauben, daß der wichtigste Weg zur Unterbrechung der generationenübergreifenden Kette von Ungerechtigkeiten die Wiederherstellung von Beziehungen ist und nicht die Alternative, das bestimmten Familienmitgliedern zugefügte Unrecht entweder zu vergrößern oder zu leugnen« (Boszormenyi-Nagy und Spark 1973, S. 95). Eine der großen Chancen des drei Generationen umfassenden Ansatzes von Boszormenyi-Nagy liegt in der Möglichkeit, das schmerzhafte und schändliche Bild des Familienmitglieds vor seinen Eltern zu rehabilitieren, indem man ihm hilft, die Belastungen zu begreifen, die seinen Eltern von deren Ursprungsfamilien auferlegt wurden.

Indem er einem aktiven Ausgleich der Verdienstbilanz die Tür öffnet, kann der Prozeß der Familientherapie die Akkumulation und Verewigung belastender, unbeglichener Rechnungen umkehren, die die Chancen künftiger Generationen beeinträchtigen. Dies gilt auch für den sogenannten »Paranoiker«.

> Wenn ein Mensch zu tief verletzt und ausgebeutet wurde, um seine Wunden verkraften zu können, hat er ein Recht auf die therapeutische Anerkennung der Realität seiner Verwundungen und auf eine ernsthafte Untersuchung der Bereitschaft der anderen, den Schaden wiedergutzumachen. Nur durch eine solche »Konzession seitens der Welt« wird er bereit sein, über die mögliche Ungerechtigkeit seiner eigenen Handlungen gegenüber anderen nachzudenken . . . Der tief verletzte paranoide Mensch sollte eine zusätzliche Chance erhalten, zumindest insofern, als die unfaire Bilanz seiner Gerechtigkeit anerkannt wird. Obgleich die Realität der frühen Ausbeutung jedes Familienmitglieds aus der generationenübergreifenden Buchführung der Familie resultiert, wird das Gefühl erlittenen Unrechts für jedes einzelne Familienmitglied zu einer Programmierung für »emotionale Deformationen«, die eine psychologische Realität darstellen (Boszormenyi-Nagy und Spark 1973, S. 91).

Gerechtigkeit kennzeichnet ebenso wie Vertrauenswürdigkeit das emotionale Klima und die diesem zugrundeliegende existentielle Durchführung eines Beziehungssystems. Beide Begriffe liegen außerhalb der Sphäre der Individualpsychologie, und beide führen zu einer Ürberprüfung und Neudefinition der Theorien der Projektion, der Realitätsüberprüfung, der Fixierung, Verschiebung, Übertragung, der Veränderung der Ich-Stärke und der Autonomie. Vom Standpunkt des Beziehungssystems aus betrachtet kann z. B. Paranoia ein teilweise auf Realität basierender Geisteszustand sein. Obwohl sie eine Überreaktion auf eine bestimmte Person darstellen kann, erwächst sie dennoch aus einem realen ethischen Ungleichgewicht der Vergangenheit. Diese Neudefinition traditioneller psychologischer Begriffe führte Boszormenyi-Nagy auch zu Erkenntnissen über die

Anwendbarkeit seiner Dynamik der Gerechtigkeit auf die Gesellschaft als Ganzes. Die Kluft zwischen den Generationen ist keine Frage der Kommunikation, sondern vielmehr der Gerechtigkeit, behauptet Boszormenyi-Nagy. »Vergeltungsprojektionen auf alle elternähnlichen Personen können eine wichtige Komponente der Feindseligkeit sein, die in jeder Kultur zwischen der Jugend und der älteren Generation besteht. Heilen durch Begegnung geht hier ganz ausdrücklich in die »Fürsorgliche Gemeinschaft« über, die das Anderssein bestätigt. »Die größte kulturelle Aufgabe unseres Zeitalters«, schreibt Boszormenyi-Nagy, »könnte die Untersuchung der Rolle sein, die die Beziehungsgerechtigkeit, nicht bloß die wirtschaftliche Gerechtigkeit, in der heutigen Gesellschaft spielt. Und den größten blinden Fleck in unserer Sozialwissenschaft stellt die Leugnung der psychologischen Bedeutsamkeit vergeltender sozialer Dynamiken dar« (Boszormenyi-Nagy und Spark 1973, S. 66, 74).

Nach der Lektüre von *Invisible Loyalities* bemerkte ein überaus kompetenter Familienpsychiater: »Das ganze Ziel der Psychotherapie hat darin bestanden, Schuld auszumerzen, und jetzt will sie Nagy wieder einführen!« Dieser Kommentar erwächst, wie ich vermute, aus allen drei Paradoxa der Schuld und verdeutlicht diese. Wahrscheinlich war dieser Psychiater zunächst einmal nicht mit dem Konzept der existentiellen oder wirklichen Schuld vertraut. Zweitens bin ich überzeugt, daß er in seiner Praxis so stark von den neurotischen Schuldgefühlen in Anspruch genommen ist, mit denen er es zu tun hat, daß er, selbst wenn er auf existentielle Schuld stoßen würde, den neurotischen Schuldgefühlen größeres Augenmerk widmen würde, und daß es ihm schwerfallen würde, das eine vom anderen zu unterscheiden. Drittens haben seine Klienten, selbst wenn die ersten zwei Annahmen nicht zutreffen, zweifellos solche neurotischen Schuldkomplexe, daß er zögern würde, ihnen die Vorstellung wirklicher Schuld nahezubringen, aus Furcht, damit bei ihnen ungesunde Reaktionen auszulösen. Für ihn würde Boszormenyi-Nagys Position deshalb keine angemessene Antwort auf unsere Frage darstellen: »Was kann ein Therapeut, der sich dem Heilen durch Begegnung verpflichtet fühlt, angesichts der Paradoxa von Schuld tun?«

Ich glaube, daß uns hier Hans Trüb zu Hilfe kommen kann. Trüb erlebte eine Krise als Therapeut durch seine Leugnung von *Ethos* und damit wirklicher Schuld zugunsten einer höheren »spirituellen« Ebene, auf die er seine Patienten zu führen wünschte. Nach seiner Krise kam Trüb zu dem

Schluß, daß das Annehmen echter Schuld der Beginn der Verantwortlichkeit ist, und daß Verantwortlichkeit das ist, was die Person, deren Beziehung zur Gemeinschaft zerbrochen ist, befähigt, wieder in einen Dialog mit der Gemeinschaft einzutreten. Aber Trüb erkannte auch, wie wir gesehen haben, daß diese Wiedervereinigung mit der Gemeinschaft, um Nagys Formulierung zu benutzen, in zwei Stadien vor sich gehen muß : erstens muß der Therapeut erkennen, daß der ihm gegenüberstehende Mensch jemand ist, der von der Gemeinschaft abgelehnt und nicht bestätigt wurde, jemand, der das Verständnis und die Bestätigung benötigt, die ein Vertrauter und großer Bruder oder eine große Schwester gewähren können. Erst später, nachdem es dem Therapeuten gelungen ist, dem Patienten die Bestätigung zu geben, die ihm vorenthalten wurde, tritt der Therapeut in das zweite Stadium ein; er erlegt dem Patienten die Ansprüche der Gemeinschaft auf, um ihm zu helfen, den Dialog mit der Gemeinschaft zu erneuern, der unterbrochen wurde oder ganz abgerissen ist.

Diese Konfrontation mit den Ansprüchen der Gemeinschaft bedeutet kein Moralisieren von oben herab. Es bedeutet, die Therapiestunde mit dem wirklichen Leben zu verbinden, so daß der Klient im Therapeuten einen wirklich anderen Menschen erkennen kann, der selbst reale Bindungen an die Gemeinschaft hat und dieser angehört. Trübs zwei Stadien haben in der Tat eine bemerkenswerte Parallele in dem Trost und der Forderung, die der jüdische Prophet dem Volke Israel übermittelte, um es wieder in einen Dialog mit Gott zu bringen. Ein teil dieser Botschaft war die Anerkenntnis einer echten Schuld, aber ein anderer war das Versprechen und die Erneuerung des Dialogs.

> Ich habe dich einen kleinen Augenblick verlassen; aber mit großer Barmherzigkeit will ich dich sammeln.
> Ich habe mein Angesicht im Augenblick des Zorns ein wenig vor dir verborgen; aber mit ewiger Gnade will ich mich dein erbarmen, spricht der Herr, dein Erlöser.
> Denn solches soll mir sein wie das Wasser Noahs, da ich schwur, daß die Wasser Noahs sollten nicht mehr über den Erdboden gehen. Also hab ich geschworen, daß ich nicht über dich zürnen noch dich schelten will.
> Denn es sollen wohl Berge weichen und Hügel hinfallen; aber meine Gnade soll nicht von dir weichen, und der Bund meines Friedens soll nicht hinfallen, spricht der Herr, dein Erbarmer (Jesaja 54, Vers 7 — 10).

Trübs zwei Stadien können nicht mechanisch angewandt werden. Nur aus dem Dialog selbst heraus wird der Therapeut wissen, wann er trösten und wann er fordern soll, und wann vielleicht eine Mischung aus beidem angebracht ist. Manche Menschen mögen so beschädigt sein, daß es kaum möglich ist, das zweite Stadium zu erreichen, in dem die volle Realität des Heilens durch Begegnung stattfinden kann. In diesem Fall braucht der Therapeut nicht nur all die Weisheit und den Takt, über die er verfügt, sondern auch den Mut, an existentielles Vertrauen zu appellieren, und den Mut, auf dieses zu reagieren. All dies wird jedoch nur dann sinnvoll sein, wenn es im Akt der Umfassung stattfindet, durch den sich der Therapeut den Patienten vergegenwärtigt und durch ein »kühnes Einschwingen« einer Imagination dessen Seite der bipolaren Beziehung erlebt.

Ein Aspekt unseres Paradoxons bleibt noch übrig, mit dem sich weder Boszormenyi-Nagy noch Trüb angemessen auseinandergesetzt haben. Das ist die Tatsache, daß in unserer Kultur eine so starke Konditionierung der Schuld stattfindet, daß die meisten Menschen einfach auf diesen Begriff anspringen und die Unterscheidung zwischen realer und neurotischer Schuld nicht treffen *können*. Angesichts dieser Tatsache steht dem Therapeuten ein einfaches Mittel zur Verfügung, das wahrscheinlich auch ihm helfen wird, da ja auch er Teil der Kultur ist. Das ist, zu bestimmten Zeiten und in bestimmten Fällen nicht das Wort »Schuld« zu gebrauchen, sondern stattdessen von Verantwortlichkeit in Verbindung mit Antwort zu sprechen und dem Patienten zu erkennen helfen, in welchem Ausmaß seine eigene Existenz beeinträchtigt wird, wenn die gemeinsame Daseinsordnung von ihm verletzt wird. Auch dies kann kein Moralisieren von oben herab sein, sondern nur Teil des sensiblen Dialogs und der Dialektik zwischen Therapeut und Patient.

Letzten Endes muß das Paradoxon der Schuld im größeren Zusammenhang der Problematik der Bestätigung und des »Dialogs der Prüfsteine« verstanden werden, die mehr als alles andere zur Heilung durch Begegnung führen können.

16. Kapitel

Die Problematik der Gegenseitigkeit

Sobald Heilen durch Begegnung im Mittelpunkt der Therapie steht, ergibt sich zwangsläufig die Frage, wieviel Gegenseitigkeit zwischen Therapeut und Patient möglich und wünschenswert ist. Dies ist eine Frage, die sich jenseits der Terminologie von Übertragung und Gegenübertragung stellt. So, wie der Begriff ursprünglich von Freud gebraucht wurde, bedeutet Übertragung die Projektion des Patienten auf den Analytiker, und Gegenübertragung ist die Projektion des Analytikers auf den Patienten. Ob man Gegenübertragung negativ interpretiert, wie es Freud tat, oder positiv, wie Jung; sie ist vorwiegend eine innerpsychische Angelegenheit, ebenso wie die Übertragung. Die Problematik der Gegenseitigkeit betrifft im Gegensatz dazu die reale zwischenmenschliche Beziehung zwischen Therapeut und Patient und das Ausmaß, in dem diese Beziehung völlig wechselseitig sein kann.

Freud schrieb einen spiegelähnlichen Gleichmut seitens des Analytikers vor, der selbst analysiert werden sollte, der die vertraulichen Mitteilungen des Patienten nicht erwidern sollte, und der weder versuchen sollte, den Patienten zu erziehen, moralisch zu beeinflussen, noch zu »bessern«, und der tolerant gegenüber den Schwächen des Patienten sein sollte. In der Praxis führte Freud jedoch »die Therapie in einer Weise durch, wie es kein klassischer Psychoanalytiker heute tun würde«, schreibt Janet Malcolm in *Psychoanalysis: The Impossible Profession,* d. h. er schrie die Patienten an, lobte sie, stritt mit ihnen, nahm an seinem Geburtstag Blumen von ihnen an, lieh ihnen Geld und tratschte sogar mit ihnen über andere Patienten! Unter den heutigen Psychoanalytikern ist es dagegen üblich, sich im allgemeinen darauf zu beschränken, den Patienten zuzuhören und ihnen nur spärliche Interpretationen der unbewußten Bedeutung ihrer Mitteilungen zu bieten. Dieses Verhalten ist so neutral, daß es die Patienten verärgert und sie sogar veranlassen kann, die Behandlung abzubrechen. »Er gibt keine Ratschläge«, berichtet Janet Malcolm,

> »er redet nicht über sich selbst, er läßt sich nicht provozieren oder in Diskussionen über abstrakte Themen hineinziehen, er beantwortet keine Fragen über seine Familie oder seine politischen Vorlieben, er zeigt weder Zuneigung noch Abneigung gegenüber dem Patienten, weder Billigung noch Mißbilligung seiner Handlungen. Sein Verhalten gegenüber dem Patienten ist so neutral, sanft, farblos, zurückhaltend, nicht-einmischend und nichtfordernd, wie er es fertigbringt und wie er es gegenüber niemand anderem in seinem Leben ist — mit dem paradoxen (und jetzt absolut vorhersehbaren) Ergebnis, daß der Patient mit stärkeren, lebhafteren und intensiveren persönlichen Gefühlen auf die blasse, nebelhafte Figur reagiert als auf die profilierten und provozierenden Figuren in seinem Leben außerhalb der Analyse. Auf diesem Paradoxon . . . basiert die Analyse, und sie kann ebenso leicht scheitern wie in Gang kommen. Wenn der Patient den Analytiker als kalten, gefühllosen Menschen von begrenzter Intelligenz und unbegrenzter Taktlosigkeit erlebt, dann entschließt er sich vielleicht, die Analyse abzubrechen (Malcolm 1981, S. 37f.).

Sandor Ferenczi, einer der ersten Anhänger Freuds, wich bei sehr kranken Patienten von dieser Neutralität und Gleichmütigkeit zugunsten einer pflegerischen Fürsorglichkeit oder Regressionsbetreuung (D. W. Winnicott) ab; einem dieser Patienten stand er Tag und Nacht jederzeit zur Verfügung und nahm ihn auf seinen Ferienreisen mit. Auch Anna Freud forderte 1954, zu erkennen, daß sich in der Analyse zwei wirkliche Menschen von gleichem Erwachsenenstatus in einer realen persönlichen Beziehung zueinander befinden. Die Vernachlässigung dieser Seite der Beziehung und nicht bloß »Übertragung« sei die Ursache der feindseligen Reaktionen, die Analytiker von ihren Patienten zu spüren bekommen. In *The Psychoanaly-*

tic Situation äußert Leo Stone 1961 die Sorge, das unerbittliche analytische Verhalten des Therapeuten könnte den Prozeß unterminieren, indem es den Glauben des Patienten an die Güte des Analytikers erschüttere. Das Versäumnis, an einem kritischen Punkt eine angemessene menschliche Reaktion zu zeigen, kann Jahre geduldiger, kunstgerechter Arbeit zunichte machen, erklärte Stone (Malcolm 1981, S. 133, 40, 42).

Das Problem der Gegenseitigkeit kann nicht innerhalb der strengen Grenzen der orthodoxen Psychoanalyse verstanden werden, haben wir erklärt, da man die Beziehung zwischen Therapeut und Patient nicht auf pure »Übertragung« und »Gegenübertragung« reduzieren kann. Die Bücher von Sidney Jourard, *The Transparent Self* und *Disclosing Man to Himself* sind wertvolle Grundlagen für dieses Problem, da Jourard sowohl von Carl Rogers als auch von Martin Buber beeinflußt wurde und keinen Konflikt zwischen diesen beiden in seinem eigenen Umgang mit Gegenseitigkeit feststellte. Jourard stellt Bubers Ich-Du-Beziehung oder »Dialog« in das Zentrum der Therapie, was für ihn bedeutet, daß er sich seinem Patienten so zeigen muß, wie er ist: *»Ich kann echtes Verhalten bei meinem Patienten am ehesten auslösen und verstärken, wenn ich es selbst an den Tag lege.«* Jourard rät dem Therapeuten, seinen Patienten bis zu Ende anzuhören, aber gleichzeitig seine von diesem getrennte Identität zu wahren. Die Spontaneität und Ehrlichkeit des Therapeuten fördert die des Patienten: »Selbstoffenbarung bewirkt Selbstoffenbarung.« Das Herz der Ich-Du-Beziehung ist für Jourard der Verzicht auf alle Versuche, das Verhalten seines Patienten nach irgendeinem vorausbestimmten Schema zu formen. Therapie ist keine Situation, in der der Therapeut Dinge mit einem Patienten *tut*, sondern vielmehr »eine ehrliche Beziehung, die sich allmählich zu einem Ich-und-Du entwickelt; ein Dialog, bei dem das Wachstum beider Beteiligten ein Resultat ist.« Jourard stimmt mit Rogers darin überein, daß gutes Zuhören weitere Selbstoffenbarungen seitens des Patienten verstärkt, aber er bekennt auch, daß er im Laufe der Jahre mehr und mehr dazu übergegangen sei, dieses Zuhören zu ergänzen, »indem ich Ratschläge gebe, doziere, lache, wütend werde, deute, meine Phantasien mitteile, Fragen stelle — kurz, alles zulasse, was mir *während* der therapeutischen Sitzung als Reaktion auf den anderen Menschen einfällt«.

Dies bedeutet für Jourard ebensowenig *uneingeschränkte* Gegenseitigkeit wie de facto für Rogers. Er vertraut dem, was in Reaktion auf einen Patienten in ihm aufsteigt, aber er überprüft es dennoch durch seinen gesunden Menschenverstand bzw. sein Urteil, und er begrenzt es auf eine Offenheit *im jeweiligen Augenblick.* Diese Transparenz oder »Kongruenz«, um Rogers' Begriff zu gebrauchen, scheint für ihn völlig in Einklang mit Bubers Feststellung zu stehen, daß man in einem echten Dialog nicht *im voraus* wissen kann, wie man reagieren wird. Wenn er eine Frage nicht beantworten will, so sagt er dies dem Patienten ehrlich und direkt. Wenn er ärgerlich, besorgt oder unruhig ist, so teilt er auch das mit. Das Ergebnis dieser Transparenz ist, daß ihn der Patient »so kennenlernt, *wie er in den gemeinsam verbrachten Stunden ist.* (Man braucht dem Patienten nichts über sein Leben außerhalb der Therapiestunde zu erzählen, wenn man es nicht will.).« Diese Ehrlichkeit und Spontaneität korrigiert die verzerrten Übertragungswahrnehmungen des Patienten und macht die Reaktionen des Therapeuten unvorhersagbar und dadurch unmanipulierbar durch den Patienten. Das Mißtrauen des Patienten verschwindet allmählich, und der Therapeut »gibt dem Patienten ein Rollenvorbild echten Verhaltens, mit dem dieser sich identifizieren kann«. Diese Echtheit seitens des Therapeuten kann bedeuten, daß die therapeutische Beziehung den Therapeuten ebenso sehr verändert wie den Patienten (Jourard 1971, S. 141f., 144—151).

In *Disclosing Man to Himself* bekräftigt Jourard seine Betonung der Gegenseitigkeit in der Therapeut-Patient-Beziehung. In dem Maße, wie der Therapeut seine Dialogfähigkeit entwickelt, wird er mutiger in seiner »Einladung an angsterfüllte, sich selbst verbergende Menschen, sich so zu zeigen, wie sie sind«. »Ein Therapeut, der selbst ein bekehrter Heuchler ist, fordert den Patienten auf, sich dem furchterregenden Wagnis authentischen Verhaltens auszusetzen, zuerst gegenüber dem Therapeuten und dann gegenüber anderen.« Jourard stellt die Ich-Du-Beziehung nicht nur in den Mittelpunkt des Heilens, er betrachtet sie auch als das *sine qua non* für jede gute persönliche Beziehung zwischen Therapeut und Patient, »bei der der Beeinflussende ebenso verletzbar und offen wie der Beeinflußte ist« : »*Nur* in einer solchen gegenseitig offenen Beziehung kann der Therapeut seinen Einfluß maximal geltend machen, *wobei er übrigens riskiert, durch den Patienten demoralisiert oder krank gemacht zu werden«* (Hervorhebung durch Maurice Friedman). »Keine Technick wird funktionieren, wenn ich und du nicht so offen sind.«

Dies schließt für Jourard oft irgendeine Form des körperlichen Kontakts ein, der die Entstehung dieser gegenseitigen Offenheit und Freimütigkeit beschleunigen kann. Den Patienten bei der Hand zu halten, den Arm um seine Schultern zu legen, ihn zu umarmen, all dies kann im Kontext eines entstehenden Dialogs von Wert sein. »Ich glaube, wir sind ein Volk, das nach Körperkontakt hungert« (Jourard 1968, S. 23, 61 — 65). Gleichzeitig erkennt Jourard, daß echte Selbstoffenbarung, die blind für den anderen ist und nicht *das »Reale phantasiert«*, therapeutisch schädlich ist. Er verlor mehrere männliche Patienten, weil er glaubte, daß sie es »aushalten« würden. Er war sensibel gegenüber seiner eigenen echten Existenz, aber nicht gegenüber der ihren.

> Wenn ich nicht so selbstgefällig oder blind gewesen wäre, hätte ich fünf oder sechs Sitzungen lang, bis ich sie besser gekannt hätte, meinen Mund gehalten. Ich reagierte nicht darauf wie sie waren; ich reagierte auf dieses *autistische Bild,* das ich von ihnen hatte. Durch ihr Weggehen machten sie mir sehr wirksam deutlich, daß ich *sie* überhaupt nicht behandelt hatte (Jourard 1968, S. 80f.).

Im Namen der Ich-Du-Beziehung ist Jourard mit seinem Eintreten für volle Gegenseitigkeit zwischen Therapeut und Patient beträchtlich weiter als Carl Rogers gegangen. Doch Buber fand schon das Maß an Gegenseitigkeit fragwürdig, für das Rogers im Dialog mit ihm eintrat — eine Gegenseitigkeit, die damals mehr mit Zuhören als mit Reagieren zu tun hatte, mehr mit »bedingungsloser positiver Zuwendung« und »einfühlsamem Verständnis« als mit »Kongruenz«.

Martin Buber vertritt, wie wir gesehen haben, die Auffassung, daß es Zeiten gibt, da der Therapeut seine professionelle Überlegenheit und seine Methode beiseite lassen und dem Patienten von Selbst zu Selbst begegnen muß. Doch in seinem Dialog mit Carl Rogers von 1957 wollte Buber Rogers' Forderung, nicht akzeptieren, daß das Verhältnis zwischen Therapeut und Patient innerhalb der Beziehung selbst als völlig gegenseitig zu sehen sei. Um Bubers Haltung in dieser Frage zu verstehen, müssen wir uns nochmals ansehen, was er über »Umfassung« geschrieben hat, insbesondere über die »normative Begrenzung« der Umfassung in der therapeutischen Situation. In Freundschaft und Liebe ist »Umfassung«, das Erleben der anderen Seite, gegenseitig. In den helfenden Beziehungen ist sie jedoch, wie Buber meint, notwendigerweise einseitig. Der Patient kann die Beziehung nicht ebenso gut von der Seite des Therapeuten oder der Schüler von der Seite des

Lehrers erleben, ohne die Beziehung zu zerstören oder grundlegend zu verändern. Dies bedeutet nicht, daß der Therapeut dazu reduziert ist, seinen Patienten als ein Objekt, ein Es zu behandeln. Die einseitige Umfassung der Therapie ist dennoch eine Ich-Du-Beziehung, die sich auf Gegenseitigkeit, Vertrauen und Partnerschaft in einer gemeinsamen Situation gründet, und nur in dieser Beziehung kann wirkliche Therapie stattfinden. Wenn »alles wahre Leben Begegnung« ist, dann findet jede echte Heilung auch durch Begegnung statt.

Wenn sich der Psychotherapeut damit zufrieden gibt, den Patienten »zu analysieren«, d. h. unbekannte Faktoren aus seinem Mikrokosmos ans Licht zu bringen und die Energien, die durch dieses Aufdecken transformiert wurden, zu einem bewußten Einsatz im Leben zu bringen, dann, sagt Buber in seinem Nachwort von 1958 zu *Ich und Du,* kann er vielleicht Reparaturarbeit leisten. Bestenfalls kann er einer Seele, die diffus und schlecht strukturiert ist, helfen, sich zu einem gewissen Grad zu sammeln und zu ordnen. Aber das eigentliche Problem, die Regeneration einer verkümmerten persönlichen Mitte, wird er nicht lösen. Dies kann nur jemand schaffen, der die verschüttete latente Einheit der leidenden Seele mit dem wissenden Blick des Arztes erfaßt, und dies kann nur gelingen mit der Mensch-zu-Mensch-Haltung eines Partners, nicht durch die Betrachtung und Untersuchung eines Objekts.

Eine gemeinsame Situation bedeutet jedoch nicht, daß sich beide aus derselben oder auch nur einer ähnlichen Lage in sie hineingeben. In der Psychotherapie betrifft der Unterschied in der Lage nicht nur die persönliche Stellung, sondern auch die Rolle und Funktion, ein Unterschied, der gerade durch die unterschiedliche Absicht bedingt ist, die beide veranlaßt hat, in die Beziehung einzutreten. Wenn die Absicht auch eine gemeinsame ist — die Heilung des Patienten — so unterscheidet sich die Beziehung zu dieser Absicht radikal bei Therapeut und Patient, und die Heilung, die stattfindet, hängt ebensosehr von der Erkenntnis dieses Unterschieds ab wie von der Gegenseitigkeit der Begegnung und des Vertrauens.

> Damit er die Befreiung und Aktualisierung jener Einheit in einem neuen Einvernehmen der Person mit der Welt kohärent fördere, muß er, wie jener Erzieher, jeweils nicht bloß hier, an seinem Pol der bipolaren Beziehung, sondern auch mit der Kraft der Vergegenwärtigung am anderen Pol stehen und die Wirkung seines eigenen Handelns erfahren. Wieder aber würde die spezi-

fische, die »heilende« Beziehung in dem Augenblick enden, wo es dem Patienten beifiele und gelänge, seinerseits die Umfassung zu üben und das Geschehen auch am ärztlichen Pol zu erleben. Heilen wie erziehen kann nur der gegenüber Lebende und doch Entrückte (Buber 1962, S. 167 f.).

Die Frage, die in dem Dialog zwischen Buber und Rogers aufbrach, ist subtiler Natur, und um ihr gerecht zu werden, müssen wir uns ansehen, was beide sagten. Rogers begann mit einer Beschreibung seines eigenen therapeutischen Ansatzes, der, wie er behauptete und selbst oft geschrieben hatte, eine Ich-Du-Beziehung darstellt.

Ich habe das Gefühl, daß ich, wenn ich als Therapeut erfolgreich bin, in die Beziehung als subjektive Person eintrete, nicht als Untersucher, nicht als Wissenschaftler. Ich fühle auch, daß ich, wenn ich am effektivsten bin, irgendwie ziemlich ganz in jener Beziehung bin. Sicher mag es viele Aspekte meines Lebens geben, die nicht in die Beziehung eingebracht werden, aber das, was in die Beziehung eingebracht wird, ist transparent. Es gibt nichts Verborgenes. Dann denke ich auch, daß ich in solch einer Beziehung eine wahrhafte Bereitwilligkeit verspüre für die andere Person, *zu sein, was sie ist.* Ich nenne das »Akzeptanz«. Ich weiß nicht, ob das ein gutes Wort dafür ist, aber mein Verständnis davon ist, daß ich bereit bin, die Gefühle zu haben, die sie hat, die Haltung einzunehmen, die sie einnimmt, die Person zu sein, die sie ist. Und noch ein anderer Aspekt ist wichtig für mich : ich glaube in jenen Augenblicken, daß ich mit recht guter Klarheit spüren kann, wie ihre Erfahrung für sie erscheint, daß ich sie wirklich von innen sehen kann, und mein eigenes Personsein oder meine Getrenntheit dabei doch nicht verliere.
Dann, wenn zusätzlich zu dem, was *ich* dazu beitrage, mein Klient oder die Person, mit der ich arbeite, in der Lage ist, etwas von diesen Haltungen zu spüren, dann scheint es mir, daß es eine wirkliche, erfahrene Begegnung der Personen gibt, in welcher jeder von uns verändert wird. Ich glaube manchmal, daß der Klient mehr verändert wird als ich, aber ich glaube, daß beide von uns in dieser Art der Erfahrung verändert werden (Buber 1966, S. 169, Anhang).

Es ist nicht überraschend, daß Buber die Ausführungen von Rogers als »ein sehr gutes Beispiel für einen gewissen Moment dialogischer Esixtenz«

1) Der Dialog zwischen Martin Buber und Carl R. Rogers, moderiert von Maurice Friedman, fand am 18.April 1957 an der Universität von Michigan statt. Er bildet den Anhang zu Martin Buber, *The Knowledge of Man* (Buber 1966).

charakterisierte, denn hier sind alle Elemente gegenwärtig, die Buber selbst hervorhebt: Dem anderen als Partner und nicht als Objekt zu begegnen, die Beziehung aus der Sicht des Patienten zu erleben, ohne die eigene aufzugeben, sich als ganze Person einzubringen, den anderen als die Person zu akzeptieren, die er in seinem Anderssein ist. Es ist wichtig festzuhalten, daß Rogers in dieser Beschreibung faktisch keinen Anspruch auf totale Gegenseitigkeit erhebt. Er als Therapeut kann sich in den Patienten hineinversetzen, während sich die Umfassung des Patienten darauf beschränkt, etwas von der Einstellung des Therapeuten zu ihm zu spüren, und den Therapeuten als Person mit eigenen Problemen nicht berührt.

Buber vertrat die Auffassung, daß es sich in dieser Situation, die der Therapeut und der Patient miteinander gemein haben, vom Standpunkt des Therapeuten aus gesehen darum handelt, daß ein kranker Mensch ihn aufsucht und ihn um eine bestimmte Art von Hilfe bittet. Rogers wandte ein, daß er, wenn er den Patienten als einen »Kranken« betrachten würde, nicht imstande wäre, ihm wirklich zu helfen. Buber verzichtete auf das Wort »krank«, behielt jedoch die Beschreibung der Situation bei, wonach der oder die Betreffende zum Therapeuten kommt, um sich von ihm helfen zu lassen, und Buber beharrte darauf, daß dies einen maßgeblichen Unterschied in der Rolle von Therapeut und Patient ausmacht:

> Er kommt um Hilfe zu Ihnen. Sie kommen nicht um Hilfe zu ihm. Und nicht nur das, sondern Sie sind mehr oder weniger *fähig* ihm zu helfen. Er kann Verschiedenes für sie tun, aber nicht Ihnen helfen. Und nicht nur das. Sie *sehen* ihn, wie Sie gerade gesagt haben, wie er *ist*. Er kann *sie* unmöglich *sehen*. Nicht nur im Ausmaß, sondern auch in der Art des Sehens. Sie sind natürlich eine sehr wichtige Person für ihn. Aber nicht eine Person, die er sehen und kennen will und kann. Er quält sich ab und kommt zu Ihnen. Er ist, wenn ich so sagen darf, verwickelt in Ihr Leben, in Ihre Gedanken, in Ihr Wesen, Ihre Art zu kommunizieren usw. Aber er ist nicht an Ihnen als Sie interessiert. Das kann nicht sein. Sie sind an ihm als Person interessiert. Diese Art unvoreingenommener Gegenwart kann er nicht haben und geben (Buber 1966, S. 171, Anhang).

Buber fuhr fort, daß Rogers in der gemeinsamen Situation imstande war, den Patienten sowohl aus seiner eigenen Sicht, als auch aus der des Patienten zu beobachten, ihn kennenzulernen und ihm zu helfen. Der Therapeut kann die Situation aus der Sicht des Patienten physisch nachvollziehen und sich selbst durch das berührt fühlen, was er mit dem Patienten tut, während die Situation selbst es für den Patienten unmöglich macht, sich in den Therapeuten hineinzuversetzen. »Sie beide sind nicht gleichgestellt und können es nicht sein. Sie haben die . . . große selbstauferlegte Aufgabe, dieses Bedürfnis des Patienten zu ersetzen und einiges mehr zu tun als in der normalen Situation . . . Ich verstehe, daß sie *glauben*, sich auf derselben Ebene zu befinden, aber das können Sie nicht.« Dies sind die manchmal tragischen Beschränkungen einfacher Menschlichkeit.

Rogers stimmte zu, daß die Therapie so gut wie beendet wäre, wenn sich der Patient wirklich ganz und gar in ihn hineinversetzen könnte, aber er beharrte dennoch darauf, daß die Art und Weise, »wie der Patient seine Erfahrungen sieht, auch wenn sie verzerrt ist, von mir als etwas gesehen werden kann, das dieselbe Autorität und dieselbe Gültigkeit hat wie die Art und Weise, wie ich selbst das Leben und die Erfahrungen sehe. *Das* scheint mir die eigentliche Basis des Helfens zu sein.« Was Rogers hier sagte, ist die Existenz dessen, was ich über den »Dialog der Prüfsteine« als therapeutischen Ansatz zu sagen habe, aber es ändert, wie Buber bemerkte, nichts an der Tatsache, daß die Situation keine gleichberechtigte ist, so sehr Rogers die Gleichberechtigung auch *empfunden* haben mag. »Weder Sie noch er setzen sich mit *Ihrer* Erfahrung auseinander. Das Thema ist ausschließlich der Patient und seine Erfahrung.« Rogers entgegnete, was Buber gesagt habe, gelte für die Situation, wenn man sie von außen betrachtet. Dies hat nichts mit der Beziehung zu tun, die die Therapie hervorbringt und die »etwas Unmittelbares, Ebenbürtiges ist, die Begegnung von zwei Menschen auf der Basis der Gleichberechtigung — obwohl sie in der Welt des Ich-Es als eine sehr ungleiche Beziehung angesehen werden könnte«. Buber antwortete, wirksamer menschlicher Dialog müsse sich mit den Grenzen auseinandersetzen, und diese Grenzen überstiegen Rogers' Methode, insbesondere im Fall des Schizophrenen und des Paranoikers.

> Ich kann zu einem Schizophrenen sprechen, soweit er gewillt ist, mich in seine besondere Welt, die seine eigene ist, einzulassen . . . Aber in dem Augenblick, in welchem er sich verschließt, kann ich nicht weitermachen. Und das gleiche ist in einer schrecklichen und erschreckend starken Weise der Fall bei einem Paranoiden. Er öffnet sich nicht und er verschließt sich nicht. Er *ist* verschlossen . . . Und ich empfinde dieses schreckliche Schicksal sehr stark, weil es in der Welt normaler Menschen ganz analoge Fälle gibt, wenn ein gesunder Mensch sich, nicht zu jedem, aber er verhält sich zu einigen Leuten

gerade so, völlig verschlossen, und das Problem ist, ob er geöffnet werden kann, ob er sich selbst öffnet . . . Das ist ein Problem für die Menschen im allgemeinen (Buber 1966, S. 175f.).

In meiner eigenen Rolle als Moderator dieses Dialogs zwischen Buber und Rogers bemerkte ich, der eigentliche Unterschied sei der, daß Buber die Unfähigkeit des Patienten betont, die Beziehung aus der Sicht von Rogers zu sehen, während Rogers die Begegnung hervorhebt, die Veränderung, die in der Begegnung stattfindet, und sein eigenes *Gefühl*, daß der Patient eine ebenbürtige Person ist, die er respektiert. Rogers antwortete, in den echtesten Augenblicken der Therapie sei die Absicht, dem anderen zu helfen, nur die Grundierung. Obwohl er nicht sagen würde, daß die Beziehung in dem Sinne reziprok ist, daß ihn der Patient verstehen und ihm helfen will, versicherte er, daß wenn wirkliche Änderung stattfindet, sie insofern reziprok ist, als der Therapeut dieses Individuum so sieht, wie es in diesem Augenblick ist, und der Patient dieses Verstanden-und-Angenommenwerden seiner Person wirklich spürt. Dem entgegnete Buber, daß Rogers dem Patienten etwas gibt, um ihn für diesen Augenblick ebenbürtig zu machen, aber daß dies eine Situation von Minuten sei, nicht von einer Stunde, und daß diese Minuten durch Rogers ermöglicht würden, der »aus einer gewissen Fülle heraus« dem Patienten gibt, was dieser will, um bloß für diesen Augenblick *imstande* zu sein, sich auf derselben Ebene mit ihm zu befinden.

Weitere Einsicht in die Problematik der Gegenseitigkeit können wir aus den Befunden von Elaine Archambeaus scharfsinniger Studie, »Beyond Countertransference«, gewinnen. Archambeau befragte Carl Rogers, John Weir Perry, einen Jungianischen Analytiker, und Sidney Smith, einen Freudianer, nach konkreten Fällen, in denen der Therapeut das Gefühl hatte, vom Patienten geheilt zu werden. Aufgrund dieser Gespräche schildert sie einen Prozeß, der in Gang kommt, sobald der Patient beim Therapeuten Gefühle auslöst und der Therapeut mit der »Richtigkeit« oder Angebrachtheit seiner Gefühle hadert. Der Therapeut wird sich dann ungeäußerter Gefühle oder Anteile von sich selbst bewußt, die in die therapeutische Beziehung hineingezogen wurden. Dies bewirkt einen Eindruck von Gegenseitigkeit, der der psychoanalytischen Theorie zuwiderläuft: »Gegenseitigkeit ist für alle drei Therapeuten nicht nur der Akt des Verstehens oder Sichhineinversetzens in den anderen bzw. den Patienten, sondern auch das eigene Erleben des eigenen Selbst in der therapeutischen Beziehung«. Das Erkennen dieser Gegenseitigkeit führt zu einem Wendepunkt in der therapeutischen Beziehung, an dem sich der Therapeut bestätigt fühlt und die Beglaubigung von Gefühlen oder Handlungen erlebt, die er vorher als »fragwürdig« betrachtet hat. Was vor allem bestätigt wird, ist die persönliche »Wirklichkeit« des Therapeuten, die aus der therapeutischen Beziehung entstanden ist und in diese eingebracht wurde (Archambeau 1979, S. 141 — 158).

Archambeau stellt diesen Prozeß mitten in die Ontologie des Zwischen — eher »ein wechselseitiger Zeugungsprozeß zwischen Therapeut und Klient« als die Heilung des Therapeuten, die aufgrund irgendeiner inneren Offenbarung von einer isolierten Größe erlebt wird. Am klarsten arbeitet sie dieses Zwischen in ihrer Interpretation von Carl Jungs *Psychotherapie der Übertragung* (1966) heraus:

> Der Therapeut und sein Klient befinden sich in einer Beziehung, die auf gegenseitiger Unbewußtheit basiert. Der Therapeut wird zu einer direkten Auseinandersetzung mit dem unversöhnten Teil von sich selbst geführt. Das aktivierte Unbewußte sowohl des Klienten als auch des Therapeuten bewirkt, daß beide in die Transformation eines »Dritten« einbezogen werden. Die Beziehung selbst verwandelt sich somit in diesem Prozeß (Archambeau 1979, S. 162).

Sowohl Freud als auch Jung erkannten, wie wir gesehen haben, daß es zwischen Therapeut und Patient eine unmittelbare Begegnung eines Unbewußten mit dem anderen geben kann, und Jung erklärt ausdrücklich, daß sobald Projektionen sowohl vom Patienten als auch vom Therapeuten erkannt werden, die Form des Rapports, die wir als Übertragung bezeichnen, zu Ende ist und das Problem individueller Beziehung begonnen hat.[2] Die Interaktion auf das Unbewußte zu beschränken bedeutet jedoch, sie auf weniger als die ganze Person einzuengen und jene Art von persönlicher Reaktion auszuschließen, die Jourard und andere gefordert haben.

Archambeau unterstützt den Angriff Richard Stantons auf das, was Stanton als »eine operationale Fiktion« in der Psychoanalyse bezeichnet, »die es dem Therapeuten gestattet, über die Sitzung zu reflektieren, als ob dabei nur eine Person anwesend wäre: der Klient« (Stanton 1978, S. 105). Gegenseitigkeit ist gewöhnlich vorhanden, aber sie wird in der Regel nicht

2) C. G. Jung, Psychologie der Übertragung, Zürich 1946, zitiert in Archambeau 1979, S. 162 f.

beachtet. Das entscheidende Kriterium, nach dem der Therapeut zu beurteilen hat, ob es richtig ist, sich bewußt in die therapeutische Beziehung einzubeziehen, ist das Ergebnis für den Patienten. Und letzten Endes empfiehlt auch Archambeau eine »einseitige Gegenseitigkeit«, die durch das Ziel der Therapie selbst normativ begrenzt wird:

> Es ist unerläßlich, den Therapeuten zu ermutigen, seine eigene Verwundung zu sehen und in diesem Bewußtsein die therapeutische Beziehung aufzunehmen. Zu glauben, daß der Therapeut in die Beziehung eintritt, ohne daß der Klient seine Person auf irgendeiner Ebene betrachtet, ist unrealistisch (Stanton 1978).
> . . . Der Therapeut läuft nicht so sehr Gefahr, den anderen aus dem therapeutischen Brennpunkt zu verlieren, sondern vielmehr sich selbst, seine »Wirklichkeit« nicht in die therapeutische Beziehung einzubringen, und das kann seinerseits der Heilung des anderen im Wege stehen (Archambeau 1979, S. 167f.).

Einseitige Umfassung bedeutet nicht, meint Lynne Jacobs, daß sich die Person des Therapeuten in ihrem Wert von der des Patienten unterscheidet: »Der Unterschied ist darauf zurückzuführen, daß die Aufgabe diese beiden Menschen in unterschiedliche Beziehungen zueinander und zu der Aufgabe setzt . . . Der Patient ist mit seinem Lernen beschäftigt, nicht mit dem des Therapeuten.« Wie bereits erwähnt, sagte Erich Fromm einmal zu mir, daß ihm die Formulierung »Heilen durch Begegnung« sehr gut gefällt, und er fügte hinzu, »ich werde von meinen Patienten geheilt«. Zweifellos lernt jeder gute Lehrer von seinen Schülern und jeder gute Therapeut von seinen Patienten. Aber das *Ziel* der Therapie kann weder die Heilung des Therapeuten sein, noch kann der Therapeut seine Hoffnung, geheilt zu werden, dem Patienten als Forderung oder auch nur als Erwartung aufbürden. »Sich auf die Ebene des Ich-und-Du einzulassen, ohne den Anspruch zu haben, daß einen der andere bestätigt, ist die Essenz der dialogischen Haltung des Therapeuten«, schreibt Jacobs.

> Es ist das Dilemma des Therapeuten, daß er/sie dem Patienten mit der Haltung und dem Engagement des Ich-Du begegnet, aber dabei für sich keine Bestätigung durch die unmittelbare menschliche Begegnung anstrebt. Seine Bestätigung erhält der Therapeut, indem er sich in den Dienst der Aufgabe stellt. Die eigene Selbstakzeptanz des Therapeuten, seine Selbstachtung und

> sein Glauben an die »Wahrheit« der Aufgabe, an die Befreiung beider Menschen, die die Aufgabe gestattet, ermöglicht es ihm/ihr, den Wunsch, vom anderen bestätigt zu werden, beiseite zu lassen und stattdessen durch das Wissen bestätigt zu werden, daß der Aufgabe auf diese Weise am schöpferischsten gedient ist (Jacobs 1978, S. 113).

Was hier hervorgehoben werden muß, ist, daß der Therapeut nicht *verlangen* kann, daß der Patient ihn/sie bestätigt. Ich würde dem nicht zustimmen, daß sich die Bestätigung des Therapeuten nur durch seinen Dienst an der Aufgabe einstellt und nicht durch den Patienten. Wenn mir ein anderer Mensch *erlaubt*, ihm oder ihr zu helfen, so bedeutet das *de facto*, daß mich der oder die Betreffende bestätigt. Er/sie gibt mir eines der seltensten Geschenke, die ich vielleicht bekommen kann, selbst wenn es, schon aufgrund der Struktur der therapeutischen Situation, nicht ganz und gar gegenseitig sein kann.

Im Grunde dokumentiert Archambeau, was Erich Fromm über sich selbst sagte — daß der gute Therapeut auch von seinen Patienten geheilt wird — und was Jourard behauptet — daß sich Veränderung in der therapeutischen Beziehung auf beide Beteiligte auswirkt. Niemand, auch Rogers nicht, behauptet, daß das *Ziel* der therapeutischen Beziehung die Heilung des Therapeuten ist oder daß an den Patienten irgendeine Forderung oder Erwartung in diesem Sinne herangetragen werden kann. Ein radikaleres Verständnis der Rollenumkehr, die in der therapeutischen Beziehung stattfinden kann, und der Erweiterung der Möglichkeiten von Gegenseitigkeit innerhalb dieser Beziehung ist in der Arbeit zweier Sullivan-Schüler mit Schizophrenen zu finden, die beide mit Chestnut-Lodge in Verbindung standen: Frieda Fromm-Reichmann und Harold Searles.

Der Psychiater muß eine Haltung »persönlicher, irrationaler Autorität« vermeiden, meinte Frieda Fromm-Reichmann, und stattdessen wirklich zuhören und die Therapie im Geist kooperativer Anleitung betreiben. Der Therapeut ist dem Patienten nur durch seine spezielle Ausbildung und Erfahrung überlegen und nicht notwendigerweise in irgendeiner anderen Hinsicht. Die emotionalen Schwierigkeiten, die den Patienten zum Therapeuten oder auch in das psychiatrische Krankenhaus führen, implizierten keine prinzipielle Unterlegenheit seitens des Patienten. »Der psychiatrische Patient, der angeblich seinen Verstand verloren hat, kann bedeutsame Dinge sagen, die der Psychiater, der angeblich bei vollem Verstande ist, nicht verstehen kann.«

Ein Teil dieser kooperativen Anleitung besteht im Anbieten von Deutungen als offene Einladungen an den Patienten, diese entweder zu bestätigen oder abzulehnen, jedenfalls aber, sie aufzugreifen. In Bubers Sprache: diese Deutungen sollten den Charakter eines wechselseitigen Dialogs und nicht eines einseitigen Monologs haben. Der Therapeut »wendet sich an einen psychotherapeutischen Mitarbeiter« und »fordert zu weiterer interpretierender Zusammenarbeit seitens des Patienten auf«. Der schizophrene Patient ist sich in der Regel der inhaltlichen Bedeutung dessen bewußt, was er über seine inneren Erfahrungen in seiner privaten Welt mitteilt. Die Hilfe, die er vom Therapeuten benötigt, betrifft nicht die unmittelbare inhaltliche Bedeutung, sondern vielmehr das Bewußtwerden des genetischen und dynamischen Hintergrunds der ihm unbekannten Konsequenzen seiner Konflikte und seiner Symptomatologie und sie verstehen zu lernen. In diesem Sinne bezieht Fromm-Reichmann sogar ihre schizophrenen Patienten in etwas ein, das ich im folgenden als »Dialog der Prüfsteine« erörtern werde.

Eines der bemerkenwertesten Beispiele von Heilen durch Begegnung, das Fromm-Reichmann zitiert, ist der Fall, in dem sie absichtlich die körperliche Haltung oder Stellung eines Patienten imitierte, um zu begreifen, was in dem Patienten vor sich ging. Indem sie ihren Atem anhielt und einen Teil von sich selbst wegzudenken versuchte, wie es ihr Patient tat, begriff sie, daß er sich mit einer schwangeren Frau (seiner Ehefrau) identifizierte. In einem anderen Fall gelang es ihr, indem sie sich wie ihr Patient im Lotussitz hinsetzte, seine Selbstbezogenheit und dadurch seine offene Homosexualität nachzuvollziehen, die er ihr bis dahin nie anvertraut hatte. Dies sind Akte der »Umfassung« genau in dem Sinne, in dem Martin Buber diesen Begriff benutzt — die ganz konkrete Vorstellung durch die intensivste Aktion des eigenen Seins und ein kühnes Einschwingen in den anderen, in seine Gefühle, sein Denken und Wollen (Fromm-Reichman 1959).

Obwohl eine solche Umfassung seitens des Patienten keine Forderung ist, die der Therapeut an diesen richten kann oder sollte, kann sie dennoch stattfinden, insbesondere bei Schizophrenen:

> Aufgrund ihrer ausgeprägten Angst haben diese Menschen eine ständige Wachsamkeit gegenüber ihrer Umgebung und besondere Antennen für zwi-

schenmenschliche Erfahrungen entwickelt. Deshalb sind sie häufig fähig, andere Menschen einschließlich ihrer Psychiater, gewissermaßen emotional zu belauschen. Aus den Gesten, Haltungen, beiläufigen Äußerungen und Handlungen des Therapeuten kann der Psychotiker unter Umständen ein Bild von bestimmten Persönlichkeitsaspekten gewinnen, deren sich der Therapeut selbst vielleicht nicht bewußt ist. Eine gut entwickelte innere Sicherheit ist nötig, damit sich der Therapeut die Bemerkungen seiner Patienten über diese überwiegend unerwünschten Persönlichkeitstendenzen, deren er sich zuvor vielleicht nicht bewußt war, ohne Ressentiments anhören kann (Fromm-Reichmann 1950, S. 24).

Eine solche »Umfassung« erfolgt natürlich nicht um der Heilung des Therapeuten willen, und sie wird nicht selten von verzerrten Deutungen seitens des Patienten begleitet. Wenn sich der Therapeut vor den Tötungsimpulsen des Patienten fürchtet oder in anderer Weise von ihm verunsichert wird, dann wird der sensible Patient dies merken, und es wird wiederum seine eigene Furcht und Angst verstärken:

> Für den Patienten stellt die Angst des Psychiaters einen Maßstab für seine eigenen, angstauslösenden Eigenschaften dar. Ist der Therapeut sehr beunruhigt, dann kann der Patient dies als Bestätigung seiner eigenen Furcht werten, bedrohlich, d. h. »böse« zu sein. Mit anderen Worten, die Angst des Therapeuten vermindert die Selbstachtung des Patienten (Fromm-Reichman 1950, S. 25).

Auch Harold Searles eröffnet uns in seinem bemerkenswerten Essay, »Der Patient als Therapeut seines Analytikers« Einsichten in die Möglichkeit und Grenzen der Umfassung seitens des Patienten. Searles behauptet, alle Menschen hätten einen Wunsch zu heilen, der in der Kindheit im Verhältnis des Kindes zu seiner Mutter entstehe. Wenn solche therapeutischen Bestrebungen nicht erfüllt oder auch nur zur Kenntnis genommen werden, dann werden sie außerordentlich intensiv, und da sie überaus starke Anteile von Haß, Neid und Konkurrenzgeist enthalten, werden sie notwendigerweise verdrängt. Weil und in dem Maße, in dem dies geschieht, behauptet Searles, wird der Betreffende krank. Doch wenn sich solche Patienten in Therapie begeben, dann entwickeln sie im Lauf der Zeit nicht selten eine echte Anteilnahme daran, ob der Analytiker dank der Zuwendung des Patienten gewachsen und vorangekommen ist.

Searles betrachtet diesen Prozeß als weitgehend unbewußt, da die Psychopathologie des Analytikers in der Regel verdeckt bleibt — durch introjektive Prozesse im Patienten und projektive Prozesse im Analytiker. Aber das, worüber Searles spricht, übersteigt definitiv die Übertragung, da es einen realen Kern hat. Über eine schizophrene Frau, mit der Searles dreizehn Jahre lang arbeitete und die er als »den am schwersten erkrankten Patienten« bezeichnete, »den ich je behandelt habe«, schrieb Searles:

> Es war klar, daß sie unter anderem das Bedürfnis hatte, daß ich mich zu einem stärkeren, entschiedeneren Grenzen ziehenden Vater für sie entwickeln sollte; aber es war auch völlig klar, daß sie mir ständig bei der Überwindung der echten Schwäche zu helfen versuchte, die den realen Kern bildete, auf dem ihre Übertragung basierte. Durch ständige extreme Aufsässigkeit, wozu sowohl krasse sexuelle Provokation als auch körperliche Angriffe verschiedener Art zählten, gelang es ihr schließlich, mich zu einem Grad an Enschiedenheit und Festigkeit zu veranlassen, der sich im entschlossenen Ziehen von Grenzen äußerte und den ich zuvor niemandem gegenüber, weder Patienten noch anderen Personen in meinem Leben, erreicht hatte (Searles 1975, S. 100).

Searles glaubt ebenso wie Archambeau, daß die Heilung des Patienten in dem Maße gefördert wird, wie sich der Analytiker seiner eigenen Gefühle bewußt ist: »Je zugänglicher dem Therapeuten seine eigenen Tendenzen zu symbiotischer Abhängigkeit sind, desto besser ist er in der Lage, dem Patienten zu helfen, sich ähnlicher Gefühle bewußt zu werden, so daß der Patient symbiotische Sehnsüchte nicht länger durch das schizophrene Hinausschieben der Individuation auszuagieren braucht« (bei Searles kursiv). Aber er geht über Archambeau und damit auch über Rogers, Perry und Smith hinaus, wenn er behauptet, eine der Bestrebungen des Patienten sei es, dem Analytiker zu helfen, seine menschlichen Möglichkeiten auszuschöpfen.

> Der Patient strebt danach, dem Analytiker zu helfen, jene Formen zwischenmenschlicher Beziehung mit ihm zu teilen, die für den Patienten relativ angstfrei und für den Analytiker angstbeladen sind . . . Anders ausgedrückt, der Patient bemüht sich, dem Analytiker zu helfen, an den relativ nichtneurotischen Bereichen der Ich-Funktionen des Patienten teilzunehmen. Er bemüht sich, zum emotionalen Wachstum und zur Integration und Reifung des Analytikers beizutragen (Searles 1975, S. 126).

Searles räumt ein, daß sich diese therapeutischen Ziele bei schwerer kranken schizoiden oder schizophrenen Patienten »relativ wenig vom Bemühen des Patienten unterscheiden, sich in der Person des Analytikers ein möglichst konstruktives Vorbild zur Identifizierung zu verschaffen, das der weiteren Reifung des Patienten dienen kann«. Dennoch glaubt er, daß der Patient echte psychotherapeutische Techniken anwendet — Katharsis, verbale und nonverbale Beruhigung, Introjektion der krankeren Bestandteile des Analytikers und Projektion seiner eigenen relativ starken Bereiche auf den Analytiker. Searles tritt dafür ein, daß der Analytiker die Tatsache, daß diese Bemühungen für ihn persönlich hilfreich sind, in relativ angst- und schuldfreier und dadurch nicht wie ein Geständnis wirkender Weise mitteilen sollte, quasi als Fakten, die man mit einem Mitarbeiter bespricht. Aber Searles warnt sowohl vor der Gefahr, die therapeutischen Bestrebungen des Patienten nicht zu erkennen und zu deuten, wie auch davor, sie verfrüht zu interpretieren. »Solange der Patient von Gefühlen schuldiger Verantwortlichkeit bedrückt ist, wird er mit verstärkten Schuldgefühlen auf jede Andeutung reagieren, daß der Analytiker die Sitzung persönlich hilfreich findet« (Searles 1975, S. 127). Mit anderen Worten, obwohl der Patient therapeutische Bestrebungen hat, muß der Therapeut in einer Weise damit umgehen, die dem Patienten hilft. Auf diese Weise verbleiben sowohl Patient als auch Therapeut in ihrer ursprünglichen Rolle.

Nach der Überzeugung von Searles regredierte der Analytiker infolge seiner eigenen frustrierten therapeutischen Bemühungen in relativ rohe aggressive und sexuelle Impulse. Diese Frustration kann zu einer tragischen Perversion der Therapie führen, wobei die inzestuösen Impulse des Therapeuten unter dem Deckmantel des Heilens akzeptabel werden:

> In vielen Fällen sind die primitiven Heilungsbestrebungen nicht weniger mächtig als die sexuellen Antriebe, und die therapeutischen Bemühungen können am allermeisten zu einer tragischen Pervertierung des therapeutischen Handelns beitragen, nämlich zu ausbeuterischem Sexualverhalten seitens des Therapeuten unter der Maske des emanzipierten Heilers. Ein Bedürfnis nach therapeutischer Allmacht kann den Therapeuten dazu verführen, jedes verfügbare, der therapeutischen Absicht dienende Mittel zu ergreifen, einschließlich sexueller Handlungen mit dem Patienten (Searles 1975, S. 130).

Diese Gefahr entsteht, wenn der Therapeut sein übliches berufliches Wissen und seine Kenntnis der Dimension von Übertragung und Gegenübertragung aus dem Blick verliert.

Auf der positiven Seite berichtet Searles über ein Lehrgespräch mit einer borderline-schizophrenen jungen Frau in einem Krankenhaus, das nicht nur hilfreich für sie war, sondern auch »zutiefst befriedigend und bestätigend für mich in meiner Identität als jemand, der ein brauchbarer Psychoanalytiker sein möchte«. Dies ist genau das, was ich oben über die Bestätigung sagte, die der Therapeut erhält, wenn sich der Patient von ihm helfen läßt:

> Es wurde mir bewußt, wie illusorisch die Annahme ist, daß der Therapeut eine solche berufliche Genugtuung als erwartbaren, alltäglichen, selbstverständlichen Bestandteil seiner Arbeit erlebt. Ich möchte damit ausdrücken, daß der Therapeut ebensoviel Grund hat, eine Form der Dankbarkeit als selten und denkwürdig und intensiv zu empfinden, wie der Patient, dessen Therapeut, wie wir üblicherweise sagen, eine erstaunliche Heilung bewirkt hat (Searles 1975, S. 134).

In beiden Fällen gilt die Dankbarkeit dem »Zwischen«, der Heilung durch Begegnung, die durch keinen Willensakt bewirkt werden kann und die niemals einfach die Wirkung des einen oder anderen Partners in der therapeutischen Beziehung ist.

In seiner Erörterung der einschlägigen Literatur deutet Searles das »therapeutische Bündnis« nicht als ein Bündnis zur Therapie des *Patienten*, wie man gewöhnlich meint, sondern vielmehr als »ein Bündnis zur Therapie *beider* Teilnehmer der Behandlungssituation«. Gleichzeitig lehnt er ausdrücklich jeden Gedanken daran ab, daß der Therapeut dem Patienten Informationen über das eigene persönliche Leben mitteilt. »Denn in meiner eigenen Arbeit tue ich das wahrscheinlich kaum mehr als jeder klassische Psychoanalytiker.« Searles zitiert ausdrücklich aus Erwin Singers sehr ähnlichem Aufsatz »Der Patient hilft dem Analytiker«, in dem auch Singer behauptet, »daß die Fähigkeit, den Anforderungen gerecht zu werden, wenn Mitgefühl und Hilfsbereitschaft erforderlich sind, integraler Bestandteil der menschlichen Grundstruktur sind«. Singer ist der Auffassung, daß seine Selbstoffenbarungen den therapeutischen Prozeß durch bemerkenswerte Erkenntnisse, Erinnerungen und gesteigerte Bewußtheit seiner Patienten beschleunigen: »Strikte psychoanalytische Ananomität hätte die Chancen meiner Patienten, ihre eigenen Stärken zu erkennen, reduziert; und bestimmt hätten sie meine Kenntnis ihrer Fähigkeiten zur Anteilnahme und zum Mitgefühl eingeschränkt.«

Searles widerspricht Singers Schlußfolgerung, daß »eine deutliche Verminderung der Anonymität des Analytikers für den therapeutischen Fortschritt wesentlich« sei, und trifft im Zusammenhang damit eine Unterscheidung, die große Ähnlichkeit mit jener Jourards hat: »In meiner eigenen Arbeit erzähle ich den Patienten sehr wenig über mein Leben außerhalb der Praxis, wohingegen ich relativ offen über meine Gefühle und Phantasien spreche, die ich während der analytischen Sitzung selbst erlebe.« Dennoch schließt er mit einer Bemerkung, die völlig der oben zitierten Beobachtung Richard Stantons gleicht: »Die klassische analytische Position enthält ein Element der Selbsttäuschung, dergestalt, daß der Analytiker für den Patienten überhaupt keine reale Person ist, und ist daher einfach ungenügend« (Searles 1975, S. 134).

Searles' Abhandlung ist sichtlich die Ausnahme, die die Regel bestätigt, was die Problematik der Gegenseitigkeit betrifft. Sie geht so weit, wie man es sich vorstellen kann, in Richtung auf die Betrachtung des Heilens als einen wechselseitigen Prozeß, bei dem sowohl der Therapeut als auch der Patient unterstützt und geschult werden können. Dennoch findet dieser wechselseitige Prozeß im Rahmen der Therapeut-Patient-Beziehung statt, und der Charakter und das Ziel dieses Rahmens bleiben für Searles, Jourard, Rogers, John Weir Perry und Fromm-Reichmann so beschaffen, daß die Heilung des Therapeuten niemals angestrebt wird und daß man dem Patienten niemals die Erwartung oder den Anspruch auf eine solche Heilung aufbürdet.

Einige Autoren von Kenneth Franks Sammelband *The Human Dimension of Psychoanalytic Practice* geben uns einen weiteren wertvollen Einblick in die Problematik der Gegenseitigkeit in der analytischen Psychotherapie. Frank selbst schließt seine Einführung mit der Feststellung:

> Die Gültigkeit der psychoanalytischen Therapie hängt von der in der Vergangenheit vernachlässigten Erkenntnis ab, daß auch das scharfsinnigste Erfassen der Psychodynamik des Patienten, kombiniert mit optimal terminierter und fokussierter Deutung, von begrenztem Wert ist, wenn sie nicht im Rahmen einer Beziehung erfolgt, die durch eine affektive Bindung von gegensei-

> tigem Vertrauen und Respekt gekennzeichnet ist und in der der Analytiker bereit ist, auf einer authentischen menschlichen Ebene voll zu erleben und sich erleben zu lassen. Dementsprechend ist die letztendliche Entwicklungsaufgabe des Psychoanalytikers die Vereinigung von Theorie und Technik mit seiner unverwechselbaren Persönlichkeit. Dies ist notwendigerweise eine herausfordernde und lebenslange Aufgabe. Aber sie braucht kein geheimer Kampf zu sein (Frank 1977, S. 6).

Ganz ähnlich wie Frank definiert Harry Guntrip, der britische »Objektsbeziehungs«-Analytiker, die psychoanalytische Therapie als »die Persönlichkeiten von zwei Menschen, die zum Zwecke freien, spontanen Wachstums zusammenarbeiten«. Während dies impliziert, daß sowohl der Analytiker als auch der Analysand wachsen, ist es insofern einseitig, als nur von der Heilung des Patienten die Rede ist. Die psychoanalytische Therapie, sagt Guntrip, ist:

> die Gestaltung einer zuverlässigen und verständnisvollen menschlichen Beziehung einer Art, die mit dem tief verdrängten, traumatisierten Kind in einer Weise Kontakt aufnimmt, die den Betreffenden befähigt, in der Sicherheit einer neuen Beziehung mit dem traumatischen Vermächtnis der frühesten prägenden Jahre, soweit dieses in das Bewußtsein einsickert oder einbricht, stetig besser leben zu können (Guntrip 1977, S. 65).

Der amerikanische Psychoanalytiker Davin Shainberg beschreibt den analytischen Prozeß als einen Vorgang, bei dem der Analytiker und der Patient gemeinsam eine sich allmählich zwischen ihnen entwickelnde Perspektive erarbeiten:

> Es ist wie ein Team, das an einem Waldrand ankommt und sich seinen Weg durch jedes Dickicht auf eine Lichtung hin bahnt und dann wieder durch ein neues Dickicht. Es kommt darauf an, das Dornengestrüpp und -gesträuch gemeinsam zu beseitigen, bis ein Weg frei ist, den zuerst der eine und dann der andere beschreiten kann (Shainberg 1977, S. 125).

Für Shainberg sind die meisten Beziehungen, einschließlich der analytischen, unechte Prozesse, die auf gemeinsamer Täuschung und einer unausgesprochenen Übereinkunft basieren, daß keiner der beiden Beteiligten die archaischen Strukturen des anderen wirklich aufrühren wird.

> Im Gegensatz dazu findet in der Psychoanalyse ein Moment der Verwandlung statt, wenn mein Patient und ich den Schutz unserer Isolierung aufgeben und bereitwillig beginnen, einander zu größerer Selbstartikulation und Akzeptanz menschlichen Leidens zu verhelfen. Wir hören auf, unsere seelischen Innenräume mit Phantasien vom Vergnügen, das wir aneinander zu haben hoffen, zu dekorieren. Wir stellen uns der Realität unserer Existenz, und sei es auch die schlichte Unklarheit unserer gegenwärtigen Diskussion. In solchen Augenblicken empfinde ich mich in der Gegenwart des Geheimnisses menschlicher Beziehungen; es ist oft ein überwältigendes Erlebnis (Shainberg 1977, S. 126).

In seinem Essay, »Die Fiktion der analytischen Anonymität«, behauptet der amerikanische Psychologe Erwin Singer, daß sowohl das Zuhören als auch die Reaktionen des Analytikers, ganz abgesehen von irdendwelchen ausdrücklichen Mitteilungen, bereits eine Selbstenthüllung seitens des Analytikers erfordern. Bei jeder echten Begegnung stünden beide Beteiligten gleichermaßen nackt voreinander. »Wer es riskiert, sich zu exponieren, indem er sich der Angst und Ekstase seines Mitmenschen wirklich öffnet, kann hoffen, daß ihm der andere mit derselben Offenheit begegnet. Gleichgültig, was der Analytiker sich und anderen vielleicht auch vormacht, seine Reaktion auf den Patienten enthüllt seine »persönliche Religion«. Obwohl den Patienten quantitativ weniger Daten zur Verfügung stehen, gibt es eine Fülle qualitativ bedeutsamer und berührender Informationen über ihre Analyse, *falls* sie nur mutig genug sind, diese zu nutzten. Letzten Endes wird der Patient tatsächlich »ebenso vertraut mit den persönlichen Perspektiven des Analytikers, seinen psychologischen Operationen und seiner Wertehierarchie — einschließlich der Diskrepanzen zwischen dem, wozu er sich bekennt, und dem, was er wirklich lebt — wie der Analytiker hoffentlich mit den zentralen Aspekten des Lebens seiner Patienten vertraut wurde. Der Analytiker empfindet vielleicht sogar Angst bei dem Gedanken, ob ihn der Patient akzeptieren wird, wenn er ihn wirklich kennt, sobald er sich klarmacht, daß er sich mit relevanten Bemerkungen über den Patienten zwangsläufig selbst enthüllt. Die Folge ist, daß sein Mut, sich durch pointierte Reflexionen und das Äußern relevanter Fragen zu offenbaren, ständig auf die Probe gestellt wird. Gleichzeitig warnt Singer davor, seine Ausführungen über die Unvermeidlichkeit selbstenthüllenden Verhaltens des Analytikers als Freibrief aufzufassen, »sich in wichtigtuerischem Geschwätz, undisziplinierten Grübeleien oder zudringlichen Ablenkungen zu ergehen«.

> Disziplinierter Widerstand gegen solche Versuchungen und sorgfältige Erforschung ihrer Bedeutung ist Bestandteil des täglichen Kampfes, den der Analytiker ausfechten muß, aber in seiner Selbstdisziplin und Selbsterforschung zeigt er dem Patienten, daß auch er zu kämpfen hat, daß uns der Kampf gegen primitive narzißtische Tendenzen immer begleitet und daß er, zumindest zeitweilig, erfolgreich geführt werden kann (Singer 1977, S. 188f.).

Einer der radikalen Ansprüche auf volle Gegenseitigkeit zwischen Therapeut und Klient wurde von dem amerikanischen Jungianischen Analytiker J. Marvin Spiegelman erhoben. In seiner Arbeit von 1965 über die Folgen der Übertragung legte Spiegelman die Grundzüge seiner Auffassung dar, nämlich daß der Therapeut und der Patient ein unbewußtes Zwischen erschaffen, das einen Archetypus darstellt, der ebenso sehr der Klärung bedarf wie jener der Individuation. Wenn sich der Analytiker gegen die Erkenntnis seines eigenen Parts im therapeutischen Prozeß sträubt, »dann wird er entweder *das Unbewußte in seinen tieferen Ausprägungen nie vergegenwärtigen, oder er wird dem Patienten zumuten, die ganze Last der aktivierten Inhalte zu tragen*«. Spiegelman meint, der Analytiker müsse sich gegenüber dem Patienten zu dem Kind in ihm selbst bekennen, das die Bevaterung oder Bemutterung durch den Patienten braucht, und er müsse dem Patienten auch seine Möglichkeit, seine Langeweile oder seine Verärgerung gestehen, wenn diese auftritt, und sie gemeinsam mit ihm analysieren. Das Unbewußte wirkt sich auf beide Partner gleichzeitig aus, was bedeutet, daß der engagierte und aufgeschlossene Analytiker ebenso »in« der Analyse ist, wie der Patient. Obwohl Spiegelman dies als »eine echte 'Ich-Du'-Beziehung charakterisiert, in der eine wirkliche Gleichheit vorhanden ist«, und bemerkt, daß genau hier »eine eindeutig Jungianische Analyse im Sinne des Individuationsprozesses beginnt«, scheut er vor dem Begriff des Zwischen im Buberschen Sinne zurück, indem er die Gleichheit zwischen Therapeut und Klient als »wechselseitige Erfüllung von Bedürfnissen, in erster Linie des Individuationsprozesses, so wie sich dieser auf beide Partner auswirkt« kennzeichnet. Worauf Spiegelman hinauswill, ist jedoch »eine *Haltung* der Offenheit, bei der der Analytiker mit seinen Patienten viel freier umgehen kann, als bisher vorgeschlagen wurde«. Das Akzeptieren der Analyse als eine gegenseitige Entschleierung bedeutet für Spiegelman, daß die Träume, die der Patient vom Therapeuten hat, als wahr angesehen werden, daß der Therapeut herausfinden sollte, in welchen Punkten diese wahr sind, und daß er das gegenüber dem Patienten eingestehen sollte, *bevor* er sich mit der Projektion des Patienten auseinandersetzt (Spiegelman 1965, S. 164—167, 169f., 174f.).

1972 ergänzte Spiegelman diese Überlegungen in einer bisher unveröffentlichten Schrift mit dem Titel »Übertragung, Individuation, wechselseitiger Prozeß«. Er räumt darin ein, daß viele Analytiker vor den Konsequenzen seines früheren Aufsatzes wegen der für den Heiler manchmal damit verbundenen Verletzungen zurückscheuten, und er gesteht, daß solche Verletzungen für ihn häufige Vorkommnisse waren, ein notwendiger Bestandteil der Erfahrung des Archetypus des »verwundeten Arztes« und überraschenderweise ein häufigeres Ereignis als die Verwundung des Patienten. Gleichzeitig behauptete er, diese Verwundung habe ihm in seiner eigenen Entwicklung sehr geholfen. »Meine Individuation verlangte diese Richtung und wurde dadurch tiefreichend genährt.« In dieser Schrift definiert Spiegelman den wechselseitigen Prozeß als:

> eine *psychologische Beziehung,* bei der die Partner das Unbewußte erkennen und damit arbeiten, so wie es sich in ihnen und zwischen ihnen manifestiert. Sie erfordert einen zunehmenden Grad an gegenseitiger Offenheit, an *Intersubjektivität* und eine Erkenntnis ihrer *Gleichheit* vor den Göttern, den Archetypen. Normalerweise kommt dies sowohl der Beziehung als auch dem Bewußtsein zugute, indem es sowohl die Differenzierung als auch die Bindung fördert. Es resultiert in *kreativer Arbeit,* oft an gemeinsamen konkreten Produkten, etwa in der Kunst oder Wissenschaft oder in Aspekten der Beziehung selbst, wie gegenseitige Heilung und gegenseitige Vertiefung (Spiegelmann 1972, S. 9).

Spiegelman betrachtet diesen wechselseitigen Prozeß als eine Erweiterung von Jungs Arbeit an »der Vereinigung der Gegensätze, sowohl im eigenen Selbst als auch *in der Beziehung«.* Da er sich von Augenblick zu Augenblick und von Beziehung zu Beziehung ändert, ist dieser wechselseitige Prozeß ebenso schwierig dingfest zu machen und festzunageln wie der Individuationsprozeß selbst. Noch wichtiger, Spiegelman fordert, daß die analytische Beziehung auf eine Beziehung der Gleichgestelltheit hinarbeiten sollte, wenn sich ihr Ziel, die Individuation zu fördern, verwirklichen soll. Das Ziel der Analyse kann de facto so definiert werden: »Dem Analysanden zu einer wahren Unabhängigkeit des Geistes zu verhelfen und gleichzeitig seine Fähigkeit zu einer gleichberechtigten Beziehung zu fördern.« Spiegelman meint, seine Betonung des wechselseitigen Prozesses gehe über die Auffassungen von Rogers, Bion, der Tavistock-Gruppe und Gestalt hinaus durch den Vertrag, bewußt gemeinsam an der Interaktion von unbewußter Übertragung und Gegenübertragung zu arbeiten (Spiegelman 1972, S. 12, 15, 21n, 31).

In seinem neuesten Aufsatz zu diesem Thema liefert Spiegelman eine interessante praktische Anwendung des wechselseitigen Prozesses mit seiner Behauptung, er habe im Namen der Ehrlichkeit eine moralische Verpflichtung, sowohl seine eigenen Phantasien zu berichten als sich diese des Patienten anzuhören.

> Durch solche Mitteilungen . . . gewinnen sowohl der Patient als auch der Therapeut Einsicht in das, was sich in *dem* Unbwußten (im Gegensatz zu »meinem« und »deinem« Unbewußten) abspielt, und wir sind jetzt beide mit dem »Dritten« oder der Beziehung selbst verbunden. Ich habe dieses Dritte als »Gott dazwischen« (im Gegensatz zum »inneren Gott«) bezeichnet. Objektivität und Autorität werden somit auf das Unbewußte selbst übertragen, so wie es sich in den Phantasien und Träumen der Beteiligten als Partner zeigt, die sich jetzt sowohl mit sich selbst als auch mit dem anderen wie auch mit diesem Dritten auseinandersetzen und damit das Werk der alchemistischen Verwandlung vollziehen können, über das Jung geschrieben hat (Spiegelman 1980, S. 104f.).

Vielleicht die berühmteste und radikalste Abweichung von Freuds Empfehlung spiegelgleicher Teilnahmslosigkeit und von den anderen traditionellen Strukturen, die die Analysestunde kennzeichnen, stellt die Arbeit der Schweizer Psychotherapeutin Margaret Sechehaye mit einem schizophrenen Mädchen dar, die sie Renée nennt. In Renées autobiographischem Bericht wird die absolut zentrale Bedeutung des Kontakts mit iher Therapeutin wiederholt hervorgehoben, und die erstaunlich weitgehenden Bemühungen Sechehayes, ihr zu helfen, werden gleichermaßen deutlich. In ihrem eigenen Kommentar am Ende der Autobiographie geht Sechehaye ironischerweise nur auf Renées einzelne Entwicklungsphasen ein und kommt nie auf die zentrale Bedeutung des Heilens durch Begegnung zu sprechen. Wenn Sechehaye auf sich selbst Bezug nehmen muß, tut sie dies in der dritten Person als »die Analytikerin«.

»Mama«, wie Renée Margaret Sechehaye nannte, wurde für die gequälte Renée bald zur »kostbaren kleinen Oase der Realität in der Wüstenwelt«

ihrer Seele. »Mama« wagte es, sich als stärker zu erklären als das System (die »Erleuchtung«, wie Renée es nannte), das sie in Gefühlen der Schuld und Leblosigkeit einkerkerte und sie aller Empfindungen des Kontakts und der Realität in ihren Beziehungen zu anderen Menschen und selbst zu den Objekten der natürlichen und der vom Menschen geschaffenen Welt beraubte. Indem sie von sich selbst und Renée in der dritten Person sprach, gelang es Mama, immer wieder die unwirkliche Wand zu durchbrechen, die Renée einschloß, und sie in Kontakt mit dem Leben zu bringen. Um dies zu erreichen, nahm Sechehaye sie nicht nur auf Urlaub ans Meer mit, wie es Ferenczi mit einem seiner Patienten getan hatte, sondern ließ sie auch mehrmals längere Zeit bei sich wohnen. Sie gestattete ihr, bis zu dem Punkt zu regredieren, an dem sie das Gefühl hatte, in den Körper ihrer Mutter zurückzukehren, und wurde damit einer der ersten Therapeuten, die den Versuch unternahmen, schizophrenen Klienten zu neuen Eltern zu verhelfen. Sie ließ sie sich an ihre Brust schmiegen und tat so, als säuge sie die Puppe, mit der sich Renée identifizierte, an ihrer Brust (Sechehaye 1951, a). Renée schilderte die heilende Wirkung dieser Verhaltensweisen mit äußerster Lebendigkeit.

> Meine Wahrnehmungen der Dinge hatten sich völlig verändert. Statt des unwirklichen, endlosen Raums, in dem alles getrennt, nackt und isoliert war, sah ich zum ersten Mal die Wirklichkeit, die wundervolle Wirklichkeit. Die Menschen, denen wir begegneten, waren keine Automaten mehr, keine sinnlos gestikulierenden, kreiselnden Phantome; sie waren Männer und Frauen mit ihren eigenen persönlichen Eigenschaften, ihrer eigenen Individualität. Mit den Dingen war es dasselbe . . .
> Als ich nach meiner Ankunft im Krankenhaus mein Zimmer betrat, war es nicht mehr mein Zimmer, sondern lebendig, sympathisch, wirklich, warm. Und zur Verblüffung der Schwester wagte ich es zum ersten Mal, die Stühle anzufassen, die Anordnung der Möbel zu verändern . . . Bis dahin hatte ich keine Änderung, nicht einmal die kleinste, geduldet (Sechehaye 1951 a, S. 79—81).

Renées Stimmen setzten ihr nicht länger zu; sie lief nicht mehr Gefahr, in eine Katze verwandelt zu werden; sie freute sich über alles, was sie sah und anfaßte; und auch Mama wandelte sich in ihren Augen von einer Statue, die sie gern anschaute, zu einem lebendigen, warmen, beseelten Menschen, dem sie sehr zugetan war und nahebleiben wollte. Anfangs konnte Renée nur dann mit Mama Kontakt aufrecht erhalten, wenn Mama ihr auf der Ebene begegnete, auf der sie sich befand. Aber allmählich wurde sie von Mama unabhängig, zuerst durch Nahrungsaufnahme, dann durch Reinlichkeit und persönliche Pflege, bis sie schließlich anders denken konnte als sie und sogar eine andere Meinung vertreten konnte, ohne ihre Wahrnehmung der Wirklichkeit zu gefährden. »Jetzt kann ich Frau Sechehaye als eigenständigen Menschen akzeptieren«, schließt Renée. »Ich liebe sie um ihrer selbst willen und ich bin ihr ewig dankbar für das Wertvollste, das sie mir geschenkt hat, indem sie die Wirklichkeit und den Kontakt mit dem Leben für mich wiederherstellte« (Sechehaye 1951 a).

Die einzige ausdrückliche Anerkennung, die Sechehaye über den zentralen Stellenwert ihrer Begegnung mit Renée für ihre Heilung ausspricht, ist die Feststellung zu Beginn ihrer Deutung:

> Damals schien sie die Analytikerin nicht einmal zu erkennen; dennoch wurde der Versuch unternommen, eine Bindung herzustellen, so schwach diese auch sein mochte, um imstande zu sein, mit ihr in Kontakt zu kommen. Das konnte nur durch die Befriedigung des Bedürfnisses gelingen, das in der momentanen Phase der Regression vorhanden war (Sechehaye 1951 a, S. 125).

Daß sich Sechehaye auf ihre Patientin weitaus stärker einließ, als dies selbst bei den humanistischen Therapeuten gewöhnlich der Fall ist, können wir aus den Berichten schließen, welche Anweisungen sie für ihre Mahlzeiten gab, wie sie für ihre Bäder sorgte und ganz allgemein für Renée die gütige Mutter spielte, die diese als kleines Kind entbehren mußte. Daß sie dies emotional in einem weit über das übliche hinausgehenden Maß belastete, geht aus Renées eigenen Berichten hervor, daß sich »Mama unheimlich aufregte«, oder daß sie aus einer Ohnmacht erwachte und Mama weinend über ihr vorfand (Sechehaye 1951a).

Es ist schade, daß uns Sechehaye nicht mehr und unmittelbarer über ihre eigene persönliche Beteiligung an dieser erstaunlichen, heilenden Partnerbeziehung erzählt, die viele Jahre lang dauerte. In *Symbolic Realization,* dem Begleitband von Renées Autobiographie, spricht Sechehaye eingehender über ihre Rolle und teilt uns ihre Gedanken über Renées beispiellose, fast vollständige Genesung von ihrer Schiziphrenie mit. Sechehaye merkte rasch, daß die traditionelle Position des Analytikers hinter der Couch

Renée das Gefühl völliger Verlassenheit gab. Indem sie sich neben sie auf die Couch setzte, gab sie Renée die Gewähr, daß sie ihr zuhörte und daß Renée eine Partnerin hatte. Später, in der akuten Phase von Renées Krankheit, erkannte Sechehaye, daß sie, da die Äpfel die Muttermilch repräsentierten, ihr diese direkt, ohne Vermittlung geben mußte: »Renée lehnt sich dann gegen meine Schulter, drückt den Apfel auf meine Brust und ißt ihn dann sehr feierlich und überaus glücklich.« Sechehaye ersetzte somit die »versagende Mutter«, die Renée gekannt hatte, durch die »freigebige Mutter« und erlaubte Renée dadurch, zu leben, sich selbst zu lieben und die Selbstbestrafung aufzugeben (Sechehaye 1951b, S. 41f., 51, 53).

Sechehaye meint, die Umerziehung Renées sei durch eine Reihe von Haltungen und Handlungen ihrerseits ermöglicht worden. Sechehaye gewann Renées Vertrauen durch eine verständnisvolle Haltung, gekoppelt mit absoluter Aufrichtigkeit in dem Interesse und der Anteilnahme, die sie ihr bekundete; Schlichtheit, die bereit war, Fehler einzugestehen; ein entgegenkommendes und flexibles Verhalten; und indem sie ihr mehr half, als nötig erschien. Sie versicherte ihr ständig, daß es möglich sei, geheilt zu werden, und erriet die legitimen Bedürfnisse von Renées Libido und ihres wirklichen Ichs, und dazu zählte, daß sie sich um ihre Ernährung, ihre Körperpflege und ihre Kleidung kümmerte. Wann immer es möglich war, gewährte sie Renée, was immer diese wünschte, sie dachte sich in jedem Stadium vergnügliche Unternehmungen für sie aus, gab ihr kleine Geschenke und ging mit ihr auf dem Land spazieren — »ein Zwischenstadium zwischen den narzißtischen Bedürfnissen und den sozialen Bedürfnissen«. Sie setzte für alle ihre Arbeiten sorgfältig Zeiten fest und stellte ein Tagesprogramm auf, in dem die Dauer aller Tätigkeiten festgelegt war. Sie vermied Verbote, Proteste und Vorwürfe, die Renée zum Selbstmord gedrängt haben könnten; sie vermied Überarbeitung, die Depressionen und Rückschläge hätte auslösen können, und zu schnelles Vorgehen oder ein Überspringen von Stadien (Sechehaye 1951b, S. 109—117).

Weit davon entfernt, die Rolle des Heilens durch Begegnung zu erkennen, lehnt Sechehaye ausdrücklich die Vorstellung ab, daß die mütterliche Liebe, die sie Renée gab, diese gerettet hat. Sie erkennt zwar die Wichtigkeit ihrer Zuneigung für das Entstehen einer positiven Übertragung von Renées unbewußtem Mutterbild auf eine neue, liebevolle Mutter. Sie erkennt auch, daß ihr enormes Interesse an der Patientin und ihre Zuneigung zu dieser ihr die Entschlossenheit gab, bis zum Ende durchzuhalten und zu verhindern, daß die Therapie mittendrin abgebrochen wurde, was Renée dem seelischen Zusammenbruch oder Selbstmord überantwortet hätte.

> Aber ich beharre darauf, daß dies nicht das primäre Element der Heilung ist. Der Beweis ist, daß ich mich etwa vom zweiten Jahr der Behandlung an als »liebevolle Mutter« verhielt und daß ich bis zum heutigen Tag so geblieben bin. Während dieser Zeit verschlechterte sich der Zustand der Patientin und besserte sich dann wieder, verschlechterte sich erneut, und sie genas schließlich. Wenn die Zuneigung ausgereicht hätte, dann hätte die Heilung bis zum endgültigen Erfolg doch regelmäßige Fortschritte gemacht. Wir sehen aber, daß die positive Übertragung sich im Gegenteil zu gewissen Zeiten verlor, sogar bis zum nahezu vollständigen Rückzug in den Autismus (Sechehaye 1951b, S. 130f.)

Sechehaye führt die Heilung in ihren Anfangsstadien zum Teil auf orthodoxe psychoanalytische Verfahren zurück :

> . . . die objektive Haltung der Analytikerin, die einfach in sie hineinsehen und mit ihr klarsehen wollte und die als Gegenleistung für ihre Hilfe weder Dankbarkeit noch Zuneigung oder religiöse Hingabe forderte (wie dies einige ihrer Freunde getan hatten), befreiten sie von der drückenden Verpflichtung, die ihre Schuldgefühle noch belastender und bindender gemacht hatten. Endlich fühlte sie sich frei, ein Mensch zu sein, und dies machte die Herstellung einer positiven Übertragung möglich und stellte eine Stütze für sie dar (Sechehaye 1951, S. 132).

In ihrem Resümée räumt Sechehaye jedoch ein, daß es ihre mütterliche Liebe war, die sie Renée gab, was Renée befähigte, ihre Aggressivität gegenüber der materiellen Welt und anderen Menschen abzulegen und sich selbst zu lieben und zu akzeptieren (Sechehaye 1951b, S. 140, 142). Dies sind freilich »symbolische Erkenntnisse«. Doch sie wurden durch die Tatsache ermöglicht, daß Sechehayes Liebe nicht »symbolisch« war, sondern durchaus real und in einem Maße beharrlich, das über alles hinausging, was die meisten leiblichen Mütter zu leisten vermocht hätten. Da es ein Konflikt war, der sich vor der Ichbildung abspielte, mußte Renée gestattet werden, die gesamte Entwicklung erneut durchzumachen. Nur dank Sechehayes bemerkenswerter Gabe der aufgeklärten und urteilsfähigen Liebe war sie dazu imstande. Sympathie und mütterliche Liebe waren zwar sicher nicht die ganze Heilung, aber sie waren eindeutig ebenso wichtig wie die symbolischen Erkenntnisse, mit denen sie Hand in Hand gingen. Obwohl Sechehaye darauf hinweist, daß eine traditionelle Analyse fast ebensoviel Zeit erfordert hätte, wie sie Renée widmete, ging das, was sie *in* dieser Zeit für sie tat, weit, weit über alles hinaus, was ein traditioneller Analytiker bereit oder fähig ist zu tun.

In seinem Essay »Über das Erzieherische« schrieb Martin Buber in *Dialogisches Leben:* »In dem Augenblick, wo auch dieser sich hinüberwerfen und von drüben zu erleben vermöchte, würde das erzieherische Verhältnis zersprengt — oder es wandelte sich zu Freundschaft« (Buber 1947, S. 285). Freundschaft ist jene »Form der dialogischen Beziehung, die auf einer konkreten und gegenseitigen Erfahrung der Umfassung basiert. Sie ist die wahre Umfassung eines anderen durch menschliche Seelen« (Buber 1965, S. 101). Eine Therapeutin, die in der Therapeut-Patient-Beziehung so weit, daß diese fast zur Freundschaft wurde, ist Hanna Colm. Sie war eine an der Washington School of Psychotherapy arbeitende Psychiaterin, die jedoch stark von Tillich und Buber beeinflußt wurde; kurz vor ihrem Tode schrieb sie ein bewegendes Bekenntnis zur »therapeutischen Begegnung«, wie sie diese erlebt hatte:

> Heilung resultiert nicht bloß aus größerer *Kenntnis* der eigenen Person, sondern indem man sich (so wie man *ist*) in Beziehung zu einem anderen Menschen und in dem Ringen um gegenseitige Akzeptanz trotz der menschlichen Schwächen, die man bei sich selbst und beim Partner feststellt, *erlebt.* Ich fürchte mich nicht davor, Gegenübertragungen in meine Reaktionen einfließen zu lassen . . .
> Sobald ein bestimmter Rapport hergestellt worden ist, kann der Therapeut seinem Patienten vorausgehen, indem er wagt, er selbst zu sein. Er sollte offen für eine echte Begegnung im Fühlen sein, sei es Zuneigung oder Irritation oder sogar vorübergehender Haß oder die Tausende von Gefühlen, die jeder Patient bei seinem Therapeuten und der Therapeut beim Patienten auslöst. Zur richtigen Zeit wird der Therapeut beim Patienten zeigen, daß auch er nur ein Mensch ist, der positive und negative Reaktionen hat, die der Patient lernen muß zu akzeptieren oder zurückzuweisen. Auf diese Weise muß der Patient in der Begegnung mit dem Therapeuten wieder zu einer vollständigen Persönlichkeit werden, und er wird allmählich Vertrauen zu seinem eigenen Urteil, nicht nur in seinem Umgang mit dem Therapeuten, sondern auch im

Umfang mit seinen eigenen Lebenssituationen gewinnen (Colm 1965, S. 139f.).

Der Therapeut kann dem Patienten erkennen helfen, daß die negativen Reaktionen, die er beim Therapeuten selbst auslöst, jenen gleichen, die er im täglichen Leben auslöst und vielleicht auch der Art und Weise, wie er aus Angst vor Nähe echte, tiefe Zuneigung zu zerstören versucht. Dies ist nur möglich, wenn sich der Therapeut dem Patienten nicht als Autoritätsperson und Experte, sondern vielmehr als Partner in einem gemeinsamen Unternehmen nähert, der sich irren kann. Wenn der Therapeut Schuldgefühle in bezug auf seine Reaktionen gegenüber dem Patienten empfindet, dann ist die Durcharbeitung dieser Schuldgefühle ein Bestandteil der Begegnung. Die ideale Welt löst sich dann zugunsten der wirklichen auf, und die Feindseligkeit, die durch Enttäuschung entsteht, verflüchtigte sich, sobald man die gegenwärtige Realität als wertvoll akzeptiert. Die selbstverschuldete Isolierung des Patienten wird aufhören, und er wird ein Mitglied der menschlichen Gemeinschaft werden, während der Therapeut aus jeder erfolgreichen Begegnung als klügerer Therapeut und Mensch hervorgeht. Beide werden mit der Bereitschaft in ihr eigenes Leben zurückkehren, vorübegehende Entfremdung in einem nie endenden Ringen um Gemeinschaft zu überwinden. Diese sich wechselseitig entwickelnde Offenheit und Teilhabe an der Menschlichkeit des anderen im Leben und Sein ist laut Colm der Kern des Heilungsprozeses. »Wenn dieses Stadium voll und ganz erreicht ist, dann ist die Therapie zu Ende, und in manchen Fällen wird daraus eine Freundschaft von einer Tiefe entstehen, die in unserer Kultur selten ist.« Colm gibt zu, daß das, was sie beschrieben hat, der »Idealtypus« der Therapie ist, ein Ideal, dem man nicht einmal nahekommen kann, wenn die Angst des Patienten oder seine Furcht vor Nähe zu groß ist.

Colm berichtet davon, daß sie einem Patienten einen negativen Traum erzählte, fügt jedoch hinzu, daß sie einen Traum mit starken positiven oder negativen Gefühlen nur dann mitteilen würde, wenn sich bereits eine Beziehung von einiger Tiefe entwickelt hat, so daß Hoffnung auf ein gegenseitiges Akzeptieren sowohl positiver *als auch* negativer Gefühle besteht. In dem Maße, wie sich die Beziehung entwickelt, lernt der Patient die Integrität des Therapeuten kennen, und beide helfen einander, leben zu lernen. Indem der Therapeut seine Gefühle mitteilt, kann der Patient erleben, wie ernst der Therapeut seine Partnerschaft nimmt. »Wenn der Therapeut seine

Reaktionen und sogar seine irrationale Gegenübertragung äußert, bewirkt dies weitaus kürzere Perioden der Regression beim Patienten«, behauptet Colm. Einsamkeit nimmt ab, und Nähe ist weniger furchterregend. »Begegnung enthüllt sich als ein sich langsam entwickelnder Prozeß auf beiden Seiten, der besonders am Anfang von den Bedürfnissen des Patienten bestimmt ist, aber sich dann allmählich zu einer echten Beziehung mit Wachstum auf beiden Seiten entwickelt.«

Colm schließt mit der Versicherung, daß die Nähe zwischen Patient und Therapeut schließlich die von zwei Freunden sein wird, die einander sehen, wenn sie beide den Wunsch danach haben und die Umstände es zulassen:

> In manchen Fällen können sie sich gelegentlich treffen, und dann erscheint es wie ein Geschenk des Himmels, wenn der Zentrumskontakt lebendig geblieben ist und sofort wiederhergestellt werden kann, ohne einseitige Abhängigkeit, sondern in einer wechselseitigen Abhängigkeit und in gegenseitiger Offenheit zueinander, die den Freund, dem man geholfen hat zu wachsen und durch den man selbst gewachsen ist, in der Gemeinschaft und im Vertrauen frei läßt (Colm 1965, S. 159).

Das Maß an Gegenseitigkeit, das in der Therapie möglich und wünschenswert ist, hängt nicht nur vom Stadium der Beziehung ab, sondern auch von der einzigartigen Beziehung zwischen diesem speziellen Therapeuten und Klienten und vom Stil und der Kraft des Therapeuten. Colms Zeugnis ist beeindruckend, weil sie zeigt, wie weit man in Richtung auf Gegenseitigkeit gehen kann, ohne daß aus Heilen durch Begegnung Verletzung durch verfehlte Begegnung wird. Andere Therapeuten bekennen sich ebenfalls dazu, ihre Gefühle in größerem oder geringerem Maß in die therapeutische Begegnung einzubringen und viele bekennen sich dazu, durch diese Begegnung selbst geheilt worden zu sein oder zum allermindesten an Kreativität und Weisheit gewonnen zu haben. Nichts davon ändert etwas an der Grundtatsache, daß die Gefühlsäußerung des Therapeuten, Colm eingeschlossen, immer im Dienste der Therapie geschieht und niemals im Dienste der Heilung des Therapeuten oder aus bloßer Disziplinlosigkeit seinerseits. Wenn das Endergebnis eines »Idealtypus« von Therapie, wie Colm sie beschreibt, gegenseitige Freundschaft ist, dann ist diese Freundschaft bestimmt keine heilende und helfende Beziehung mehr, sondern vielmehr genau das, als was sowohl Colm als auch Buber sie beschreiben

— eine Beziehung konkreter und gegenseitiger Umfassung, wechselseitiger Abhängigkeit und ebensolcher Anteilnahme.

Die heilende Beziehung muß immer im Hinblick auf die ganz konkrete Situation und Lebensrealität der daran Beteiligten verstanden werden. Es ist nicht immer nötig oder gar hilfreich, den Klienten mit Begriffen wie »schizophren«, »neurotisch«, »zwanghaft«, »borderline-psychotisch« oder einer der anderen Kategorien des DSM-Verzeichnisses zu etikettieren. Aber es ist nötig zu erkennen, daß in der heilenden Beziehung ein Mensch ein Bedürfnis oder einen Mangel empfindet, der ihn oder sie veranlaßt, beim anderen Hilfe zu suchen, und daß der andere ein/e Therapeut/in oder Berater/in ist, der/die bereit ist, in eine Beziehung einzutreten, um zu helfen.

Dies schließt weder Erich Fromms Überzeugung aus, daß sich der Therapeut durch seine eigene Reaktion auf den Patienten in gewissem Maß gleichzeitig selbst heilt, noch Carl Rogers' Gefühl der Gleichwertigkeit des Patienten (die Rogers, nach meiner Ansicht irrigerweise, veranlaßt, die *vollständige* Gegenseitigkeit der Patient-Therapeut-Beziehung zu betonen). Aber es schließt aus, das *Gefühl* des Therapeuten von Gegenseitigkeit mit der tatsächlichen Existenz voller Gegenseitigkeit in der Situation *zwischen* Therapeut und Patient gleichzusetzen. Die »wissenschaftliche« Unpersönlichkeit, die die orthodoxen Psychoanalytiker kennzeichnete (wenn auch aus ihrer Sicht, insbesondere der Freuds, weniger als manche glauben), wird von vielen heutigen Therapeuten zu Recht abgelehnt. Aber dies sollte uns nicht zu einer sentimentalen Verwischung des wesentlichen Unterschieds zwischen Therapie und anderen, weniger strukturierten Arten von Ich-Du-Beziehungen verleiten. In letzteren gibt es, wie Buber es formuliert, »keine normativen Grenzen der Gegenseitigkeit«, während in der ersteren die Natur der Beziehung als solche eine volle Wechselseitigkeit unmöglich macht.

Nach Betonung dieser Einschränkung müssen wir auch die Tatsache hervorheben, daß Heilen durch Begegnung *dennoch* Gegenseitigkeit zwischen Therapeut und Patient impliziert, daß der Therapeut aufgefordert ist, ebenso als Mensch präsent zu sein, wie als reibunglos funktionierender Experte, daß er verletzbar ist und Risiken eingehen muß, daß er nicht nur fachliche *Rechenschaft schuldet,* sondern auch persönlich *verantwortlich* ist. Der professionell orientierte Therapeut neigt dazu, diejenigen seiner Patienten, die Selbstmord begehen als seine persönlichen Mißerfolge zu betrachten, und jene, deren Zustand sich bessert, als seine persönlichen Erfolge, als ob die Handlungsweise des Patienten einfach eine Wirkung sei, deren Ursache der Therapeut ist. Heilen durch Begegnung deutet auf einen ganz anderen Ansatz hin.

Dieser Ansatz akzeptiert zunächst die Einzigartigkeit jeder Beziehung und bildet sich nicht ein, daß das, was in einem Fall funktioniert, sich auch in einem anderen bewähren wird. Zweitens akzeptiert er die Grenzen, die in dieser einzigartigen Beziehung entdeckt werden — nicht theoretische Grenzen, sondern konkrete, obwohl er auch bei anderer Gelegenheit bereit ist, diese Grenzen zu testen und zu schauen, wie sie erweitert werden könnten. Vor allem akzeptiert er die Wirklichkeit des *Zwischen* und erkennt, daß es nicht ausschließlich das Verdienst des Therapeuten ist, wenn die Therapie gut läuft, oder nur seine Schuld, wenn sie es nicht tut.

Harry Stack Sullivan war tief erschüttert von einem Patienten, der beinahe Selbstmord beging, und Martin Buber durch einen Mann, der verzweifelt war und sich gegen seinen eigenen Tod nicht wehrte. Sullivan schließt seinen Bericht über dieses Ereignis mit einer Aussage darüber, wie es sich auf sein späteres Herangehen an die therapeutische Beziehung auswirkte:

> Der spätere Verlauf seiner Geistesstörung war ohne Unterbrechung ungünstig; er befindet sich seit Jahren in einem staatlichen Krankenhaus. Ich habe seit damals keinem Patienten mehr gestattet, mit dem Bericht über ein zutiefst verstörendes Erlebnis zu beginnen, sofern ich nicht genügend Zeit habe, um mich zu vergewissern, welche Folgen diese Mitteilung für unsere weitere Beziehung haben wird (Sullivan 1940, S. 90).

Leslie Farber vergleicht in seinem Essay »Martin Buber and Psychotherapy« diese beiden Ereignisse und die Schlußfolgerungen, die Buber und Sullivan aus ihnen zogen. In seinem ausführlichen Kommentar arbeitet Farber genau den Unterschied heraus, den wir oben zwischen der hochmütigen »Verantwortlichkeit« des »professionellen Wissenschaftlers« und der bescheideneren und wirklich verantwortungsbewußten Akzeptanz der Wirklichkeit des »Zwischen« getroffen zu haben:

> Jedes Beispiel, rührend in dem Geständnis des Versagens, spricht von »Bekehrung«: Buber wird vom Privaten, Rhapsodischen, Mystischen zur Welt bekehrt; Sullivan schüttelt dagegen die Ansprüche und Störungen der Krankenhauswelt ab, um der Existenz seines Patienten eine persönlichere Auf-

merksamkeit widmen zu können, die eine Beziehung erlauben würde. Während sich Buber wegen seiner fragmentischen Reaktion auf die Verzweiflung seines Freundes schuldig spricht, lehnt er es ab, sich für das Schicksal des anderen in hochmütiger Weise die Verantwortlichkeit anzumaßen : er hätte diesen jungen Mann nicht notwendigerweise retten müssen; er hätte nur »im Geiste anwesend« sein können, als sein Besucher von ihm Bestätigung und Bedeutung erwartete.

Wenn wir uns jetzt der Lehre zuwenden, die Sullivan aus dieser Tragödie zog, müssen wir feststellen, daß er seiner Wissenschaft vielleicht treuer blieb als seiner Menschlichkeit. Einerseits ist ihm die Psychiatrie für sein immer noch unerreichtes Ideal zu Dank verpflichtet, daß das psychiatrische Krankenhaus in erster Linie für den psychiatrischen Patienten existieren sollte. Andererseits verleitet Sullivans Glaube an die Techniken seiner Wissenschaft ihn im Gegensatz zu Buber zu der unbescheidenen Behauptung, daß solche verzweifelten Momente verschoben werden könnten, bis er genügend Zeit hat, sich der »Folgen zu vergewissern«. Abgesehen von der Frage, ob man sich der »Folgen vergewissern« kann oder sollte, meine ich, daß er bei größerer Bescheidenheit oder geringerer Technikgläubigkeit nicht die ausschließliche Verantwortung für das Schicksal seines Patienten übernommen hätte (Farber 1967, S. 581).

Einige Jahre nachdem Farber den obigen Essay schrieb, nahm sich einer seiner Patienten das Leben, der auch ein guter Freund von ihm und eine angesehene Persönlichkeit gewesen war. Als ich Farber fragte, was er angesichts dieses tragischen Ereignisses empfinde, antwortete er: »Ich wußte, daß das die Folge sein würde, als er sagte, daß er sich als Patient nach Chestnut Lodge begeben wolle.« »Wenn du darauf bestehst, nach Chestnut Lodge zu gehen«, sagte Farber zu ihm, »werde ich nach wie vor dein Freund, aber nicht mehr dein Therapeut sein.« Farbers Patient begab sich nach Chestnut Lodge; Farber quittierte den Dienst als Therapeut; und während eines Wochenendurlaubs beging dieser Mann Selbstmord. Ich glaube nicht, daß irgendein Therapeut den Freitod eines Patienten mit Gleichmut und ohne sich nach seiner eigenen Verantwortung in der Situation zu fragen, hinnehmen kann. Dennoch besteht ein Teil des Realismus und der Ernsthaftigkeit, von denen wir sprechen, in der Erkenntnis, daß die Verantwortung dafür, ob die Therapie funktioniert oder nicht, ebensowenig ausschließlich beim Therapeuten liegt, wie sie ausschließlich Sache des Patienten ist. In letzter Instanz ist sie abhängig von dem »Zwischen«.

17. Kapitel

Empathie, Identifizierung, Umfassung und Intuition

Bevor wir unsere Gedanken über Bestätigung und Heilen durch Begegnung durch unsere Erörterung des »Dialogs der Prüfsteine« schärfer beleuchten, sollten wir uns einen weiteren Aspekt der dialogischen Psychotherapie ansehen: das ganze Spektrum der Beziehungen zwischen Therapeut und Klient, das üblicherweise als »Empathie« oder Einfühlung bezeichnet wird. Das Hauptproblem mit diesem Konzept ist nicht, daß es vernachlässigt wird, wie Kenneth B. Clark (1980) und Carl R. Rogers meinten, sondern, daß es allzu viel und zu ungenau verwendet wird. Jene Psychologen, die diesen Begriff benutzen, tun dies in so allgemeiner, vager und unterschiedlicher Weise, daß es unmöglich ist, ihn als ein wirklich konkretes Phänomen zu behandeln. So schrieb beispielsweise Freud 1921, es führe ein Weg von der Identifizierung über die Nachahmung zur Empathie, d. h. zum Verständnis der Mittel, durch die wir fähig sind, überhaupt eine Einstellung in einem anderen Seelenleben zu gewinnen.[1] Heinz Kohut definierte Empathie in Anlehnung an Freud als »unsere Fähigkeit, durch stellvertretende Introspektion zu wissen, wie das Seelenleben des Menschen beschaffen ist und was wir und andere denken und fühlen« (Kohut 1977, S. 306)[2]

In seinem Essay »That Impossible Profession«, betont der Psychotherapeut Ralph R. Greenson die Bedeutung der Empathie für die Psychoanalyse weitaus stärker als Freud oder Kohut:

> Die Fähigkeit der Einfühlung in den Patienten ist eine absolute Voraussetzung für die psychoanalytische Praxis. Sie ist unsere beste Methode zum Verständnis der komplexen, subtilen und verborgenen Emotionen eines anderen Menschen. Empathie bedeutet, die Gefühle eines anderen Menschen zu teilen und sie teilweise und vorübergehend nachzuvollziehen. Es ist im wesentlichen ein vorbewußtes Phänomen. Es kann bewußt ausgelöst oder unterbrochen werden, und es kann wortlos und automatisch geschehen und mit anderen Formen der Kontaktaufnahme zum Gegenüber abwechseln. Der wesentliche Mechanismus bei der Empathie ist eine teilweise und vorübergehende Identifizierung mit dem Patienten. Um dies zu erreichen, ist es nötig, von der Position des distanzierten, intellektuellen Beobachters zu einer primitiveren Art von Beziehung zu regredieren, bei der der Analytiker mit der Person, der er zuhört, eins wird. Das erfordert die Fähigkeit zu kontrollierten und reversiblen Regressionen.
> Empathie ist eine spezielle Variante der Intimität mit einem anderen Menschen. Um sich in den anderen einzufühlen, muß der Analytiker bereit sein, sich emotional auf seinen Patienten einzulassen. Einfühlung kann man nicht kalt ausüben; einfühlen kann man sich nur aus dem Wunsch oder der Bereitschaft heraus, dem anderen nahezukommen. Danach muß man imstande sein, dies aufzugeben und wieder zum Beobachter, zum Denker und zum Analytiker zu werden. Einfühlung kommt am ehesten dann ins Spiel, wenn sich der Analytiker hilflos fühlt oder den Kontakt verloren hat. Empathie wird zu einem Mittel zur Wiederherstellung des Kontakts mit dem nichtverstandenen Patienten. Sie gleicht anderen Identifizierungsprozessen, die auf-

---

1) Sigmund Freud, *Group Psychology and the Analysis of the Ego,* Standard Edition, Band XIX (London: Hogarth Press, 1955), S. 110, (deutsch : Massenpsychologie und Ich-Analyse 1921) zitiert in Kohut 1977, S. 306.

2) siehe auch Heinz Kohut, *The Search for the Self: Selected Writings of Heinz Kohut,* 1950 bis 1958, hsg. von Paul Ornstein (New York: International Universities Press, 1978), zwei Bände, »Introspektion, Empathy, and Psychoanalysis.

> treten, wenn man den Kontakt mit einem verlorenen Liebesobjekt wieder herzustellen sucht. Man muß imstande sein, dies immer wieder zu tun, und dennoch die Fähigkeit behalten, zur distanzierten und unbeteiligten Position des Analytikers zurückzukehren. Dies ist eines der wichtigsten antithetischen, bipolaren Erfordernisse der psychoanalytischen Praxis . . . .
> Ich glaube, daß die Fähigkeit zur Empathie eine Bereitschaft erfordert, vorübergehend und partiell die eigene Identität aufzugeben. Menschen mit einem eingeschränkten Identitätsgefühl, rigide und fixierte Menschen, sind nicht bereit oder nicht fähig zur Einfühlung; das Selbstbild des Analytikers muß flexibel und geschmeidig sein. Doch er darf seine Identität nicht verlieren. Am Ende der Stunde muß er wieder der Analytiker sein. Weiterhin spreche ich nicht davon, bewußt eine Rolle zu spielen, was absichtliche Täuschung bedeuten würde . . . Empathie — und ich lege solchen Nachdruck darauf, weil das so wesentlich ist — ist eine spezielle Form der nonverbalen, präverbalen Nähe, die etwas Weibliches hat; sie kommt von der eigenen Mütterlichkeit, und Männer (und auch Frauen) müssen Frieden mit ihrer Mütterlichkeit geschlossen haben, um bereit zur Empathie zu sein . . .
> Zur Einfühlung neigende Menschen versuchen, ebenso wie depressive Menschen, immer, Kontakt wiederaufzunehmen. Ich glaube, daß Analytiker, die depressiv waren und ihre Depression überwunden haben, am ehesten fähig zur Einfühlung sind. Man muß fähig zur Regression sein, um einfühlenden Kontakt mit dem Patienten herzustellen, und muß dann imstande sein, sich wieder davon zu distanzieren, um die Gültigkeit der auf diese Weise gewonnenen Erkenntnisse zu überprüfen (Greenson 1977, S. 101, 105).

Da wir wahrscheinlich nicht imstande sind, die negativen Konnotationen von »Schuld« zu überwinden, die Menschen daran hindern, diesen Begriff in wirklich sinnvoller Weise zu verwenden, würde es uns wahrscheinlich nicht gelingen, Psychologen, Psychiater und Philosophen, ganz zu schweigen vom Rest der Menschheit, zu veranlassen, den Begriff der Empathie in einem exakteren Sinn zu verwenden. Dennoch ist es vielleicht hilfreich, hier drei durchaus verschiedene Verwendungen dieses Begriffs zu unterscheiden, die wegen ihrer unterschiedlichen Bedeutung drei ganz verschiedene Namen haben sollten. Diese sind 1) die eigentliche Empathie oder Einfühlung, 2) Identifizierung und 3) »Umfassung« oder »Phantasieren der Realität«.

Die etymologische Wurzel des Wortes ist *em pathos*, sich einfühlen. Einer der Gründe, warum Philosophen und Psychologen in der Vergangenheit zögerten, diesen Begriff zu gebrauchen, ist der, daß sie wie Clark annahmen, daß es bei der menschlichen Existenz im Grunde und konkret um die Befriedigung individueller Bedürfnisse und Machtwünsche geht, weshalb jegliches Verständnis für den anderen unmöglich ist, wenn man sich bloß an die Oberfläche hält. Um Empathie zu erklären, wurde sie auf etwas anderes reduziert — ein libidinös besetztes Liebesobjekt, ein Ich-Ideal, ein »Selbst-Objekt«. Wenn wir Empathie für bare Münze nehmen, müssen wir dennoch zwischen Empathie und Sympathie, *Ein*fühlung und *Mit*gefühl unterscheiden. Einfühlung suggeriert ein Sich-Hineinversetzen in den anderen, Mitgefühl deutet auf einen bipolaren Prozeß hin, bei dem man gleichzeitig beim anderen und bei sich selbst ist.

Empathie im strikten Sinne des Begriffs (und nicht in der verschwommenen Bedeutung, in der ihn so viele gebrauchen) bedeutet, sich *in* den Klienten einzufühlen, indem man den Bogen der eigenen Existenz verläßt. Durch einen imaginativen, ästhetischen Sprung erlebt man die Beziehung von der Seite des anderen aus. Durch diesen Sprung hört man vorübergehend auf, die eigene Seite zu erleben. Man klammert die Bewußtheit der eigenen Person aus oder hebt sie gewissermaßen auf, um den anderen besser zu verstehen. Carl Rogers' früherer Gebrauch von empathischem Verständnis deutet im Zusammenhang mit seiner Hervorhebung der patienten- oder personenzentrierten Therapie, mit seiner Forderung, der Patient »zu werden«, und den Patienten mit »bedingungsloser positiver Zuwendung anzunehmen, darauf hin«. Empathie war zwar nie eine ästhetische Kategorie für Rogers, aber es schien eine Kategorie zu sein, in der man dazu neigte, sich selbst und die eigene Seite der Beziehung aus dem Blick zu verlieren.

Identifizierung bedeutet im Gegensatz dazu, daß der Therapeut die Erfahrungen, die ihm der Klient erzählt, nur insofern nachvollzieht, als diese seinen eigenen gleichen. Sie besagt de facto, »ich bin du«, aber sie verfehlt das Du genau an dem Punkt, wo dessen Anderssein und Einzigartigkeit aus dem Gesichtskreis des eigenen Standpunkts und der eigenen Lebenserfahrung ausgeblendet werden. Bei einer Sharman-Diskussion über die Stelle in den Evangelien, wo Jesus über alten Wein in neuen Schläuchen und neuen Wein in alten Schläuchen spricht, hörte ich eine junge Frau sagen: »Ich glaube, daß Jesus der weiseste Mensch war, der je gelebt hat. Wenn er der weiseste Mensch war, der je gelebt hat, dann wußte er das sicher«, worauf sie der Gruppe ihre eigene Meinung mitteilte, die auf ihren eigenen Erfahrungen basierte. Ich begriff, daß man mit dieser Methode nie etwas Neues lernen kann, daß man nie einen Schimmer davon hat, wie ein anderer Mensch die Welt sieht und welche Beziehung er zur Welt oder auch zu einem selbst hat! Vor allem kann man nie die Einzigartigkeit eines Menschen begreifen, wenn man ihn einfach zum Verkünder der eigenen Erfahrungen macht.

Ich vermute, daß Identifizierung die häufigste Form ist, in der Empathie in der Psychologie und anderswo verwendet wird. Ein besonders deutliches Beispiel dafür ist die Definition des Psychologen Sidney Jourard, für den Einfühlung bedeutet, »was immer man erlebt, so intensiv wie möglich zu erleben«:'

> Ein Mittel, durch das man jemanden versteht, ist, wenn man feststellt, daß man etwas ähnliches erlebt hat wie das, womit er/sie sich herumschlägt... Wenn ich mein eigenes Erleben in seiner ganzen Breite und Tiefe zulassen kann, dann, glaube ich, hat auch meine Empathie zugenommen, und meine Chance, zu verstehen und mein Verständnis mitzuteilen, haben sich erhöht. Das ist der Grund, warum ich sagte, daß es gut sei, unecht gewesen zu sein und darunter gelitten zu haben, um es schließlich zu überwinden. Es hilft einem, die Qualen besser zu verstehen, die ein Patient durchmacht, der sich bemüht, authentisch zu werden (Jourard 1968, S. 79).

Die Unzulänglichkeit der Identifizierung als ein Mittel um andere zu verstehen, wird besonders klar durch die Illustration, die Jourard benutzt, von einer menstruierenden Frau, von der er annimmt, ein männlicher Therapeut könnte sie dadurch verstehen, daß er selbst schon Schmerzen im Bauch oder in tieferen Regionen gehabt habe. Ebenso wie Jourard habe auch ich niemals eine Mentruation gehabt; dennoch bin ich überzeugt, daß der volle Kontext und die Bedeutung dieser Erfahrung und alles, was diese über das Frausein impliziert, keinesfalls mit Schmerzen vergleichbar ist, die ich in irgendwelchen Teilen meiner Anatomie gefunden habe! Eine chassidische Geschichte, die Martin Buber »Der Maßstab« betitelt hat, veranschaulicht plastisch den Unterschied zwischen einer »Identifizierung« wie der obigen und echter »Umfassung«, d. h., das Erleben der anderen Seite der Beziehung:

> Rabbi Mordecai von Neskhisch sagte zu seinem Sohn, dem Rabbi von Kovel: »Mein Sohn, mein Sohn! Wer nicht in einem Umkreis von 50 Meilen die Schmerzen einer Gebärenden fühlt, wer nicht mit ihr leidet und betet, daß ihr Leiden gelindert werden möge, der ist es nicht wert, ein Zaddik (Gerechter) genannt zu werden.«
> Sein jüngerer Sohn Itzhak, der später seine Nachfolge antrat, war damals

> zehn Jahre alt. Er war anwesend, als dies gesagt wurde. Als er ein alter Mann war, erzählte er die Geschichte und fügte hinzu: »Ich hörte gut zu. Aber es dauerte sehr lange, bis ich verstand, warum er es in meiner Gegenwart gesagt hatte.« (Buber 1961, S. 164).

Im Gegensatz sowohl zu Empathie als auch zu Identifizierung bedeutet Umfassung ein kühnes, die intensivste Regung meines Seins beanspruchendes, phantasievolles Einschwingen in das Leben des anderen, so daß man sich bis zu einem gewissen Grad konkret vorstellen kann, was der andere Mensch denkt, will und fühlt, und daß man dem auf diese Weise Erfahrenen etwas von seinem eigenen Willen hinzufügt. So gesehen, ist es das genaue Gegenteil der Abstraktion, zu der Kenneth Clark die einfühlsame Anteilnahme an anderen degradiert. Sie bedeutet im Gegenteil, die anderen in ihrer Einzigartigkeit und Konkretheit zu erfassen. Insofern setzt sie auch eine philosophische Anthropologie voraus, nach der wir in unserer Interaktion mit anderen Menschen menschlich werden, nicht sekundär, sondern primär und ontologisch.

Eine Person empfindet sich als Person, indem sie auf den anderen zugeht, indem sie auf die Ansprache des anderen antwortet. Sie verliert nicht ihr Zentrum, ihre persönliche Mitte, in einer amorphen Begegnung mit dem anderen. Wenn sie mit den Augen des anderen sieht und vom Standpunkt des anderen aus erlebt, hört sie damit nicht auf, die Beziehung von ihrer eigenen Seite aus zu erleben. Wir erfahren den anderen nicht durch Empathie oder Analogie. Wir kennen seine Wut nicht aufgrund unserer Wut; denn er kann auf völlig andere Weise wütend sein als wir. Aber wir *können* etwas von seiner Seite der Beziehung erfassen. Und zwar deshalb, weil eine wirkliche Person nicht in sich eingeschlossen bleibt oder ihre Beziehungen zu anderen bloß als ein Mittel zu ihrer eigenen Selbstverwirklichung benutzt. Umfassung oder »die Realphantasie« bedeutet an keinem Punkt, daß man die Grundlage der eigenen konkreten Existenz aufgibt, daß man aufhört, mit seinen eigenen Augen zu sehen oder daß man seinen eigenen »Prüfstein der Realität« verliert. In dieser Hinsicht ist sie das völlige Gegenteil der Empathie im engeren und strikteren Sinn des Begriffs, in dem wir ihn oben erörtert haben. Es ist bemerkenswert, daß Rogers in seinen späteren Formulierungen von »empathischem Verständnis« genau diesen Punkt hervorgehoben hat. Wie wir uns erinnern, sagte Rogers zu Buber über seine eigene Therapie: »Ich bin imstande, ziemlich deutlich zu spüren, wie sein [des

Patienten] Erleben ihm erscheint, indem ich es wirklich von seinem Inneren aus betrachte und doch, ohne dabei meine eigene Persönlichkeit oder Getrenntheit einzubüßen.« Aus Rogers' Erörterung des empathischen Verständnisses in seinen späteren Essays haben wir auch gesehen, daß es das genaue Hineinschauen in die persönliche Welt des Klienten, *als ob* es seine eigene wäre, hervorhebt, ohne jemals diese *Als-ob*-Qualität zu verlieren. Auch dies kommt Bubers Definition der »Umfassung« als das bipolare Erleben der anderen Seite der Beziehung ohne Verlassen des eigenen Bodens sehr nahe. Der Therapeut riskiert, vom Klienten verändert zu werden, aber er verliert in diesem Prozeß niemals seine eigene, separate Identität. Daß Rogers in diesen späteren Essays die Kongruenz sowohl vor das empathische Verstehen als auch vor die bedingungslose positive Zuwendung setzt, zeugt ebenfalls von einer Tendenz in diese Richtung.

Carl Rogers' letzte Äußerungen über Empathie widerlegen allerdings unsere Versuche, eine klare chronologische Entwicklung nachzuweisen. In seinem Essay »Empathic : An Unappreciated Way of Being« zitiert Rogers seine eigene Definition von 1959, Empathie sei das Nachvollziehen der Gefühle des anderen, als ob es die eigenen wären, ohne das »Als-ob« aus dem Blick zu verlieren und in Identifizierung zu verfallen. In diesem selben Essay ergänzt und aktualisiert er aber auch seine Auffassung von Empathie in einer Weise, die manchmal der »Umfassung« und und manchmal der Empathie im engeren Sinne gleicht :

> Eine empathische Form des Zusammenseins mit einem anderen Menschen . . . bedeutet, *sich in die persönliche Wahrnehmungswelt des anderen hineinzubegeben* und darin gründlich heimisch zu werden. Es bedeutet, Augenblick für Augenblick sensibel für die wechselnden empfundenen Bedeutungen zu sein, die in diesem anderen Menschen fließen, für die Furcht oder Wut oder Zärtlichkeit oder Verwirrung oder was auch immer er oder sie erlebt. Es bedeutet, *vorübergehend im Leben des anderen zu leben,* sich behutsam darin zu bewegen, ohne Urteile zu fällen; es bedeutet, Bedeutungen zu spüren, die dem oder der Betreffenden kaum bewußt sind, aber nicht zu versuchen, völlig unbewußte Gefühle aufzudecken, da dies zu bedrohlich wäre. Es schließt ein, die eigenen Empfindungen gegenüber der Welt des anderen mitzuteilen, während man mit offenem und unerschrockenem Blick jene Elemente ansieht, die ihm oder ihr Angst machen. Es bedeutet, mit dem oder der Betreffenden häufig die Richtigkeit der eigenen Empfindungen zu überprüfen und sich von den Reaktionen leiten zu lassen, die man erhält.

Sich in die persönliche Wahrnehmungswelt des anderen hineinzubegeben und vorübergehend im Leben des anderen zu leben, deutet auf Empathie im engeren Sinn des Verlusts der eigenen Grundlage hin, während die eigenen Wahrnehmungen von der Welt des anderen mit wachem und unerschrockenem Blick mitzuteilen und die Richtigkeit der eigenen Empfindungen zu überprüfen an Umfassung denken läßt, bei der man auf der eigenen Seite des Dialogs bleibt, obwohl man sich gelegentlich auf die andere hinüberschwingt. Rogers' häufige Abklärung mit dem anderen kommt der meiner eigenen Erfahrung als Berater nahe. Ich pflege zu sagen, »wenn Ihnen das bekannt vorkommt, gut. Wenn nicht, auch gut«, und ich lege Wert darauf, herauszufinden ob meine Vermutung richtig ist oder nicht.

Rogers fährt mit einer Bemerkung fort, die erneut auf Empathie im engeren Sinn hindeutet: »Mit einem anderen in dieser Weise zusammen zu sein, bedeutet, für den Augenblick *die eigenen Auffassungen und Werte beiseite zu legen, um sich ohne Vorurteile in die Welt des anderen* hineinzubegeben. In gewissem Sinn bedeutet es, daß man *sein Selbst beiseite legt«.* Dennoch setzt es voraus, daß man de facto an seinem eigenen Standpunkt festhält, wie das bei der Umfassung der Fall ist, nicht aber bei der Empathie im engeren Sinne:

> Dies können nur Personen, die sicher genug in sich ruhen, um zu wissen, daß sie sich nicht in der vielleicht seltsamen oder bizarren Welt des anderen verirren werden, und daß sie ohne weiteres in ihre eigene Welt zurückkehren können, wenn sie das wünschen (Rogers 1980, S. 142f.).

Sidney Jourard scheint etwas der Umfassung ähnliches vorgeschwebt zu haben, wenn er in *The Transparent Self* in Zusammenhang mit Empathie Bubers Begriff der »Realphantasie« benutzt und behauptet, daß eine wirksame Psychotherapie einen stärkeren Fluß gegenseitigen Verstehens in der Beziehung von Patient und Therapeut sowie im Verhältnis des Patienten zu anderen Personen bewirkt:

> Ein Resultat wirksamer Psychotherapie ist nun, daß der Patient zunehmend für die Nuancen seiner eigenen Gefühle (und der des Therapeuten) und deren An- und Abschwellen in der Beziehung sensibilisiert wird. Der Patient wird für sich selbst transparenter! Parallel zu dieser verstärkten Einsicht erhöht sich auch seine Einfühlung in andere und damit seine Fähigkeit, »das Reale zu phantasieren« (Jourard 1971, S. 37).

Die Realphantasie oder die Umfassung ist noch deutlicher präsent in Jourards Erörterung der Einsamkeit in *Disclosing Man to Himself*:

> Die gesündere Persönlichkeit fürchtet sich weniger vor der Einsamkeit, wenn diese ihr Los ist, da sie weniger selbstverheimlichend ist und leichteren Zugang zu ihren eigenen Phantasien, Gefühlen und Erinnerungen hat; und wenn sie mit anderen zusammen ist, kann sie sich in ihrem eigenen Wert sicher genug fühlen, um Begegnung und Dialog zuzulassen. Im Verlaufe eines solchen Dialogs birst die Schale, die sie als getrenntes, isoliertes Individuum einhüllt; und ihre innere Welt erweitert sich um die aufgenommene Erfahrungswelt des anderen. Wenn der Dialog zu Ende ist, hat sie sich selbst in den neuen Dimensionen erlebt, die von ihrem Gegenüber evoziert wurden, und sie hat von der persönlichen Welt des anderen gelernt — somit ist sie erweitert und verändert (Jourard 1968, S. 50).

Wer den Begriff »Empathie« im üblichen weiteren, loseren Sinn verwendet, mag sich zu recht fragen, welchen praktischen Vorteil die feinen Unterscheidungen zwischen Empathie im strengeren Sinn, Identifizierung und Umfassung bedeuten. Eine erste Antwort würde besagen, daß sowohl Empathie (im engeren Sinn) als auch Identifizierung sowohl innerhalb als auch außerhalb der Therapie sehr begrenzte Mittel zum Verständnis sind und zwar aus demselben Grund: beide stützen sich nur auf eine Seite der Beziehung. Empathie versucht den anderen zu erreichen, indem sie das eigene Selbst verläßt; Identifizierung versucht, sich auf den anderen einzustellen, indem sie sich auf das eigene Selbst konzentriert. Keines von beidem kann die Einzigartigkeit des anderen, die Einzigartigkeit des eigenen Selbst und die Einzigartigkeit der Beziehung erfassen.

Eine zweite, tiefer schürfende Antwort lautet, daß weder Empathie im engeren Sinn noch Identifizierung einen anderen Menschen wirklich bestätigen können, da wahre Bestätigung ja gerade bedeutet, daß *ich dich* in deiner Einzigartigkeit bestätige und daß ich es vom Standpunkt meiner Einzigartigkeit als ein wirklich anderer Mensch tue. Nur Umfassung oder Realphantasie können den anderen bestätigen; denn nur diese erfassen den anderen in seinem oder ihrem Anderssein wirklich und bringen diesen anderen in Beziehung zu einem selbst.

Leslie Farber gibt uns ein ausgezeichnetes Beispiel dieses Zusammenhangs zwischen Umfassung und Bestätigung — nicht aus dem Bereich der Therapie, sondern vielmehr aus dem der Beziehung zwischen Mann und Frau:

> Gleichermaßen wichtig, vielleicht noch wichtiger [als die sexuelle Anziehung] in echten Gesprächen zwischen Mann und Frau ist die aufregende Möglichkeit, ein Spektrum der Wahrnehmung und Sensibilität zu bieten und geboten zu bekommen, dessen Andersartigkeit einem in fabelhafter und überraschender Weise die Augen öffnen kann . . . Solange Gleichberechtigung und Ehrlichkeit herrschen, und solange sich beide bemühen, sich die Wirklichkeit des anderen vorzustellen, ohne die eigene abzuwerten, kann ein solches Gespräch verschiedenste Formen und Stimmungen annehmen: humorvoll, ernsthaft, philosophisch, konkret, abstrakt, klatschhaft usw. Um Martin Bubers Terminologie zu benutzen und ihren Fokus gleichzeitig von der Freundschaft zwischen Menschen desselben Geschlechts [auf die Mann-Frau-Beziehung] zu verlagern, möchte ich behaupten, daß ein solches Gespräch das höchste Potential enthält, den anderen zu bestätigen, nicht nur als einen bestimmten Menschen, sondern als einen bestimmten Mann oder eine bestimmte Frau, und natürlich das Potential, in derselben Weise von ihm bzw. ihr bestätigt zu werden (Farber 1976, S. 165).

Unsere Unterscheidung zwischen Umfassung, Identifizierung und Empathie wird vielleicht auch Licht auf einen anderen, sehr ungenau benutzten Begriff werden — den der »Intuition«. Das Wort Intuition wird häufig in sehr ähnlicher Weise verwendet wie Empathie im engeren Sinn des Begriffs oder wie Identifizierung. Der französische Philosoph Henri Bergson geht noch weiter und vertritt die Auffassung, daß es eine absolute Intuition gibt, durch die man sich mit dem *elan vital* oder der *durée* anderer Menschen identifizieren und deren Besonderheiten hereinbringen kann. In seiner Einführung zu der hebräischen Ausgabe von Bergsons Werken definiert Martin Buber Intuition, ohne diesen Anspruch auf Absolutheit zu erheben, und unterscheidet dabei zwischen Intuition und Empathie einerseits und Identifizierung andererseits. Er verbindet Intuition dabei mit der Realphantasie:

> Die Intuition verbindet uns als Person mit einer uns gegenüberstehenden Welt durch die Schau, die nicht absolut sein kann, die wie alle Wahrnehmung von unserer Beschaffenheit, unserer allgemein-menschlichen und unserer persönlichen, bestimmt ist und uns doch in unsäglicher Intimität einen Blick in verborgene Tiefen gewährt (Buber 1962, S. 1078).

Intuition als Realphantasie ist genau der Stoff des »Zwischen«, weil sie in erster Linie der Stoff der Unmittelbarkeit ist, die erst später zu etwas wird, worüber wir nachsinnen und nachdenken. Der Therapeut mit jahrelanger Erfahrung und mit seiner Kenntnis der vielen Fallgeschichten, über die in der Literatur berichtet wird, denkt natürlich an Ähnlickeiten, wenn ihm ein Klient etwas erzählt. Aber wenn er ein guter Therapeut ist, muß er die richtige Pendelbewegung zwischen seinem Patienten als einzigartige Person, die er ist, und den Kategorien und Fällen herauszufinden, die ihm, dem Therapeuten, dabei in den Sinn kommen. Seine wissenschaftliche Methode sagt ihm nicht, *wann* ein bestimmtes Beispiel aus Fallgeschichten, aus der Schar früherer Klienten oder auch aus seiner eigenen Erfahrung paßt. Hier setzt wahre Intuition — die Realphantasie oder die Umfassung — ein. Das ist es, was manche Menschen meinen, wenn sie die Psychotherapie als eine Kunst bezeichnen und was ich eine Gabe nennen würde, sich führen zu lassen.

Manche Menschen scheinen diese Gabe in höherem Maße zu besitzen als andere. Es gibt Menschen, die ein außergewöhnliches Maß an umfassender Intuition besitzen, ohne Psychiatrie oder Psychologie studiert zu haben. Und es gibt andere, die in dieser Hinsicht stumpf erscheinen. Diese letzteren registrieren entweder keine Signale oder sie erlauben sich nicht, zu merken, was sie registriert haben. Der Grund dafür kann sein, daß sie mit einer bestimmten Geisteshaltung an die Therapie herangehen, die vielleicht durch ihre therapeutische Schule bedingt ist oder auch durch ihre eigene Denkweise. Aber es könnte auch sein, daß diese Signale Angst in ihnen auslösen. Wir übermitteln einander ständig viel mehr als unsere Worte sagen — durch unsere Gesten, unsere Handlungen, unser Schweigen, die Haltung unseres Kopfes. Und wir registrieren weitaus mehr von anderen, als wir über diese wissen. Oft gestatten wir uns jedoch nicht, uns das bewußt zu machen, was wir registrieren, weil es eine doppelte Bedeutung hat oder weil die nonverbale Kommunikation der verbalen widerspricht, der wir glauben wollen!

Bubers Aussage über die Deutung von Träumen in den Seminaren der Washington School of Psychiatry im Jahr 1957 ist ein gutes Beispiel für diesen Gegensatz. Er meinte, es gebe zwei Arten von Einstellungen zu Träumen. Die eine sei die wissenschaftliche, die den Traum im Einklang mit den Lehren einer bestimmten Schule der Psychoanalyse oder Psychotherapie interpretieren möchte. Die andere sei ein musikalisches, freischwebendes Verhältnis, die an jeden Traum in einer Weise herangeht, in der man ein Gedicht deuten würde — mit dessen eigenen Begriffen und nicht in der Weise, in der man die Träume (oder Romane, Theaterstücke und Gedichte) eines anderen interpretieren würde.

Es gibt kein System für die Intuition in diesem umfassenderen und konkreten Sinne der Realphantasie außer dem, was ich den Mut zur Anrede und den Mut zur Antwort genannt habe — existentielles Vertrauen. Auf der anderen Seite gibt es eine Form von Intuition, der ich zutiefst mißtraue. Das ist jene »Intuition«, die glaubt, dem anderen ins Herz blicken und sagen zu können : »Das sind die Gründe deines Handelns.« Diese Intuition stellt sich sogar gegen die Reaktionen des anderen. Sie sieht die Beziehung nicht mit den Augen des anderen und stellt sich seine Wirklichkeit nicht vor. Vielmehr leuchtet sie in den anderen hinein und entdeckt eine brillante, aber partielle Wahrheit, die den Betreffenden mit einem noch raffinierteren Stempel oder Etikett versieht als jene, die ihm schon bisher zu schaffen machten. Diese Intuition ist gefährlich und destruktiv für menschliche Beziehungen, und sie wird nur allzu häufig von Therapeuten, Gurus, Lehrern, Pfarrern und Freunden eingesetzt.

Einmal kam eine Schar chassidischer Juden zu einem chassidischen Rabbi, der für seine Fähigkeit bekannt war, einem Menschen durch die Stirn zu schauen und seine Gedanken lesen zu können. Als diese Chassidim die Studierstube des Rabbis betraten, zogen sie alle ihre Hüte über die Stirn. »Meint ihr, wenn ich durch eure Stirn sehen kann, werde ich nicht auch durch eure Hüte sehen können ?«, fragte der Rabbi. Manche Menschen halten solche seherischen Fähigkeiten für Zauberkräfte. Für mich bedeutet es vielmehr, in Berührung zu sein — als Berühren, Kontakt, als einen »Dialog der Prüfsteine«. Wenn wir die konkrete Realität des Zwischen im Blick behalten, auf die sich solche Intuition bezieht, werden wir nicht versucht sein, von uns selbst zu glauben, außergewöhnliche Kräfte *zu besitzen.* Wer glaubt, Intuition zu besitzen, versucht diese manchmal zur spirituellen oder psychologischen Beherrschung anderer einzusetzen. Wenn wir die »Partnerschaft des Daseins«, das Zwischen, ernstnehmen, dann werden wir uns nicht einbilden, daß es *unsere* Fähigkeit ist. Was wir zu dem Ereignis beitragen ist, daß wir die Intuition zwischen uns und dem anderen zulassen statt sie abzublocken, indem wir sie aus unserem Bewußtsein ausblenden, wie dies gewöhnlich der Fall ist. Aber wir können uns das nicht als Verdienst anrechnen. Wenn sich der andere Mensch uns gar nicht offenbaren möchte, dann wird diese umfassende Intuition nicht stattfinden. Wir können den anderen nicht zwingen, sich zu offenbaren. Wenn eine solche Offenbarung also stattfindet, dann ist sie Bestandteil eines Ereignisses, das *zwischen* uns und dem anderen geschieht. Einem solchen Kennenlernen durch gegenseitigen Kontakt würde ich vertrauen, im Gegensatz zur »Intuition«, die den anderen in ein Objekt verwandelt.

Es gab eine Zeit in meinem Leben, die ich mit meinem Buch *Touchstones of Reality* (Friedman 1972) beschreibe, in der alle meine Prüfsteine zerbrochen waren und ich eine sehr schwierige Phase durchmachte. Meine Mutter war nach Philadelphia gekommen, um mir beizustehen, und ich las ihr Martin Bubers Roman *For the Sake of Heaven* vor. Ich kam an eine Stelle in dem Roman, an der ich zusammenbrach und weinte und nicht mehr weiterlesen konnte. Das einzige, war mir meine Mutter raten konnte, war, ein heißes Bad zu nehmen. Aber in der Brudercoop in Philadelphia, wo ich damals wohnte, gab es einen Mann, einen Wehrdienstverweigerer, der wegen seiner Überzeugung eingesperrt und erst vor kurzem aus dem Gefängnis entlassen worden war. Er war ein sehr großer Mann mit großen Händen, blondem Haar und hoher Stirn. Ich erinnere mich deutlich, daß dieser Mann aus dem zweiten Stock in den Aufenthaltsraum herunterkam und mich mit einem offenen und dabei durchdringenden Blick ansah. Ich hatte überhaupt nicht mit ihm geredet; doch er sagte zu mir : »Möchten Sie mit mir meditieren gehen ?« Ich sagte ja, und wir gingen nach oben. Stille Meditation war in diesem Augenblick das einzige, was ich wirklich brauchte, das einzige, was mir wirklich helfen konnte. Das würde ich als aktive, umfassende Intuition bezeichnen, entstanden durch gegenseitigen Kontakt im »Zwischen«.

18. Kapitel

Der »Dialog der Prüfsteine«

Unser Verständnis von Bestätigung und Heilen durch Begegnung können wir vertiefen, wenn wir sie aus einer letzten Perspektive betrachten — die des »Dialogs der Prüfsteine«. Der Dialog der Prüfsteine ist eine Formulierung aus meinem Buch *Touchstones of Reality* (Friedman 1972), ein autobiographisches Buch, das sich vor allem mit den Weltreligionen befaßt, mit denen ich im Dialog gewesen bin, aber in dem auch existentielles Vertrauen, die Partnerschaft des Daseins und der Mut zur Anrede und zur Antwort eine zentrale Rolle spielen.

Wenn ich von »Prüfsteinen der Realität« spreche, denke ich dabei nicht an eine spezielle, von vornherein festgelegte Definition von »Realität«. Ich weiß von keiner »Realität«, die unabhängig von »Prüfsteinen« *(touchstones)* wäre, aber ich kann mir auch kein Berühren und Überprüfen unabhängig vom Kontakt mit einem Anderssein vorstellen, das meine eigene Subjektivität transzendiert, selbst wenn ich von diesem Boden aus darauf reagiere und es nur durch meinen Kontakt mit ihm kenne. Eine Färbung, die wir von unserer Gesellschaft oder vom *Zeitgeist* (im Original deutsch) übernehmen, ohne sie uns anzueignen, ist kein Prüfstein : sie ist nur Talmi. Einen Prüfstein kann man nicht passiv empfangen. Er muß errungen werden, indem man mit einem namenlosen Boten kämpft, bis zum Morgengrauen mit ihm ringt und ihn erst gehen läßt, wenn er uns mit einem neuen Namen gesegnet hat. Auf unserem Weg begegnen wir etwas, das uns ein Licht aufsteckt — ein Ereignis, eine Lehre, ein atemberaubender Anblick der Natur, eine Stunde ungewöhnlicher Stille.

Prüfsteine der Realität sind wie Einsichten, nur daß sie den Ereignissen näher sind. Eine Einsicht entsteht durch eine konkrete Begegnung, aber wir neigen dazu, sie zu rasch und vollständig auf eine abstrakte Ebene zu transferieren. Auf unserem Weg von Prüfstein zu Prüfstein weiterzugehen, bedeutet, die Frage offenzuhalten, wann es richtig ist, in Richtung auf Einsicht und philosophische Abstraktion voranzuschreiten, und wann es an der Zeit ist, in den Strom des Lebens zurückzukehren. Jede Form von intellektueller, philosophischer, theologischer, psychologischer, soziologischer, ökonomischer oder politischer »Parteilinie«, die uns im voraus sagt, wie wir eine Situation betrachten sollten, stellt sich zwischen uns und die Möglichkeit einer spontanen, einmaligen Reaktion.

Ich nehmc für Prüfsteine dasselbe in Anspruch wie für Berührungen. Durch Berührung nehme ich Kontakt auf. Selbst wenn es nur ein partieller Kontakt ist, wie in der Geschichte von den blinden Männern und dem Elefanten, ist dieser Kontakt selbst eine Realität und eine Form unmittelbaren Kennenlernens, so illusorisch die Schlüsse auch sein mögen, die ich aus dem Kontakt ziehe. Wir haben ja nicht nur das *Erlebnis* der Berührung. Im Gegenteil, berühren heißt, durch subjektives Erleben hindurch *und darüber hinaus* zu gehen : wenn ich dich berühre, wenn wir einander berühren, dann findet eine Kommunikation statt, die weder bloß objektiv noch bloß subjektiv noch beides zusammen ist. Der Akt der Berührung als solcher ist bereits ein Transzendieren des Selbst in Aufgeschlossenheit für die Einwirkung von etwas anderem als das Selbst. Wenn zwei Menschen einander als Personen wirklich berühren — sei es physisch oder nicht — ist die Berührung nicht bloß eine einseitige Einwirkung : sie ist eine wechselseitige Offenbarung von Lebenshaltungen.

Die Kapitel über »Kontakt« in *Gestalt Therapy Integrated* von Erving und Miriam Polster enthalten einige aufschlußreiche Seiten über Berühren im wörtlichen Sinn des Wortes. Sie haben erkannt, daß der gegenwärtige Trend zur Überwindung des Berührungstabus auf krampfhaften Exhibitionismus und auf die Inszenierung gegenseitigen Anfassens unter Bedingungen, wo es nicht als natürlicher Höhepunkt, sondern aufgesetzt und künstlich erscheint, hinausläuft »Leute können sich genötigt fühlen, jemanden anzufassen, den sie entweder noch nicht bereit sind anzufassen, oder den sie am liebsten gar nicht anfassen würden.« Gleichzeitig sind sie sich bewußt, daß insbesondere in Gruppen die Wiedereinführung körperlicher Berührung ein Mittel zum Abschluß wichtiger unerledigter Dinge sein kann.

»Die Unmittelbarkeit der Berührung durchbricht die intellektuellen Schichten und ermöglicht persönliche Erkenntnisse.« Am allerwichtigsten für unsere Zwecke ist, daß sie in der Berührung ein Mittel zur Förderung des »Dialogs der Prüfsteine« sehen:

> Sobald sich die Tabus gegen die körperliche Berührung gelockert haben, können wir uns nicht nur anfassen, sondern wir können uns auf eine ganze Reihe von Erfahrungen einlassen, die bisher verboten waren, damit sie nicht zu der tabuisierten Handlung führen — der Berührung . . . Das Vermeiden von Berührungen wäre also nicht annähernd so problematisch, wenn es uns nicht gleichzeitig daran hindern würde, hinter unseren Schreibtischen hervorzukommen, intime Geschichten über uns selbst zu erzählen, nahe an andere Menschen heranzugehen, herzlich oder lebendig zu sprechen und was der Handlungsweisen mehr sind, durch die wir einem anderen Menschen nahekommen können (Polster und Polster 1971, S. 144 f.).

Martin Buber fragte mich einmal, warum ich die Aufgabe übernommen hätte, ein Buch über Probleme des Mittleren Ostens herauszugeben. Als ich ihm meine Gründe erklärte, sprang er von seinem Stuhl auf, berührte meine Schulter und sagte: »Das war ein Fehler!« Ich empfand damals, daß er das nicht so gesagt haben könnte, wie er es wollte, wenn er mich nicht gleichzeitig angefaßt hätte.

Ebens wichtig wie die Frage, wie wir unseren Prüfsteinen treu bleiben können, ohne sie zu Abstraktionen zu objektivieren, ist die Frage, wie wir sie anderen vermitteln. Tatsächlich verdanken wir ja viele unserer Prüfsteine gerade einer solchen Kommunikation. Echte Kommunikation bedeutet, daß jeder von uns wirklichen Kontakt mit dem Anderssein des anderen hat. Aber dies ist nur möglich, wenn jeder von uns auf seine ganz persönliche Weise mit den Prüfsteinen des anderen in Beziehung tritt. Wenn ich stattdessen die Rolle des »objektiven Beobachters« oder auch des sympathisierenden »aufgeschlossenen Zuhörers« übernehme und nicht aufgrund meiner eigenen Individualität darauf reagiere, dann habe ich den anderen nicht einmal gehört, geschweige denn, irgend etwas von ihm gelernt. Wir können nur dann wirklich zuhören, wenn wir bereit sind, sowohl offen zu sein, als auch persönlich zu reagieren. Das Ergebnis einer solchen Kommunikation wird etwas anders aussehen, als ich oder mein Gegenüber beabsichtigen. Aber es wird eine wirkliche Kommunikation sein im Gegensatz zu dem gewohnheitsmäßigen Mißverständnis, in dem wir allzu oft eingeschlossen sind — geschlossene Schaltkreise, in denen wir ein kleines Stück auf den anderen zugehen und dann wieder zurückkehren.

Der echte »Dialog der Prüfsteine« bedeutet, daß wir von unserem Standpunkt aus reagieren, daß wir uns in den Dialog einbringen. Unser Gegenüber muß wissen, daß er oder sie wirklich mit uns als Personen mit Prüfsteinen und mit Zeugen unserer selbst konfrontiert ist. Manchmal wirkt die stärkste Opposition bei weitem beständiger als jemand, der mein Recht auf meine eigne Meinung verteidigt, aber sie nicht ernst nimmt. Sich zu einem Prüfstein zu bekennen heißt, Zeugnis abzulegen. Wenn wir wirklich Zeugnis ablegen, halten wir die Spannung des Ereignisses, aus der der Prüfstein erwuchs, und wir bilden uns auch nicht ein, daß wir das Ereignis dem anderen als objektives Faktum abzüglich der Deutung, die wir daran vorgenommen haben, übermitteln können. Aus dem selben Grund haben wir das Recht, diejenigen, denen gegenüber wir Zeugnis ablegen, zu bitten, sich nicht auf die Worte zu beschränken, die wir gebrauchen, abgetrennt von uns selbst, den Benutzern dieser Worte, und dessen, wozu wir uns in unserem eigenen Leben bekennen. Wenn wir Zeugnis ablegen, teilen wir etwas wirklich Einzigartiges mit einer einzigartigen Person in einer einzigartigen Situation. Da dieses Teilen echt ist, geschieht es oft, daß mehr als ein Prüfstein zur gleichen Zeit für uns echt ist. Wenn dem so ist, können wir weder die eine noch die andere Stimme ausschließen, selbst wenn sie einander zu wiedersprechen scheinen.

Obwohl jede/r von uns seinen/ihren eigenen Standpunkt hat, sind wir nicht völlig allein. Wir sind imstande, unser Allerpersönlichstes mit anderen zu teilen und es, jede/r von uns auf seine/ihre eigene Weise, in eine gemeinsame Wirklichkeit einzubringen. Das Traurige ist, daß so viele unserer Mitteilungen einen Pseudocharakter haben, da wir sie auf eine Ebene objektiven Diskurses heben. Um in wirklichen Kontakt miteinander zu treten, müssen wir unsere »Erziehung« überwinden; denn wir sind programmiert, in einer Weise »zu hören«, die uns daran hindert, den anderen wirklich zu vernehmen. Der größte Teil unserer Erziehung ist eine Unterweisung in den Methoden der Abstraktion. Die Folge ist, daß wir nicht die Person hören, die spricht, sondern nur ihre »Meinung« oder ihren »Standpunkt«. Wir ordnen sie in diese oder jene Kategorie ein — Freudianer/in, Verhaltenstherapeut/in, Jungianer/in oder Rogerianer/in; neurotisch, borderline, schizophren; Existentialist/in oder logische/r Analytiker/in — und dieses Einordnen in Kategorien nennen wir Bildung.

Echte Bildung ist das Vermögen, Prüfsteine zu kommunizieren. Prüfsteine der Realität schließen immer die Komponente unserer individuellen Reaktion darauf ein. Wir glauben zu kommunizieren, wenn wir von uns selbst als Persönlichkeit absehen, uns über Definitionen einigen und uns auf einer hohen Ebene der Abstraktion treffen. Aber dies ist in Wirklichkeit eine andere Form von Subjektivismus, da nur wenige Menschen, falls überhaupt welche, unseren Kategorien und den Bedeutungen, die wir ihnen unterlegen, zustimmen, und selbst diejenigen, die »zustimmen«, dies vom Standpunkt einer anderen Lebenshaltung aus tun. Für die übrigen ist das meiste dessen, was wir als Kommunikation bezeichnen, einfach Mißverständnis und verfehlte Begegnung — Menschen, die Worte in verschiedener Weise benutzen und am anderen nicht einmal genügend interessiert sind, um ihn zu fragen, was er mit seinen Worten meint.

Wir helfen einander vorwärts, wenn wir anderen unsere Prüfsteine *sowie* die Verwirrung mitteilen, die sie manchmal begleitet. Wir entwickeln unsere Prüfsteine in der Beziehung zueinander weiter; wir legen dem anderen gegenüber Zeugnis ab. Wir beeinflussen einander, und dadurch wachsen wir in bezug auf unsere eigenen Prüfsteine. Uns in dieser Weise entwickelnd erkennen wir, daß der »Dialog der Prüfsteine« als solcher ein Prüfstein der Realität ist.

Als ich *»Touchstones of Reality«* schrieb, ging ich davon aus, daß der »Dialog der Prüfsteine« etwas durchaus Gegenseitiges ist. Kurz nach der Veröffentlichung dieses Buches, als ich Gastdozent an Carl Rogers' *Center for the Study of the Person* in La Jolla war, erkannte ich die Möglichkeit, daß der Dialog der Prüfsteine ein psychotherapeutischer Ansatz sein kann, bei dem es sowohl eine Gegenseitigkeit als auch eine »normative Beschränkung der Gegenseitigkeit« geben würde.

Ich gelangte zu dieser Einsicht durch einen simplen Vorfall, der auf den ersten Blick nichts mit Therapie zu tun zu haben scheint, aber de facto eine Kombination von Therapie und Lehre darstellt. Im Sommersemester 1972, als ich Gastprofessor an der State University von San Diego war, hielt ich Vorlesungen in Religion und Literaturwissenschaft. In dem aus 30 Studenten bestehenden Seminar befand sich ein fünfundzwanzigjähriger Mann, der von sich sagte, daß er immer ein Einzelgänger gewesen sei, und der eine erstaunliche Fähigkeit bewies, seine Kommilitonen vor den Kopf zu stoßen. Nach einem ergreifenden Gespräch, bei dem mehrere Teilnehmer über persönliches Leid gesprochen hatten, sei es der Tod einer Tochter durch Krebs, die Krankheit eines Freundes oder ihre eigene persönliche Verletzung, sagte dieser junge Mann: »Keiner von euch hat je wirklich gelitten.« Später erzählte er mir, daß er in einer Schreibschule gewesen war, wo ein Philosoph eine Arbeit von ihm kritisiert hatte, weil sie mit dem Satz begann: »Wir existieren, um zu überleben.« »Woran sollte ich glauben«, fragte mich dieser Student, »an die Auffassung dieses Philosophen oder an meine eigene?« Mir wurde klar, daß dies eine unmögliche Frage war, die keine Antwort gestattete. Wenn er von seinem Sturz abrückte, unterwarf er sich der Autorität und unterdrückte seine eigenen, individuellen Prüfsteine der Realität. Wenn er andererseits so zu sprechen versuchte, wie er war, dann erreichte er die anderen gar nicht. So oder so war er zur Isolierung verurteilt.

Kurz danach kam mir der Gedanke, daß dies in überwältigendem und erschreckendem Maß für den sogenannten Psychotiker, den Schizophrenen oder den Paranoiker zutreffen muß, die ebenfalls vor der unmöglichen Alternative stehen, sich in ihr Schneckenhaus zurückzuziehen und sich zum Schein an gesellschaftlich gebilligte Sprech- und Handlungsweisen anzupassen oder sich »auszudrücken« und dabei alle übrigen zu befremden. Wenn auch sie ihre »Prüfsteine der Realität« haben, wie ich meine, dann muß eine so unmögliche Entscheidung eine Art Todesurteil für sie sein. Carl Rogers zeigt volles Verständnis für diese unmögliche Wahl in der Erörterung der Einsamkeit in seinem Kommentar über Ellen West:

> Das andere Element in unserer Einsamkeit ist der Mangel an einer Beziehung, in der wir unser wirkliches Erleben — und damit unser wirkliches Selbst — einem anderen mitteilen können. Wenn wir keine Beziehung haben, in der wir imstande sind, beide Aspekte unseres geteilten Selbst zu kommunizieren — unsere bewußte Fassade und unsere tiefere Ebene des Erlebens — dann empfinden wir die Einsamkeit, nicht in wirklichem Kontakt mit einem anderen Menschen zu stehen (Rogers 1980, S. 166).

In seiner Erörterung des Einimpfens und Verbergens von Bedeutungen berichtet Lyman Wynne von einer Frau, die den Glauben an ihre eigenen Ideen aufgab und diejenigen ihres Mannes übernahm, mit dem Ergebnis, daß ihr eigenes Erleben entwertet war. »Ihre Konsensüberprüfung seines Standpunkts erfolgte auf Kosten ihres eigenen Glaubenssystems und ihrer eigenen Integrität.« In *The Politics of Experience* dehnt Ronald Laing diese Nichtüberprüfung des Konsens auf die Beziehung zwischen Psychiater und Patient aus, bei der sich der Psychiater so benimmt, als gebe es nur *einen* gültigen Standpunkt, nämlich seinen eigenen:

> Die Rolle des Psychiaters . . . wird als *der* Prüfstein für unsere Konsensbildung von Normalität betrachtet. Der Psychiater als jemand, der *ipso facto* geistig gesund ist, zeigt, daß der Patient keinen Kontakt mit ihm hat. Die Tatsache, daß er keinen Kontakt mit dem Patienten hat, zeigt, daß mit dem Patienten etwas nicht in Ordnung ist, nicht aber mit dem Psychiater.
> Psychiater haben dem *Erleben* des Patienten sehr geringe Aufmerksamkeit gewidmet. Sogar in der Psychoanalyse gibt es eine anhaltende Tendenz anzunehmen, daß die Erfahrungen des Schizophrenen irgendwie unwirklich oder ungültig sind; sinnvoll erscheinen sie nur, wenn man sie interpretiert; ohne sinnstiftende Deutung ist der Patient in eine Welt der Wahnvorstellungen und der Selbsttäuschung verstrickt (Laing 1967, S. 108).

Laing zitiert Bert Kaplans Einführung zu einer Sammlung von Selbstberichten über das Erlebnis, psychotisch zu sein:

> Der Prozeß der Psychotherapie besteht weitgehend darin, daß der Patient seine falschen subjektiven Perspektiven zugunsten der objektiven des Therapeuten aufgibt. Aber der Kern dieser Konzeption besagt, daß der Psychiater versteht, was vor sich geht, der Patient dagegen nicht (Kaplan 1964, S. VII).

Wenn ein Mensch in die Rolle eines Patienten gesteckt wird, schließt Laing, »wird er in der Regel als Nichthandelnder, als unverantwortliches Objekt definiert, das entsprechend zu behandeln ist, und er fängt auch an, sich selbst in diesem Licht zu sehen«, wie Erving Goffman in seinem aus der Sicht von Insassen geschriebenen Bericht über Irrenanstalten ausführlich gezeigt hat (Goffmann 1961).

> Der zum Patienten und insbesondere zum »Schizophrenen« abgestempelte »Insasse« ist vom uneingeschränkten existentiellen und juristischen Status als handelnder Mensch und verantwortliche Person zu jemandem degradiert, der nicht länger imstande ist, sich selbst zu definieren, seine eigene Habe zu besitzen und der nicht mehr frei darüber entscheiden kann, mit wem

er zusammentrifft und was er tut . . . Vollständiger und radikaler als in jedem anderen Bereich unserer Gesellschaft wird der oder die Betroffene als Mensch entwertet . . . Sobald man einmal »schizophren« ist, besteht die Tendenz, immer als »schizophren« betrachtet zu werden (Laing 1967, S. 122).

Psychotische Erfahrungen überschreiten den Horizont des üblichen, allgemeinen Bewußtseins und werden deshalb als ungültig bzw. wahnsinnig bewertet, bemerkt Laing. Aber es kann sich auch um gültige mystische Erfahrungen handeln. Aus dem Lebenskreis, den wir kennen, ausgestoßen, ist der Psychotiker »ein Fremder, der uns aus dem Abgrund, in dem er versinkt, Signale sendet, ein Abgrund, der von Geistern bevölkert sein kann, von denen wir uns nichts träumen lassen«. Wahnsinn kann Durchbruch ebenso wie Zusammenbruch sein, Befreiung und Erneuerung ebenso wie Versklavung und existentieller Tod. Laing vertritt die Auffassung, daß in unserer Gesellschaft wirklicher Wahnsinn ebensowenig anzutreffen ist, wie wir selbst wirklich geistig gesund sind : »Der Wahnsinn unserer Patienten ist ein künstliches Produkt der Zerstörung, die wir ihnen zufügen und die sie sich selbst zufügen« (Laing 1967, S. 132f. 144f.).

Laing meint, daß wir für diejenigen, die vor einem schizophrenen Zusammenbruch stehen, statt des *Degradierungs*rituals der psychiatrischen Untersuchung, Diagnose und Prognose ein *Initiations*ritual benötigen, durch das der oder die Betreffende mit voller gesellschaftlicher Ermutigung und Billigung von Leuten, die dort gewesen sind und zurückkehrten, in die inneren Räume und die innere Zeit geleitet wird (Laing 1967, S. 128f.). Laing hat versucht, dies in Kingslay Hall und den anderen Zentren der Philadelphia Association in London zu verwirklichen. Der Jungianische Analytiker John Weir Perry hat in Büchern wie *The Far Side of Madness* (Perry 1974) einen ähnlichen Ansatz vertreten und im Diabasis Haus in San Francisco verwirklicht, wo eine kleine Gruppe akuter Schizophrener ihre Reise im Dialog mit verständnisvollen Betreuern und ohne die abstumpfende Wirkung von Medikamenten zurücklegen können.

In *The Politics of Experience* neigt Laing manchmal dazu, den Schizophrenen als Pionier des 21. Jahrhunderts zu romantisieren. Schizophrene sind oft schrecklich prosaisch, nicht phantasievoll oder schöpferisch, wie Leslie Farber aufgezeigt hat, und den *meisten* von ihnen, zum Teil sicher wegen der Art und Weise, wie unsere Gesellschaft sie behandelt, gelingt der Durchbruch zu einer höheren Integrationsstufe nicht. Dennoch steht das, was Laing in seinen nüchternen Augenblicken äußert, völlig in Einklang mit dem Dialog der Prüfsteine als Einstellung zur menschlichen Existenz im allgemeinen und zur Therapie im besonderen:

> Die Existenz ist eine Flamme, die unsere Theorien ständig einschmilzt und in neue Formen gießt. Das existentialistische Denken bietet keine Sicherheit, keine Heimat für die Heimatlosen. Es wendet sich an niemand außer an dich und mich. Es findet seine Bestätigung, wenn wir, über die Kluft unserer Idiome und Stile, unserer Irrungen, Wirrungen und Perversitäten hinweg in der Mitteilung des anderen das Erlebnis einer geglückten, verlorenen, zerstörten oder wiedergewonnenen Beziehung verspüren (Laing 1967, S. 56).

Freud und viele der Analytiker, die ihm folgten, legten Wert auf »Realitätsüberprüfung«, und Adler, Jung, Reich, Sullivan, Fromm, Glasser und Mowrer bemühten sich jeder auf seine Weise um etwas, das Glasser als »Realitätstherapie« bezeichnete. Doch nur wenige von ihnen, falls überhaupt welche, sind über eine monologische Haltung gegenüber der Realität zu einem Verständnis der zentralen Bedeutung des Dialogs der Prüfsteine der Realität vorgedrungen. Sullivan pflegte freilich zu den jungen Psychiatern am Beginn ihrer Zusammenarbeit zu sagen: »Ich möchte, daß Sie sich daran erinnern, daß im gegenwärtigen Stadium unserer Gesellschaft der Patient recht hat und Sie unrecht« (Laing 1967, S. 109). Und Jung ist, wie wir gesehen haben, erstaunlich weit gegangen in Richtung auf ein volles Ernstnehmen des Dialogs zwischen Therapeut und Patient und des Ausmaßes, indem beide durch diesen Dialog lernen und sich verändern.

Ivan Boszormenyi-Nagy ist einer expliziten Ablehnung der alten Formel der »Realitätsüberprüfung« zugunsten eines Dialogs der Prüfsteine vielleicht am nächsten gekommen. Boszormenyi-Nagy schließt eine fiktive Szene, bei der sich der eine Freund über unfaire Behandlung beklagt, mit der Feststellung: »Obwohl du dir nicht bewußt sein magst, daß du gegen ein gemeinsames ethisches Prinzip verstoßen hast, haben unsere parallelen, subjektiven Reaktionen die relative Objektivität meines erlittenen Unrechts übereinstimmend bestätigt.« Boszormenyi-Nagy bemerkt dazu:

> Die Bedeutung der Argumentation, die durch diese Szene veranschaulicht wird, liegt in ihrer Betonung der Wechselseitigkeit eines Handlungsdialogs, der mehr ist als die Summe der subjektiveren Erfahrungen beider Beteiligter. Während das Konzept der Realitätsüberprüfung in der Psychologie also eine

> vergleichsweise monothetische Vorstellung ist (man ist entweder realitätsorientiert oder neigt zur Entstellung), ist das Konzept der gerechten Ordnung der menschlichen Welt ein dialektisches [ich würde sagen dialogisches]. Wenn ein Mann seinen Freund verrät, dann ist mehr daran beteiligt als die Wechselfälle seiner verdrängten Kindheitswünsche, Depressionen etc. Ein Urteil über das Ausmaß seiner Realitätsverzerrung würde auch vom Standpunkt seines Freundes abhängen (Boszormenyi-Nagy und Spark 1973, S. 82).

Hanna Colm hat in ihrem Bericht über ihre persönlichen Erfahrungen bei der »therapeutischen Begegnung« ebenfalls ausdrücklich einen Dialog der Prüfsteine beschrieben. Statt das gestörte Verhalten des Patienten als »pathologisch« anzusehen, fragt sie sich, welche Bedeutung dieses für sein ganzes Leben hat. Sie hat erkannt, daß neurotisches Verhalten und neurotische Symptome oft den Grad ausdrücken, in dem ein Patient *mit Integrität* leben kann. »Ich suche nicht nach seiner Pathologie, sondern nach seiner Integrität.« Dieser Ansatz hilft ihr, die nicht zum Zuge kommenden, im Grunde aber dennoch positiven Seiten im Verhalten des Patienten zu entdecken, ihre eigenen Hindernisse zu überwinden, die sie von der Auseinandersetzung mit dem Patienten abhalten, und zu beobachten, welche echten Reaktionen sein Verhalten bei ihr auslöst. Sie benutzt diese Beobachtungen »als Ausgangspunkt, um ihn und mich in Interaktion zu erleben, wobei ich ihn und mich abwechselnd in Frage stelle.«

> In diesem Prozeß müssen wir beide offen dafür sein, unser Erleben des jeweils anderen dort zu korrigieren, wo es mit unserer Vergangenheit zu tun hat und keine echte Reaktion auf den anderen Menschen darstellt. Dies ist der Prozeß, der allmählich vor allem den Patienten, aber auch den Therapeuten von übriggebliebenen Kindheitsidealen der Vollkommenheit und der daraus resultierenden Enttäuschung über sich selbst, über andere und das Leben im allgemeinen heilt (Colm 1965, S. 139).

Bei Sidney Jourard ist ebenfalls ein Resümee der Bestätigung und Heilung durch Begegnung in Form des Dialogs der Prüfsteine vorhanden. »Bei der echten Begegnung«, bemerkte er, »verschwinden die Rollen und Selbstkonzepte.« Die Bereitschaft der Therapeuten, sich dem Klienten so zu zeigen, wie er ist, und seine Maske fallenzulassen, trage dazu bei, daß der Klient ihm vertraut und sich ihm zu offenbaren wagt. »Wenn ich mich dir enthülle, bin ich deine Welt und diese Welt offenbart dir neue Möglichkeiten - sie evoziert neue Herausforderungen und Einladungen, die dich animieren und deine Phantasie beleben können.« Jourard glaubt, wenn er in Dialog mit seinem Klienten bleibe, könne er ihn »bis an den Rand der Psychose führen und damit den Boden für die Entstehung eines neuen Selbst bereiten.« (Eine an Laing erinnernde Vorstellung.)

> Beim idealen Dialog bleiben die Teilnehmer in Kontakt miteinander und lassen sich durch ihre gegenseitigen Enthüllungen beeinflussen. Wenn der Dialog im Kontext des Zulassens und der Bestätigung stattfindet, kann der Schwächere der beiden tatsächlich das Gefühl unmittelbaren Erlebens haben, es als gefahrlos empfinden und in einen bewußteren Zustand gelangen (Jourard 1968, S. 124 f.)

Die eindrucksvollste Bestätigung meiner Erkenntnis bezüglich des Dialogs der Prüfsteine als therapeutischen Ansatz findet sich in den Schriften von Harold Searles. Ebenso wie Kaplan und Laing hat Searles erkannt, daß »die Realität« und darüber hinaus die Fähigkeit zu helfen, überwiegend als ein Monopol des Therapeuten betrachtet wurde:

> Die psychoanalytische Literatur ist in der Annahme geschrieben, daß der Analytiker gesund ist und daher keine psychologische Hilfe vom Patienten benötigt, der krank ist und deshalb psychologische Hilfe vom Analytiker braucht und selbst außerstande ist, diesem eine solche Hilfe zu gewähren . . . es ist eine Quelle dauerhaften Schmerzes für mich, daß mein Analytiker [seiner Lehranalyse] ebenso wie meine beiden Eltern lange zuvor meinen echten Wunsch, ihm zu helfen, in hohem Maße ignorierte (Searles 1975, S. 96).

Von seinen frühesten Schriften an hat Searles durchgehend betont, daß ein Element der Realität in all den entstellten Übertragungsprojektionen des Patienten gegenüber dem Analytiker vorhanden ist, und daß die Übertragungssymbiose selbst so realitätsbezogen werden kann, daß sie sich zu einer therapeutischen Symbiose entwickelt, die wechselseitig wachstumsfördernd ist und sowohl für den Therapeuten als auch für den Patienten zu einer gesünderen Individuation führen kann (Searles 1975, S. 97f.).

Im letzten Abschnitt seiner Erörterung der Art und Weise, wie der Schizophrene seine Welt erlebt, wird Searles erstaunlich deutlich und überaus konkret in seiner Darstellung des Dialogs der Prüfsteine. Sei es auch noch so unwissentlich — der Patient hat aktiven Anteil an der Entwicklung und Aufrechterhaltung seiner Krankheit. Nur durch Kontaktaufnahme mit dieser im Grunde positiven Energie in ihm kann ihm der Therapeut helfen, gesund zu werden.

Searles macht sechs Vorschläge zur psychotherapeutischen Technik, die uns ein Bündel spezifischer Ansätze für den Dialog der Prüfsteine in der Therapie bieten, die meines Wissens bisher niemand ausgesprochen hat. Erstens muß der Therapeut erkennen, daß sich der Patient seine Wahrnehmungswelt im Laufe von Jahren geschaffen hat, in denen er alles an Urteilsfähigkeit aufgeboten hat, was ihm zur Verfügung steht, und daß dies eine Welt ist, die unseren Respekt verdient. Der Therapeut kann ihn nicht auffordern, sie zugunsten der Auffassung von »Realität« aufzugeben, die ihm der Therapeut anbietet. »Je besser ich ihn und sein Leben und mich im Verhältnis zu ihm kennenlerne, desto mehr bin ich jedes Mal beeindruckt, wie zutreffend seine Wahrnehmung von mir ist und welchen Scharfsinn diese verrät.«

Zweitens findet Searles es klug, sich in einem frühen Stadium der Therapie zu bemühen, die Gefühle seines Patienten gegenüber der Welt, so wie er sie wahrnimmt, zu akzeptieren, statt die Richtigkeit seiner Wahrnehmung der Welt in Frage zu stellen. Durch ein aktives Phantasieren der Realität vergegenwärtigt sich Searles, in welche Panik es ihn versetzen würde, wenn er in einem Raum mit einem Therapeuten sitzen würde, der in seinen Augen ein wahnsinniger Mörder ist, darauf aus ihn umzubringen. Dies ermöglicht es dem Patienten, dem Therapeuten seine Gefühle mitzuteilen, der niemals andeutet, daß es verrückt von ihm ist, die Welt so zu sehen, wie er es tut. Der Therapeut anerkennt und bestätigt freimütig den Zuwachs an Realität in dem verzerrten Bild, das der Patient von ihm hat — so peinlich oder schmerzhaft dieses auch sein mag. In diesem Prozeß erinnert sich der Patient an seine eigene Vergangenheit, aber er wird nach und nach auch fähig, die verdrängten, fragmentarischen und widersprüchlichen Selbstbilder, die das Produkt kollidierender Familienrollen sind, durch die zunehmende Wahrnehmung des Therapeuten von ihm als ein einziges, kohärentes, dreidimensionales Ganzes zu ersetzen. Durch Identifizierung mit dem intuitiven Bild, das der Therapeut von ihm entwickelt, wird der Patient also allmählich zu einem ganzen und integrierten Menschen (Searles 1967, S. 128 — 130).

Die klarste Exposition des Dialogs der Prüfsteine ist die sechste Stufe des therapeutischen Prozesses, bei der der Therapeut abwechselnd und jeweils unterschiedlich lang die Welt des Patienten betrachtet, sie mit ihm teilt und ihm Einblicke in seine eigene Weltsicht gewährt. Durch dieses Abwechseln hilft der Therapeut dem Patienten zu erkennen, daß es sowohl eine innere als auch eine äußere Welt gibt — etwas, das er durch die Verwirrung seiner Wahrnehmungen aufgrund der von seiner Familie auf ihn ausgeübten Zwänge aus den Augen verloren hatte. Dies gibt dem Patienten nicht nur sein eigenes Realitätsgefühl zurück; es bestätigt ihn auch als Mensch:

> Indem wir ihm helfen zu sehen, und manchmal auch auf den Unterschieden zwischen *seiner* und *unserer* Welt bestehen, helfen wir ihm zu erkennen, daß er ein Mensch unter Mitmenschen ist, von denen jeder seine eigene individuelle Weltsicht hat, und daß alle diese kollektiven Weltsichten koexistieren und in einer sinnvollen Beziehung zueinander stehen können (Searles 1967, S. 130).

Allmählich lernen Therapeut und Patient, sowohl die eigene, als auch die Welt des anderen furchtlos zu betrachten, und dies führt zu einer wahrhaft wechselseitigen Individuation. Nachdem sie die Furcht vor Selbstmord und unheilbarer Geisteskrankheit hinter sich gelassen haben, »entwickeln beide Teilnehmer die vertrauensvolle Erkenntnis, daß es möglich ist, ihre beiden Welten voll anzuschauen und zwanglos zu verändern«. Beide gehen aus dieser »therapeutischen Symbiose« und der darauf folgenden wechselseitigen Individuation zutiefst verändert hervor. Der Patient, so ist zu hoffen, wird nie wieder anfällig für Psychose sein. Aber ebensowenig wird der Therapeut je wieder seine eigenen primitiveren Prozesse so vollständig verdrängen müssen, einschließlich der Art von Nichtintegration und Nichtdifferenzierung von Erfahrung, die die Abwehr seines vormals psychotischen Patienten ausmachte.

In den letzten Absätzen seiner Abhandlung geht Searles über die »normative Beschränkung der Gegenseitigkeit« hinaus und richtet sein Augenmerk auf das, was wir, die sogenannten Normalen, vom Schizophrenen lernen können. Als der Schatten der emotionalen Defizite unserer Gesellschaft, wirft die Schizophrenie ein Licht auf die Heuchelei und auf bisher nicht in Frage gestellte, implizite Annahmen in unserer »normalen Existenz«. Durch unseren Dialog mit den Prüfsteinen der Realität des Schizophrenen sind »wir besser gerüstet, eine gesündere Gesellschaft zu erlangen und vollständiger, freier und wissender zu leben«. Gerade weil der Schizophrene in den Randbezirken der Menschheit gelebt hat, ist er in einer

Position, die uns eine Perspektive vermitteln kann, welche wir sonst nicht erreichen könnten. Der Schizophrene ist nicht mit der Frage konfrontiert, *wie* er zu seinen Mitmenschen in Beziehung treten soll, sondern *ob* er dies tun soll. Durch den Akt der Umfassung oder das Phantasieren seiner Prüfsteine der Realität könnten wir erkennen, »daß dies auch in uns ständig ein bedeutsamer und lebendiger und anhaltender Konflikt gewesen ist, der uns bisher verborgen blieb«. Wir würden dann nicht nur nichts mehr für selbstverständlich halten, was Menschen und menschliches Verhalten betrifft, sondern wir würden auch erkennen, »daß Schweigen zwischen Menschen nicht notwendigerweise eine Kluft, ein Vakuum ist, sondern daß es eine erfülltere Form der Nähe sein kann, als es Worte je erreichen könnten« (Searles 1967, S. 131).

Wenn ich sage, daß Searles über die »normativen Grenzen der Gegenseitigkeit« hinausgeht, so meine ich keinen Augenblick lang, daß er die Struktur der therapeutischen Situation verändert, bei der eine Person im Prinzip da ist, um zu helfen, und die andere, um sich helfen zu lassen. Vielmehr zeigt er uns in überaus konkreter und überzeugender Weise, daß die Prüfsteine der Realität des Schizophrenen nicht bloß »für ihn real« sind. Sie repräsentieren einen echten Dialog mit der »Wirklichkeit«, der unsere eigene Beziehung zur Wirklichkeit enorm bereichern kann. In die Sprache von Bubers »Was allen gemeinsam ist« übersetzt, trägt der Schizophrene, auch in seinem Wunsch nach einer von der gemeinsamen Welt getrennten eigenen Welt zum Aufbau der gemeinsamen Welt einer Sprache-mit-Bedeutung bei. Seine Stimme und seine Sichtweisen können nicht ausgeschlossen werden, ohne uns alle zu berauben.

In diesem Geist des Respekts für die unverwechselbare Wirklichkeit, die durch den Dialog selbst des psychotischsten Patienten mit der Welt zustande kam, habe ich versucht, mein eigenes Denken in bezug auf den Dialog der Prüfsteine als therapeutischen Ansatz zu entwickeln. »Wirklichkeit« zu identifizieren und zu isolieren, ist ein Problem nicht bloß für Philosophen, sondern für jeden lebenden Menschen. Die Gedanken, die der amerikanische Dichter Vachel Lindsay in seinem ansonsten freudigen Gedicht »die chinesische Nachtigall« nicht allzu lang vor seinem eigenen Selbstmord äußerte, haben mich immer tief berührt:

Years upon years I but half remember,
May and June and dead December,
Dead December, then again June.
Man is a torch, then ashes soon.
Life is a loom weaving illusion.
O who will end my dream's confusion?

(Jahr für Jahr erinnere ich mich nur noch halb
an Mai und Juni und toten Dezember,
toten Dezember, dann wieder Juni.
Der Mensch ist eine Fackel, dann bald Asche.
Das Leben ist ein Webstuhl, der Illusionen webt.
Oh, wer wird die Verwirrung meiner Träume beenden?)

»Jeder Mensch ist ein mehr oder weniger naiver Ontologe«, schreibt Ronald Laing. »Jeder Mensch hat Ansichten darüber, was ist und was nicht ist.« Aber viele Menschen haben sich in der Spannung verschiedener »Wirklichkeiten« und verschiedener »Prüfsteine« verfangen. Manche haben versucht, dieser Spannung zu entkommen, indem sie bei der einen oder anderen Form von Absolutismus Zuflucht suchten, andere bei dem einen oder anderen reduktionistischen Standpunkt, wieder andere bei dem »gesunden Menschenverstand«, den Whithead als die schlechte Philosophie von vor zweihundert Jahren bezeichnete, manche beim Okkultismus und manche bei einem krassen Relativismus. Prüfsteine der Realität und der Dialog der Prüfsteine bieten eine Alternative zum Entweder-oder von objektiv versus subjektiv, absolut versus relativ, Seele versus Leib und Ablehnung des »Schizophrenen« versus dessen romantische Glorifizierung.

Vom Standpunkt des Dialogs der Prüfsteine aus kann vieles von dem was wir als »Geisteskrankheit« bezeichnen, als etwas verstanden werden, das geschehen ist, um unsere Prüfsteine der Realität zu entstellen, zu objektivieren oder sie zu etwas Kulturbedingtem zu machen. Prüfsteine und der Dialog der Prüfsteine beginnen in der Unmittelbarkeit und werden durch diese erneuert. Krankheit verhindert die Rückkehr der Unmittelbarkeit. So gesehen ist »Gesundheit« nicht »Anpassung« im Sinne von rationaler oder emotionaler werden, sondern vielmehr, die eigenen Prüfsteine der Realität im Dialog mit den Prüfsteinen anderer fester in den Griff zu bekommen. In diesem Sinn kann der Dialog der Prüfsteine sowohl das Ziel der Therapie sein als auch ihr Mittel. Dieses Ziel hilft dem Therapeuten, drei gleichermaßen schlechte Alternativen zu vermeiden — den Klienten an die Gesellschaft anzupassen, dem Klienten seine eigenen Werte aufzunötigen oder was immer der Patient sagt und tut, als gesund zu akzeptieren und es romantisierend zu feiern.

Kohut spricht von der Furcht des selbstgeschädigten Patienten vor dem Zerfall, wenn er dem Analytiker sein verdrängtes archaisches Material offenbart. Aber es gibt noch eine universellere Furcht als diese : jeder Klient fürchtet, daß er, wenn er sich in Therapie begibt, seine eigenen Prüfsteine der Realität opfern muß, daß er sich einer äußeren Autorität unterordnen und seine eigenen Prüfsteine als »krankhaft« verwerfen muß. Was diese Furcht nur zu realistisch macht, ist nicht nur der Psychiater, der seine eigene »Wirklichkeit« als den einzig gültigen Maßstab von Gesundheit aufstellt, sondern auch der »verantwortungsbewußte« und »hilfreiche« Partner, der dazu neigt, beide Seiten des Dialogs zu übernehmen, und dadurch anderen *die Chance nimmt,* seine eigenen Prüfsteine in den Dialog einzubringen.

Der Therapeut im Dialog der Prüfsteine kann nicht jemand sein, der lediglich analysiert oder reflektiert, was der Klient sagt. Er muß auch jemand sein, der seine eigenen Prüfsteine in den Dialog einbringt. Der Therapeut hat kein Monopol auf die Wirklichkeit. Die normative Grenze der Gegenseitigkeit im therapeutischen Dialog der Prüfsteine ist nicht nur durch die Struktur bedingt — wer zu wem um Hilfe kommt — sondern auch durch die Tatsache, daß der Therapeut etwas in den Dialog einbringt, was der schwer neurotische und psychotische Patient nicht einbringen kann. Es geht nicht darum, daß seine Erfahrungen wirklicher, tiefer und ganz sicher nicht darum, daß sie auf die Dauer intensiver sind. Es ist nur so, daß er mehr Erfahrung in der Umfassung und im Phantasieren der Realität, im Erleben der anderen Seite der Beziehung sowie seiner eigenen und im Sehen mit den Augen des anderen sowie mit seinen eigenen hat.

Wenn wir mit der Anerkennung der unverwechselbaren Beziehung jedes Menschen zur Wirklichkeit beginnen, dann implizieren wir, wenn wir jemanden als »krank« bezeichnen, nicht, daß sich dieser Mensch außerhalb der Wirklichkeit befindet, sondern nur, daß er oder sie Hilfe braucht, um in den Dialog der Prüfsteine eintreten zu können. Wenn und sofern der Patient in diesen Dialog eingeführt wird, dann erfolgt dies von dort aus, wo er sich befindet. Oder, um es in Jourards Worten auszudrücken, der Patient reagiert vielmehr auf eine Einladung und bringt sich selbst in den Dialog ein. Die Unverwechselbarkeit der Prüfsteine des Patienten bleibt somit im Zentrum der Aufmerksamkeit. Eine Individualität, die nicht in den Dialog eintritt, verkümmert; denn sie erlangt Wirklichkeit nur, indem sie ins Dasein gerufen wird und dem Rufenden antwortet.

Das schreckliche Dilemma des »kranken« Menschen besteht, wie wir gesehen haben, darin, wählen zu müssen zwischen dem Verzicht auf seine Prüfsteine und dem Verzicht auf Kommunikation, um zu kommunizieren. Aber ein Prüfstein, der nicht in den Dialog eingebracht wird, hört auf, ein Prüfstein zu sein. Stattdessen wird der Mensch in eine äußere »gesellschaftliche« Maske und eine verborgene innere Realität aufgespalten, und beide sind weniger als wirklich. Es spielt keine Rolle, ob die äußere Maske gesellschaftliche Anpassung oder Abwehrmaßnahmen und -haltungen des Schizophrenen ist, der andere und / oder sich selbst als unwirklich betrachtet; sie ist immer noch weitaus weniger als eine menschliche Wirklichkeit.

Es spielt auch keine Rolle, ob die innere »Wirklichkeit« etwas ist, das aus dem Bewußtsein verdrängt wurde oder das als kostbarster »innerer« Besitz eifersüchtig gehegt wird. Auch sie ist rudimentär, verkümmert, weniger als eine vollends menschliche oder gar vollends persönliche Wirklichkeit.

Aber ein solcher Mensch braucht die Hilfe von jemandem, der die unverwechselbare Wirklilchkeit, die das Ergebnis der Lebenserfahrungen des Betreffenden ist, nachvollziehen und sie mit ihm teilen kann, und der diesem Menschen helfen kann, sie in die gemeinsame Daseinsordnung einzubringen, so daß auch er das, was er als »Ich« erlebt hat, zur gemeinsamen Wirklichkeit des »Wir« erheben kann. Denker und Künstler wie Blake, Kierkegaard, Nietzsche, van Gogh und Jung hatten den Mut, die Spannung zwischen ihrer Treue gegenüber ihren Prüfsteinen der Realität und ihrem Bedürfnis, in Kommunikation mit anderen einzutreten, auszuhalten, *und* sie besaßen den Genius, Brücken zu bauen — aus Dichtung, Kunst, Theologie, Philosophie oder Psychologie, durch die ein Dialog der Prüfsteine zwischen ihnen und der Welt stattfinden konnte. Gewöhnliche Menschen, die die Kluft zwischen ihrer individuellen Erfahrung und der gemeinsamen Welt erleben, ist dies gewöhnlich nicht möglich. Diese Menschen brauchen die Hilfe eines Therapeuten, der sich das »Reale phantasieren« und Umfassung praktizieren kann, um dem anderen zu helfen, in einen Dialog der Prüfsteine einzutreten. Harold Searles gibt uns ein Beispiel einer solchen Therapie aus seiner eigenen Lehranalyse:

> Zu Beginn meiner dritten Sitzung war mein erster Lehranalytiker plötzlich aufgestanden und hatte mich endgültig entlassen. Die Verzweiflung, die ich in die erste Sitzung mit Dr. Hadley [seinen folgenden Lehranalytiker] mitbrachte, war die Verzweiflung, daß ich mich als hoffnungslos unfähig erweisen könnte, irgendeinem Menschen meine innersten Gefühle mitzuteilen. Am Ende dieser ersten Sitzung ... fragte ich ihn: »Sehen Sie irgendeinen Grund, warum wir nicht zusammenarbeiten können?« Er versicherte mir kurz, aber nachdrücklich: »Nicht die Bohne!« (Langs und Searles 1980, S. 62).

Die Hilfe des Therapeuten besteht nicht in erster Linie darin, die richtigen Worte zu finden, geschweige denn Techniken der Kommunikation. Es geht darum, den Dialog der Prüfsteine zustandezubringen zwischen einem, der keinen Kontakt herstellen kann, und einem, der dazu imstande ist. »Wenn ein Mensch singt und seine Stimme nicht erheben kann«, sagte ein chassidischer Rabbi, »und ein anderer kommt und singt mit ihm, ein anderer, der seine Stimme erheben kann, dann wird es auch dem ersten gelingen, seine Stimme zu erheben.« »Das«, fügte der Rabbi hinzu, »ist das Geheimnis geistiger Verbindung.« Der Titel, den Martin Buber dieser chassidischen Geschichte des Heilens gab, war nicht »Der Helfer«, sondern »Wenn zwei singen«. In der Sprache dieses Buches könnte dies als »Heilen durch Begegnung« oder sogar »Dialog der Prüfsteine« bezeichnet werden. Denn das *ist* das Geheimnis der geistigen Verbindung.

Ein Therapeut ist nicht deshalb hilfreich, weil er ein besserer sokratischer Dialektiker ist oder besser artikuliert, sondern vielmehr, weil er dem Patienten aus dem unfruchtbaren Entweder-Oder der Wahl zwischen der Treue zu den eigenen entstehenden Prüfsteinen und der Beziehung zur Gemeinschaft heraushelfen kann. Doch dies ist nur in einer Situation gegenseitigen Vertrauens möglich. Wenn der Patient fürchtet, sich darzustellen, weil er Angst hat, daß der Therapeut oder seine Angehörigen oder seine Freunde das, was er beizutragen hat, als wertlos abtun werden, dann wird er nicht imstande sein, sich auf das Wagnis des Dialogs der Prüfsteine einzulassen. Das Ziel der Heilung durch Begegnung, der Bestätigung und des Dialogs der Prüfsteine ist deshalb dasselbe — einen Dialog auf der Basis von Vertrauen in Gang zu setzen. Der Patient bringt etwas ein, was niemand sonst in der Welt einbringen kann — seine Einzigartigkeit.

Die »Bestätigung des Andersseins«, die der Dialog der Prüfsteine voraussetzt und verwirklicht, bedeutet, daß keine Stimme ohne Wert ist, kein Zeuge ohne Wirklichkeit. Jede Stimme muß ja gerade deshalb gehört werden, weil sie eine einzigartige Beziehung zur Wirklichkeit repräsentiert. Obwohl diese Stimme entstellt, »krank« und elend sein mag, enthält sie dennoch den Nukleus eines einzigartigen Prüfsteins, der gerade in ihrer Negativität verborgen ist. Die Menschen unserer Gesellschaft, insbesondere die gebildeten und kultivierten, fürchten, abgewertet zu werden, da unsere Gesellschaft so großen Wert auf rasche und leicht konsumierbare Antworten legt. Die »Gesinnungskumpanei« schützt sich durch das »Entweder-Oder«. Entweder du bist einer von uns oder nicht. Wenn du einer von uns bist, dann brauchen wir dich nicht anzuhören, denn wir kennen und repräsentieren deinen Standpunkt bereits. Wennn du anders bist und eine andere Meinung hast, wollen wir dich nicht anhören, weil du »die Ruhe störst« — du verletzt die Harmonie unserer Gleichgesinntheit. Unsere Gesellschaft selbst ist krank — polarisiert in Gesinnungskumpaneien. Weil dies so ist, kann das Individuum gar nicht anders, als krank zu werden, da ihm der Boden fehlt, auf dem es stehen und von dem aus es in einen echten Dialog der Prüfsteine eintreten könnte.

Den anderen zu bestätigen, kann letzten Endes nicht bloß Heilung in *dem* unzureichenden Sinn bedeuten, einen Einzelnen heil zu machen. Es muß auch eine Bewegung auf ein Klima des Vertrauens hin bedeuten, eine menschlichere Gemeinschaft, eine Gemeinschaft, die Anderssein bestätigt. Somit können wir über Heilen durch Begegnung dasselbe sagen, was wir über den Dialog der Prüfsteine sagten: sie ist nicht nur Mittel zum Zweck; sie ist selbst das Ziel. Die dritte Alternative zur Krankheit der Anpassung und zur Krankheit der Rebellion ist die Gemeinschaft, die Anderssein bestätigt. Eine solche Gemeinschaft gibt jedem Menschen seinen eigenen Boden, einen Boden, von dem aus er Kontakt mit den anderen aufnehmen kann, einen Boden, auf dem gegenseitige Bestätigung und Heilung durch Begegnung in spiralförmigen Kreisen stattfinden kann, die mehr und mehr der Prüfsteine jedes Menschen — seien diese die Frucht von Trauma oder Ekstase — in die Wirklichkeit des Zusammenlebens einbringen. Dies ist das Geheimnis der inneren Verbundenheit zwischen den Menschen.

Quellenverzeichnis

Archambeau, E. (1979). *Beyond Countertransference: The Psychotherapist's Experience of Healing in the Therapeutic Relationship.* Doctoral Dissertation, California School of Professional Psychology — San Diego.

Bakan, D. (1969). *Disease, Pain, and Sacrifice: Toward A Psychology of Suffering.* Chicago: The University of Chicago Press.

Basescu, S. (1977). Anxieties in the analyst: A personal confession. In *The Human Dimension in Psychoanalytic Practice,* ed. K. A. Frank, pp. 153—163. New York: Grune & Stratton.

Binswanger, L. (1958). The Case of Ellen West. In *Existence: A New Dimension in Psychiatry and Psychology,* ed. R. May, E. Angel, and H. F. Ellenberger, pp. 237—264. New York: Basic Books.

Blakar, R. M. (1984). *Communication: A Social Perspective on Clinical Issues.* Oslo: Universitetsforlaget.

Blum, H. P. (1980. The Borderline Childhood of the Wolf Man. In *Freud and His Patients,* ed. M. Kanzer and J. Glenn, pp. 341—358. New York: Jason Aronson.

Boss, M. (1963). *Psychoanalysis and Daseinsanalysis.* Trans. L. B. Lefebre. New York: Basic Books (dt.: Psychoanalyse und Daseinsanalytik. Bern 1957).

—— (1973). [Selections.] In *The Worlds of Existentialism: A Critical Reader,* ed. with Introductions and a Conclusion by M. S. Friedman,

pp. 434 — 438. Chicago : The University of Chicago Press.
Boszormenyi-Nagy, I. (1965). Intensive family therapy as process. In *Intensive Family Therapy : Theoretical and Practical Aspects,* ed. I. Boszormenyi-Nagy and J. L. Framo, pp. 87 — 142. New York : Harper & Row, Hoeber Medical Division.
—— (1981). Contextual therapy: Therapeutic leverages in mobilizing trust. In *Family Therapy: Major Contributions,* ed. R.F. Green and J. L. Framo, pp. 395 — 415. New York : International Universities Press.
Boszormenyi-Nagy, I., and Krasner, B. R. (1980). Trust-based therapy. A contextual approach. *American Journal of Psychiatry* 137 : 767 — 775.
Boszormenyi-Nagy, I., and Spark, G. (1973). *Invisible Loyalties : Reciprocity in Intergenerational Family Therapy.* New York : Harper & Row, Hoeber Medical Division.
Boszormenyi-Nagy, I., and Ulrich, D. (1981). Contextual Family Therapy. *Handbook of Family Therapy.* Ed. A. S. Gurman and D. P. Kniskern. New York : Brunner / Mazel.
Buber, M. (1975a). *Eclipse of God: Studies in the Relation between Religion and Philosophy.* Trans. M. S. Friedman et al. New York : Harper & Row (Torchbooks) (dt. : Gottesfinsternis. In : Werke I : Schriften zur Philosophie. München 1962, S. 503 — 603).
—— (1957b). *Pointing the Way: Selected Essays.* Trans. and ed. M. S. Friedman. New York : Harper & Row.
—— (1958). *I and Thou,* 2nd rev. ed. with a Postscript by Author Added. Trans. R. G. Smith. New York : Charles Scribner's Sons (dt. : Ich und Du. In : Werke I : Schriften zur Philosophie. München 1962, S. 77 — 170).
—— (1960). *The Origin and Meaning of Hasidism.* Trans. and ed. with an Introduction by M. S. Friedman. New York : Horizon Books (dt. : Werke III : Schriften zum Chassidismus. München 1963).
—— (1961). *Tales of the Hasidim : The Early Masters.* Trans. O. Marx. New York : Schocken Books.
—— (1965). *Between Man and Man.* Trans. R. G. Smith, with an Introduction by M. S. Friedman. New York : Macmillan (dt. : Schuld und Schuldgefühle. In : Werke I : Schriften zur Philosophie. München 1963, S. 475 — 502).
—— (1966). *The Knowledge of Man : A Philosophy of the Interhuman.* Trans. M. S. Friedman and ed. R. G. Smith, with an Introductory Essay

(Ch. I) by M. S. Friedman. New York: Harper & Row (Torchbooks).
—— (1969). *A Believing Humanism: Gleanings.* Trans. and ed. with Introduction and Explanatory Comments, M. S. Friedman. New York: Simon & Schuster (paperback) (dt.: Nachlese. Heidelberg 1965).
—— (1973). Das dialogische Prinzip. Heidelberg.
Clark, K. B. (1980). Empathy: A neglected topic in psychological research. *American Psychologist* 35: 187—190.
Colm, H. (1965). The therapeutic encounter. *Review of Existential Psychology and Psychiatry* 5: 137—159.
Ebner, F. (1921). *Das Wort und die geistigen Realitäten: Pneumatologische Fragmente.* Innsbruck: Brenner-Verlag. In *The Worlds of Existentialism: A Critical Reader,* ed. and trans. with Introductions and a Conclusion, M. S. Friedman, pp. 292—298. Chicago: The University of Chicago Press, 1973 (paperback).
Ellenberger, H. F. (1970). *The Discovery of the Unconscious: The History and Evolution of Dynamic Psychiatry.* New York: Basic Books.
Fagan, J., and Shepherd, I. L. eds. (1970). *Gestalt Therapy Now: Theory/Techniques/Applications.* New York: Science and Behavior Books.
Farber, L. H. (1966). *The Ways of the Will. Essays toward a Psychology and Psychopathology of the Will.* New York: Basic Books.
—— (1967). Martin Buber and psychotherapy. In *The Philosophy of Martin Buber.* ed. P. A. Schilpp and M. S. Friedman, pp. 577—601. *The Library of Living Philosophers Series.* ed. P. A. Schilpp, Lasalle, Illinois: Open Court.
—— (1967). *lying, despair, jealousy, envy, sex, suicide, drugs, and the good life.* New York: Basic Books.
Frank, K. A. (1977). *The Human Dimension in Psychoanalytic Practice.* New York: Grune & Stratton.
Frankl, V. E. (1970). *Man's Search for Meaning: An Introduction to Logotherapy.* Trans. I. Lasch; Preface, W. Allport. New York: Simon & Schuster (Clarion Books).
—— (1973). The image of man in psychotherapy. Trans. W. Hallo. In *The Worlds of Existentialism: A Critical Reader,* ed. with Introduction and Conclusions, M. S. Friedman, p. 468. Chicago: The University of Chicago Press (paperback) (dt.: Das Menschenbild der Seelenheilkunde. Stuttgart 1959).
Freud, S. (1947). The Ego and the Id. Trans. Joan Riviere. In *The Inter-*

national Psycho-Analytical Library, ed. E. Jones, No. 12, 4th Ed. London : The Hogarth Press and the Institute of Psycho-Analysis.
—— (1958). *Civilization and Its Discontents.* Trans. Joan Riviere. New York : Doubleday (Anchor Books).
Friedman, M. S. (1965). Introductory essay. Chapter I of M. Buber, *The Knowledge of Man : Philosophy of the Interhuman,* ed. M. S. Friedman. New York : Harper & Row (Torchbooks).
—— (1972). *Touchstones of Reality : Existential Trust and the Community of Peace.* New York : E. P. Dutton.
—— (1973). *The Worlds of Existentialism : A Critical Reader,* ed. with Introduction and Conclusions, M. S. Friedman. Chicago : The University of Chicago Press (Phoenix Books).
—— (1974). *The Hidden Human Image.* New York : Delacorte.
—— (1978). *To Deny Our Nothingness : Contemporary Images of Man,* 3rd rev. ed. with new Preface and Appendices. Chicago : The University of Chicago Press (Phoenix Books).
—— (1983). *The Confirmation of Otherness :* In *Family, Community, and Society.* New York : The Pilgrim Press.
—— (1984). *Contemporary Psychology : Revealing and Obscuring the Human.* Pittsburgh, PA : Duquesne University Press.
Fromm, E. (1941). *Escape from Freedom.* New York : Rinehart & Co. (dt. : Die Furcht vor der Freiheit. Stuttgart 1983).
—— (1956). *The Art of Loving.* New York : Harper & Bros (dt. : Die Kunst des Liebens. Frankfurt etc. 1956).
—— (1962). *Beyond the Chains of Illusion : My Encounter with Marx and Freud.* New York : Simon & Schuster (Credo Series) (dt. : Jenseits der Illusionen. Zürich 1967).
Fromm-Reichmann, F. (1950). *Principles of Intensive Psychotherapy.* Chicago : The University of Chicago Press.
Glenn, J. (1980a). Freud's adolescent patients : Katharina, Dora, and the »Homosexual Woman.« In *Freud and His Patients,* ed. M. Kanzer and J. Glenn, pp. 23 — 47. New York : Jason Aronson.
—— (1980b). Notes on psychoanalytic concepts and styles in Freud's case histories. In *Freud and His Patients,* ed. M. Kanzer and J. Glenn, pp. 3 — 19. New York : Jason Aronson.
Goffman, E. (1961). *Asylums. Essays on the Social Situation of Mental Patients and Other Inmates.* New York : Doubleday (Anchor Books).

Greenson, R. R. (1977). That »impossible« profession. In *The Human Dimension of Psychoanalytic Practice*, ed. K. A. Frank, pp. 99—114. New York : Grune & Stratton.

Guntrip, H. (1961). *Personality structure and human interaction: The developing synthesis of psychodynamic theory.* In *The International Psycho-Analytical Library,* ed. J. D. Sutherland, No. 56. London : The Hogarth Press and the Institute of Psycho-Analysis.

—— (1969). *Schizoid Phenomena, Object Relations and the Self.* New York : International Universities Press.

—— (1977). My experience of analysis with Fairbairn and Winnicott (how complete a result does psychoanalytic therapy achieve ?). In *The Human Dimension of Psychoanalytic Practice,* ed. K. A. Frank, pp. 49—68. New York : Grune & Stratton.

Herink, R. (1980). *The Psychotherapy Handbook.* New York : New American Library (Meridian Books).

Hillman, J. (1972). *The Myth of Analysis: Three Essays in Archetypal Psychology. Studies in Jungian Thought,* series. gen. ed. J. Hillman Evanston, IL : Northwestern University Press.

Hycner, R. (1985). Dialogical Gestalt Psychotherapy. *Gestalt Therapy Journal,* Spring 1985.

Jacobs, L. M. (1978). *I-Thou Relation in Gestalt Therapy.* Doctoral dissertation for the California School of Professional Psychology-Los Angeles

Jourard, S. M. (1968). *Disclosing Man to Himself.* New York : D. Van Nostrand.

—— (1971). *The Transparent Self,* 2nd ed. New York : Van Nostrand Reinhold.

Jung, C. G. (1954). *The Practice of Psychotherapy.* Trans. R.F.C. Hull. *The Collected Works,* vol. 16. New York : Pantheon Books (dt. : Praxis der Psychotherapie. Gesammelte Werke 16. Olten 1971).

—— (1958). *The Undiscovered Self.* Trans. R.F.C. Hull. Boston : Little, Brown (dt. : Gegenwart und Zukunft. Schweizer Monatshefte. Zürich 1957, Sonderbeilage).

—— (1961). *Memories, Dreams, Reflections.* Recorded and ed. Aniela Jaffe, trans. Richard & Clara Winston. New York : Pantheon Books (dt. : Erinnerungen, Träume, Gedanken. Zürich 1962).

Kanzer, M. (1980a). Dora's imagery : The flight from the burning house. In *Freud and His Patients,* ed. M. Kanzer and J. Glenn, pp. 72—82.

New York : Jason Aronson.
——— (1980b). Freud's 'human influence' on the Rat Man. In *Freud and His Patients,* ed. M. Kanzer and J. Glenn, pp. 232—240. New York : Jason Aronson.
Kanzer, M., and Glenn, J. (1980). Conclusion. In *Freud and His Patients,* ed. M. Kanzer and J. Glenn, pp. 429—431. New York : Jason Aronson.
Kaplan, B. (ed.) (1964). *The Inner World of Mental Illness.* New York : Harper & Row.
Kepnes, S. (1982). Telling and retelling : The use of narrative in psychoanalysis and religion. In *The Challenge of Psychology to Faith, Concilium,* vol. 156, ed. Steven Kepnes and David Tracy, pp. 27—32. New York : Seabury Press.
Kohut, H. (1971). *The Analysis of the Self : A Systematic Approach to the Psychoanalytic Treatment of Narcistic Personality Disorders.* New York : International Universities Press.
——— (1977). *The Restoration of the Self.* New York : International Universities Press.
——— (1978). *The Search for the Self : Selected Writings of Heinz Kohut, 1950—1978,* ed. P. Ornstein, 2 vols. New York : International Universities Press.
——— (1981). *How Does Analysis Cure ?* Ed. Arnold Goldberg with collaboration of Paul E. Stepansky. Chicago : University of Chicago Press.
Kohut, H., and Wolf, E. S. (1978). The disorders of the self and their treatment : An outline. *International Journal of Psychoanalysis* 59 (413) : 413—425.
Laing, R. D. (1965). *The Divided Self : An Existential Study in Sanity and Madness.* Penguin Books (Pelican Edition).
——— (1967). *The Politics of Experience.* New York : Ballantine Books.
——— (1971). *Self and Others.* Penguin Books (Pelican Edition).
——— (1972). *The Politics of the Family. And Other Essays.* New York : Vintage Books.
Langs, R. J. (1980a). The misalliance dimension in the case of Dora. In *Freud and His Patients,* ed. M. Kanzer and J. Glenn, pp. 58—71. New York : Jason Aronson.
——— (1980b). The misalliance dimension in the case of the Rat Man. In *Freud and His Patients,* ed. M. Kanzer and J. Glenn, pp. 215—231. New York : Jason Aronson.

—— (1980c). The misalliance dimension in the case of the Wolf Man. In *Freud and His Patients,* ed. M. Kanzer and J. Glenn, pp. 372—385. New York: Jason Aronson.
—— (1982). *The Psychotherapeutic Conspiracy.* New York: Jason Aronson.
Langs, R. J., and Searles, H. F. (1980). *Intrapsychic and Interpersonal Dimensions of Treatment:* A Clinical Dialogue. New York: Jason Aronson.
Laplanche, J., and Pontalis, J. B. (1973). *The Language of Psycho-Analysis.* Trans. D. Nicholson-Smith. Introduction by Daniel Lagache. New York: Norton.
Malcolm, J. (1981). *Psychoanalysis: The Impossible Profession.* New York: Knopf.
May, R. (1958). Contributions of existential psychotherapy. In *Existence: A New Dimension in Psychiatry and Psychology,* ed. R. May, E. Angel, and H. F. Ellenberger, pp. 37—91. New York: Basic Books.
—— (1968). Dreams and symbols. In *Dreams and Symbols:* Man's Unconscious Language, ed. R. May and L. Caligor, pp. 3—128. New York: Basic Books.
—— (1969). *Love and Will.* New York: Norton.
—— (1972). *Power and Innocence: A Search for the Sources of Violence.* New York: Norton.
Mead, G. H. (1934). *Mind, Self, and Society, from the Standpoint of a Social Behaviorist,* ed. C. W. Morris. Chicago: The University of Chicago Press.
Moreno, J. L. (1973). [Selections.] In *The Worlds of Existentialism: A Critical Reader,* ed. with Introductions and Conclusion, M. S. Friedman, pp. 468—472. Chicago: The University of Chicago Press (Phoenix Books).
Perry, J. W. (1974). *The Far Side of Madness.* Englewood Cliffs, NJ: Prentice-Hall.
Pfuetze, P. (1954). *The Social Self.* Reprinted 1973 under the title *Self, Society, Existence: Human Nature and Dialogue in the Thought of G. H. Mead and Martin Buber.* Foreword H. R. Niebuhr. Westport, CO: Greenwood Press.
Polster, E., and Polster, M. (1974). *Gestalt Therapy Integrated: Contours of Theory and Practice.* New York: Vintage Books.

Rogers, C. R. (1951). *Client-Centered Therapy, Its Current Practice, Implications, and Theory.* Boston : Houghton Mifflin.
——— (1961). *On Becoming a Person. A Therapist's View of Psychotherapy.* Boston : Houghton Mifflin.
——— (1967a). The interpersonal relationship : The core of guidance. In *Person to Person : The Problem of Being Human. A New Trend in Psychology,* ed. C. R. Rogers and B. Stevens, pp. 89—103. Lafayette, CA : Real People Press.
——— (1967b). Some learnings from a study of psychotherapy with schizophrenics. In *Person to Person,* ed. C. R. Rogers and B. Stevens, pp. 181—192. Lafayette, CA : Real People Press.
——— (1967c, summer). Article in *Voices.*
——— (1980). *A Way of Being.* Boston : Houghton Mifflin.
Sborowitz, A. (1948). Beziehung und Bestimmung. Die Lehren von Martin Buber und C. G. Jung in ihrem Verhältnis zueinander. *Psyche. Eine Zeitschrift für Tiefenpsychologie und Menschenkunde in Forschung und Praxis* 2 : 9—56.
Scharfman, M. A. (1980). Further reflections on Dora. In *Freud and His Patients,* ed. M. Kanzer and J. Glenn, pp. 48—57. New York : Jason Aronson.
Schulberg, B. (1941). *What Makes Sammy Run.* New York : Random House.
Searles, H. F. (1967). The schizophrenic individual's experience of his world. *Psychiatry* 30 : 119—131.
——— (1975). The patient as therapist to his analyst. In *Tactics and Techniques in Psychoanalytic Therapy,* ed. P. L. Giovacchini, pp. 95—151. *Countertransference,* vol. 2. New York : Jason Aronson.
Sechehaye, M. (1951a). *Reality Lost and Regained : Autobiography of a Schizophrenic Girl,* with analytic interpretation by M. Sechehaye. Trans. G. Urbin-Rabson. New York : Grune & Stratton.
——— (1951b). *Symbolic Realization : A New Method of Psychotherapy Applied to a Case of Schizophrenia.* New York : International Universities Press.
Shainberg, D. (1977). Transforming transitions in patients and therapists. In *The Human Dimension in Psychoanalytic Practice,* ed. K. A. Frank, pp. 123—140. New York : Grune & Stratton.
Singer, E. (1977). The fiction of analytic anonymity. In *The Human*

Dimension in Psychoanalytic Practice, ed. K. A. Frank, pp. 181 — 192. New York : Grune & Stratton.

Spiegelman, M. J. (1965). Some implications of the transference. In *Speculum Psychologiae. Festschrift für C. A. Meier.* Zurich : Raschon Verlag.

—— (1980). The image of the Jungian analyst and the problem of authority. *Spring,* pp. 101 — 116.

Stanton, R. D. (1978). *Dialogue in Psychotherapy : Martin Buber, Maurice Friedman and Therapists of Dialogue.* Doctoral dissertation, Union Graduate School / West, San Francisco, CA.

Stierlin, H. (1974). *Separating Parents and Adolescents : A Perspective on Running Away, Schizophrenia, and Waywardness.* New York : Quadrangle / The New York Times Book Co.

Sullivan, H. S. (1940). *Conceptions of Modern Psychiatry.* New York : Norton.

—— (1953). *The Interpersonal Theory of Psychiatry,* ed. H. S. Perry and M. L. Gawel, New York : Norton.

Trüb, H. (1935). Individuation, Schuld und Entscheidung. Über die Grenzen der Psychologie. In *Die kulturelle Bedeutung der Komplexen Psychologie,* ed. Psychologischer Club Zürich, pp. 525 — 555. Berlin : Julius Springer Verlag.

—— (1947). Vom Selbst zur Welt. *Psyche* 1 : 41 — 67.

—— (1952). *Heilung aus der Begegnung. Eine Auseinandersetzung mit der Psychologie C. G. Jungs,* ed. Ernst Michel und Arie Sborowitz. Preface, M. Buber. Stuttgart : Ernst Klett Verlag.

—— (1973). Individuation, guilt, and decision (selection). In *The Worlds of Existentialism.* Trans. and ed. M. S. Friedman, p. 497. Chicago : The University of Chicago Press (Phoenix Books).

Weiss, S. S. (1980). Reflections and speculations on the psychoanalysis of the Rat Man. In *Freud and His Patients,* ed. M. Kanzer and J. Glenn, pp. 207 — 214. New York : Jason Aronson.

Weizsäcker, V. von (1973). [Selections.] In *The Worlds of Existentialism.* Trans. K. Englesing von Rhau, M. S. Friedman, and W. Hallo and ed. M. S. Friedman, pp. 404 — 410. Chicago : The University of Chicago Press (Phoenix Books) (dt. : Der Gestaltkreis. Stuttgart 1950).

Whitmont, E. C. (1969). *The Symbolic Quest : Basic Concepts of Analytical Psychology.* New York : G. P. Putnam's Sons for the C. G. Jung

Foundation for Analytical Psychology.

Wynne, L. C. (1965). Some indications and contraindications for exploratory family therapy. In *Intensive Family Therapy: Theoretical and Practical Aspects,* ed. I. Boszormenyi-Nagy and J. L. Framo, pp. 289—322. New York: Harper & Row, Hoeber Medical Division.

—— (1971). The injection and concealment of meaning in the family relationships and psychotherapy of schizophrenics. In International Congress Series No. 259, *Psychotherapy of Schizophrenia,* ed. D. Rubinstein and Y. O. Alanen, Proceedings of the IVth International Symposium, Turku, Finland, August 4—7, 1971, pp. 180—193. Amsterdam, The Netherlands: Excerpta Medica.

—— (1976). On the anguish and creative passions of not escaping double binds: A reformulation. In *Double Bind: The Foundation of the Communicational Approach to the Family,* ed. C. Sluzki and D. C. Ranson, pp. 243—250. New York: Grune & Stratton.

—— (1984). The epigenesis of relational systems: A model for understanding family development. In *Family Process,* 23: 297—318.

Personen- und Sachregister

Daniel Rosenblatt

Türen öffnen
Was geschieht in der Gestalttherapie

»Dieses Buch ist eine starke Gestalt, eine erfolgreiche Integration von Theorie und Praxis, von Erklärung und Schilderung zu einem überaus persönlichen Kommunikationsstil. Daniel Rosenblatts präziser und gleichzeitig phantasievoller und geschmeidiger Gebrauch der Sprache in Dialogen und Bildern macht dieses Buch zu einer spannenden und genußreichen Lektüre. Er eröffnet uns seinen profunden Einblick in die Gestalttherapie. Ich empfehle dieses Werk allen ernsthaften Studenten und Praktikern der Psychotherapie sowie dem allgemeinen Lesepublikum.« — Laura Perls

»Jede Person, die sich für Gestalttherapie interessiert, wird TÜREN ÖFFNEN lesen wollen. Diejenigen, die diese Therapieform praktizieren, sollten es als Pflichtlektüre betrachten« — Psychology Today.

Zum Autor:
Dr. Daniel Rosenblatt hat zuerst Philosophie und Geschichte studiert, bevor er an der Harvard Universität in Klinischer Psychologie promovierte. Nach einer langjährigen akademisch /wissenschaftlichen Tätigkeit arbeitet er seit über 20 Jahren in seiner privaten psychotherapeutischen Praxis in New York. Er ist »Fellow« und ehemaliger Vizepräsident des New Yorker Instituts für Gestalttherapie und leitet Ausbildungsgruppen in Gestalttherapie in den USA, Europa, Australien und Japan. Er veröffentlichte »A Primer of Gestalt Therapy« (1976), »Your Life is a Mess« (1976), »A Festschrift for Laura Perls« (1980) und mehrere Artikel zur Gestalttherapie.

Erving Polster

Jedes Menschenleben ist einen Roman wert
aus dem amerikanischen von Brigitte Stein

In diesem Buch sucht Erving Polster, die technischen Modalitäten der Psychotherapie mit der Erkenntnis der Heilwirkung zu verbinden, die sich für Menschen ergibt, wenn sie erfahren, wie außerordentlich interessant sie sind. Als Modell für diese Verbindung dient dem Autor die von ihm postulierte Verwandtschaft zwischen Psychotherapeuten und Schriftstellern, deren Gemeinsamkeit er in einem empathischen Erforschen des menschlichen Verhaltens und Bewußtseins sieht. Polster zeigt, wie Psychotherapeuten einen Sinn für das Drama im Leben jedes Menschen eher entwickeln können, wenn sie dieses Modell anwenden. Demnach sind sie dann in der Lage, die Lebensgeschichte jeder Person zu verfolgen, die einzigartigen Charakteristika und Ereignisse zu entdecken, den mikrokosmischen Beitrag, den das Leben jeder Person enthält zu erkennen und die Klienten durch den unumgänglichen kreativen Weg problematischer Erfahrungen hindurch zu begleiten. Sich auf seine Erfahrung als Psychotherapeut beziehend, beschreibt der Autor einige Wege, die die Integration der literarischen Perspektive und der psychotherapeutischen Methodik fördern. Sowohl die Schriftsteller als auch die Psychotherapeuten laden uns dazu ein, das Buch des eigenen Lebens aufzuschlagen und die Wunder, die es enthält, zu bestaunen.

Zum Autor:
Seit seiner »Lehre« in den frühen 50er Jahren bei Fritz und Laura Perls, Paul Goodman, Paul Weisz und Isadore From hat Dr. Erving Polster einen eigenständigen und bedeutenden Beitrag zur Weiterentwicklung und Verbreitung der Gestalttherapie geleistet. Er ist Mitbegründer und ehemaliger Leiter des »Gestalt Institute of Cleveland«, Mitverfasser des Klassikers »Gestalttherapie, Theorie und Praxis der integrativen Gestalttherapie« und Autor zahlreicher weiterer Publikationen. Gegenwärtig ist Erving Polster Co-leiter des »Gestalt Training Center - San Diego« und lehrt klinische Psychologie in »The School of Medicine at the University of California, San Diego«.

James I. Kepner

Körperprozesse
Ein gestalttherapeutischer Ansatz

»Ich empfehle Jim Kepners Werk als einen bedeutenden Beitrag zur Psychotherapie und zur Gestalttherapie im Besonderen.« — Joseph C. Zinker

»James Kepner, den ich seit seiner Kindheit kenne, hat ein Buch geschrieben, welches für Studierende ein Lehrbuch und für praktizierende Psychotherapeuten ein anregendes Nachschlagewerk zu werden verspricht.« — Laura Perls

Im traditionellen Sinne betont die Psychotherapie den »psycho« Aspekt der Therapie-Gedanken, Ideen, Erinnerungen, Assoziationen, Träume ... — und vernachlässigt den »körperlich / leiblichen« Aspekt, was zwangsläufig zur cartesianischen Spaltung des Menschen zurückführt. James Kepner geht von dem holistischen Ganzheitsbild des Menschen aus und formuliert eine umfassende Darstellung der Integration sogenannter Bewußtseins-orientierter Therapien und verschiedener Körper-orientierter Ansätze, wobei ihm die Gestalttherapie als theoretische, methodische und philosophische Grundlage dient. Für alle, die ihre Arbeit hauptsächlich im Bereich der »Psyche« sehen, eröffnet dieses Buch neue Perspektiven der Einbeziehung leiblicher Existenz in den therapeutischen Bezugsrahmen; für jene, die bereits das Körperlich / Leibliche in ihrer Arbeit berücksichtigen, bietet Kepners ganzheitlicher Ansatz eine Basis sowohl für neue Erkenntnisse als auch für weitere Forschung.

Zum Autor:
Dr. James I. Kepner hat umfangreiche Ausbildung in mehreren Körper-orientierten Ansätzen genossen und seit 15 Jahren praktiziert und lehrt er Gestalttherapie. Dr. Kepner ist Mitglied des Ausbilderteams am »Gestalt Institute of Cleveland« und in privater Praxis als klinischer Psychologe und Psychotherapeut tätig.

NEUERSCHEINUNGEN WINTER 1987 / 1988 -

R. Fuhr / M. Gremmler-Fuhr
Faszination Lernen

Edwin C. Nevis
Gestaltansatz der Organisationsberatung

John K. Wood
Gruppendasein
Ein personenzentrierter Ansatz

Kristine Schneider
Grenzerlebnisse
Zur Praxis der Gestalttherapie

Richard Hycner
Zwischen Menschen
Zur Dialogischen Psychotherapie

G. Kogan, W. Krauß-Kogan, A. Sreckovic, M. Sreckovic (Hrsg.)
Zur Geschichte der Gestalttherapie
Eine Studie in Interviews

Änderungen vorbehalten !